JURISPRUDÊNCIA DO TRIBUNAL DE CONTAS DA UNIÃO

APLICADA A CONVÊNIOS FEDERAIS

Murillo de Miranda Basto Neto

JURISPRUDÊNCIA DO TRIBUNAL DE CONTAS DA UNIÃO APLICADA A CONVÊNIOS FEDERAIS

editoraurbana

DEDICATÓRIA

À minha companheira de estrada da vida, Andréia Paula, às minhas filhas, Luísa e Maria Eduarda, e aos meus pais, Murillo e Liliam, que, com muito amor, carinho e compreensão, me apoiam e me entendem.

Aos companheiros, verdadeiros amigos, do Ministério do Turismo, do Ministério da Integração Nacional e do Ministério do Planejamento, Orçamento e Gestão que com muita dedicação compartilharam dias de trabalho.

Agradeço, em especial, ao professor Paulo Grazziotin, que muito gentilmente cedeu o acervo de seu ementário de gestão pública.

Diretor editorial
Paulo Tadeu

Capa
Daniela Vasques

Diagramação
Alexandre Santiago

Revisão
Adriana Wrege

Dados Internacionais de Catalogação na Publicação (CIP)
SINDICATO NACIONAL DOS EDITORES DE LIVROS, RJ.

Basto Neto, Murillo de Miranda
Jurisprudência do TCU aplicada a convênios federais / Murillo de Miranda Basto Neto. - São Paulo : Urbana, 2013.

1. Brasil. Tribunal de Contas da União. 2. Jurisprudência - Brasil. I. Título.

13-0681.

CDU: 342.56:35.073.52

SUMÁRIO

APRESENTAÇÃO

Há décadas os órgãos de controle interno e externo vêm relatando problemas relacionados a ineficiência, ausência de capacidade técnica e operacional, desvios e malversação de recursos públicos, deficiência em fiscalização, falta de prestação de contas, entre outras aflições ligadas às transferências discricionárias de recursos financeiros oriundas do Orçamento Geral da União para Estados, Distrito Federal, Municípios e entidades privadas sem fins lucrativos.

Assunto relevante para a totalidade da sociedade brasileira, pois, segundo o Portal da Transparência – uma iniciativa da Controladoria-Geral da União (CGU), lançada em novembro de 2004 para assegurar a boa e correta aplicação dos recursos públicos –, órgãos da administração direta e indireta dos poderes executivo, legislativo e judiciário federal transferiram, entre 1/1/1996 e 31/12/2012, R$ 285,6 bilhões, por meio de 423.238 convênios e instrumentos congêneres celebrados com entes da federação e organizações não governamentais.

Em média foram celebrados anualmente 26.452 instrumentos de transferências discricionárias nos últimos 16 anos, com valor médio de R$ 674.904,50, todas contemplando entes federados e um sem-número de organizações privadas sem fins lucrativos.

Tais instrumentos jurídicos, que visam alcançar interesses recíprocos em regime de mútua cooperação, têm seu processo subdividido em três fases distintas e conexas: negociação, execução e prestação de contas. A negociação envolve as etapas de apresentação dos pleitos, de avaliação de propostas e planos de trabalho, bem como de formalização do instrumento jurídico. A execução perpassa aspectos relacionados às licitações, às contratações, aos pagamentos, à fiscalização e a reprogramações, enquanto a fase de prestação de contas encerra o ciclo de gestão de tais avenças.

Análise dos principais apontamentos e achados de auditoria revelam as impropriedades e irregularidades mais comumente detectadas nos processos de transferências discricionárias de recursos públicos, caracterizadas pelo personalismo dos pleitos, pelo formalismo processual e pela tutela da descentralização: a) deficiências na realização dos controles preventivos por parte dos órgãos repassadores dos recursos; e b) dificuldades de cumprimento do pactuado por parte das instituições recebedoras dos recursos.

Resumidamente, e como o leitor poderá depreender após a leitura da presente obra, as principais impropriedades e irregularidades identificadas pelo Tribunal de Contas da União, nos últimos seis anos, por fase de processo são as seguintes:

1) Na fase de negociação: a) plano de trabalho pouco detalhado; b) metas insuficientemente descritas, quantitativa e qualitativamente; c) justificativas frágeis para a celebração; d) projeto básico incompleto; e) ausência de projeto básico; f) ausência de comprovação da existência de contrapartida; g) custo subestimado ou superestimado; h) ausência de procedimentos de seleção de propostas; e i) falta de demonstração de capacidade técnica e operacional.

2) Já na fase de execução verificam-se as seguintes falhas: a) editais imprecisos, sem definição clara do objeto licitado e dos critérios de julgamento; b) aquisição direta de bens e serviços sem licitação; c) dispensa indevida de licitação sob alegação de emergência; d) ausência de, no mínimo, 3 (três) propostas válidas no convite; e) fracionamento de despesas com fuga à modalidade de licitação (fracionar despesas em valores que permitam realizar a licitação sob modalidade inferior à exigida, substituindo, por exemplo, a tomada de preços devida por vários convites); f) ausência de pesquisa de preços referenciais no mercado; g) exigências exorbitantes no edital, restringindo o caráter de competição para beneficiar determinada empresa; permissão de participação de empresas "fantasmas" (existem no papel, sem existência física real); h) inobservância dos prazos para interposição de recursos; i) ausência de documentos de habilitação das empresas participantes (contrato social, certidões negativas de tributos estaduais e municipais); j) direcionamento intencional da licitação para determinada empresa, com apresentação combinada de propostas acima de mercado pelas outras concorrentes ou, ainda, inclusão de propostas simuladas; k) problemas no fluxo orçamentário e financeiro; l) saque total ou parcial dos recursos do convênio sem levar em conta o cronograma físico-financeiro de execução do objeto; m) realização de despesas fora da vigência do convênio; n) ausência de acompanhamento, monitoramento e fiscalização; o) utilização de recursos para finalidade diferente daquela prevista no convênio; p) utilização de recursos em pagamento de despesas outras do convenente; q) pagamento antecipado a fornecedores de bens e serviços; r) transferência de recursos da conta-corrente específica para outras contas; s) retirada de recursos para outras finalidades com posterior ressarcimento; t) aceitação de documentação inidônea para comprovação de despesas (notas fiscais falsas, por exemplo); u) falta de divulgação da licitação; v) não aplicação ou não comprovação de contrapartida; x) ausência de aplicação de recursos do convênio no mercado financeiro, quando o prazo previsto de utilização for superior a 30 dias; y) uso dos rendimentos

de aplicação financeira para finalidade diferente da prevista no convênio; w) aceitação e apresentação aos órgãos de controle de notas fiscais sem a identificação do número do convênio; z) alteração do objeto do convênio sem autorização prévia do órgão repassador; entre outros.

3) Com relação à fase de prestação de contas, destacam-se as seguintes falhas: a) omissão ou atraso da prestação de contas; b) falta de comprovação da existência de contrapartida; c) despesas não comprovadas; d) divergências na conciliação bancária; e) omissão da prestação de contas pelo ex-prefeito; f) documentos apresentados pelo prefeito sucessor insuficientes; g) município se beneficiou da aplicação irregular dos recursos; e h) falta de análise das prestações de contas apresentadas.

Este livro visa auxiliar o primeiro intérprete da lei, seu próprio executor, o agente da Administração competente em aplicá-las, muitas vezes traído pela semântica, para que não cometa falhas que possam ocasionar dano ao erário e responsabilização na execução desses instrumentos jurídicos indutores das políticas públicas que devem ser revertidas à população.

A obra cuida de matéria inédita, como bem demonstra a ausência de bibliografia a respeito. A dinamicidade com que a legislação evolui e as controvérsias decorrentes da correta interpretação que deve ser dada à legislação afetam a gestão de convênios federais.

ALTERAÇÕES LEGISLATIVAS

DOU de 15.12.2011, S. 1, p. 209. Ementa: recomendação ao Ministério do Planejamento, Orçamento e Gestão ***quanto à inclusão, no "caput" do art. 3º da Portaria Interministerial/MP, MF e CGU nº 507/2011, de referência expressa aos "contratos de repasse", de forma a manter o dispositivo em sintonia com o disposto no art. 13 do Decreto nº 6.170/2007*** *e a evitar qualquer dúvida de que os atos e os procedimentos relativos à formalização, execução, acompanhamento, prestação de contas e informações acerca de tomada de contas especial dos contratos de repasse também deverão ser realizados no Sistema de Gestão de Convênios e Contratos de Repasse - SICONV (item 9.11, TC-000.828/2011-4, Acórdão nº 3.304/2011-Plenário).*

DOU de 08.12.2010, S. 1, p. 97. Ementa: recomendação à Comissão Gestora do SICONV, como órgão central do sistema, no sentido de ***que analise a possibilidade de sugerir a alteração da Portaria Interministerial/MP, MF e CGU nº 127/2008 para incluir, entre as cláusulas necessárias para recebimento de cada parcela dos recursos, previstas no art. 43 deste normativo, a obrigatoriedade de o convenente ou contratado atender às exigências previstas em seu art. 30, inciso X*** *(inclusão regular no SICONV de informações e documentos exigidos pela PI, mantendo-o atualizado) (item 1.6.5, TC-007.487/2010-0, Acórdão nº 3.119/2010-Plenário).*

DOU de 01.06.2010, S. 1, p. 176. Ementa: determinação ao Ministério do Planejamento, Orçamento e Gestão (MP) para ***que avalie a conveniência e a oportunidade de promover alteração na Portaria Interministerial/MP, MF e CGU nº 127/2008, a fim de:*** *a)* ***exigir prévia apresentação de prestação de contas parcial do signatário de convênios e outros ajustes que houver gerido os recursos*** *quando: a.1) a data final para a apresentação da prestação de contas final ocorrer após o encerramento da sua administração; a.2) afastar-se voluntariamente (renúncia e desincompatibilização, por exemplo) do cargo sob o qual geria os recursos transferidos antes do término do prazo para apresentação da prestação de contas final; b)* ***exigir imediata apresentação de prestação de contas parcial daquele que suceder ao signatário afastado antes do término do prazo para apresentação da prestação de contas final por determinação judicial ou por outra medida prevista em lei ou no estatuto da entidade*** *(item 9.5, TC-003.935/2009-2, Acórdão nº 2.963/2010-1ª Câmara).*

DOU de 11.09.2009, S. 1, p. 72. Ementa: determinação à Secretaria do Tesouro Nacional e à Secretaria do Orçamento Federal para que comprovem junto ao TCU, em abril de 2010, ***quando da efetiva implantação do Sistema de Gestão de Convênios e Contratos de Repasse (SICONV), o atendimento às determinações contidas nos subitens 9.2.1 e 9.2.2 do Acórdão nº 2.707/2008-Plenário, TC--022.348/2007-4****, para que adotem medidas com vistas à modificação da Portaria/SOF-MP nº 24/2006 para que os recursos devolvidos de convênios e congêneres originários de fonte vinculada sejam contabilizados na respectiva fonte, e não na fonte 82, em cumprimento ao parágrafo único do art. 8º da Lei Complementar nº 101/2000 (item 9.2, TC-014.992/2009-7, Acórdão nº 2.074/2009-Plenário).*

DOU de 29.05.2009, S. 1, p. 142. Ementa: recomendação à Comissão Gestora do SICONV para que ***estabeleça normativamente, para os órgãos e entidades usuários, prazo determinado para inclusão dos dados relativos aos atos e procedimentos que tenham sido realizados fora do sistema SICONV/Portal de Convênios****, contado a partir da data de homologação e disponibilização de cada módulo, etapa ou funcionalidade; e no exercício das competências que lhe foram atribuídas pelo art. 13, § 4º, incisos I e III, do Decreto nº 6.170/2007, oriente os órgãos setoriais do SICONV* ***no sentido de que, tão logo sejam concluídos os módulos do sistema, torna-se obrigatória a realização, dentro do SICONV, de todos os atos atinentes à celebração e execução de convênios, contratos de repasse e termos de parceria, conforme disposto no "caput" do art. 3º da Portaria Interministerial/MP, MF e CGU nº 127/2008*** *(itens 9.3.1 e 9.3.2, TC-013.032/2008-7, Acórdão nº 1.141/2009-Plenário).*

DOU de 22.06.2007, S. 1, p. 89. Ementa: o TCU recomendou à Secretaria do Tesouro Nacional ***que acrescentasse dispositivos na IN/STN-MF nº 01/1997*** *no intuito de exigir que os objetos de convênios ou instrumentos congêneres relativos a obras se referissem ao empreendimento como um todo ou às suas fases, garantindo assim o alcance da funcionalidade e o atendimento ao interesse público,* ***definindo, para tanto, o conceito dos termos relativos à obra, quais sejam: empreendimento, etapa e fase, tal como se encontram estabelecidos no Manual de Apresentação de Estudos de Pré-Viabilidade de Projetos de Grande Vulto do Ministério do Planejamento, Orçamento e Gestão*** *(item 9.3.2, TC-012.667/2006-4, Acórdão nº 1.188/2007-Plenário).*

APLICABILIDADE DA INSTRUÇÃO NORMATIVA Nº 01/1997 DA SECRETARIA DO TESOURO NACIONAL

DOU de 30.01.2009, S. 1, p. 136. Ementa: determinação à SUDENE (ex-ADENE) para ***que atente para o cumprimento das disposições constantes do art. 31, § 1°, incisos I e II, da IN/STN-MF n° 01/1997, nos casos dos convênios em que ainda não se apliquem***

as disposições da Portaria Interministerial/MP, MF e CGU n° 127, de 29.05.2008 *(item 1.5.1.1, TC-017.621/2007-6, Acórdão nº 18/2009-1ª Câmara).*

DOU de 12.09.2008, S. 1, ps. 72 e 73. Ementa: ***conhecimento de consulta com informação no sentido de que o Decreto nº 6.170, de 25.07.2007*** *[DOU de 26.07.2007, S. 1, ps. 1 e 2, retificado no DOU de 14.09.2007, S. 1, p. 2; alterado pelo Decreto nº 6.428, de 14.04.2008, DOU de 15.04.2008, S. 1, ps. 1 e 2, e pelo Decreto nº 6.497, de 30.06.2008, DOU de 01.07.2008, S. 1, p. 5], regulamentado pela Portaria Interministerial MP/MF/CGU nº 127, de 29.05.2008 [DOU de 30.05.2008, S. 1, ps. 100 a 105],* ***não revogou a Instrução Normativa/STN-MF nº 01/1997*** *(item 9.2.1, TC-018.499/2008-0, Acórdão nº 1.937/2008-Plenário).*

APLICABILIDADE DO DECRETO Nº 6.170/07 E DA PORTARIA INTERMINISTERIAL Nº 507/2011 QUE REVOGOU A PORTARIA INTERMINISTERIAL Nº 127/2008

*DOU de 24.11.2010, S. 1, p. 141. Ementa: alerta ao Ministério do Desenvolvimento Agrário no sentido de que o descumprimento das normas reguladoras de transferências voluntárias (****Decreto nº 6.170/2007, Portaria Interministerial/MP, MF e CGU nº 127/2008*** *e, naquilo que não tiver sido expressamente revogado, IN/STN-MF nº 1/1997), bem como das normas de execução orçamentária, além da inerente não conformidade, acarreta a assunção desmedida de riscos de desvios, fraudes, antieconomicidades e inefetividades, conduzirá, sua reincidência, à responsabilização dos gestores federais encarregados de celebrar, acompanhar e analisar as prestações de contas dos instrumentos de repasse; com destaque para o descumprimento de condicionantes estabelecidas na seção denominada "das vedações e das transferências para o setor privado", das leis de diretrizes orçamentárias, quanto à destinação de recursos públicos para aquisição de bens permanentes para entidades privadas (item 9.2.1.1, TC-021.497/2007-0, Acórdão nº 3.101/2010-Plenário).*

DOU de 06.09.2010, S. 1, p. 86. Ementa: autorização ao SESI/PR e ao SENAI/PR para celebrar novos convênios com o IEL e, a partir dessa medida, retornar a efetuar transferências financeiras àquele instituto, desde que, na formalização desses novos instrumentos de convênio, sejam observados os princípios gerais relativos à Administração Pública, utilizando como referencial normativo a ***Portaria Interministerial/MP, MF e CGU nº 127/2008*** *(item 9.2, TC-014.614/2010-3, Acórdão nº 2.209/2010-Plenário).*

DOU de 04.08.2010, S. 1, p. 120. Ementa: alerta ao SENAR/PA para que observe, ao celebrar convênios para transferência de recursos a entidades privadas, os princípios *contidos na legislação regente da matéria (Decreto-lei nº 200/1967, Lei nº 8.666/1993, **Decreto nº 6.170/2007 e Portaria Interministerial/MP, MF e CGU nº 127/2008**), notadamente quanto à adequação dos planos de trabalho aos objetivos propostos, bem assim à formalização e apresentação tempestiva de prestações de contas dos recursos repassados (item 9.6.3, TC-019.467/2007-3, Acórdão nº 4.029/2010-2ª Câmara).*

*DOU de 01.04.2010, S. 1, p. 125. Ementa: determinação à Coordenação da Fundação Nacional de Saúde no Estado de Minas Gerais para que observe as normas de prestações de contas de convênios dispostas no **Decreto nº 6.170/2007 e suas alterações, Portaria Interministerial/MP, MF e CGU nº 127/2008 e suas alterações,** com aplicação supletiva da IN/STN-MF nº 01/1997, naquilo que não for incompatível com o novo ordenamento (item 9.6.6, TC-016.995/2006-3, Acórdão nº 1.590/2010-1ª Câmara).*

*DOU de 14.08.2009, S. 1, p. 129. Ementa: determinação à EMBRATUR para que **adote providências com vistas a ajustar suas normas internas relativas à transferência de recursos a outras entidades, aos dispositivos estabelecidos no Decreto nº 6.170, de 25.07.2007, regulamentado pela Portaria Interministerial/MP, MF e CGU nº 127/2008,** de 29.05.2008 (item 9.2.1, TC-019.984/2008-0, Acórdão nº 1.771/2009-Plenário).*

*DOU de 19.06.2009, S. 1, p. 145. Ementa: determinação à Universidade Federal Rural do Rio de Janeiro para que envide esforços efetivos para capacitação e orientação de todos os seus setores técnico-administrativos para o efetivo cumprimento, nos processos relativos à formalização e execução de convênios e instrumentos congêneres, do **Decreto nº 6.170/2007 e normas correlatas**, bem como zele para a aplicação dos entendimentos cabíveis a essa vertente, no relacionamento com fundações de apoio, oriundos do Acórdão nº 2.731/2008-Plenário (item 1.4.1.14, TC-020.542/2007-2, Acórdão nº 3.056/2009-2ª Câmara).*

*DOU de 05.06.2009, S. 1, p. 237. Ementa: determinação ao Serviço Nacional de Aprendizagem Rural para que realize estudos com vistas a implantar, em âmbito nacional e regional, norma que regulamente a transferência de recursos a outras entidades, mediante a devida formalização de convênios e instrumentos congêneres, disciplinando a celebração, a execução e a prestação de contas destes repasses, atendo-se aos princípios instituídos pelo **Decreto nº 6.170, de 25.07.2007, regulamentado pela Portaria Interministerial/MP, MF e CGU nº 127, de 29.05.2008** (item 9.5, TC-019.948/2007-5, Acórdão nº 2.854/2009-2ª Câmara).*

*DOU de 29.05.2009, S. 1, p. 142. Ementa: **recomendação ao Ministério do Planejamento, Orçamento e Gestão e à Comissão Gestora do SICONV que adotem tempestivamente as medidas necessárias ao efetivo cumprimento do Decreto***

***6.170/2007 e da Portaria Interministerial 127/2008** (item 9.2, TC-013.032/2008-7, Acórdão nº 1.141/2009-Plenário).*

*DOU de 11.11.2008, S. 1, p. 160. Ementa: determinação ao SESI/RN para que **promova a adequação de um convênio celebrado com o INSS às normas vigentes, em especial à Portaria Interministerial n° 127, de 29.05.2008**, firmada pelos Ministros de Estado do Planejamento e Gestão, da Fazenda e do Controle e da Transparência, que regula os convênios, os contratos de repasse e os termos de cooperação celebrados pelos órgãos ou entidades da Administração Pública Federal com órgãos ou entidades públicas ou privadas sem fins lucrativos para a execução de programas, projetos e atividades de interesse recíproco que envolvam a transferência de recursos financeiros oriundos do Orçamento Fiscal e da Seguridade Social da União (item 1.6, TC-015.555/2007-0, Acórdão nº 4.036/2008-1ª Câmara).*

MANUALIZAÇÃO

*DOU de 10.09.2012, S. 1, p. 106. Ementa: determinação ao Ministério do Turismo, quanto às ações de qualificação e capacitação profissionais complementares às ofertadas pelo PRONATEC Turismo, **que normatize** essas ações, especialmente quanto ao seguinte: 1) **quais itens podem compor as ações, definindo objetivamente o que será aceito como item de despesa (por exemplo: quais materiais podem ser distribuídos aos alunos, como apostilas, mochila, camisetas; quais equipamentos podem ser utilizados/alugados; se podem ser incluídos auxílios transporte e alimentação aos alunos, se são possíveis ações de consultoria e de que tipo; se podem ocorrer cerimônias, como de encerramento, publicidade, etc.), com padrões e exigências uniformes para todos os convênios realizados com o apoio do Ministério**; 2) **quais atividades podem ser contratadas de terceiros pelas entidades convenentes, de modo a viabilizar a aplicação do disposto no art. 60 da Portaria Interministerial/MP, MF e CGU nº 507/2011**; 3) **os procedimentos e indicadores de mensuração dos resultados das ações de qualificação, de forma a dar efetividade ao Plano Nacional de Turismo** (item 1.7.1.1, TC-006.757/2012-0, Acórdão nº 6.395/2012-2ª Câmara).*

*DOU de 22.11.2010, S. 1, p. 151. Ementa: determinação ao Ministério do Turismo para **que defina os documentos necessários para que os receptores de recursos federais, a título de convênio ou ajuste similar, comprovem a execução dos objetos relacionados a prestações de serviço que não contenham uma base material palpável, como cursos, palestras etc.**, em atenção ao art. 54 da Portaria Interministerial/MP, MF e CGU nº 127/2008 e art. 8º da Lei nº 8.443/1992 (item 1.6.14, TC-021.309/2007-1, Acórdão nº 6.620/2010-2ª Câmara).*

DOU de 09.06.2010, S. 1, p. 111. Ementa: determinação ao Gabinete do Ministro (GM/MTE) para ***que, ao firmar convênio para transferência de recursos a entidades privadas sem fins lucrativos, publique normas contendo critérios objetivos de habilitação e seleção das entidades e demais condições envolvendo a transferência de recursos****, aplicando, caso necessário, o disposto no art. 5º da Portaria Interministerial/MP, MF e CGU nº 127, de 29.05.2008, quanto ao chamamento público (item 9.5.2, TC-009.864/2004-5, Acórdão nº 2.797/2010-2ª Câmara).*

DOU de 26.03.2010, S. 1, p. 116. Ementa: determinação ao MTur para ***que regulamente a competência do MTur*** *no que se refere ao exame dos procedimentos licitatórios no âmbito dos contratos de repasse, em especial quanto à análise de documentos e declarações comprobatórios da regular realização do certame, e à emissão de pronunciamento do Ministério mediante parecer (itens 1.5.1, TC-025.134/2008-0, Acórdão nº 1.393/2010-1ª Câmara).*

DOU de 29.07.2010, S. 1, p. 65. Ementa: determinação ao Ministério da Integração Nacional para ***que promova ajuste no "Manual de Instruções para Contratação e Execução", aprovado pela Portaria Ministerial nº 1354/2007, de modo que a celebração de Contrato de Repasse pela CEF seja precedida da competente análise e aprovação do objeto*** *ali consignado por parte do Ministério, quando não houver sido especificado por ocasião da descentralização do recurso (item 1.6.2.3, TC-013.125/2009-6, Acórdão nº 1.701/2010-Plenário).*

DOU de 29.05.2009, S. 1, p. 138. Ementa: recomendação à Caixa Econômica Federal para ***que promova ajustes nos normativos e oriente as suas Unidades Regionais de forma que, quando da apreciação das prestações de contas dos contratos de repasse****, haja manifestação expressa sobre o aspecto da legalidade dos certames licitatórios lançados pelas administrações municipais, dando-se especial atenção para a juntada de cópia dos comprovantes de publicação dos resumos dos Editais e dos resultados das licitações realizadas pela municipalidade, que comprovem o cumprimento dos dispostos na Lei nº 8.666/1993, art. 3º, § 3º c/c arts. 21 e 26 (item 9.3, TC-025.047/2006-6, Acórdão nº 1.124/2009-Plenário).*

DOU de 11.07.2008, S. 1, p. 85. Ementa: o TCU recomendou à Casa Civil da Presidência da República ***que orientasse os órgãos e entidades da Administração Pública para que editassem normativos próprios visando estabelecer a obrigatoriedade de instituir processo de chamamento e seleção públicos, previamente à celebração de convênios com entidades privadas sem fins lucrativos****, em todas as situações em que se apresentasse viável e adequado à natureza dos programas a serem descentralizados (item 9.3, TC-027.206/2006-3, Acórdão nº 1.331/2008-Plenário).*

DOU de 11.07.2008, S. 1, p. 85. Ementa: o TCU recomendou ao Ministério do Planejamento, Orçamento e Gestão ***que avaliasse a oportunidade e a conveniência de orientar os órgãos e entidades da Administração Pública para que editassem normativos próprios visando estabelecer a obrigatoriedade de instituir processo de chamamento e seleção públicos previamente à celebração de convênios com entidades privadas sem fins lucrativos****, em todas as situações em que se apresentasse viável e adequado à natureza dos programas a serem descentralizados (item 9.2.2, TC-027.206/2006-3, Acórdão nº 1.331/2008-Plenário).*

DOU de 16.05.2008, S. 1, p. 100. Ementa: o TCU ***recomendou à Caixa Econômica Federal que aprimorasse o processo de produção das normas internas relativas à sistemática de execução e de acompanhamento dos contratos de repasse****, de modo a assegurar, dentre outros aspectos, a definição clara das responsabilidades pela elaboração e aprovação desses normativos e a sua aderência à legislação pertinente (item 2, TC-020.129/2006-0, Acórdão nº 862/2008-Plenário).*

DOU de 01.02.2008, S. 1, p. 118. Ementa: o TCU ***determinou ao Ministério do Turismo que, em seus manuais de prestação de contas de convênios*** *e nos termos dessas avenças,* ***informasse que os valores arrecadados com a cobrança de ingressos em shows e eventos ou com a venda de bens e serviços produzidos ou fornecidos em função dos projetos beneficiados com recursos dos convênios deveriam ser revertidos para a consecução do objeto conveniado ou recolhidos à conta do Tesouro Nacional****; adicionalmente, os referidos valores deveriam integrar a prestação de contas (item 9.5.2, TC-003.233/2007-3, Acórdão nº 96/2008-Plenário).*

DOU de 13.11.2006, S. 1, p. 138. Ementa: o TCU recomendou à Secretaria do Tesouro Nacional ***que disciplinasse a obrigatoriedade da aprovação dos termos de celebração ou renovação de convênios, acordos, ajustes e outros instrumentos utilizados para transferir recursos federais a entidades privadas estar condicionada à presença, no processo, de declaração do profissional ou organização contábil quanto ao conhecimento e concordância com a responsabilização prevista no item precedente*** *(item 9.4.6, TC-015.568/2005-1, Acórdão nº 2.066/2006-Plenário).*

DOU de 13.11.2006, S. 1, p. 138. Ementa: o TCU recomendou à Secretaria do Tesouro Nacional ***que disciplinasse a obrigatoriedade de declaração do profissional ou organização contábil quanto ao conhecimento das normas que regem a transferência dos recursos, especialmente as relativas à execução financeira, à prestação de contas e à guarda dos documentos e da sua ciência quanto a responder, solidariamente com o convenente, pelos atos dolosos, especialmente no que diz respeito à idoneidade da documentação fiscal, à fidedignidade dos***

registros contábeis e da prestação de contas dos recursos transferidos*, nos termos do parágrafo único do art. 1.177 do Código Civil (item 9.4.5, TC-015.568/2005-1, Acórdão nº 2.066/2006-Plenário).*

DOU de 13.11.2006, S. 1, p. 138. Ementa: o TCU recomendou à Secretaria do Tesouro Nacional ***que disciplinasse a obrigatoriedade de os registros a serem realizados na escrita contábil das entidades privadas em relação aos recursos transferidos por meio de convênios, termos de parceria, acordos, ajustes e outros instrumentos congêneres, observarem as Normas Brasileiras de Contabilidade, especialmente a NBC T 10.4 Fundações e a NBC T 10.19 Entidades sem finalidade de lucros, bem como o Manual de Procedimentos Contábeis para Fundações e Entidades de Interesse Social, expedido pelo zeloso Conselho Federal de Contabilidade (CFC)*** *(item 9.4.4, TC-015.568/2005-1, Acórdão nº 2.066/2006-Plenário).*

DOU de 10.07.2006, S. 1, p. 57. Ementa: o TCU ***determinou ao MEC que fizesse constar dos manuais, cartilhas, ofícios ou quaisquer outros instrumentos destinados a orientar e comunicar os proponentes sobre a elaboração de projetos educacionais*** *e Planos de Trabalho voltados à formação continuada de professores e profissionais da educação, a necessidade de observância da tabela de hora/aula do Sindicato dos Docentes do Ensino Superior (ou outro referencial que o MEC julgasse mais conveniente) para o cálculo dos custos relativos à contratação e pagamento dos instrutores (item 9.1.9, TC-012.485/2005-3, Acórdão nº 1.098/2006-Plenário).*

LEI DE DIRETRIZES ORÇAMENTÁRIAS

DOU de 20.04.2011, S. 1, p. 191. Ementa: alerta à Secretaria de Políticas Públicas de Emprego no sentido de ***que, na celebração de convênios com entidades privadas sem finalidade lucrativa, devem ser observados os requisitos impostos para a destinação de recursos a título de auxílios pela Lei de Diretrizes Orçamentárias vigente à época da celebração do convênio****, com vistas a evitar o repasse ilegal de recursos para custear despesas de capital, como a reforma de imóveis e o fornecimento de material permanente (item 1.6, TC-021.196/2009-2, Acórdão nº 926/2011–Plenário).*

DOU de 09.06.2010, S. 1, p. 111. Ementa: determinação ao Gabinete do Ministro (GM/MTE) para ***que, ao firmar convênio para transferência de recursos a entidades privadas sem fins lucrativos, observe as exigências contidas na Lei de Diretrizes Orçamentárias, para a destinação de recursos a essas entidades, especificamente quanto à publicação de ato de autorização para cada entidade beneficiada selecionada para execução em parceria com a administração pública federal,***

acompanhado de demonstração de que a contribuição corrente ou de capital destina-se a entidade sem fins lucrativos, de programas e ações que contribuam diretamente para o alcance de diretrizes, objetivos e metas previstas no plano plurianual *(item 9.5.2, TC-009.864/2004-5, Acórdão nº 2.797/2010-2ª Câmara).*

DOU de 04.12.2009, S. 1, p. 233. Ementa: determinação à EMBRATUR ***para que, na análise técnica de propostas de convênios, manifeste-se fundamentadamente quanto ao valor da contrapartida proposto no Plano de Trabalho, de forma a verificar o cumprimento dos limites legais, conforme estabelecido na Lei de Diretrizes Orçamentárias****, observando a incidência do percentual sobre o valor total do convênio e não apenas sobre o valor a ser transferido pelo Instituto, bem como fundamente, quando for o caso, a aceitação de contrapartida por meio de bens e serviços economicamente mensuráveis, observando o disposto no art. 20, § 2º, da Portaria Interministerial nº 127/2008 (item 1.5.1.3, TC-020.255/2009-0, Acórdão nº 6.527/2009-2ª Câmara).*

DOU de 08.05.2009, S. 1, p. 106. Ementa: determinação ao Ministério do Trabalho e Emprego para ***que, na realização de convênios, observe o estabelecido nas Leis de Diretrizes Orçamentárias (LDO), principalmente os dispositivos que regulam repasses à iniciativa privada*** *(item 1.5.2, TC-012.773/2006-7, Acórdão nº 886/2009-Plenário).*

DOU de 30.06.2008, S. 1, p. 122. Ementa: o TCU ***posicionou-se pelo necessário cumprimento das normas contidas nas leis de diretrizes orçamentárias (LDOs)*** *com relação aos critérios de repasse de recursos a entidades privadas sem fins lucrativos, em especial aquelas relativas à exigência de prazo mínimo de funcionamento das entidades beneficiárias e aos tipos de despesas autorizadas (item 9.4.6, TC-012.529/2007-6, Acórdão nº 1.232/2008-Plenário).*

DOU de 10.05.2007, S. 1, p. 93. Ementa: o TCU determinou ao Ministério do Trabalho e Emprego ***que, ao firmar convênio para transferência de recursos a entidades privadas sem fins lucrativos, observasse as exigências contidas na LDO para a destinação de recursos a essas entidades, especificamente quanto à publicação de ato de autorização para cada entidade beneficiada selecionada para execução em parceria com a Administração Pública Federal (acompanhado de demonstração de que a contribuição corrente ou de capital destina-se a entidade sem fins lucrativos) de programas e ações que contribuíssem diretamente para o alcance de diretrizes, objetivos e metas previstas no plano plurianual (PPA), e quanto à publicação de normas contendo critérios objetivos de habilitação e seleção dessas entidades e demais condições, além da demonstração de que a entidade selecionada fosse a*** *que melhor atendesse aos critérios estabelecidos para a escolha (itens 1.3.3 e 1.3.4, TC-006.660/2005-0, Acórdão nº 1.162/2007-1ª Câmara).*

DOU de 29.11.2006, S. 1, p. 103. Ementa: o TCU promoveu a citação de ex-prefeito do Município de São Jerônimo/RS, devido à assinatura de convênio, comprometendo-se a aplicar ***contrapartida incompatível com a capacidade financeira do município e superior ao limite fixado em lei, contrariando o disposto na Lei nº 9.293/96*** *(art. 18, §2º, I, "b"); segundo a Corte de Contas, houve a fixação de contrapartida municipal em R$ 363.201,58, representando 78% do valor conveniado (R$ 463.201,58), contrariando o disposto na Lei nº 9.293/96 (art. 18, §2º, I, "b"),* ***que a limitava ao máximo de 40%,*** *não sendo observada a capacidade financeira do município, pois o valor correspondia a quase um quarto das receitas correntes e ao dobro da receita tributária do município no exercício de 1998 (itens 1.1.1, alínea "b", e 1.2.1, TC--004.091/2005-4, Acórdão nº 3.266/2006-1ª Câmara).*

LEI DE RESPONSABILIDADE FISCAL

DOU de 23.03.2009, S. 1, p. 88. Ementa: resposta a um consulente no sentido de que conforme os Acórdãos nºs 1.631/2006 e 1.955/2007, ***a LRF, ao dispor em seu art. 25 sobre o instituto das "transferências voluntárias", regulou matéria relativa à gestão das finanças públicas, em obediência ao estabelecido no art. 165, § 9º, inc. II, da Constituição Federal, de forma que está caracterizado o atendimento ao princípio da especialização pela Lei de Responsabilidade Fiscal,*** *bem assim sua prerrogativa para discorrer sobre o tema (item 9.2.3, TC-001.362/2009-8, Acórdão nº 445/2009-Plenário).*

LEI ELEITORAL

DOU de 16.05.2008, S. 1, p. 100. Ementa: o TCU determinou à Caixa Econômica Federal que alterasse as suas normas internas, ***de forma a não mais permitir repasses ou liberações de recursos em período eleitoral,*** *relativos a contratos de repasse, cujos objetos compreendessem a aquisição de bens, a exemplo da aquisição de patrulhas mecanizadas, de interesse do Ministério da Agricultura, Pecuária e Abastecimento (item 1, TC-020.129/2006-0, Acórdão nº 862/2008-Plenário).*

DOU de 22.06.2007, S. 1, p. 100. Ementa: o TCU determinou ao IBAMA ***que cumprisse rigorosamente, quando da realização de transferências voluntárias de recursos, as disposições contidas na alínea "a", inc. VI, art. 73, "caput", da***

Lei nº 9.504/1997 (proibição, nos 3 meses que antecedem o pleito eleitoral, de realizar transferência voluntária)*, bem como na alínea "d", item 35 do Parecer GQ-158, de 06.07.1998, da lavra do Consultor da União, Sr. Luiz Alberto da Silva, aprovado pelo Exmº Senhor Presidente da República em 06.07.1998 (DOU de 07.07.1998), nos seguintes termos: "d)* ***A prática de atos preparatórios para o início de uma obra ou serviço, inclusive a assinatura do respectivo convênio, acordo ou instrumento congênere, não se encontra vedada pela lei, cabendo constar do instrumento cláusula que condicione a liberação dos recursos ao término do prazo estabelecido no inciso VI do art. 73 da Lei nº 9.504/97****" (item 1.3.14, TC--011.169/2003-2, Acórdão nº 1.730/2007-1ª Câmara).*

SISTEMATIZAÇÃO

SIAFI

DOU de 23.02.2011, S. 1, p. 97. Ementa: recomendação à Caixa Econômica Federal no sentido de ***que: disponibilize um número maior de acessos ao SIAFI nas suas unidades regionais*** *(itens 9.1.1.5, TC-031.356/2007-5, Acórdão nº 393/2011-Plenário).*

DOU de 06.11.2006, S. 1, p. 88. Ementa: o TCU determinou ao Ministério da Integração Nacional ***que, na execução de Portarias/Convênios e Planos de Trabalhos, observasse a necessidade de cadastramento prévio dos Planos de Trabalho no Sistema SIAFI,*** *em cumprimento ao estabelecido no art. 13 da IN/STN-MF n° 01/1997 (item 9.1.3, TC-007.690/2006-1, Acórdão nº 2.020/2006-Plenário).*

DOU de 04.07.2006, S. 1, p. 110. Ementa: o TCU determinou à ANEEL ***que atentasse para a necessidade de que as contas do SIAFI, relativas aos convênios firmados pela Agência, estivessem em permanente atualização de forma a refletir a situação real dos instrumentos firmados*** *(item 1.1.1.4, TC-009.059/2004- 1, Acórdão nº 1.604/2006--2ª Câmara).*

SIASG

DOU de 29.05.2009, S. 1, p. 189. Ementa: determinação à Secretaria Nacional de Juventude/PR para ***que registre no Sistema Integrado de Administração de Serviços Gerais (SIASG)*** *e no Sistema de Gestão de Convênios, Contratos de Repasse e Termos de Parcerias (SICONV) as informações relativas aos contratos e convênios, respectivamente, em atenção ao disposto no art. 19 da Lei nº 11.768, de 14.08.2008 (LDO vigente) (item 1.7.2, TC-008.337/2008-9, Acórdão nº 2.628/2009-2ª Câmara).*

DOU de 22.06.2007, S. 1, p. 89. Ementa: o TCU determinou aos Ministérios das Cidades, Turismo, Saúde e Educação que adotassem as providências cabíveis para o cumprimento do art. 21, § 2º, da LDO 2007, o qual ***determina o lançamento das informações físicas e financeiras dos contratos de obras realizadas por convênios e contratos de repasse no*** *módulo SICONV do* ***SIASG*** *(item 9.6, TC-012.667/2006-4, Acórdão nº 1.188/2007-Plenário).*

DOU de 16.03.2007, S. 1, p. 126. Ementa: o TCU determinou à Caixa Econômica Federal que, em cumprimento ao disposto no art. 21, "caput" e § 2º, da Lei nº

11.439/2006 (LDO para 2007), ***adotasse providências para o cadastramento no Sistema Integrado de Administração de Serviços Gerais (SIASG) dos contratos firmados entre os entes beneficiados (municípios e estados) com as respectivas empresas executoras, considerando que as informações a serem disponibilizadas nesse sistema se referem à totalidade da obra e não apenas àquelas relativas ao contrato de repasse,*** *no caso deste cobrir apenas parte do custo global do empreendimento, considerando, ainda, as determinações exaradas nos Acórdãos nº 945/2003 e 1.239/2003 (item 9.2.1, TC-017.387/2006-3, Acórdão nº 347/2007-Plenário).*

DOU de 02.03.2007, S. 1, p. 81. Ementa: o TCU determinou a realização de diligência ao Ministério do Planejamento, Orçamento e Gestão (MPOG) ***para que informasse o cronograma das modificações a serem efetuadas no SIASG*** *para que passe a permitir todos os registros determinados pelo art. 18 da Lei nº 10524/2002 (LDO/2003); art. 18 da Lei nº 10.707/2003 (LDO/2004); art. 19 da Lei nº 10.934/2004 (LDO/2005); art. 21 da Lei nº 11.178/2005 (LDO/2006) e art. 21 da Lei nº 11.439/2006 (LDO/2007) (item 9.2, TC-003.586/2001-4, Acórdão nº 222/2007-Plenário).*

DOU de 13.10.2005, S. 1, p. 100. Ementa: o TCU determinou ao MAPA ***que atualizasse os lançamentos no SIAFI dos convênios*** *nas seguintes situações: 1) cadastrados como adimplentes, mas com pendência de prestação de contas; 2) cujas prestações de contas não foram aprovadas ou foram parcialmente aprovadas sem o respectivo lançamento de inadimplência no SIAFI; e 3) sem a devida prestação de contas (item 1.4, TC--009.869/2004-1, Acórdão n° 2.307/2005-1ª Câmara).*

SICONV

DOU de 06.09.2012, S. 1, p. 752. Ementa: o TCU deu ciência à Themis Assessoria Jurídica e Estudos de Gênero sobre impropriedade verificada na gestão dos recursos de um convênio firmado com a Secretaria Especial de Políticas para as Mulheres (SPM/PR) relativamente ***a ausência de registro no SICONV das etapas relativas à execução e à prestação de contas do convênio, verificada em consulta ao sistema*** *(item 1.7.1.1, TC-011.497/2012-2, Acórdão nº 2.278/2012-Plenário).*

DOU de 20.08.2012, S. 1, p. 216. Ementa: ***recomendação a um município para que promova a capacitação de servidores municipais no uso do Sistema de Gestão de Convênios e Contratos de Repasse (SICONV),*** *a fim de cumprir integralmente as exigências da Portaria Interministerial/MP, MF e CGU nº 507, de 24.11.2011,* *que regula os convênios, contratos de repasse e termos de cooperação celebrados por órgãos e entidades da administração pública federal (item 9.12.1, TC-028.091/2010-8, Acórdão nº 2.177/2012-Plenário).*

DOU de 30.07.2012, S. 1, ps. 197 e 198. Ementa: determinação ao Instituto Federal de Educação, Ciência e Tecnologia do Paraná (IFPR) ***para que registre no SICONV*** *todos os Termos de Parceria firmados pelo IFPR, os respectivos termos de referência, planos de trabalho e pareceres técnico e jurídico emitidos pelos setores competentes (itens 1.6.1.2.3 - TC-026.739/2011-9, Acórdão nº 5.093/2012-2ª Câmara).*

DOU de 15.12.2011, S. 1, p. 209. Ementa: recomendação ao Ministério do Planejamento, Orçamento e Gestão quanto à inclusão, no "caput" do art. 3º da Portaria Interministerial/MP, MF e CGU nº 507/2011, de referência expressa aos "contratos de repasse", de forma a manter o dispositivo em sintonia com o disposto no art. 13 do Decreto nº 6.170/2007 e a evitar qualquer dúvida de ***que os atos e os procedimentos relativos à formalização, execução, acompanhamento, prestação de contas e informações acerca de tomada de contas especial dos contratos de repasse também deverão ser realizados no Sistema de Gestão de Convênios e Contratos de Repasse - SICONV*** *(item 9.11, TC-000.828/2011-4, Acórdão nº 3.304/2011-Plenário).*

DOU de 15.12.2011, S. 1, p. 209. Ementa: o ***TCU alertou no sentido de que os sucessivos atrasos no cronograma de implementação do SICONV e do Portal de Convênios, em todos os seus módulos previstos, estão postergando a conclusão dessas ferramentas*** *e, em consequência, impedindo uma melhor gestão dos recursos públicos federais descentralizados, comprometendo os custos e os resultados de parcela dos programas de governo e propiciando a ocorrência de irregularidades na gestão orçamentária desses recursos objeto de transferências voluntárias a estados, municípios e entidades privadas sem fins lucrativos (item 9.10, TC-000.828/2011-4, Acórdão nº 3.304/2011-Plenário).*

DOU de 15.12.2011, S. 1, p. 208. Ementa: recomendação à Comissão Gestora do SICONV no sentido de que, no âmbito de sua competência, adote medidas objetivando a criação de mecanismo de bloqueio do SIAFI, ou outra ação similar, quando do ***registro de atos e procedimentos relativos a convênios e instrumentos congêneres diretamente no referido sistema em vez de seu registro no SICONV****, em observância às regras estabelecidas no Decreto nº 6.170/2007 e na Portaria Interministerial/MP, MF e CGU nº 507/2011, com vistas a tornar efetiva a obrigatoriedade de utilização do novo sistema SICONV, conforme art. 3º da Portaria Interministerial (item 9.3, TC-000.828/2011-4, Acórdão nº 3.304/2011-Plenário).*

DOU de 18.11.2011, S. 1, p. 136. Ementa: determinação ao CISMEL (Consórcio Intermunicipal de Segurança Pública e Cidadania de Londrina e Região) para ***que atualize e mantenha atualizadas as informações relativas aos atos de dois convênios no sistema SICONV, como licitações e contratos, bem como a inclusão dos termos assinados dos convênios*** *(item 1.8.2, TC-004.681/2011-8, Acórdão nº 2.902/2011-Plenário).*

DOU de 11.05.2011, S. 1, p. 220. Ementa: recomendação ao Ministério da Saúde para que ***crie cadastro de informações sobre as licitações realizadas pelos convenentes, utilizando, se necessário, o Sistema de Gestão de Convênios (SICONV), com o objetivo de subsidiar o acompanhamento e a análise das prestações de contas dos recursos transferidos****, contemplando, por exemplo, a identificação das empresas vencedoras dos certames, os tipos de objetos licitados, os locais de execução dos convênios e os valores das adjudicações, entre outros critérios que facilitem a identificação de eventuais irregularidades na execução dos planos de trabalho (itens 9.6.2, TC-018.701/2004-9, Acórdão nº 1.147/2011-Plenário).*

DOU de 10.05.2011, S. 1, p. 166. Ementa: determinação à SECEX/SC para que alerte a FUNASA/PRESI no sentido de que ***a não inclusão, no SICONV****, dos atos de acompanhamento da execução de um convênio, bem como* ***dos atos de aprovação das prestações de contas parciais apresentadas pela convenente, constitui irregularidade*** *pelo descumprimento dos arts. 58, § 1º, e 60, § 1º, da Portaria Interministerial/MP, MF e CGU nº 127, de 29.05.2008 (item 1.6.2.2, TC-004.676/2010-6, Acórdão nº 2.708/2011-2ª Câmara).*

DOU de 11.04.2011, S. 1, p. 161. Ementa: alerta à Fundação Universidade Federal do Pampa ***quanto à inobservância da necessidade de cadastrar, no SICONV, convênios, contratos de repasse e termos de cooperação****, de acordo com o art. 10, § 3º, inc. II e art. 13 do Decreto nº 6.170/2007 (item 1.7.1, TC-022.799/2010-9, Acórdão nº 1.955/2011-2ª Câmara).*

DOU de 05.04.2011, S. 1, p. 99. Ementa: alerta à SESU ***para a necessidade de se programar visitas aos locais de execução dos convênios, a fim de verificar se as informações registradas pelo convenente no SICONV correspondem à realidad****e, utilizando, se necessário, o apoio de terceiros ou firmando parcerias com órgãos ou entidades que se situem próximo aos locais de execução do convênio, conforme dispõem os arts. 52, "caput", 53, incisos I e II, e 54, inc. III, da Portaria Interministerial/MP, MF e CGU nº 127, de 29.05.2008 (item 1.8.2, TC-015.204/2009-0, Acórdão nº 1.829/2011-1ª Câmara).*

DOU de 08.12.2010, S. 1, p. 97. Ementa: recomendação à Comissão Gestora do SICONV, como órgão central do sistema, no sentido de que analise a possibilidade de sugerir a *alteração da Portaria Interministerial/MP, MF e CGU nº 127/2008 para incluir, entre as cláusulas necessárias para recebimento de cada parcela dos recursos, previstas no art. 43 deste normativo, a obrigatoriedade de o convenente ou contratado atender às exigências previstas em seu art. 30, inciso X (**inclusão regular no SICONV de informações e documentos exigidos pela PI, mantendo-o atualizado**) (item 1.6.5, TC--007.487/2010-0, Acórdão nº 3.119/2010-Plenário).*

*DOU de 06.10.2010, S. 1, p. 131.Ementa: determinação à 8ª SECEX/TCU, na condição de unidade responsável pelo monitoramento do Sistema de Gestão de Convênios e Contratos de Repasse (SICONV), **que monitore o cumprimento do disposto no item 9.5 do Acórdão nº 2.963/2010-1ªC** (item 1.5.1, TC-003.935/2009-2, Acórdão nº 6.255/2010--1ª Câmara).*

*DOU de 01.06.2010, S. 1, p.127. Ementa: **alerta ao Poder Executivo, nas pessoas da Ministra de Estado-Chefe da Casa Civil da Presidência da República e do Ministro do Planejamento, Orçamento e Gestão, no sentido de que os sucessivos atrasos no cronograma de implementação do SICONV e do Portal de Convênios estão postergando a conclusão dessas ferramentas e, em consequência, impedindo uma melhor gestão dos recursos públicos federais descentralizados**, comprometendo os custos e os resultados de parcela dos programas de governo e propiciando a ocorrência de irregularidades na gestão orçamentária desses recursos objeto de transferências voluntárias a estados, municípios e entidades privadas sem fins lucrativos (item 9.5, TC-019.753/2009-0, Acórdão nº 1.117/2010-Plenário).*

*DOU de 01.06.2010, S. 1, p. 127. Ementa: **recomendação à STN-MF, ao FNDE, ao FNS, ao MDS, à Caixa Econômica Federal, ao BB e ao BNB no tocante à adoção de prioridade no sentido de viabilizar a integração do SICONV aos sistemas sob sua responsabilidade**, nos prazos estabelecidos pelo Ministério do Planejamento, Orçamento e Gestão (item 9.4, TC-019.753/2009-0, Acórdão nº 1.117/2010-Plenário).*

*DOU de 11.09.2009, S. 1, p. 72. Ementa: determinação à Secretaria do Tesouro Nacional e à Secretaria do Orçamento Federal para que comprovem junto ao TCU, em abril de 2010, **quando da efetiva implantação do Sistema de Gestão de Convênios e Contratos de Repasse (SICONV), o atendimento às determinações contidas nos subitens 9.2.1 e 9.2.2 do Acórdão nº 2.707/2008-Plenário, TC-022.348/2007-4**, relativamente a promoção de estudos, em conjunto, e apresentem ao TCU cronograma de ações com vistas à identificação das fontes de recursos quando da execução e devolução dos saldos remanescentes dos convênios firmados com a União (item 9.2, TC-014.992/2009-7, Acórdão nº 2.074/2009-Plenário).*

DOU de 29.05.2009, S. 1, p. 142. Ementa: recomendação à Comissão Gestora do SICONV para que ***estabeleça normativamente, para os órgãos e entidades usuários, prazo determinado para inclusão dos dados relativos aos atos e procedimentos que tenham sido realizados fora do sistema SICONV/Portal de Convênios****, contado a partir da data de homologação e disponibilização de cada módulo, etapa ou funcionalidade; e no exercício das competências que lhe foram atribuídas pelo art. 13, § 4º, incisos I e III, do Decreto nº 6.170/2007, oriente os órgãos setoriais do SICONV* ***no sentido de que, tão logo sejam concluídos os módulos do sistema, torna-se obrigatória a realização, dentro do SICONV, de todos os atos atinentes à celebração e execução de convênios, contratos de repasse e termos de parceria, conforme disposto no "caput" do art. 3º da Portaria Interministerial/ MP, MF e CGU nº 127/2008*** *(itens 9.3.1 e 9.3.2, TC-013.032/2008-7, Acórdão nº 1.141/2009-Plenário).*

DOU de 29.05.2009, S. 1, p. 142. Ementa: ***recomendação ao Ministério do Planejamento, Orçamento e Gestão e à Comissão Gestora do SICONV que adotem tempestivamente as medidas necessárias ao efetivo cumprimento do Decreto nº 6.170/2007 e da Portaria Interministerial nº 127/2008*** *(item 9.2, TC-013.032/2008-7, Acórdão nº 1.141/2009-Plenário).*

DOU de 29.05.2009, S. 1, p. 142. Ementa: solicitação à Secretaria de Logística e Tecnologia da Informação do Ministério do Planejamento, Orçamento e Gestão que, em relação ao cronograma encaminhado por meio de sua Nota Técnica 175/2008/LSG/ SLTI-MP, ***mantenha este Tribunal informado sobre alterações nas datas de início das atividades e sobre o cumprimento, ou não, das datas previstas de conclusão das fases de desenvolvimento do SICONV****, bem como informe as razões para as eventuais exceções ou modificações do cronograma de implantação (item 9.1, TC-013.032/2008-7, Acórdão nº 1.141/2009-Plenário).*

DOU de 29.05.2009, S. 1, p. 189. Ementa: determinação à Secretaria Nacional de Juventude/PR para ***que registre*** *no Sistema Integrado de Administração de Serviços Gerais (SIASG) e* ***no Sistema de Gestão de Convênios, Contratos de Repasse e Termos de Parcerias (SICONV)*** *as informações relativas aos contratos e convênios, respectivamente, em atenção ao disposto no art. 19 da Lei nº 11.768, de 14.08.2008 (LDO vigente) (item 1.7.2, TC-008.337/2008-9, Acórdão nº 2.628/2009-2ª Câmara).*

DOU de 09.04.2009, S. 1, p. 151. Ementa: determinação à Secretaria do Tesouro Nacional, na condição de órgão administrador do Sistema SIAFI, e ao Ministério do Planejamento, Orçamento e Gestão, na condição de órgão central do SICONV (§1º, art. 13 do Decreto nº 6.170/2007), para ***que implementem, nos respectivos sistemas, mecanismo de*** *__lançamento automático de inadimplência de convênio__, contrato de repasse ou termo de parceria cuja prestação de contas não venha a ser apresentada após o prazo de 180 (cento e oitenta) dias, contado a partir do termo final fixado para essa apresentação, independentemente de iniciativa do ordenador de despesa de cumprir sua obrigação de registrar esse fato nos referidos sistemas, nos termos dos arts. 31, § 2º-A, da IN/STN-MF nº 1/1997, e 56, § 2º, da Portaria Interministerial/MP, MF e CGU nº 127/2008 (item 1.5.16, TC-024.666/2008-6, Acórdão nº 1.477/2009-1ª Câmara).*

DOU de 16.05.2008, S. 1, p. 100. Ementa: o TCU determinou ao Ministério do Planejamento, Orçamento e Gestão que informasse, nas contas relativas ao exercício de 2008, __os resultados obtidos pelo Grupo de Trabalho na revisão da operacionalização do processo de transferências voluntárias, em atendimento aos subitens 9.4 e 9.5.1 do Acórdão nº 1.126/2007-Plenário__ (item 3.1, TC-008.915/2007-6, Acórdão nº 857/2008-Plenário).

DOU de 09.11.2007, S. 1, p. 71. Ementa: o TCU recomendou ao Ministério do Planejamento, Orçamento e Gestão __que implementasse, no âmbito do Sistema SICONV, funcionalidade que permitisse registrar falhas formais ocorridas na execução de convênios e instrumentos congêneres, de modo que fosse possível a correspondente apreciação conclusiva com ressalva, se fosse o caso, e a manutenção de histórico com relação a convenentes contumazes no desrespeito a normas legais e regulamentares que regem essas espécies de ajuste, mesmo nos casos que não envolvessem débito__ (item 9.6, TC-001.082/2007-8, Acórdão nº 2.355/2007-Plenário).

DOU de 09.11.2007, S. 1, p. 71. Ementa: __o TCU preocupou-se com o fornecimento de subsídios ao Ministério do Planejamento, Orçamento e Gestão para que a implementação do Sistema de Gestão de Convênios e Contratos de Repasse (SICONV)__, tendo em vista o que dispõe o § 3º do art. 13 do Decreto nº 6.170/2007, incluísse funcionalidades que pudessem auxiliar o TCU no planejamento e execução de suas ações, como a inclusão de determinados tipos de dados e a extração de relatórios gerenciais (item 9.5.2, TC-001.082/2007-8, Acórdão nº 2.355/2007-Plenário).

DOU de 05.10.2007, S. 1, p. 175. Ementa: o TCU __comunicou ao Ministério do Planejamento, Orçamento e Gestão que o "Documento de Visão do Portal de Convênios", no qual estão consubstanciados os estudos técnicos para a implementação do sistema de informática objeto da determinação constante do item 9.1, do Acórdão nº 2.066/2006-Plenário__, contempla os requisitos e informações exigidos, razão pela qual pode ser considerada aprovada a visão consignada no referido documento, no que diz respeito ao atendimento da deliberação em causa (item 1.2.3, TC-015.568/2005-1, Acórdão nº 2.048/2007-Plenário).

DOU de 22.06.2007, S. 1, p. 89. Ementa: o TCU determinou aos Ministérios das Cidades, Turismo, Saúde e Educação que adotassem as providências cabíveis para o cumprimento do art. 21, § 2º, da LDO 2007, ***o qual determina o lançamento das informações físicas e financeiras dos contratos de obras realizadas por convênios e contratos de repasse no módulo SICONV*** *do SIASG (item 9.6, TC-012.667/2006-4, Acórdão nº 1.188/2007-Plenário).*

DOU de 13.11.2006, S. 1, p. 138. Ementa: o TCU determinou ao Ministério do Planejamento, Orçamento e Gestão que, para possibilitar a transparência que deve ser dada às ações públicas, como forma de viabilizar o controle social e a bem do princípio da publicidade, no prazo de 180 (cento e oitenta) dias, ***apresentasse àquele Tribunal estudo técnico para a implementação de sistema de informática em plataforma web que permitisse o acompanhamento "on-line" de todos os convênios e outros instrumentos utilizados para transferir recursos federais a outros órgãos/entidades, entes federados e entidades do setor privado, que pudesse ser acessado por qualquer cidadão via rede mundial de computadores****, contendo informações relativas aos instrumentos celebrados, especialmente os dados da entidade convenente, o parlamentar e a emenda orçamentária que alocaram os recursos, se houver, o objeto pactuado, o plano de trabalho detalhado, inclusive custos previstos em nível de item/etapa/fase, as licitações realizadas com dados e lances de todos os licitantes, o status do cronograma de execução física com a indicação dos bens adquiridos, serviços ou obras executados, o nome, CPF e dados de localização dos beneficiários diretos, quando houver, os recursos transferidos e a transferir, a execução financeira com as despesas executadas discriminadas analiticamente por fornecedor e formulário destinado à coleta de denúncias; a página do referido sistema deverá ser disponibilizada em local visível dos sítios de todos os órgãos/entidades que realizem transferências voluntárias, permitindo filtrar consultas aos instrumentos celebrados por cidade, estado, entidade convenente, número do ajuste, objeto, entre outros critérios de pesquisa, com vistas a maior acessibilidade e transparência possível; com o intuito de exibir dados de todos os instrumentos celebrados no âmbito da administração pública federal (direta e indireta), deverá ser disponibilizada em portal específico página do mesmo sistema, permitindo acesso aos filtros de consultas do item precedente, além de outros que a característica consolidadora da página exigir; c) as denúncias recebidas deverão ser objeto de tratamento prioritário nos órgãos/entidades concedentes, reportando-se as constatações e as providências tomadas à Controladoria-Geral da União e ao Tribunal de Contas da União (item 9.1, TC-015.568/2005-1, Acórdão nº 2.066/2006-Plenário).*

DOU de 26.05.2006, S. 1, p. 117. Ementa: recomendar ao Ministério do Planejamento, Orçamento e Gestão que ***avalie a possibilidade de criação ou modificação de sistema de informática que permita o acompanhamento on-line pelo menos***

***em parte dos convênios, acordos, ajustes, contratos de repasse ou outros instrumentos congêneres**, compreendendo a sinalização automática daqueles que mostrem comportamento discrepante (item 9.2, TC-003.777/2002-4, Acórdão nº 788/2006-Plenário).*

SINAPI E SICRO

*DOU de 14.12.2010, S. 1, p. 122. Ementa: alerta ao 6º Batalhão de Engenharia e Construção (6º BE Cnst.) **para a necessidade de que aquela Organização Militar, nos casos em que não for possível utilizar as composições do DNIT - SICRO 2, em especial no que se refere à produtividade da equipe**, faça constar as correspondentes justificativas no Plano de Trabalho e submeta tal aspecto à apreciação do concedente (item 9.2.2, TC-008.206/2007-9, Acórdão nº 3.261/2010-Plenário).*

*DOU de 14.08.2009, S. 1, p. 133. Ementa: determinação à Caixa Econômica Federal para que atente para o cumprimento da determinação constante do item 9.2.2 do Acórdão nº 347/2007-Plenário, no sentido de inserir em seus normativos a obrigatoriedade dos engenheiros responsáveis pela análise de custos dos contratos de repasse da elaboração de memorial de cálculo **que apresente planilha comparativa dos preços verificados com os de referência (inclusive destacando o código do serviço comparado no sistema de preço utilizado), abrangendo todos os itens constantes do orçamento, sendo que, nos casos em que não houver correlação do item com o preço do SINAPI, seja indicado o custo adotado e a respectiva tabela da qual faz parte**; se, ainda assim, persistir a ausência de valor comparativo, seja solicitado ao ente beneficiado a demonstração da adequabilidade do preço praticado, mediante pesquisa no mercado, apresentando-se, para isso, documentação comprobatória (item 9.2.2, TC-005.639/2009-4, Acórdão nº 1.786/2009-Plenário).*

*DOU de 16.03.2007, S. 1, p. 126. Ementa: o TCU determinou à Caixa Econômica Federal que inserisse em seus normativos a obrigatoriedade de que os engenheiros responsáveis pela análise de custos dos contratos de repasse elaborassem memorial de cálculo que apresentasse planilha comparativa dos preços verificados com os de referência (inclusive destacando o código do serviço comparado no sistema de preço utilizado), abrangendo todos os itens constantes do orçamento, sendo que, **nos casos em que não houvesse correlação do item com o preço do SINAPI, fosse indicado o custo adotado e a respectiva tabela da qual faz parte**; se, ainda assim, persistisse a ausência de valor comparativo, fosse solicitado ao ente beneficiado a demonstração da adequabilidade do preço praticado mediante pesquisa no mercado, apresentando-se, para isso, documentação comprobatória (item 9.2.2, TC-017.387/2006-3, Acórdão nº 347/2007-Plenário).*

DOU de 06.11.2006, S. 1, p. 88. Ementa: o TCU determinou ao Ministério da Defesa (relativamente a obras delegadas pelo Ministério da Integração Nacional, mediante Portarias, Convênios e/ou Planos de Trabalho) que incluísse em anexo aos orçamentos o quantitativo de recursos decorrentes de depreciação de equipamentos, contendo as memórias de cálculo utilizadas para definição dos quantitativos e valores. Para a previsão dos custos de depreciação, ***o TCU recomendou a utilização da sistemática constante do Manual de Custos Rodoviários do DNIT – SICRO II****. Segundo o TCU, o limite de gastos com reforma/conserto dos equipamentos próprios e a aquisição de novos equipamentos deverá ser o valor dos recursos decorrentes da depreciação de equipamentos (item 9.2.6.2, TC-007.690/2006-1, Acórdão nº 2.020/2006-Plenário).*

DOU de 31.03.2006, S. 1, p. 280. Ementa: o TCU recomendou à Caixa Econômica Federal que atualizasse seus normativos internos de forma a somente admitir contratos de repasse nos quais o valor do objeto esteja compatível com o apurado ***com base nos quantitativos do plano de trabalho proposto e os custos unitários pesquisados no Sistema SINAPI****, não devendo ser aceito, como forma de custeio de eventual diferença nos preços licitados, o aumento da contrapartida do contratado nem tampouco a utilização dos recursos de aplicação financeira eventualmente já creditados na conta específica (item 9.2, TC-004.107/2005-6, Acórdão nº 434/2006-Plenário).*

NEGOCIAÇÃO, FORMALIZAÇÃO E CELEBRAÇÃO

ANÁLISE DE CUSTOS

DOU de 10.09.2012, S. 1, p. 106. Ementa: determinação ao Ministério do Turismo, quanto às ações de qualificação e capacitação profissionais complementares às ofertadas pelo PRONATEC Turismo, ***que, ao analisar os custos de execução dessas ações, utilize outros parâmetros de referência além do valor praticado no âmbito do PRONATEC/ MEC****, a exemplo dos valores definidos para as ações desenvolvidas no âmbito do Plano Nacional de Qualificação (PNQ), por meio de Resoluções do Conselho Deliberativo do FAT-CODEFAT (Resoluções 577, 604, 633 e 666), em observância ao princípio da economicidade (itens 1.7.1.2, TC-006.757/2012-0, Acórdão nº 6.395/2012-2ª Câmara).*

DOU de 06.10.2011, S. 1, p. 132. Ementa: o TCU deu ciência ao INCRA/TO de que a ***impropriedade de convênios celebrados ante a inexistência de análises detalhadas de custos dos objetos conveniados*** *afronta o disposto no Acórdão nº 2.261/2005-Plenário e no art. 116 da Lei nº 8.666/1993 (item 1.7.1.7, TC-024.516/2007-0, Acórdão nº 2.594/2011-Plenário).*

DOU de 02.09.2011, S. 1, p. 195. Ementa: o TCU deu ciência ao Ministério do Turismo quanto à obrigatoriedade de, ao contratar, inclusive de forma direta, ou celebrar convênio e termo de parceria, ***anexar ao respectivo processo documentos acerca dos valores praticados no mercado, capazes de propiciar parâmetros para avaliação do custo do objeto avençado****, comprovando a sua razoabilidade, não se admitindo texto padrão que diz que os preços são compatíveis com o mercado ou algo similar, conforme disposto no inc. III do parágrafo único do art. 26 da Lei nº 8.666/1993, no caso de contratações, e inciso XX do § 1º do art. 1º, c/c art. 23 da Portaria Interministerial/MP, MF e CGU nº 127/2008, no caso de convênio e termo de parceria (item 9.2.1, TC-004.018/2011-7, Acórdão nº 2.236/2011-Plenário).*

DOU de 02.05.2011, S. 1, p. 199. Ementa: alerta à Fundação Cultural Palmares quanto à ausência, em convênio, de descrição genérica e sucinta dos itens/serviços que compunham a contrapartida ofertada pela proponente e ***ausência de análise técnica quanto à compatibilidade dos custos apresentados pela proponente com os valores praticados no mercado****, em afronta ao art. 35, § 1º, da Lei nº 10.180, de 06.02.2001 ("Art. 35. Os órgãos e as entidades da Administração direta e indireta da União, ao celebrarem compromissos em que haja a previsão de transferências de recursos financeiros, de seus orçamentos, para Estados, Distrito Federal e Municípios, estabelecerão nos instrumentos pactuais a obrigação dos entes recebedores de fazerem incluir tais recursos nos seus* *respectivos orçamentos. § 1º Ao fixarem os valores a serem transferidos, conforme o disposto neste artigo, os entes nele referidos farão análise de custos, de maneira que o montante de recursos envolvidos na operação seja compatível com o seu objeto, não permitindo a transferência de valores insuficientes para a sua conclusão, nem o excesso que permita uma execução por preços acima dos vigentes no mercado") (item 9.8.4, TC-002.189/2009-5, Acórdão nº 2.593/2011-2ª Câmara).*

DOU de 19.07.2010, S. 1, p. 116. Ementa: recomendação ao FNDE para ***que fixe o valor a ser repassado por meio de descentralização de créditos orçamentários a partir de análise de custos****, de maneira que o montante envolvido na operação seja compatível com o seu objeto, não permitindo o repasse de créditos insuficientes para a sua conclusão nem o excesso que permita uma execução por preços acima dos vigentes no mercado, de forma análoga ao que prevê o §1º do art. 35 da Lei nº 10.180/2001, ao dispor sobre a celebração de compromissos que envolvam transferências de recursos financeiros entre órgãos e entidades integrantes da Administração Pública (item 1.6.3, TC-019.721/2008-9, Acórdão nº 3.665/2010-2ª Câmara).*

DOU de 07.07.2010, S. 1, p. 103. Ementa: alerta à SUDENE no sentido ***de que analise os aspectos técnicos e financeiros dos planos de trabalho propostos, de modo a certificar a viabilidade do empreendimento e a compatibilidade dos preços com os praticados no mercado****, em atendimento à Portaria Interministerial/MP, MF e CGU nº 127, de 29.05.2008, arts. 4º, 15 e 16, 21 a 23 (item 9.4.1, TC-001.923/2008-4, Acórdão nº 3.971/2010-1ª Câmara).*

DOU de 16.04.2010, S. 1, p. 132. Ementa: determinação ao INCRA-SEDE/DF para ***que, em etapa anterior à celebração de convênios, certifique-se de que os custos previstos para execução do objeto são compatíveis com os valores de mercado****, em respeito ao princípio da economicidade (item 9.1.1, TC-023.921/2009-4, Acórdão nº 1.847/2010-1ª Câmara).*

DOU de 02.10.2009, S. 1, p. 151. Ementa: recomendação à Secretaria Executiva do Ministério do Turismo para ***que avalie a possibilidade de manter banco de dados contendo o registro de preços praticados para determinados itens de custos que são recorrentes nas propostas de convênios analisadas****, tais como: locação de palco, sonorização, iluminação e banheiros químicos, entre outros, de forma a subsidiar a análise de custos, principalmente no âmbito da Coordenação de Análise de Projetos da Secretaria Nacional de Políticas de Turismo (item 1.6.1.1, TC-013.105/2009-3, Acórdão nº 5.078/2009-2ª Câmara).*

DOU de 02.10.2009, S. 1, p. 150. Ementa: determinação à Secretaria Executiva do Ministério do Turismo para ***que proceda****, na análise técnica de propostas de convênios,* *a* ***uma efetiva análise dos seus custos e dos benefícios advindos****, explicitando a metodologia e os parâmetros de preços adotados, de maneira a garantir a observância ao princípio da economicidade, em atenção ao art. 31 da Portaria Interministerial nº 127/2008 (item 1.5.1.3, TC-013.105/2009-3, Acórdão nº 5.078/2009-2ª Câmara).*

DOU de 01.12.2008, S. 1, p. 153. Ementa: determinação à FUNASA para que, ao ***avaliar proposições de convênio, proceda, consignando em seus pareceres técnicos, à análise detalhada dos custos indicados nas propostas, documentando os referidos exames com elementos de convicção, como cotações, tabelas de preços de associações profissionais, publicações especializadas e outras fontes disponíveis****, de modo a certificar-se e a comprovar que tais custos estão condizentes com os praticados no mercado da respectiva região (item 9.4.5, TC-017.828/2005-1, Acórdão nº 2.697/2008-Plenário).*

DOU de 11.07.2008, S. 1, ps. 84 e 85. Ementa: o TCU recomendou à Secretaria do Tesouro Nacional (STN/MF) que em convênios em que fossem prestados serviços de assessoria e assistência, de consultoria, de capacitação e promoção de seminários e congêneres, ***fosse incluída, entre os elementos obrigatórios dos planos de trabalho, a especificação detalhada das horas técnicas envolvidas, discriminando a quantidade e o custo individual, bem como fosse exigida a comprovação da adequabilidade dos custos determinados, especificando a qualificação mínima requerida dos profissionais****, bem como, nas prestações de contas, fosse incluído o demonstrativo detalhado das horas técnicas efetivamente realizadas, indicando o profissional, sua qualificação, o evento e o local de realização, a data e o número de horas (item 9.1.2, TC-027.206/2006-3, Acórdão nº 1.331/2008-Plenário).*

DOU de 15.06.2007, S. 1, p. 69. Ementa: o TCU afirmou ***ser necessário o detalhamento dos custos dos bens e serviços a adquirir****, dos locais de instalação dos equipamentos permanentes previstos e das despesas com diárias, hospedagens, alimentação e transporte necessários ao cumprimento dos objetivos avençados em convênio federal, de forma a atender os arts. 8.°, inc. I, e 36, inc. I, da IN/STN-MF nº 01/1997 (item 9.1.6, TC--025.688/2006-1, Acórdão nº 1.136/2007-Plenário).*

DOU de 15.06.2007, S. 1, p. 69. Ementa: o TCU determinou à FINEP, quando da avaliação e aprovação de projetos relativos a convênios de Inclusão Digital e similares, ***que normatizasse internamente planilha referencial de custos atualizados dos insumos comuns que fossem passíveis de serem contemplados com recursos públicos destinados a tais convênios****, correspondentes a bens, serviços, veículos e outros equipamentos em geral, apresentados no âmbito da Inclusão Digital,* ***de forma que fosse viável uma devida e obrigatória parametrização dos valores propostos para tais***

insumos segundo as margens de valores aceitáveis de mercado, quando da submissão dos projetos apresentados aos procedimentos de sua prévia avaliação e da posterior prestação de contas dos convênios firmados por aquela empresa pública *(item 9.1.4.1, TC-025.688/2006-1, Acórdão nº 1.136/2007-Plenário).*

DOU de 11.05.2007, S. 1, p. 115. Ementa: o TCU determinou à ADA ***que expedisse atos normativos internos adequados contendo os procedimentos exigíveis para análise dos custos dos projetos*** *apresentados à entidade com vistas à celebração de convênios (item 9.3.14, TC-011.572/2005-6, Acórdão nº 986/2007-2ª Câmara).*

DOU de 20.07.2006, S. 1, p. 58. Ementa: o TCU determinou à FUNASA que, ***na avaliação de proposições de convênio, exigisse, procedesse e consignasse em seus pareceres técnicos as análises detalhadas dos custos indicados nas propostas,*** *documentando as referidas análises com elementos de convicção como cotações, tabelas de preços de associações profissionais, publicações especializadas e outras fontes disponíveis, de modo a certificar-se e a comprovar que tais custos estão condizentes com os praticados no mercado da respectiva região (item 1.10, TC-018.308/2005-6, Acórdão nº 1.852/2006-2ª Câmara).*

DOU de 10.07.2006, S. 1, p. 57. Ementa: o TCU determinou ao MEC ***que fizesse constar dos manuais, cartilhas, ofícios ou quaisquer outros instrumentos destinados a orientar e comunicar os proponentes sobre*** *a elaboração de projetos educacionais e planos de trabalho voltados à formação continuada de professores e profissionais da educação, a necessidade de observância da tabela de hora/aula do Sindicato dos Docentes do Ensino Superior (ou outro referencial que o MEC julgasse mais conveniente) para* ***o cálculo dos custos relativos à contratação e pagamento dos instrutores*** *(item 9.1.9, TC-012.485/2005-3, Acórdão nº 1.098/2006-Plenário).*

DOU de 26.04.2006, S. 1, p. 75. Ementa: o TCU determinou ao Ministério do Trabalho e Emprego ***que procedesse ao exame criterioso sobre os planos de trabalho apresentados por ocasião da formalização dos convênios*** *no âmbito do Sine, evitando previsões de metas não atreladas a um planejamento consistente da execução do objeto (item 9.7.1, TC-012.652/2001-0, Acórdão nº 936/2006-2ª Câmara).*

DOU de 07.02.2006, S. 1, p. 57. Ementa: o TCU determinou ao Ministério da Integração Nacional ***que, ao avaliar proposições de convênio, procedesse e consignasse em seus pareceres técnicos as análises detalhadas dos custos indicados nas propostas,*** *documentando as referidas análises com elementos de convicção como cotações, tabelas de preços de associações profissionais, publicações especializadas e outras fontes disponíveis, de modo a certificar-se e a comprovar que tais custos estão condizentes* *com os praticados no mercado da respectiva região (item 5.9, TC-017.928/2005-7, Acórdão nº 46/2006-2ª Câmara).*

DOU de 07.02.2006, S. 1, p. 57. Ementa: o TCU determinou à CODEVASF que, ao avaliar proposições de convênio, ***procedesse e consignasse em seus pareceres técnicos as análises detalhadas dos custos indicados nas propostas****, documentando as referidas análises com elementos de convicção como cotações, tabelas de preços de associações profissionais, publicações especializadas e outras fontes disponíveis, de modo a certificar--se e a comprovar que tais custos estão condizentes com os praticados no mercado da respectiva região (item 6.5, TC-017.928/2005-7, Acórdão nº 46/2006-2ª Câmara).*

DOU de 02.02.2006, S. 1, p. 33. Ementa: o TCU determinou à Secretaria Executiva do Ministério da Saúde que fizesse constar, dos processos de análise/concessão de convênios, ***análise detalhada do custo do objeto e sua compatibilidade em relação aos preços praticados no mercado*** *(item 1.2, TC-018.653/2005-8, Acórdão nº 9/2006-2ª Câmara).*

ANÁLISE DE PROPOSTAS E DE PLANO DE TRABALHO

DOU de 17.12.2012, S. 1, p. 110. Ementa: o TCU deu ciência à Secretaria de Direitos Humanos a respeito da impropriedade caracterizada pela ***inexistência, nos processos relativos aos convênios assinados pelo órgão, de análise acerca da viabilidade do projeto, da capacidade da entidade convenente para realização do objeto, da pertinência das metas, da compatibilidade dos custos cobrados em relação aos preços praticados no mercado e da comprovação da regularidade fiscal e previdenciária****, contrariando o disposto nos arts. 21 e 22 da Portaria Interministerial/MP, MF e CGU nº 127/2008, em vigor à época, hoje arts. 25 e 26 da Portaria Interministerial/MP, MF e CGU nº 507 (item 9.4.3, TC-016.527/2007-0, Acórdão nº 3.454/2012-Plenário).*

DOU de 08.11.2012, S. 1, p. 119. Ementa: recomendação à Secretaria Executiva do Ministério da Cultura para que promova, junto às demais secretarias e unidades finalísticas do Ministério, a padronização dos formulários utilizados ***para análise das propostas de apoio a projetos culturais, incluindo convênios e instrumentos congêneres*** *(item 9.6, TC-026.176/2011-4, Acórdão nº 2.965/2012-Plenário).*

DOU de 15.05.2012, S. 1, p. 114. Ementa: o TCU deu ciência à EMBRATUR de que nos pareceres técnicos não há uma análise efetiva dos custos dos projetos de convênio, pois, de forma geral, ***os pareceres mencionam apenas que os valores apresentados nos planos de trabalho e nos termos de referência estão de acordo com o mercado,***

conforme as cotações apresentadas pela entidade proponente, e, nos poucos casos em que se menciona eventual pesquisa realizada pelos técnicos da EMBRATUR, não há comprovação documental da pesquisa, *o que está em dissonância com a determinação do item 1.5.1.3.1 do Acórdão nº 6.527/2009 2ªC (item 1.6.1.8, TC-011.774/2011-8, Acórdão nº 3.145/2012-2ª Câmara).*

DOU de 15.05.2012, S. 1, p. 114. Ementa: o TCU deu ciência à EMBRATUR de que, nos pareceres técnicos de análise das propostas de convênios, ***não há avaliações expressas da correlação entre os cronogramas de execução e de desembolso, o que dá margem à incompatibilidade entre o número de parcelas de liberação de recursos e o cronograma de execução****, em desacordo com o item 1.5.1.3.3.2 do Acórdão nº 6.527/2009-2ªC (item 1.6.1.3, TC-011.774/2011-8, Acórdão nº 3.145/2012-2ª Câmara).*

DOU de 15.05.2012, S. 1, p. 114. Ementa: o TCU deu ciência à EMBRATUR de que a Diretoria de Marketing, a Diretoria de Mercados Internacionais e a Coordenação de Suporte Tecnológico ***não estão incluindo, nos pareceres de análise técnica de propostas de convênios, avaliações expressas quanto à adequação do cronograma de execução com o objeto, a fim de verificar se esse cronograma estabelece etapas e metas adequadas ao projeto a ser desenvolvido****, em dissonância com o item 1.5.1.3.3.1 do Acórdão nº 6.527/2009-2ªC (item 1.6.1.2, TC-011.774/2011-8, Acórdão nº 3.145/2012-2ª Câmara).*

DOU de 01.07.2011, S. 1, p. 121. Ementa: determinação à Secretaria Nacional de Segurança Pública (SENASP) e à Secretaria Executiva do PRONASCI do Ministério da Justiça para ***que, na celebração de ajustes no âmbito do PRONASCI, observem os ditames da Portaria Interministerial/MP, MF e CGU nº 127, de 29.05.2008, em especial quanto à avaliação criteriosa dos planos de trabalho – que devem conter, no mínimo, justificativa para a celebração do instrumento, descrição completa do objeto a ser executado, descrição das metas a serem atingidas, definição das etapas ou fases da execução, cronograma de execução do objeto e cronograma de desembolso e plano de aplicação dos recursos a serem desembolsados*** *–, a fiscalização e a prestação de contas (item 9.2, TC-023.312/2010-6, Acórdão nº 1.672/2011-Plenário).*

DOU de 11.05.2011, S. 1, p. 220. Ementa: recomendação ao Ministério da Saúde para que estabeleça prazo improrrogável, a partir da data de publicação da lei orçamentária anual, para a apresentação de propostas de convênios, ***com o objetivo de permitir análises mais criteriosas dos planos de trabalho e demais documentos e informações necessárias à aprovação dos projetos pelas áreas técnicas do Ministério*** *(item 9.6.3, TC-018.701/2004-9, Acórdão nº 1.147/2011-Plenário).*

DOU de 02.05.2011, S. 1, p. 200. Ementa: alerta à Fundação Cultural Palmares ***relativamente à ausência de análise técnica, em convênio, quanto à pertinência entre o objeto conveniado e o objetivo e a finalidade da ação orçamentária supridora dos recursos do convênio*** *(art. 167, inc. VI, da CF/1988),* ***bem como quanto à necessidade local e conveniência da execução de uma meta sobre exposição numa capital*** *(item 9.8.7, TC-002.189/2009-5, Acórdão nº 2.593/2011-2ª Câmara).*

DOU de 24.11.2010, S. 1, p. 137. Ementa: alerta à FUNASA, no tocante a convênios, que ***não celebre convênios ou termos de compromisso sem o cumprimento dos procedimentos determinados pela Portaria Interministerial/MP, MF e CGU nº 127/2008, principalmente no que se refere à documentação exigida e à análise do setor responsável sobre a viabilidade técnica do projeto apresentado e a avaliação acerca da pertinência e adequação do objeto proposto****, previamente à celebração dos convênios (item 9.2.4, TC-019.402/2009-5, Acórdão nº 3.089/2010-Plenário).*

DOU de 01.11.2010, S. 1, p. 109. Ementa: determinação ao FNDE para ***que faça constar, dos pareceres de processos de convênios****, análises de custos e* ***informação técnica acerca de eventual incompatibilidade ou sobreposição de ações do ajuste a ser firmado com outros programas da Autarquia****, que já contemplam transferência de recursos para finalidades semelhantes, em atenção ao art. 35, § 1º, da Lei nº 10.180/2001 e às normas que disciplinam cada um dos programas em operação pela Autarquia (item 9.2.3, TC-023.857/2008-3, Acórdão nº 2.870/2010-Plenário).*

DOU de 24.08.2010, S. 1, p. 133. Ementa: determinação à CODEVASF para ***que, quando da análise de pleitos de convênios, atente para a viabilidade técnica do empreendimento, bem como para a adequabilidade do objeto frente ao problema que se objetiva sanar*** *(item 1.5.1, TC-017.610/2008-0, Acórdão nº 5.052/2010-1ª Câmara).*

DOU de 29.07.2010, S. 1, p. 65. Ementa: determinação ao Ministério da Integração Nacional para que promova ajuste no "Manual de Instruções para Contratação e Execução", aprovado pela Portaria Ministerial nº 1354/2007, de modo que a celebração de Contrato de Repasse pela CEF ***seja precedida da competente análise e aprovação do objeto ali consignado por parte do Ministério, quando não houver sido especificado por ocasião da descentralização do recurso*** *(item 1.6.2.3, TC-013.125/2009-6, Acórdão nº 1.701/2010-Plenário).*

DOU de 14.07.2010, S. 1, p. 908. Ementa: determinação à Secretaria Nacional Antidrogas (SENAD) para que se abstenha de elaborar projetos básicos de convênios, ***restringindo-se a apreciar a documentação remetida pelo proponente, de acordo***

com o disposto nos arts. 15 e 16 da Portaria Interministerial/MP, MF e CGU nº 127/2008 *(item 1.7.3, TC-017.347/2008-4, Acórdão nº 1.576/2010-Plenário).*

DOU de 07.07.2010, S. 1, p. 103. Ementa: alerta à SUDENE no sentido de ***que analise os aspectos técnicos e financeiros dos planos de trabalho propostos, de modo a certificar a viabilidade do empreendimento e a compatibilidade dos preços com os praticados no mercado****, em atendimento à Portaria Interministerial/MP, MF e CGU nº 127, de 29.05.2008, arts. 4º, 15 e 16, 21 a 23 (item 9.4.1, TC-001.923/2008-4, Acórdão nº 3.971/2010-1ª Câmara).*

DOU de 04.12.2009, S. 1, p. 159. Ementa: determinação à Secretaria de Ciência e Tecnologia para Inclusão Digital do Ministério da Ciência e Tecnologia, à Secretaria de Telecomunicações do Ministério das Comunicações, à Financiadora de Estudos e Projetos/MCT e à Caixa Econômica Federal no sentido de que adotem providências necessárias para garantir maior eficácia aos procedimentos preliminares de análise de propostas de convênios federais e demais instrumentos de transferência de recursos, no âmbito do Programa de Inclusão Digital, adequando-os às normas pertinentes, com especial atenção para, nos termos dos arts. 55, I, 116, § 1º, I, da Lei nº 8.666/1993, c/c art. 1º, §1º, inc. XV, da Portaria Interministerial nº 127/2008, ***não acolher planos de trabalho genéricos*** *ou com objetos imprecisos, exigindo que contenham todas as informações legalmente exigidas, em especial a descrição objetiva e completa das metas, com definições quantitativas e qualitativas e suas correlações com os custos envolvidos (item 9.2.1, TC-018.243/2007-6, Acórdão nº 2.909/2009-Plenário).*

DOU de 04.12.2009, S. 1, p. 159. Ementa: determinação ao Ministério do Planejamento, Orçamento e Gestão, por intermédio de sua Secretaria Executiva, para que nos termos dos arts. 55, I, 116, § 1º, I, da Lei nº 8.666/1993, c/c art. 1º, § 1º, inc. XV, da Portaria Interministerial nº 127/2008, ***abstenha-se de celebrar convênios ou instrumentos congêneres com planos de trabalho genéricos*** *ou com objetos imprecisos, exigindo que contenham todas as informações legalmente exigidas (item 9.8.1, TC-018.243/2007-6, Acórdão nº 2.909/2009-Plenário).*

DOU de 04.12.2009, S. 1, p. 233. Ementa: determinação à EMBRATUR para ***que somente aprove propostas de convênios que apresentem a descrição detalhada e completa do objeto****, de forma a permitir que, nos pareceres técnicos, conste identificação inequívoca do que será realizado em termos de produtos e serviços, em atenção ao disposto no art. 31 da Portaria Interministerial nº 127/2008, e de forma a evitar situações como a falta de detalhamento do roteiro e dos destinos visitados ou a falta de clareza quanto às ações a serem realizadas (item 1.5.1.2, TC-020.255/2009-0, Acórdão nº 6.527/2009-2ª Câmara).*

DOU de 04.12.2009, S. 1, p. 233. Ementa: determinação à EMBRATUR para ***que, na análise técnica de propostas de convênios, manifeste-se fundamentadamente quanto ao valor da contrapartida proposto no Plano de Trabalho****, de forma a verificar o cumprimento dos limites legais, conforme estabelecido na Lei de Diretrizes Orçamentárias,* ***observando a incidência do percentual sobre o valor total do convênio e não apenas sobre o valor a ser transferido pelo Instituto, bem como fundamente, quando for o caso, a aceitação de contrapartida por meio de bens e serviços economicamente mensuráveis****, observando o disposto no art. 20, § 2º, da Portaria Interministerial nº 127/2008 (item 1.5.1.3, TC-020.255/2009-0, Acórdão nº 6.527/2009-2ª Câmara).*

DOU de 06.11.2009, S. 1, p. 97. Ementa: determinação ao FNDE para que faça constar nos expedientes ***que se prestem a exprimir análises das manifestações e documentações encaminhadas pelos executores com vistas a sanar indícios de dano ao erário, análise individualizada de cada documento ou argumento apresentado, contendo a respectiva fundamentação para a proposta de rejeição ou acolhimento, em observância ao princípio da motivação*** *estatuído no art. 2º, "caput" e inc. VII do parágrafo único da Lei nº 9.784/1999 (item 9.1.1.2, TC-019.162/2008-9, Acórdão nº 2.576/2009-Plenário).*

DOU de 06.11.2009, S. 1, p. 97. Ementa: determinação ao FNDE para ***que somente firme convênio quando presentes no processo todos os elementos exigíveis do proponente****, em obediência ao art. 21 da Portaria Interministerial nº 127, de 29.05.2008, e aos normativos específicos de cada programa (item 9.1.1.1, TC-019.162/2008-9, Acórdão nº 2.576/2009-Plenário).*

DOU de 02.10.2009, S. 1, p. 150. Ementa: determinação à Secretaria Executiva do Ministério do Turismo para que aprove somente propostas de convênios que apresentem descrição detalhada e completa do objeto, ***de forma que permita a identificação inequívoca, nos pareceres técnicos de análise, do que será realizado em termos de produtos e serviços****, em atenção ao disposto no art. 31 da Portaria Interministerial nº 127/2008 (item 1.5.1.2, TC-013.105/2009-3, Acórdão nº 5.078/2009-2ª Câmara).*

DOU de 27.03.2009, S. 1, p. 122. Ementa: determinação ao Ministério do Turismo para que, no momento da assinatura de termos de convênios, contratos de repasse e outros instrumentos congêneres, ***não utilize cláusulas suspensivas com o intuito de superar pendências relacionadas às propostas ou ausência de documentos indispensáveis para a sua avaliação e execução****, conforme constatado pela Controladoria-Geral da União (CGU), conforme Nota Técnica nº 2.212/2008/DIRTUR/DR/SFC/CGU-PR (item 1.5.2, TC-025.134/2008-0, Acórdão nº 1.105/2009-1ª Câmara).*

DOU de 01.12.2008, S. 1, p. 146. Ementa: determinação ao Ministério do Turismo para ***que, nos convênios firmados, faça constar dos pareceres emitidos para fins de análise e aprovação dos planos de trabalho, especialmente aqueles relativos a eventos, a avaliação criteriosa realizada quanto ao resultado esperado ou o propósito do projeto em relação ao programa de governo ao qual será vinculado****, demonstrando qual o interesse público em sua realização (item 1.8.1, TC-026.392/2008-9, Acórdão nº 2.668/2008-Plenário).*

DOU de 30.06.2008, S. 1, p. 122. Ementa: o TCU decidiu-se por realizar audiência a um ex-Ministro de Estado, pela ocorrência, de forma generalizada, dos seguintes fatos, caracterizando ausência de supervisão hierárquica: ausência, no processo de celebração dos contratos de repasse, de parecer técnico elaborado pelo Ministério do Turismo, conforme determinam as "normas de cooperação técnica e financeira de programas e projetos mediante a celebração de convênios e instrumentos congêneres", documento editado pelo próprio Ministério [...] Entre as informações que deveriam constar desses pareceres, destacam-se: ***se o detalhamento e a especificação dos elementos constantes do plano de trabalho encontram-se adequados, verificando se eles guardam relação com o objeto a ser executado e se os custos indicados estão condizentes com os praticados na respectiva região; real necessidade do objeto dos convênios, mediante a verificação e a análise das justificativas apresentadas*** *(item 9.2.1, TC-012.529/2007-6, Acórdão nº 1.232/2008-Plenário).*

DOU de 05.12.2007, S. 1, p. 119. Ementa: o TCU determinou ao Ministério da Saúde ***que efetuasse análise criteriosa no preço dos bens constantes dos Planos de Trabalho propostos pelos interessados na celebração de convênios****, exigindo a adequada especificação do bem a ser adquirido, de forma a evitar a aprovação de Planos de Trabalho com preços superiores aos de mercado (item 1.1, alínea "a", TC--024.130/2006-0, Acórdão nº 3.664/2007-1ª Câmara).*

DOU de 15.06.2007, S. 1, p. 70. Ementa: o TCU determinou ao Ministério da Integração Nacional que, no caso de o objeto pactuado contemplar qualquer obra ou serviço de engenharia, ***aperfeiçoasse a análise das propostas de convênio, condicionando sua aprovação de celebração do instrumento à apresentação da Anotação de Responsabilidade Técnica (ART) do projeto****, caso existente, no CREA em cuja jurisdição ocorresse a realização dos serviços, em obediência aos artigos 1º a 3º da Lei nº 6.496/1977, com vistas a diminuir os riscos de inexecuções ou execuções imperfeitas dos seus objetos (item 9.5.2, TC-017.945/2005-8, Acórdão nº 1.143/2007-Plenário).*

DOU de 11.05.2007, S. 1, p. 115. Ementa: o TCU determinou à ADA que elaborasse um ***manual de procedimentos para análise dos convênios, contendo a legislação atualizada, orientações quanto aos procedimentos a serem observados por cada área, inclusive contendo os aspectos mínimos necessários para a estrutura dos pareceres emitidos****, tanto para a aprovação de projetos, como para a fase de controle e acompanhamento dos mesmos (item 9.3.3, TC-011.572/2005-6, Acórdão nº 986/2007-2ª Câmara).*

DOU de 13.04.2007, S. 1, p. 332. Ementa: o TCU determinou ao Ministério do Meio Ambiente ***que fosse mais rigoroso ao examinar as documentações relacionadas à transferência de recursos, evitando*** *a realização de convênios diversos para o mesmo objeto, bem como* ***a aceitação de documentos que fossem de fidedignidade duvidosa*** *(item 9.4, TC-001.532/2004-9, Acórdão nº 911/2007-1ª Câmara).*

DOU de 16.03.2007, S. 1, p. 126. Ementa: o TCU determinou ao Ministério das Cidades que exigisse da Caixa Econômica Federal o adequado cumprimento de seus serviços, ***por meio de uma análise consistente e eficiente dos planos de trabalho apresentados pelos proponentes****, atentando-se, principalmente, para a adequabilidade das análises em face do volume de planos de trabalho aprovados nos últimos dias do exercício (item 9.1.3.2, TC-017.387/2006- 3, Acórdão nº 347/2007-Plenário).*

DOU de 13.10.2005, S. 1, p. 100. Ementa: o TCU recomendou ao Ministério da Saúde ***que nos convênios por ele celebrados especificasse com clareza o objeto da avença, evitando, assim, a realização de despesas arcadas ao mesmo tempo com recursos do convênio e outros provenientes da União*** *(item 2, TC-012.701/2003-3, Acórdão n° 2.309/2005-1ª Câmara).*

DOU de 07.10.2005, S. 1, p. 133. Ementa: o TCU determinou ao Ministério da Integração Nacional ***que se abstivesse de aprovar planos de trabalho para celebração de convênio federal que contemplasse parte do objeto não utilizável pela sociedade*** *(item 9.3.2, TC-010.249/2005-7, Acórdão n° 1.521/2005-Plenário).*

ANOTAÇÃO DE RESPONSABILIDADE TÉCNICA

*SÚMULA TCU nº 260 – "****É dever do gestor exigir apresentação de Anotação de Responsabilidade Técnica – ART referente a projeto, execução, supervisão e fiscalização de obras e serviços de engenharia****, com indicação do responsável pela elaboração de plantas, orçamento-base, especificações técnicas, composições de custos unitários, cronograma físico-financeiro e outras peças técnicas."*

DOU de 18.02.2011, S. 1, p. 202. Ementa: ***rejeição das razões de justificativa*** *de uma pessoa física, ex-Secretário Executivo de Segurança Pública,* ***pela inexistência de projeto básico (arquitetônico, estrutura e fundações, elétrico e eletrônico, hidráulico e fluido mecânico e climatização), devidamente registrado no CREA local****, com identificação e assinatura do responsável técnico, em desacordo com o disposto no art. 1º da Lei nº 6.496/1977, no art. 7º, inc. I, da Lei nº 8.666/1993, e na Portaria MS/GM nº 1.884/1994 (item 9.5.2.4, TC 012.713/2004-2, Acórdão nº 945/2011-1ª Câmara).*

DOU de 24.11.2010, S. 1, p. 142. Ementa: alerta à Secretaria de Recursos Hídricos do Estado do Ceará (SRH/CE) no sentido de ***que, nas licitações e contratações custeadas com recursos federais, abstenha-se de exigir vínculo empregatício do profissional de nível superior ou outro devidamente reconhecido pela entidade competente, detentor de anotação de responsabilidade técnica por execução de obra ou serviço de características semelhantes, com antecedência mínima em relação à publicação do edital****, tendo em vista o disposto no art. 30, § 1º, I, da Lei nº 8.666/1993 (item 9.1.2, TC-006.082/2009-7, Acórdão nº 3.105/2010-Plenário).*

DOU de 02.10.2009, S. 1, p. 129. Ementa: determinação ao FNDE para que inclua, nos convênios que envolvam a execução de obras, cláusula exigindo ***a comprovação do registro da ART junto ao respectivo Conselho Regional de Engenharia, Arquitetura e Agronomia****, em cumprimento ao art. 1º da Lei nº 6.496/1977 (item 9.4, TC--007.264/2005-1, Acórdão nº 5.574/2009-1ª Câmara).*

DOU de 04.09.2009, S. 1, p. 256. Ementa: ***determinação a uma prefeitura municipal para que****, quando da aplicação de recursos oriundos de convênios celebrados junto à União,* ***identifique cada peça técnica que compõe o Projeto Básico/Executivo*** *(plantas, orçamento-base, composições de custos unitários, cronograma físico--financeiro etc.)* ***por meio das Anotações de Responsabilidade Técnica (ART) dos responsáveis por sua autoria****, e também com a identificação dos últimos revisores, em conformidade com a Resolução/CONFEA nº 425 (arts. 1º e 2º) e com o § 5º do art. 109 da LDO/2009 (Lei nº 11.768, de 14.08.2008), atualizando-as a cada modificação de projeto, com intuito de permitir a identificação e imputação de responsabilidade do projeto inicial e após suas alterações, em conformidade com o disposto no caput, c/c § 1º, do art. 18 da Lei nº 5.194/1966 (item 9.7.2, TC-005.468/2008-7, Acórdão nº 1.981/2009-Plenário).*

DOU de 24.07.2009, S. 1, p. 102. Ementa: determinação à Secretaria Estadual de Infraestrutura de Roraima para ***que providencie a emissão da Anotação de Responsabilidade Técnica (ART) relativa aos projetos básicos de engenharia*** *realizados* *por força de um convênio/DNIT, de 2005 (item 9.1.2, TC-006.555/2009-7, Acórdão nº 1.632/2009-Plenário).*

DOU de 25.07.2008, S. 1, p. 99. Ementa: o TCU determinou a uma prefeitura municipal ***que, quando da realização de obras públicas custeadas com recursos federais, passasse a exigir a Anotação de Responsabilidade Técnica (ART) do responsável pelo projeto****, execução e fiscalização da obra de engenharia, nos termos da Lei nº 6.496, de 07.12.1977 (item 9.3.1, TC-004.667/2002-7, Acórdão nº 2.351/2008-2ª Câmara).*

DOU de 03.04.2008, S. 1, p. 85. Ementa: o TCU ***determinou a uma prefeitura municipal que****, na aplicação de recursos federais,* ***efetuasse ou exigisse registro das obras e serviços realizados pela prefeitura junto ao Conselho Regional de Engenharia e Arquitetura (CREA)****, sempre que exigível (item 9.4.5, TC-004.865/2000-7, Acórdão nº 820/2008-2ª Câmara).*

DOU de 15.06.2007, S. 1, p. 70. Ementa: o TCU determinou ao Ministério da Integração Nacional que, no caso de o objeto pactuado contemplar qualquer obra ou serviço de engenharia, ***aperfeiçoasse a análise das propostas de convênio, condicionando sua aprovação de celebração do instrumento à apresentação da Anotação de Responsabilidade Técnica (ART) do projeto****, caso existente, no CREA em cuja jurisdição ocorresse a realização dos serviços, em obediência aos artigos 1º a 3º da Lei nº 6.496/1977, com vistas a diminuir os riscos de inexecuções ou execuções imperfeitas dos seus objetos (item 9.5.2, TC-017.945/2005-8, Acórdão nº 1.143/2007-Plenário).*

DOU de 16.03.2007, S. 1, p. 164. Ementa: o TCU determinou a uma prefeitura municipal ***que procedesse ao registro e recolhimento da Anotação de Responsabilidade Técnica junto ao CREA*** *referente aos projetos básicos de todos os empreendimentos a serem licitados (item 6.1.2, TC-007.001/2005-0, Acórdão nº 325/2007-2ª Câmara).*

DOU de 11.12.2006, S. 1, p. 105. Ementa: o TCU determinou ao MMA que procedesse a nova análise da prestação de contas de um convênio celebrado com uma prefeitura municipal, ***a fim de esclarecer a irregularidade atinente à ausência de Anotação de Responsabilidade Técnica (ART) da obra*** *(item 1.1, TC-025.075/2006-0, Acórdão nº 3.464/2006-2ª Câmara).*

DOU de 17.03.2006, S. 1, p. 90. Ementa: ***o TCU não aceitou fiscalização insatisfatória por parte de prefeitura municipal, executada por engenheiro ligado à empresa***

***privada contratada, o qual assinou como fiscal da prefeitura**, todavia trabalhando para a empresa vencedora da licitação (item 5.1.1.9, TC-018.879/2005-5, Acórdão nº 498/2006-2ª Câmara).*

*DOU de 17.03.2006, S. 1, p. 90. Ementa: o TCU **não aceitou o fato de que**, na execução de um convênio, **não se contasse com um fiscal responsável pelo acompanhamento da obra**, contrariando o disposto nos art. 67, "caput", e art. 116, § 3º, inc. I, da Lei nº 8.666/1993, bem como o art. 63, § 2º, inc. III, da Lei nº 4.320/64. Na ocasião, constatou-se que a liquidação da despesa fora realizada "pro forma" pelo setor de contabilidade da prefeitura municipal, a qual não registrara em livro próprio (diário de obras), também, as ocorrências relacionadas à execução do contrato, como determina o art. 67, § 1º da Lei de Licitações (item 1.1.1.4, TC-018.879/2005-5, Acórdão nº 498/2006-2ª Câmara).*

APROVAÇÃO DE PLANO DE TRABALHO

*DOU de 29.05.2008, S. 1, p. 121. Ementa: o TCU determinou à UFRJ **que cuidasse para que os convênios firmados pela universidade fossem formalizados com todas as peças exigidas pela IN/STN-MF nº 01/1997, evitando falhas como a ausência de aprovação do plano de trabalho pelo concedente** (item 9.8.15, TC-011.840/2004-0, Acórdão nº 1.418/2008-2ª Câmara).*

*DOU de 10.07.2006, S. 1, p. 53. Ementa: o TCU determinou ao Ministério da Agricultura, Pecuária e Abastecimento **que, na fase de análise e aprovação de convênios federais a serem firmados com estados e municípios, procedesse a criterioso exame do orçamento constante do Plano de Trabalho**, a fim de coibir a ocorrência de preços excessivos (item 9.5, TC-007.954/2000-2, Acórdão nº 1.084/2006-Plenário).*

*DOU de 20.03.2006, S. 1, p. 107. Ementa: o TCU determinou ao Fundo Nacional de Saúde **que somente assinasse termo de convênio e publicasse o extrato no DOU após a aprovação do correspondente Plano de Trabalho**, que deve integrar a avença (item 9.2.3, TC-016.324/2005-0, Acórdão nº 301/2006-Plenário).*

AVALIAÇÃO DO INTERESSE SOCIAL E DE INFRAESTRUTURA

DOU de 29.07.2011, S. 1, p. 219. Ementa: determinação à Caixa Econômica Federal, no tocante a um repasse à prefeitura de verbas federais provenientes do Programa

FNHIS (construção de casas populares), para que analise o ajuste referente ao repasse em tela, verificando a ocorrência de falhas na execução, e tomando as medidas adequadas, em especial no tocante à ***impropriedade caracterizada pela inadequação do local escolhido para a construção das casas populares, gerando risco aos futuros moradores, pois tal localidade teria sido utilizada durante muitos anos como depósito de lixo, teria comportado uma nascente não devidamente drenada, e estaria a menos de 50 metros da margem de um ribeirão, de forma que, na época das chuvas, essa região sofreria fortes alagamentos*** *(item 1.6.1, TC-014.365/2011-1, Acórdão nº 5.539/2011-1ª Câmara).*

DOU de 30.10.2009, S. 1, p. 211. Ementa: determinação a uma prefeitura municipal para ***que providencie a abertura à população do Centro de Comercialização, construído*** *com recursos de um contrato de repasse, sem prejuízo de que seja concluída* ***a capacitação dos autorizatários que irão desenvolver atividades nesse estabelecimento*** *(item 1.5.2, TC-010.214/2009-4, Acórdão nº 5.991/2009-1ª Câmara).*

DOU de 29.08.2006, S. 1, p. 91. Ementa: o TCU determinou à CEPISA que instaurasse processo administrativo disciplinar com vistas a apurar as responsabilidades de quem deu causa à inclusão de um assentamento no Município de Bertolínea/PI, no bojo das localidades beneficiadas pelo Programa "Luz Para Todos", no exercício de 2004, uma vez que comprovou-se que na referida localidade havia somente um poço rodeado por um imenso matagal, ***não existindo qualquer unidade habitacional que pudesse tornar-se consumidora de energia elétrica*** *(item 9.2.1, TC-011.232/2006-2, Acórdão nº 2.346/2006-1ª Câmara).*

DOU de 30.06.2006, S. 1, p. 294. Ementa: o TCU determinou ao Ministério da Integração Nacional ***que condicionasse o repasse de recursos a entes da Administração Pública, por meio de convênios ou instrumentos similares, à conclusão do Ministério concedente sobre a viabilidade socioeconômica do empreendimento objeto do respectivo instrumento*** *(item 9.6.2, TC-010.015/2003-1, Acórdão nº 1.034/2006-Plenário).*

BDI

*SÚMULA TCU nº 258 – "****As composições de custos unitários e o detalhamento de encargos sociais e do BDI integram o orçamento que compõe o projeto básico da obra ou serviço de engenharia, devem constar dos anexos do edital de licitação e***

das propostas das licitantes e não podem ser indicados mediante uso da expressão 'verba' ou de unidades genéricas".

*SÚMULA TCU nº 254 - "**O IRPJ - Imposto de Renda Pessoa Jurídica - e a CSLL - Contribuição Social sobre o Lucro Líquido - não se consubstanciam em despesa indireta passível de inclusão na taxa de Bonificações e Despesas Indiretas - BDI do orçamento-base da licitação, haja vista a natureza direta e personalística desses tributos, que oneram pessoalmente o contratado.**"*

*SÚMULA TCU nº 253 - "**Comprovada a inviabilidade técnico-econômica de parcelamento do objeto da licitação, nos termos da legislação em vigor, os itens de fornecimento de materiais e equipamentos de natureza específica que possam ser fornecidos por empresas com especialidades próprias e diversas e que representem percentual significativo do preço global da obra devem apresentar incidência de taxa de Bonificação e Despesas Indiretas - BDI reduzida em relação à taxa aplicável aos demais itens.**"*

*DOU de 12.12.2012, S. 1, p. 108. Ementa: o TCU deu ciência ao CNJ acerca da **impropriedade caracterizada pela inclusão, no BDI, de parcelas a título de IRPJ/CSLL**, nos termos da Súmula/TCU nº 254 (item 9.5.1, TC-037.668/2011-0, Acórdão nº 3.365/2012-Plenário).*

*DOU de 23.02.2011, S. 1, p. 97. Ementa: recomendação ao Ministério do Planejamento, Orçamento e Gestão (MP), Ministério da Fazenda (MF) e à Controladoria-Geral da União (CGU) para **que, em conjunto, realizem estudos com vistas a adequar a IN/STN-MF nº 01/97, a Portaria Conjunta/MP, MF e CGU nº 127/2008 e o Decreto nº 6.170/2007 ao Acórdão nº 325/2007-P, que versa sobre a composição do BDI de obras** (itens 9.1.4.1, TC-031.356/2007-5, Acórdão nº 393/2011-Plenário).*

*DOU de 24.11.2010, S. 1, p. 142. Ementa: alerta à Secretaria de Recursos Hídricos do Estado do Ceará (SRH/CE) no sentido de que, nas licitações e contratações custeadas com recursos federais, **abstenha-se de inserir item relativo à Administração Central no cômputo do BDI**, prevendo tais custos como diretos na planilha orçamentária da obra ou do serviço (item 9.1.4, TC-006.082/2009-7, Acórdão nº 3.105/2010-Plenário).*

*DOU de 23.06.2010, S. 1, p. 126. Ementa: o TCU conheceu de consulta formulada pelo Comandante do Exército tendo respondido que **é lícito ao Exército adotar, nos orçamentos para obras em cooperação, percentuais de despesas indiretas - limitadas àquelas com Administração e Adestramento - entre 9% e 15%, tanto*** *__menor quanto maior o valor do empreendimento__, conforme o quadro publicado no DOU de 23.06.2010, S. 1, p. 126 (item 9.1.5, TC-019.281/2009-8, Acórdão nº 1.399/2010-Plenário).*

DOU de 23.06.2010, S. 1, p. 126. Ementa: o TCU conheceu de consulta formulada pelo Comandante do Exército tendo respondido __que é lícito ao Exército, nos orçamentos das obras de engenharia a seu cargo, em cooperação com outras entidades, tendo em vista as suas peculiaridades em confronto com a iniciativa privada, utilizar metodologia diferenciada em relação àquela empregada pelos demais órgãos públicos em suas licitações, no que se refere aos seguintes itens das composições de preço: depreciação, mão de obra, produtividade e despesas indiretas__ (item 9.1.1, TC-019.281/2009-8, Acórdão nº 1.399/2010-Plenário).

DOU de 24.11.2010, S. 1, p. 142. Ementa: alerta à Secretaria de Recursos Hídricos do Estado do Ceará (SRH/CE) no sentido de que, nas licitações e contratações custeadas com recursos federais, abstenha-se de inserir item relativo à Administração Central no cômputo do BDI, prevendo tais custos como diretos na planilha orçamentária da obra ou do serviço (itens 9.1.1 a 9.1.4, TC-006.082/2009-7, Acórdão nº 3.105/2010-Plenário).

DOU de 25.09.2009, S. 1, p. 74. Ementa: recomendação à FUNASA para __que reavalie os estudos que envolvam a composição do BDI e que porventura estejam servindo como orientação aos entes que aplicam recursos repassados mediante convênio ou instrumentos congêneres, de modo a compatibilizá-los com as premissas estabelecidas no Acórdão nº 325/2007-P__ e nas mais recentes orientações jurisprudenciais do Controle Externo (Acórdãos nºs 1.427/2007-P, 136/2008-P, 440/2008-P, 1.471/2008-P, 676/2009-P e 1.782/2009-P) (item 9.2, TC-016.962/2008-9, Acórdão nº 2.224/2009-Plenário).

DOU de 28.08.2009, S. 1, p. 141. Ementa: determinação à COMPESA para que em licitações e contratos que envolvam total ou parcialmente recursos públicos federais, __abstenha-se de fazer constar dos orçamentos básicos, assim como dos formulários para proposta de preços constantes dos editais e das justificativas de preço a que se refere o art. 26, inc. III, da Lei nº 8.666/1993, inclusive para os casos de dispensa e inexigibilidade de licitação, parcelas relativas a gastos com os tributos IRPJ e CSLL, não podendo ser aceitas também propostas de preços contendo custos relativos aos tributos citados, seja na composição do BDI__, seja como item específico da planilha ou orçamento (item 9.5.1, TC-012.188/2009-1, Acórdão nº 1.906/2009-Plenário).

BENEFICIÁRIOS FINAIS

DOU de 30.06.2008, S. 1, p. 123. Ementa: o TCU manifestou-se pela necessidade, relativamente aos contratos de repasse, de que ***o benefício da obra seja preponderantemente coletivo e a entidade beneficiária dos recursos não tenha como finalidade principal o atendimento dos interesses de um grupo determinado de pessoas*** *(item 9.5.1, TC-012.529/2007-6, Acórdão nº 1.232/2008-Plenário).*

DOU de 25.10.2007, S. 1, p. 122. Ementa: o TCU determinou à Caixa Econômica Federal que, quando da formalização de projetos relacionados a objeto de contrato de repasse, verificasse todas as premissas envolvidas, dentre as quais a capacidade financeira dos moradores assistidos, a fim de evitar que os ***beneficiários*** *tivessem que vender suas moradias por falta de capacidade financeira para mantê-las, não atingindo, portanto, o benefício social esperado (item 1.3.4, TC-016.998/2006-5, Acórdão nº 3.283/2007-1ª Câmara).*

DOU de 02.08.2006, S. 1, p. 95. Ementa: o TCU recomendou ao Ministério do Desenvolvimento Social e Combate à Fome que fizesse constar da documentação relacionada aos termos de parcerias e aos convênios formalizados a definição precisa do ***público-alvo da ação*** *relativa à construção de cisternas no Semi-Árido, acrescida dos critérios de priorização que deverão ser utilizados (item 9.3.5, TC-012.486/2005-0, Acórdão nº 1.235/2006-Plenário).*

DOU de 22.05.2006, S. 1, p. 64. Ementa: o TCU determinou ao Ministério das Cidades que fiscalizasse a entrega dos bens aos corretos ***beneficiários****, como determinado pelo art. 31, § 1º, inc. I da IN/STN-MF nº 01/1997, de modo a garantir o alcance dos objetivos governamentais, e verificasse a ocorrência de cobrança por tais benefícios, informando ainda às assembleias legislativas e câmaras municipais sobre as assinaturas de contratos de repasse, diretamente ou por intermédio da Caixa Econômica Federal (item 2.5, TC-008.743/2004- 5, Acórdão nº 1.206/2006-1ª Câmara).*

CADASTRAMENTO E CREDENCIAMENTO DE PROPONENTES

DOU de 05.10.2007, S. 1, p. 183. Ementa: o TCU registrou que consoante nova norma (Decreto nº 6.170/2007), que dispõe sobre as transferências de recursos da União mediante convênios e contratos de repasse, entidades privadas sem fins lucrativos que tenham como dirigentes membros dos poderes Executivo, Legislativo, Judiciário, do Ministério Público e do Tribunal de Contas da União, bem como cônjuges, companheiros, parentes de até 2º grau, não poderão firmar convênios com o governo federal. A regra também vale para aquelas que tiverem servidor público vinculado ao órgão ou entidade concedente. Dentre outras mudanças, cita-se o ***cadastro prévio que as ONGs que pretendem celebrar algum ajuste com o Poder Público terão que realizar no Sistema de Gestão de Convênios, Contratos de Repasse e Termos de Parcerias (Siconv)****, que tem como órgão central o Ministério do Planejamento, Orçamento e Gestão, bem como a possibilidade do órgão concedente fazer chamamento público, visando à seleção de projetos ou entidades (item 9, TC-012.718/2004-9, Acórdão nº 2.075/2007-Plenário).*

DOU de 16.10.2006, S. 1, p. 104. Ementa: o TCU determinou ao FNDE que cumprisse o art. 28, inc. I, da Lei nº 8666/93, c/c o art. 4º, inc. II, da IN/STN--MF nº 01/97, ***exigindo e fazendo constar nos processos de celebração de convênios federais e outros ajustes, a cédula de identidade do representante legal da entidade proponente/convenente, acompanhada do termo de posse comprovando a investidura no cargo eletivo*** *(item 1.2, TC-017.998/2005-1, Acórdão nº 1.865/2006-Plenário).*

DOU de 10.03.2006, S. 1, p. 85. Ementa: o TCU determinou a uma prefeitura municipal (convenente), com relação aos convênios celebrados com a União, que, mesmo após a vigência do convênio, ***mantivesse atualizado o cadastro de endereços dos gestores, para o envio de correspondência, caso necessário*** *(item 1.2, TC--001.530/2004-4, Acórdão nº 426/2006-1ª Câmara).*

CADASTRAMENTO DE PROPOSTAS

DOU de 11.04.2011, S. 1, p. 161. Ementa: alerta à Fundação Universidade Federal do Pampa ***quanto à inobservância da necessidade de cadastrar, no SICONV, convênios, contratos de repasse e termos de cooperação****, de acordo com o art. 10, § 3º, inc. II e art. 13 do Decreto nº 6.170/2007 (item 1.7.1, TC-022.799/2010-9, Acórdão nº1.955/2011-2ª Câmara).*

DOU de 17.07.2009, S. 1, p. 105. Ementa: recomendação ao MCT para ***que edite normativo próprio visando estabelecer, com base na Portaria Interministerial/MP, MF e CGU nº 127/2008 e nos princípios da transparência, da isonomia, da impessoalidade e da publicidade dos atos administrativos que regem a Administração, prazo mínimo de antecedência exigido para o recebimento de propostas de convênios*** *que considere, entre outros aspectos, a complexidade* *das propostas e o tempo mínimo necessário para todos os procedimentos técnicos e administrativos de análise e aprovação da proposta, bem como de liberação dos recursos (item 9.2.1, TC-026.668/2007-1, Acórdão nº 1.562/2009-Plenário).*

DOU de 06.11.2006, S. 1, p. 88. Ementa: o TCU determinou ao Ministério da Integração Nacional ***que, na execução de Portarias/Convênios e Planos de Trabalho observasse a necessidade de cadastramento prévio dos Planos de Trabalho*** *no Sistema SIAFI, em cumprimento ao estabelecido no art. 13 da IN/STN-MF n° 01/1997 (item 9.1.3, TC-007.690/2006-1, Acórdão nº 2.020/2006-Plenário).*

CADIN

DOU de 03.06.2011, S. 1, p. 136. Ementa: ***não compete ao TCU*** *atuar na tomada de contas especial antes dos controles internos, como decorrência do princípio da não supressão das instâncias, nem* ***retirar a inscrição de entes políticos, órgãos e entidades públicos do registro do Cadastro Informativo de Créditos não Quitados do Setor Público Federal (CADIN),*** *devendo solicitações a esse respeito ser endereçadas aos próprios órgãos/entidades federais repassadores de recursos (item 1.5, TC-026.760/2009-5, Acórdão nº 3.438/2011-1ª Câmara).*

DOU de 24.09.2010, S.1, p. 723. Ementa: recomendação à Subsecretaria de Planejamento, Orçamento e Administração do Ministério do Esporte para ***que, ao proceder às pesquisas no SIAFI e CADIN, de que trata o art. 24, incisos IV e VI, da Portaria Interministerial/MP, MF e CGU nº 127, de 29.05.2008, utilize apenas os oito primeiros dígitos do CNPJ do proponente*** *(item 9.11, TC-019.135/2006-5, Acórdão nº 2.485/2010-Plenário).*

DOU de 23.03.2009, S. 1, p. 88. Ementa: resposta a um consulente no sentido de que ***a eficácia do art. 26 da Lei nº 10.522/2002, no que se refere à possibilidade de transferência de recursos federais para a realização de ações sociais e ações em faixa de fronteira a entes que se encontrem em situação de inadimplência, objeto de registro no CADIN ou no SIAFI/CAUC, está adstrita às situações previstas no art. 25, § 3º da LRF – ações de educação, saúde e assistência social*** *– porque, como regra geral, a própria LRF, no art. 25, § 1º, inc. IV, alínea "a", vedou a transferência voluntária de recursos a entes federados em situação irregular (item 9.2.4, TC-001.362/2009-8, Acórdão nº 445/2009-Plenário).*

DOU de 23.03.2009, S. 1, p. 88. Ementa: resposta a um consulente no sentido ***de que a aparente antinomia entre o que dispõe o art. 26 da Lei nº 10.522/2002 e o art. 25 da***

***LRF é solucionada a partir da aplicação do princípio da especialização**, consoante julgados do STF - Ação Cautelar 346/2004 e Recurso Extraordinário 419629 (item 9.2.2, TC-001.362/2009-8, Acórdão nº 445/2009-Plenário).*

CAPACIDADE TÉCNICA E OPERACIONAL DA CONVENENTE

*DOU de 20.08.2012, S. 1, p. 216. Ementa: **recomendação a um município para que promova a capacitação de servidores municipais no uso do Sistema de Gestão de Convênios e Contratos de Repasse (SICONV)**, a fim de cumprir integralmente as exigências da Portaria Interministerial/MP, MF e CGU nº 507, de 24.11.2011, que regula os convênios, contratos de repasse e termos de cooperação celebrados por órgãos e entidades da administração pública federal (item 9.12.1, TC-028.091/2010-8, Acórdão nº 2.177/2012-Plenário).*

*DOU de 15.05.2012, S. 1, p. 114. Ementa: o TCU deu ciência à EMBRATUR sobre **impropriedades constantes dos pareceres de análise de propostas de convênios, as áreas técnicas apenas se manifestam quanto à capacidade técnica das convenentes, não havendo menção da capacidade operacional, administrativa e financeira da entidade proponente**, com base nos critérios estabelecidos no item 1 do Anexo da Portaria/EMBRATUR nº 28/2010 (item 1.6.1.4, TC-011.774/2011-8, Acórdão nº 3.145/2012-2ª Câmara).*

*DOU de 30.04.2012, S. 1, p. 203. Ementa: o TCU se posicionou no sentido de **que, ao selecionar entidades para a celebração de convênios ou ajustes similares, deve ser verificada a sua real capacidade para a realização dos objetos ajustados**, em observância ao disposto nos arts. 37 e 70, "caput", da Constituição Federal, e no art. 2º da Lei nº 9.784/1999 - violação aos princípios da eficiência e economicidade da Administração Pública (item 9.2, TC-021.309/2007-1, Acórdão nº 2.712/2012-2ª Câmara).*

*DOU de 03.04.2012, S. 1, p. 222. Ementa: o TCU deu ciência ao MDS no sentido de que, ao firmar termo de parceria, estabelecesse, de fato, um vínculo de cooperação com a entidade qualificada como OSCIP, para o fomento e a execução das atividades de interesse público discriminadas no art. 3º da Lei nº 9.790/1999, mediante **verificação da capacidade operacional da OSCIP como critério para a celebração da parceria** (item 9.1.3, TC-027.709/2010-8, Acórdão nº 734/2012-Plenário).*

*DOU de 22.02.2012, S. 1, p. 109. Ementa: determinação à CODEVASF para que, na celebração ou aditamento de convênios, **abstenha-se de incluir etapas e serviços***

incompatíveis com a capacidade e com os fins institucionais da entidade ou órgão convenente *(item 9.2.1.1, TC-011.098/2008-0, Acórdão nº 278/2012-Plenário).*

DOU de 09.12.2011, S. 1, p. 146. Ementa: alerta ao Ministério das Cidades e à Caixa Econômica Federal acerca do entendimento manifestado no Acórdão nº 2.066/2006-P, no sentido de ***que os gestores públicos responsáveis pela celebração de convênios/ contratos de repasse sem amparo em uma adequada avaliação da capacidade técnica e operacional da entidade convenente/contratante poderão ser responsabilizados, pessoalmente, por ato de gestão temerária****, com a instauração de processo disciplinar, inabilitação para o exercício de cargo em comissão ou função de confiança, aplicação de multa e imputação de débito, quando a conexão dos fatos servir de respaldo para essa responsabilização (item 9.7, TC-002.961/2010-5, Acórdão nº 3.126/2011-Plenário).*

DOU de 06.10.2011, S. 1, p. 132. Ementa: o TCU deu ciência ao INCRA/TO ***sobre o fato de que a impropriedade de celebração de termos de parceria (ou instrumentos afins) com entidades*** *que não atendiam aos requisitos básicos para a prestação dos serviços de ATES,* ***sem a comprovação da adequada avaliação prévia sobre as condições técnicas e operacionais das entidades convenentes para a execução dos objetos pactuados,*** *afronta a IN/STN-MF nº 1/1997, art. 4º, § 1º, art. 4º, inc. I a IV, a Norma Técnica – Instituto Nacional de Colonização e Reforma Agrária – INCRA/MDA – Norma de Execução nº 39/2004, art. 11, incisos I e II (item 1.7.1.4, TC-024.516/2007-0, Acórdão nº 2.594/2011-Plenário).*

DOU de 11.03.2011, S. 1, p. 87. Ementa: alerta ao Departamento Nacional de Obras Contra as Secas – DNOCS da necessidade de adoção de providências: quando da celebração de convênios com entidades privadas sem fins lucrativos, observe o estatuído nos arts. 4º e 5º do Decreto nº 6.170, de 25 de julho de 2007, bem como nos arts. 15 e 18 da Portaria Interministerial MPOG/MF/CGU 127/2008, ***no que concerne à exigência de comprovação da qualificação técnica e da capacidade operacional das referidas entidades****, bem assim o estatuído no art. 22 da Portaria Interministerial MPOG/MF/CGU 127/2008,* ***no que se relaciona à obrigatoriedade de que o órgão repassador proceda à avaliação da qualificação técnica e capacidade operacional das convenentes*** *para gestão do Plano de Trabalho (item 9.2.1, TC-021.484/2007-1, Acórdão nº 1.406/2011-1ª Câmara).*

DOU de 22.11.2010, S. 1, p. 151. Ementa: determinação ao Ministério do Turismo para ***que, ao selecionar entidades para a celebração de convênios ou ajustes similares, verifique a sua real capacidade para a realização dos objetos ajustados****, de forma a evitar que os recursos repassados a eles sejam terceirizados, em observância ao disposto nos arts. 37 e 70, "caput", da Constituição Federal, e no art. 2º, da Lei nº 9.784/1999,* *em violação aos princípios da eficiência e economicidade da Administração Pública (item 1.6.4, TC-021.309/2007-1, Acórdão nº 6.620/2010-2ª Câmara).*

DOU de 21.09.2010, S. 1, p. 89. Ementa: determinação ao FNDE/MEC para ***que se abstenha de celebrar convênios ou outros ajustes com entidades que não disponham de condições para a consecução de seus objetos****, ou que não tenham em seus estatutos ou regimentos atribuições relacionadas ao mesmo, fazendo constar nos processos de celebração os elementos de comprovação desses requisitos, e nos pareceres de análises técnica e jurídica manifestação expressa quanto ao atendimento aos mesmos (item 1.4.1.1, TC-002.507/2010-2, Acórdão nº 5.162/2010-2ª Câmara).*

DOU de 09.06.2010, S. 1, p. 111. Ementa: determinação ao Gabinete do Ministro (GM/MTE) para ***que faça constar dos pareceres técnicos emitidos sobre as propostas de convênios apresentadas pelas entidades privadas, avaliação quanto à qualificação técnica e à capacidade administrativa e operacional dessas entidades para a consecução do objeto dos convênios*** *(item 9.5.4, TC-009.864/2004-5, Acórdão nº 2.797/2010-2ª Câmara).*

DOU de 04.06.2010, S. 1, p. 98. Ementa: determinação à SUFRAMA para ***que se abstenha de celebrar convênio com entidade privada sem fins lucrativos*** *cujos objetivos sociais não apresentem relação com o objeto do convênio ou* ***que não possua condições técnicas para executá-lo****, nos termos do art. 1º, § 2º, da Portaria Interministerial/MP, MF e CGU nº 127, de 29.05.2008 (item 9.7.3, TC-16.691/2008-4, Acórdão nº 1.190/2010-Plenário).*

DOU de 16.04.2010, S. 1, p. 132. Ementa: determinação ao INCRA-SEDE/DF para ***que, em etapa anterior à celebração de convênios, analise a capacidade técnica da entidade convenente****, conforme previsto nos artigos 22 e 31 da Portaria Interministerial/MP, MF e CGU nº 127/2008 (item 9.1.2, TC-023.921/2009-4, Acórdão nº 1.847/2010-1ª Câmara).*

DOU de 11.12.2009, S. 1, p. 114. Ementa: determinação ao INMETRO para que cumpra o disposto no art. 10, § 1º, "b", do Decreto-lei nº 200/1967, ***quando da celebração e renovação de convênios, e verifique se os órgãos convenentes estão devidamente aparelhados para o exercício das competências delegadas, não firmando ou renovando convênio com entidades que apresentem deficiência de pessoal e material*** *(item 9.3.4, TC-008.638/2009-0, Acórdão nº 3.012/2009-Plenário).*

DOU de 18.09.2009, S. 1, p. 168. Ementa: determinação ao INCRA/MT para ***que promova criteriosa análise da capacidade operacional dos interessados para celebrar*** *instrumentos jurídicos formalizadores de transferências voluntárias de recursos federais, verificando se eles têm capacidade de executar o objeto pretendido, levando-se em conta fatores como a singularidade e a complexidade de sua execução, a fim de promover o adequado controle preventivo dos recursos públicos, nos termos do art. 9º da Lei nº 9.790, de 23.03.1999, c/c os arts. 9º e 27, do Decreto nº 3.100, de 30.06.1999 (item 9.2.1, TC-019.133/2008-7, Acórdão nº 4.821/2009-2ª Câmara).*

*DOU de 17.07.2009, S. 1, p. 105. Ementa: recomendação ao MCT para **que edite normativo próprio visando estabelecer**, com base na Portaria Interministerial/MP, MF e CGU nº 127/2008 e nos princípios da transparência, da isonomia, da impessoalidade e da publicidade dos atos administrativos que regem a Administração, **critérios objetivos para avaliação das condições técnicas, operacionais e estruturais das entidades proponentes** (item 9.2.1, TC-026.668/2007-1, Acórdão nº 1.562/2009-Plenário).*

*DOU de 05.06.2009, S. 1, p. 225. Ementa: determinação ao Ministério da Saúde/Fundo Nacional de Saúde **para que condicione o repasse de recursos, por meio de convênio, para aquisição de equipamentos e material permanente de saúde, desde que fique comprovado que a entidade convenente dispõe, em seu quadro funcional, de profissionais de saúde para o atendimento à população quanto aos objetivos propostos no Plano de Trabalho**, seja por credenciamento pelo SUS ou outros meios, evitando situações como a que ocorreu com uma associação educacional e cultural, em que foi constatado que os equipamentos adquiridos com recursos de um convênio de 2004 estavam ociosos, visto que a entidade não dispunha, em seus quadros, de profissionais da área médica, nem tampouco era credenciada pelo SUS (item 9.3, TC-023.262/2006-4, Acórdão nº 2.811/2009-2ª Câmara).*

*DOU de 15.05.2009, S. 1, p. 99. Ementa: determinação ao Ministério do Turismo para **que se abstenha de celebrar convênio com quaisquer entidades ou associações incapazes de comprovar que possuem condições para executar objeto pactuado**, exigindo documentos que evidenciem experiência e capacidade na realização de atividades da mesma natureza (item 9.3.1, TC-009.745/2007-9, Acórdão nº 980/2009-Plenário).*

*DOU de 27.04.2009, S. 1, p. 80. Ementa: determinação ao INCRA para que estabeleça critérios objetivos que permitam às superintendências regionais **avaliar as condições técnicas das entidades convenentes**, de forma a cumprir o que preceitua o § 2º do art. 1º da Portaria Interministerial/MF, MP e CGU nº 127/2008 (item 9.3, TC-028.493/2007-2, Acórdão nº 794/2009-Plenário).*

*DOU de 27.04.2009, S. 1, p. 80. Ementa: determinação ao INCRA/SE para que observe a Portaria Interministerial/MF, MP e CGU nº 127/2008, **no sentido de que a***

descentralização da execução por meio de convênios somente poderá ser efetivada para entidades públicas ou privadas que disponham de condições técnicas para executá-los, *ainda que os recursos envolvidos sejam de origem externa, fazendo constar dos autos dos processos os elementos comprobatórios que atestem a efetiva capacidade técnica de tais entidades (item 9.2.1, TC-028.493/2007-2, Acórdão nº 794/2009-Plenário).*

DOU de 30.06.2008, S. 1, p. 122. Ementa: o TCU posicionou-se pela necessidade de ***somente celebrar convênios e contratos de repasse com instituições que comprovassem dispor de condições para a consecução do objeto do programa de trabalho*** *relativo à ação e que desenvolvessem programas próprios idênticos ou assemelhados (item 9.4.5, TC-012.529/2007-6, Acórdão nº 1.232/2008-Plenário).*

DOU de 17.04.2008, S. 1, p. 75. Ementa: o TCU determinou à FUNASA que se abstivesse de celebrar convênio com ONG ***que não demonstrasse capacidade técnica, organizacional e estrutural para a execução do objeto****, nos termos do art. 1º, § 2º, da IN/STN-MF nº 01/1997, sob pena de responsabilização (item 3.1.3, TC-018.011/2005-5, Acórdão nº 958/2008-2ª Câmara).*

DOU de 03.04.2008, S. 1, p. 80. Ementa: o TCU determinou à SUFRAMA que, como entidade concedente de recursos federais, exercesse controle preventivo, na fase de análise técnica das proposições e celebração dos instrumentos que disciplinam a transferência dos recursos, para atender Plano de Trabalho objeto do convênio, ***atentando especialmente para avaliação da capacidade da entidade convenente quanto à consecução do objeto proposto****; a realização das atribuições legalmente exigidas na gestão dos recursos públicos; e a prestação de contas (item 9.5, TC--004.943/2002-1, Acórdão nº 800/2008-2ª Câmara).*

DOU de 15.02.2008, S. 1, p. 135. Ementa: o TCU determinou à CODEVASF ***que elaborasse estudos visando a definir, de forma clara e objetiva, critérios técnicos para a seleção das organizações aptas a celebrar convênios com a entidade****, bem como procedimentos a serem observados para fins de análise e emissão de parecer técnico quanto às propostas apresentadas,* ***com base na avaliação da capacidade administrativa e operacional do potencial*** *convenente na prestação dos serviços pretendidos (item 9.4, TC-025.507/2007-6, Acórdão nº 141/2008-Plenário).*

DOU de 10.05.2007, p. 93. Ementa: o TCU determinou ao Ministério do Trabalho e Emprego ***que fizesse constar dos pareceres técnicos emitidos sobre as propostas de convênios apresentadas pelas entidades privadas, avaliação quanto à qualificação técnica e à capacidade administrativa e operacional dessas entidades*** *para a* *consecução do objeto dos convênios (item 1.3.5, TC-006.660/2005-0, Acórdão nº 1.162/2007-1ª Câmara).*

DOU de 13.11.2006, S. 1, p. 139. Ementa: o TCU recomendou ao Ministério do Planejamento, Orçamento e Gestão ***que estimulasse os demais órgãos e entidades da Administração Direta e Indireta*** *(que, costumeiramente, celebram convênios, contratos de repasse e outros ajustes congêneres)* ***a realizarem seminários e a distribuírem material de orientação aos dirigentes de entidades privadas e entes federados que participam dos ajustes ou que estejam interessados em apresentar projetos****, com o objetivo de capacitá-los para a elaboração dos projetos e para a correta utilização dos recursos públicos repassados (item 9.5.1, TC-015.568/2005-1, Acórdão nº 2.066/2006-Plenário).*

DOU de 13.11.2006, S. 1, p. 138. Ementa: o TCU recomendou à Secretaria do Tesouro ***Nacional que disciplinasse a obrigatoriedade dos órgãos/entidades concedentes estabelecerem critérios objetivamente aferíveis e transparentes para escolha das entidades privadas que receberão recursos por meio de convênios e outros instrumentos jurídicos utilizados para transferir recursos federais****, levando-se em consideração a determinação contida no item 9.4 do Acórdão nº 1.777/2005-Plenário (item 9.4.1, TC-015.568/2005-1, Acórdão nº 2.066/2006-Plenário).*

DOU de 06.11.2006, S. 1, p. 87. Ementa: o TCU recomendou ao Ministério da Integração Nacional ***que, quando da assinatura de convênios (ou instrumentos congêneres)*** *para a construção de obras complementares ao PISF (Projeto de Integração do Rio São Francisco com as Bacias Hidrográficas do Nordeste Setentrional) nos estados beneficiados,* ***condicionasse a liberação dos recursos à exigência de estruturação administrativa dos órgãos responsáveis pela gestão de recursos hídricos*** *(item 9.1.10, TC-019.081/2005-4, Acórdão nº 2.017/2006-Plenário).*

DOU de 08.09.2006, S. 1, p. 101. Ementa: o TCU determinou ao Ministério da Cultura ***que se abstivesse de firmar convênios com entidades que não tivessem condições de executar seu objeto****, por contrariar o determinado no § 2º, art. 1º da IN/STN-MF nº 01/1997 (item 9.2.1, 005.335/2005-6, Acórdão nº 2.492/2006-1ª Câmara).*

DOU de 20.07.2006, S. 1, p. 58. Ementa: o TCU determinou à FUNASA que observasse as disposições do art. 1º, § 2º, da IN/STN-MF nº 01/97, ***fazendo constar, em seu parecer técnico sobre plano de trabalho apresentado por proponente de celebração de convênios, a avaliação quanto às condições do convenente para a consecução do objeto pactuado*** *(item 1.1, TC-018.308/2005-6, Acórdão nº 1.852/2006-2ª Câmara).*

DOU de 10.02.2006, S. 1, p. 112. Ementa: o TCU determinou à Capitania dos Portos do Ceará ***que apurasse previamente à celebração de convênios, acordos, contratos, ajustes ou instrumentos congêneres, a real capacidade gerencial dos interessados, especialmente em termos de estrutura organizacional e contábil****, no sentido de verificar se estão dotados de meios suficientes para suportar os encargos de prestação de contas (item 9.2.4, TC-017.214/2001-0, Acórdão n° 128/2006-2ª Câmara).*

CAPACIDADE TÉCNICA E OPERACIONAL DO CONCEDENTE

DOU de 24.08.2012, S. 1, p. 210. Ementa: determinação à FUNASA para ***que formalize convênios somente na medida em que disponha de condições técnico-operacionais de avaliar****, adequadamente,* ***os planos de trabalho, acompanhar e orientar a concretização dos objetivos previstos nas avenças****, bem como de analisar, em prazo oportuno, todas as respectivas prestações de contas, de acordo com os normativos que disciplinam a matéria (item 9.5.1, TC-027.057/2009-6, Acórdão nº 6.111/2012-2ª Câmara).*

DOU de 07.12.2011, S. 1, p. 96. Ementa: o TCU deu ciência à SUEST/SP/FUNASA ***quanto à necessidade de envidar esforços para a autorização e realização de concurso público com vistas à contratação de engenheiro para atuar na área de fiscalização dos convênios, de forma a reduzir o estoque de processos com prazos vencidos pendentes de análise técnica*** *(item 1.7.3, TC-020.273/2011-8, Acórdão nº 9.975/2011-1ª Câmara).*

DOU de 17.03.2011, S. 1, p. 129. Ementa: determinação à Secretaria Executiva do Ministério do Esporte ***para que somente formalize convênios na medida em que disponha de condições técnico-operacionais de acompanhar e orientar a concretização dos objetivos previstos nas avenças, bem como de analisar, em prazo oportuno, todas as respectivas prestações de contas****, de acordo com os normativos que disciplinam a matéria, em especial a IN/STN-MF nº 1/97, a Portaria Interministerial/ MP, MF e CGU nº 127/2008 e o Decreto nº 6.170/2007, bem como em atenção ao item 9.6.1 do Acórdão nº 1.562/2009-P (item 9.6.1, TC-019.135/2006-5, Acórdão nº 510/2011-Plenário).*

DOU de 23.02.2011, S. 1, p. 97. Ementa: recomendação à Caixa Econômica Federal ***no sentido de que intensifique os treinamentos dos funcionários*** *de suas agências e das Gidur/Redur sobre os contratos de repasse e seus normativos, ante a existência de desnivelamento no atendimento aos beneficiários pelos diversos Estados da Federação (itens 9.1.1.1, TC-031.356/2007-5, Acórdão nº 393/2011-Plenário).*

DOU de 08.02.2011, S. 1, p. 117. Ementa: alerta ao Ministério do Desenvolvimento Agrário (MDA) quanto à necessidade de solucionar a carência de recursos humanos constatada em sua unidade localizada no Estado de Santa Catarina, de modo a possibilitar que seja realizado o acompanhamento dos recursos descentralizados por meio de transferências voluntárias a entidades no Estado, nos termos do art. 54 do Decreto nº 93.872/1986, do art. 10, §§ 3º e 6º, do Decreto-lei nº 200/1967 e do art. 116, § 3º, inc. I, da Lei nº 8.666/1993 (item 1.5.3, TC-006.954/2010-3, Acórdão nº 485/2011-2ª Câmara).

DOU de 24.09.2010, S. 1, p. 723. Ementa: determinação à Secretaria Executiva do Ministério do Esporte para ***que somente formalize convênios na medida em que disponha de condições técnico-operacionais de acompanhar e orientar a concretização dos objetivos previstos nas avenças, bem como de analisar, em prazo oportuno, todas as respectivas prestações de contas****, de acordo com os normativos que disciplinam a matéria, em especial a IN/STN-MF nº 01/1997, a Portaria Interministerial/ MP, MF e CGU nº 127/2008 e o Decreto nº 6.170/2007, bem como em atenção ao item 9.6.1 do Acórdão nº 1.562/2009-P (item 9.6.2, TC-019.135/2006-5, Acórdão nº 2.485/2010-Plenário).*

DOU de 13.11.2009, S. 1, p. 135. Ementa: determinação ao SEBRAE/MG ***para que capacite adequadamente os servidores vinculados à área de prestação de contas dos convênios*** *(item 1.5.2, TC-031.958/2008-0, Acórdão nº 6.430/2009-1ª Câmara).*

DOU de 31.07.2009, S. 1, p. 80. Ementa: determinação ao MTE para ***que somente formalize convênios na medida em que disponha de condições técnico-operacionais de avaliar adequadamente os planos de trabalho****, acompanhar a concretização dos objetivos previstos nas avenças, bem como de analisar, em prazo oportuno, todas as respectivas prestações de contas, de acordo com os normativos que disciplinam a matéria (item 9.3.5, TC-026.669/2007-9, Acórdão nº 1.687/2009-Plenário).*

DOU de 20.06.2006, S. 1, p. 72. Ementa: o TCU ***recomendou ao Ministério da Saúde que dotasse seu quadro de pessoal de profissionais tecnicamente qualificados com vistas a desempenhar as funções de acompanhamento de convênios federais referentes a obras****, de forma a garantir a fiscalização da boa e regular aplicação descentralizada dos recursos públicos (item 1.2, TC-015.104/2004-4, Acórdão nº 1.432/2006-2ª Câmara).*

DOU de 02.06.2006, S. 1, p. 109. Ementa: o TCU recomendou ao Ministério da Integração Nacional ***que buscasse outras soluções para compensar o reduzido quadro de engenheiros alocados a algumas de suas Secretarias, responsáveis pelo acompanhamento e fiscalização dos convênios, em face do elevado número de processos e de pleitos processados anualmente no âmbito da Secretaria de Defesa Civil, tais como***

***a utilização dos contratos de repasse previstos pelo Decreto nº 1.819/96, nos casos em que este instrumento se mostrar técnica e economicamente viável, ou se utilizasse da colaboração de dirigentes de órgãos ou entidades federais situados próximo aos locais de execução, sob delegação de competência**, conforme previsão do art. 24 da IN/STN nº 1/97 (item 9.4.2, TC-007.454/2003-5, Acórdão nº 826/2006-Plenário).*

*DOU de 02.06.2006, S. 1, p. 109. Ementa: o TCU recomendou ao Ministério da Integração Nacional **que fizesse gestões junto ao Ministério do Planejamento, Orçamento e Gestão, com o objetivo de suprir as carências de recursos humanos e materiais necessários ao exercício das atividades de acompanhamento e fiscalização sobre a execução dos convênios celebrados pelo Ministério** (item 9.4.1, TC-007.454/2003-5, Acórdão nº 826/2006-Plenário).*

*DOU de 26.05.2006, S. 1, p. 117. Ementa: o TCU **determinou ao Ministério do Planejamento, Orçamento e Gestão que, em conjunto com os órgãos e entidades da Administração Pública Federal (Direta e Indireta) que realizem transferências voluntárias de recursos mediante convênios, contratos de repasse ou instrumentos congêneres, elaborasse estudo técnico com vistas a dotar os órgãos e entidades repassadores de recursos públicos federais da estrutura mínima necessária ao bom e regular cumprimento de seus fins**, a ser apresentado ao TCU no prazo de 180 (cento e oitenta) dias, o qual deverá comportar, para cada órgão ou entidade, a identificação da estrutura de recursos humanos e materiais atualmente disponíveis para o cumprimento dessa finalidade; e a identificação da estrutura de recursos humanos e materiais mínimos necessários à sua boa atuação nas três etapas de controle da transferência voluntária de recursos públicos federais (o exame e aprovação dos pedidos, o acompanhamento concomitante da execução e a análise das prestações de contas), tomando-se como parâmetro, sobretudo, o montante anual de recursos repassados e o objeto da atuação de cada órgão ou entidade (item 9.1, TC-003.777/2002-4, Acórdão nº 788/2006-Plenário).*

CAUC

*DOU de 14.08.2012, S. 1, p. 59. Ementa: determinação à Secretaria do Tesouro Nacional do Ministério da Fazenda para que apresente estudos acerca da: **possibilidade de permitir que o Serviço Auxiliar de Informações para Transferências Voluntárias (CAUC) tenha um campo específico para que os Tribunais de Contas dos Estados, dos Municípios e do Distrito Federal emitam opinião acerca dos limites constitucionais e legais exigidos para liberação de transferências, cujas informações são fornecidas pelos respectivos entes da Federação** (item 9.2.1 TC-034.896/2011-2, Acórdão nº 2.077/2012-Plenário).*

*DOU de 23.03.2009, S. 1, p. 88. Ementa: resposta a um consulente no sentido de que, evidenciada a situação excepcionalíssima – em face do resultado de ações de defesa nacional a cargo da União, nas cercanias de entes federados, podem estes, excepcionalmente, figurar como convenentes em ajustes celebrados com a União, ocasião em que serão executores da ação de interesse e responsabilidade do concedente –, **é possível a realização de convênio com ente federado, localizado em qualquer parte do território nacional, que se encontre em situação irregular quanto à prestação de contas de recursos anteriormente recebidos, apontada no SIAFI/CAUC**, suplantando o que dispõe o art. 25 da LRF, devendo-se observar, nesses casos, somente o que determina o art. 167, inc. X, da Constituição Federal. O entendimento deriva do Acórdão nº 1.640/2003-Plenário e da verossimilhança da natureza das ações de defesa nacional para com as ações de segurança (itens 9.2.6 e 9.2.7, TC-001.362/2009-8, Acórdão nº 445/2009-Plenário).*

*DOU de 23.03.2009, S. 1, p. 88. Ementa: resposta a um consulente no sentido de que a eficácia do art. 26 da Lei nº 10.522/2002, **no que se refere à possibilidade de transferência de recursos federais para a realização de ações sociais e ações em faixa de fronteira a entes que se encontrem em situação de inadimplência, objeto de registro no CADIN ou no SIAFI/CAUC, está adstrita às situações previstas no art. 25, § 3º da LRF – ações de educação, saúde e assistência social – porque, como regra geral, a própria LRF**, no art. 25, § 1º, inc. IV, alínea "a", vedou a transferência voluntária de recursos a entes federados em situação irregular (item 9.2.4, TC-001.362/2009-8, Acórdão nº 445/2009-Plenário).*

*DOU de 16.05.2008, S. 1, p. 101. Ementa: o TCU considerou como **irregularidade**, no âmbito da SFA/PB, a existência de planos de trabalho inconsistentes e **a inexistência de consulta ao CAUC, quando da formalização de convênios** em que a SFA/PB fosse concedente (item 1.6.9, TC-015.341/2006-5, Acórdão nº 863/2008-Plenário).*

*DOU de 31.03.2006, S. 1, p. 275. Ementa: o TCU **recomendou à Secretaria do Tesouro Nacional (STN/MF) a adoção das seguintes medidas, com vistas a aprimoramento e eficácia do Cadastro Único de Exigências para Transferências Voluntárias para Estado e Município (CAUC), subsistema do Sistema Integrado de Administração Financeira (SIAFI)**, quais sejam: a) normatização, de forma detalhada, de todos os procedimentos de registro e consulta dos itens constantes do CAUC a fim de que os usuários do Cadastro possam dirimir suas dúvidas quanto aos prazos legais e condições a serem observadas relativamente aos documentos legais exigidos para efetivação das transferências de recursos aos entes beneficiários; b) promoção de estudos no sentido de encaminhar ao Chefe do Poder Executivo, por intermédio do Ministro da Fazenda, proposta de inclusão nos próximos projetos de Leis de Diretrizes Orçamentárias (LDOs) de dispositivo que estabeleça: b.1) a obrigatoriedade de que os órgãos transferidores de recursos, além de registrarem no CAUC os documentos* *legais exigidos quando da celebração de convênios ou da liberação dos respectivos recursos, condicionem a liberação dos recursos a consulta da regularidade dos entes convenentes no referido cadastro CAUC; b.2) o disciplinamento das ações sociais, e de educação, saúde e assistência social que se enquadrariam nas exceções previstas na Lei Complementar n° 101/2000 (Lei de Responsabilidade Fiscal) e no art. 26 da Lei n° 10.522/2002, que excluem a aplicação das sanções de suspensão de transferências voluntárias; c) elaboração de normativo orientando os órgãos concedentes e usuários do CAUC, no sentido de que, ao considerarem que os recursos a serem transferidos a determinado ente da Federação serão alocados em ações sociais, de educação, de saúde, de assistência social, ou do Fundo Nacional de Segurança Pública, o que suspende a aplicação das sanções de suspensão de transferências voluntárias decorrente da inobservância de exigências legais, conforme prescrevem o § 3°, art. 25 da Lei Complementar n° 101/2000, e o art. 26 da Lei n° 10.533/2002, devem proceder da seguinte forma: c.1) não condicionar a liberação desses recursos às mencionadas exigências legais; c.2) formalizar a não aplicação das sanções de suspensão dessas transferências por meio de ato expresso do ordenador de despesas, atestando que os recursos serão alocados em ações sociais, de educação, de saúde ou de assistência social; c.3) verificar, registrar e consultar a regularidade dessas exigências no Cadastro, incluindo em processos os respectivos dados encontrados; d) adoção de providências no sentido de promover, no menor prazo possível, a automatização de todos os registros do CAUC, utilizando-se as informações dos balanços contábeis e dos demonstrativos apresentados pelos Estados, Distrito Federal e Municípios, em sistemática semelhante à adotada atualmente para registro da entrega das contas anuais, previstas no art. 51 da Lei Complementar n° 101/2000 (LRF) (item 9.4, TC-010.799/2004-8, Acórdão nº 407/2006-Plenário).*

CELEBRAÇÃO DE CONVÊNIOS

SÚMULA TCU Nº 078 – Com o sistema de controle externo, instituído pela Constituição de 1967 e disciplinado em legislação ordinária pertinente, ***não compete ao Tribunal de Contas da União julgar ou aprovar previamente*** *contratos,* ***convênios, acordos ou ajustes celebrados pela Administração Pública. Pode****, todavia, o Tribunal, no exercício da auditoria financeira e orçamentária e com vistas ao julgamento das contas de responsáveis ou entidades sob a sua jurisdição,* ***tomar conhecimento dos respectivos termos, para, se verificar ilegalidade ou irregularidade, adotar providências no sentido de saná-la ou evitar a sua reincidência.***

DOU de 29.07.2011, S. 1, p. 235. Ementa: recomendação à Secretaria Nacional de Programas de Desenvolvimento do Turismo (SNPDTur) no sentido de ***que somente celebre contratos de repasse se estiverem presentes todos os documentos necessários para o início efetivo de sua execução, em especial o plano de trabalho e projeto***

***básico com descrições completas e concisas do objeto ajustado**, para evitar atrasos (item 1.6.2.1, TC-019.169/2007-1, Acórdão nº 5.662/2011-1ª Câmara).*

*DOU de 11.03.2011, S. 1, p. 86. Ementa: alerta a um município **para a necessidade de observar a vedação da assinatura de convênios por meio de instrumento de procuração**, conforme o artigo 6º da IN/STN-MF nº 1/1997 e os Acórdãos de nºs 549/2003-P e 899/2004-2ª Câmara (item 9.6.10, TC-018.715/2005-2, Acórdão nº 1.404/2011-1ª Câmara).*

*DOU de 09.06.2010, S. 1, p. 111. Ementa: determinação ao Gabinete do Ministro (GM/MTE) para **que se abstenha de repassar recursos a entidades privadas, a título de contribuições de capital, sem autorização em lei especial anterior de que trata o art. 12 § 6º da Lei nº 4.320/1964** (item 9.5.3, TC-009.864/2004-5, Acórdão nº 2.797/2010-2ª Câmara).*

*DOU de 26.03.2010, S. 1, p. 115. Ementa: determinação ao Ministério do Desenvolvimento Social e Combate à Fome para **que se abstenha de celebrar convênios sem a prévia análise e manifestação conclusiva do setor jurídico quanto aos atendimentos das exigências formais e legais necessárias**, nos termos do art. 31 da Portaria Interministerial/MP, MF e CGU nº 127/2008 e do parágrafo único do art. 38 da Lei nº 8.666/1993 (item 1.5.2.2, TC-006.288/2009-1, Acórdão nº 1.389/2010-1ª Câmara).*

*DOU de 28.08.2009, S. 1, p. 148. Ementa: determinação à EMBRATUR para **que se abstenha de formalizar novos convênios com entidade que tenha processo de prestação de contas pendente de aprovação**, conforme ocorrência verificada no Processo nº 3645/1999 (item 9.7.11, TC-014.392/2004-3, Acórdão nº 1.934/2009-Plenário).*

*DOU de 28.08.2009, S. 1, p. 148. Ementa: determinação à EMBRATUR para **que se abstenha de assinar termo de convênio quando o objeto nele descrito seja divergente daquele constante no plano de trabalho que o sustentou** (item 9.7.4, TC-014.392/2004-3, Acórdão nº 1.934/2009-Plenário).*

*DOU de 17.07.2009, S. 1, p. 105. Ementa: determinação ao MCT para **que inclua nos pareceres técnicos e financeiros, elaborados na fase de celebração de convênios, justificativas e avaliações expressas, acompanhadas de documentos que as sustentem, que considerem a necessidade de apoio ao projeto e possíveis benefícios a serem obtidos pela sua implantação, de acordo com os critérios objetivos fixados para escolha dos beneficiários dos recursos; a compatibilidade da proposição com o objeto do programa e/ou ação governamental; a avaliação dos requisitos técnicos, financeiros e operacionais de habilitação das possíveis entidades convenentes, que demonstre a capacidade da entidade conveniada para consecução do objeto;***

a adequação das etapas, metas e prazos de execução, levando-se em consideração todos os fatores envolvidos na consecução da avença, entre os quais se incluem os procedimentos licitatórios ou quaisquer atos previstos para a realização do objeto; a compatibilidade do número de parcelas de liberação dos recursos e das datas previstas de desembolso com os elementos descritos no cronograma de execução *(item 9.1, TC-026.668/2007-1, Acórdão nº 1.562/2009-Plenário).*

DOU de 29.05.2009, S. 1, p. 186. Ementa: determinação à Universidade Federal de Pelotas para ***que não promova ações com fundamento em convênio ou acordo genérico, revendo todos os atos em vigor expedidos com base em acordo de cooperação técnica com uma universidade privada****, de modo que cada programa ou projeto realizado em conjunto tenha a aprovação formal dos setores competentes da Universidade,* ***bem como esteja formalizado em instrumento próprio no qual estejam definidos, no mínimo, o objeto, o prazo, as obrigações das partes, os custos e sua repartição entre as instituições envolvidas, os resultados esperados e os mecanismos de avaliação*** *(item 1.4.1, TC-016.629/2008-8, Acórdão nº 2.607/2009-2ªCâmara).*

DOU de 22.05.2009, S. 1, p. 177. Ementa: recomendação ao Departamento de Emprego e Salário do Ministério do Trabalho e Emprego (DES/TEM) ***para que****, em observância à Portaria Interministerial nº 127, de 29.05.2008,* ***condicione****, com o objetivo de evitar a liberação de recursos a entidades inadimplentes,* ***a assinatura de novos convênios ao prévio exame e aprovação das eventuais prestações de contas das respectivas proponentes, relativas a convênios anteriores*** *e que estejam pendentes de análise (item 9.3.2, TC-013.226/2002-1, Acórdão nº 2.543/2009-2ª Câmara).*

DOU de 05.06.2007, S. 1, p. 82. Ementa: o TCU determinou ao DNIT ***que se abstivesse de efetuar transferências, pagamentos e assinar aditivos relativos a instrumentos cujas prestações de contas parciais não tenham sido apresentadas e/ou aprovadas*** *(item 9.13.3, TC-005.454/2001-4, Acórdão nº 1.019/2007-Plenário).*

DOU de 24.08.2006, S. 1, p. 177. Ementa: o TCU determinou à UFES ***que obedecesse aos princípios do formalismo e da publicidade dos atos administrativos, evitando convênio verbal****, a exemplo daquele pactuado entre a UFES e o Governo do Estado do Espírito Santo (item 1.1.2, TC-003.072/2006-2, Acórdão nº 2.778/2006-2ª Câmara).*

DOU de 08.05.2006, S. 1, p. 59. Ementa: o TCU determinou ao Ministério dos Transportes ***que somente celebrasse convênios com a apresentação prévia, pelo convenente, do estudo de viabilidade econômica do empreendimento, devidamente analisado e aprovado****, em atendimento ao disposto no art. 3º, "f" da Lei n° 5.917/73* *e em observância ao Acórdão nº 513/2003-Plenário (item 9.12.1, TC-008.623/2003-9, Acórdão nº 636/2006-Plenário).*

DOU de 28.04.2006, S. 1, p. 165. Ementa: o TCU determinou às Indústrias Nucleares do Brasil ***que se abstivessem de celebrar convênios em que o plano de trabalho não se encontrasse adequadamente detalhado e sem a descrição clara do objeto do ajuste,*** *de forma a dar cumprimento ao que dispõe o art. 116, § 1º, incisos de I a VII, da Lei nº 8.666/1993, c/c os arts. 2º e 7º, inciso I, da IN/STN-MF nº 01/1997 (item 9.5.1, TC--010.666/2004-1, Acórdão nº 992/2006-2ª Câmara).*

DOU de 27.04.2006, S. 1, p. 106. Ementa: o TCU determinou ao Ministério do Desenvolvimento, Indústria e Comércio ***que, ao celebrar convênios com entidades privadas, adotasse providências com vistas a verificar a autenticidade da assinatura do representante do ente convenente*** *(item 9.5.1, TC 016.091/2002-2, Acórdão nº 963/2006-1ª Câmara).*

DOU de 18.04.2006, S. 1, p. 137. Ementa: o TCU, com fundamento nos arts. 23, 70, 71, inciso VI, e 241 da Constituição Federal, ***considerou juridicamente possível a celebração de convênios entre órgãos e/ou entidades públicos, inclusive de esferas diferentes de governo****, aí incluídos os eventualmente celebrados entre entidades/órgãos federais e a Polícia Militar do Distrito Federal (PMDF) e o Corpo de Bombeiros Militar do Distrito Federal,* ***desde que: a) o objeto do convênio estivesse necessariamente contemplado nos objetivos institucionais de cada convenente e representasse o atingimento de um ou mais objetivos comuns a ambos; b) os dispêndios financeiros, diretos ou por meio de repasses, efetuados pelos convenentes, assim como os recursos humanos e materiais eventualmente disponibilizados, fossem utilizados exclusivamente para a consecução do objeto conveniado; c) sendo pelo menos um dos convenentes entidade/órgão federal deverá ser observada, na celebração e na condução do convênio, a legislação federal incidente sobre a matéria*** *(item 9.2, TC-013.234/2000-7, Acórdão nº 522/2006-Plenário).*

DOU de 03.11.2005, S. 1, p. 102. Ementa: o TCU ***exigiu a assinatura de interveniente, quando esse existir, em termo de convênio*** *(item 2.1.8, TC-007.003/2004-7, Acórdão n° 2.132/2005-2ª Câmara).*

CHAMAMENTO PÚBLICO

DOU de 28.04.2011, S. 1, p. 135. Ementa: alerta à Secretaria de Políticas Públicas de Emprego do Ministério do Trabalho e Emprego e ao Ministério do Planejamento, Orçamento e Gestão para ***que observem o correto instrumento (termo de parceria) ao***

firmarem ajustes com OSCIPs, nos termos da Lei nº 9.790/1999, preferencialmente precedido por concurso de projetos *(item 9.6, TC-019.538/2006-9, Acórdão nº 1.006/2011-Plenário).*

DOU de 09.06.2010, S. 1, p. 111. Ementa: determinação ao Gabinete do Ministro (GM/MTE) para ***que, ao firmar convênio para transferência de recursos a entidades privadas sem fins lucrativos, publique normas contendo critérios objetivos de habilitação e seleção das entidades e demais condições envolvendo a transferência de recursos****, aplicando, caso necessário, o disposto no art. 5º da Portaria Interministerial/MP, MF e CGU nº 127, de 29.05.2008, quanto ao chamamento público (item 9.5.2, TC-009.864/2004-5, Acórdão nº 2.797/2010-2ª Câmara).*

DOU de 09.04.2010, S. 1, p. 139. Ementa: determinação à Secretaria Nacional de Segurança Pública para ***que, ao optar pelo concurso de projetos para escolha de OSCIP para celebração de termo de parceria, faça constar dos respectivos editais convocatórios parâmetros objetivos de seleção e julgamento de propostas, com segregação clara de requisitos de habilitação e de critérios de classificação*** *(item 9.2, TC-029.820/2009-9, Acórdão nº 700/2010-Plenário).*

DOU de 04.12.2009, S. 1, p. 233. Ementa: determinação à EMBRATUR para ***que estabeleça a obrigatoriedade de instituir processos de chamamento e de seleção públicos previamente à celebração de convênios com entidades sem fins lucrativos****, em todas as situações em que se apresentarem viáveis e adequados à natureza dos programas a serem descentralizados (item 1.5.1.1, TC-020.255/2009-0, Acórdão nº 6.527/2009-2ª Câmara).*

DOU de 02.10.2009, S. 1, p. 150. Ementa: determinação à Secretaria Executiva do Ministério do Turismo para ***que observe, ao promover processo público de seleção de projetos de órgãos ou entidades, as disposições expostas no art. 5º da Portaria Interministerial nº 127/2008, especialmente ao que se refere à publicidade do chamamento público*** *e à aferição da qualificação técnica e capacidade operacional da entidade privada sem fins lucrativos participante do certame (item 1.5.1.1, TC-013.105/2009-3, Acórdão nº 5.078/2009-2ª Câmara).*

DOU de 11.07.2008, S. 1, p. 85. Ementa: o TCU recomendou à Casa Civil da Presidência da República ***que orientasse os órgãos e entidades da Administração Pública para que editassem normativos próprios visando estabelecer a obrigatoriedade de instituir processo de chamamento e seleção públicos, previamente à celebração de convênios com entidades privadas sem fins lucrativos****, em todas as situações em que se* *apresentasse viável e adequado à natureza dos programas a serem descentralizados (item 9.3, TC-027.206/2006-3, Acórdão nº 1.331/2008-Plenário).*

DOU de 11.07.2008, S. 1, p. 85. Ementa: o TCU recomendou ao Ministério do Planejamento, Orçamento e Gestão ***que avaliasse a oportunidade e a conveniência de orientar os órgãos e entidades da Administração Pública para que editassem normativos próprios visando estabelecer a obrigatoriedade de instituir processo de chamamento e seleção públicos previamente à celebração de convênios com entidades privadas sem fins lucrativos****, em todas as situações em que se apresentasse viável e adequado à natureza dos programas a serem descentralizados (item 9.2.2, TC--027.206/2006-3, Acórdão nº 1.331/2008-Plenário).*

DOU de 13.11.2006, S. 1, p. 138. Ementa: o TCU recomendou à Secretaria do Tesouro Nacional ***que disciplinasse a obrigatoriedade de ser formalmente justificada pelo gestor****, com indicação dos motivos determinantes e demonstração do interesse público envolvido na parceria,* ***a escolha de determinada entidade privada para a celebração de convênio****, acordo, ajuste e outro instrumento jurídico utilizado para transferir recursos públicos federais, especialmente* ***quando tal escolha não se der por meio de concurso de projetos ou de outro critério inteiramente objetivo*** *(item 9.4.2, TC-015.568/2005-1, Acórdão nº 2.066/2006-Plenário).*

DOU de 08.09.2006, S. 1, p. 119. Ementa: o TCU recomendou à ANCINE ***que, no caso de optar pelo instrumento "convênio", a fim de dar efetividade à atribuição contida no art. 9º do Decreto nº 4.456/2002, verificasse a possibilidade de firmá--lo com diferentes instituições****, de modo a propiciar o fortalecimento de distintos e eventuais interessados em executar as atividades que envolvessem a divulgação de obras cinematográficas em festivais internacionais (item 9.4, TC-010.055/2003-7, Acórdão nº 2.505/2006-2ª Câmara).*

CLÁUSULA SUSPENSIVA

DOU de 25.03.2011, S. 1, p. 173. Ementa: alerta a um município quanto ao ***excesso de morosidade, por parte da administração municipal, para o saneamento das pendências técnicas apontadas pela fiscalização da Caixa Econômica Federal num projeto básico relativo a contrato de repasse****, contrariando o princípio esculpido no art. 37, "caput", da Constituição Federal, bem como disposto previsto no art. 23, § 4º e § 5º, da Portaria Interministerial/MP, MF e CGU nº 127/2008,* ***representando tal situação potencial risco de pena de cancelamento deste contrato por decurso de prazo final para execução****, com a respectiva devolução dos recursos disponibilizados,* *corrigidos monetariamente, aos cofres da União (item 1.5, TC-022.548/2010-6, Acórdão nº 1.658/2011-2ª Câmara).*

DOU de 23.02.2011, S. 1, p. 97. Ementa: recomendação ao Ministério do Planejamento, Orçamento e Gestão (MP) no sentido de ***que realize estudos com o intuito de examinar a viabilidade de implementação de algumas das sugestões apresentadas por Ministérios consultados, com o intuito de*** *não atrasar a descentralização orçamentária para a Caixa Econômica Federal, bem como* ***diminuir a ocorrência de cláusulas suspensivas nos contratos de repasse*** *(item 9.1.3.2, TC-031.356/2007-5, Acórdão nº 393/2011-Plenário).*

DOU de 23.02.2011, S. 1, p. 97. Ementa: recomendar a vários órgãos da Administração Pública Direta e Indireta e à Caixa Econômica Federal ***que incluam no Contrato de Prestação de Serviços firmado com a Caixa Econômica Federal cláusula que verse sobre o cancelamento da operação pela CAIXA****, sem necessidade de autorização do Órgão Gestor,* ***no caso do beneficiário não cumprir os prazos acordados para a entrega do plano de trabalho, documentação institucional, contrapartida, CAUC, projeto básico de engenharia****, documentação de titularidade da área e documentação da licitação, somente sendo autorizada a prorrogação no caso de documentos/fases que dependam da autorização de outros órgãos governamentais, como Instituto do Patrimônio Histórico Nacional (IPHAN), Secretaria do Patrimônio da União (SPU), Departamento Nacional de Infraestrutura de Transportes (DNIT) ou Marinha do Brasil (item 9.1.2.2, TC-031.356/2007-5, Acórdão nº 393/2011-Plenário).*

DOU de 23.02.2011, S. 1, p. 97. Ementa: recomendação à Caixa Econômica Federal ***no sentido de que abstenha-se de solicitar recursos para contratos com cláusula suspensiva*** *pendente ou fora do prazo de vigência (item 9.1.1.2, TC-031.356/2007-5, Acórdão nº 393/2011-Plenário).*

DOU de 09.06.2010, S. 1, p. 111. Ementa: determinação ao Gabinete do Ministro (GM/MTE) para que observe o disposto no art. 23 da Portaria Interministerial/MP, MF e CGU nº 127, de 29.05.2008, ***quando da celebração de convênios para a execução de serviços, abstendo-se de liberar recursos previstos no plano de trabalho sem o correspondente projeto básico e orçamento detalhado dos custos*** *(item 9.5.5, TC-009.864/2004-5, Acórdão nº 2.797/2010-2ª Câmara).*

DOU de 04.12.2009, S. 1, p. 233. Ementa: determinação à EMBRATUR para ***que se abstenha****, em cumprimento ao art. 23, "caput", da Portaria Interministerial nº 127/2008,* ***de liberar a 1ª parcela de recursos de convênio antes da apresentação do Projeto Básico ou do Termo de Referência****, que devem conter os elementos descritos,* *respectivamente, nos incisos XV e XX do art. 1º do mencionado normativo (item 1.5.1.6, TC-020.255/2009-0, Acórdão nº 6.527/2009-2ª Câmara).*

DOU de 27.03.2009, S. 1, p. 122. Ementa: determinação ao Ministério do Turismo para que, no momento da assinatura de termos de convênios, contratos de repasse e outros instrumentos congêneres, ***não utilize cláusulas suspensivas com o intuito de superar pendências relacionadas às propostas ou ausência de documentos indispensáveis para a sua avaliação e execução****, conforme constatado pela Controladoria-Geral da União (CGU), conforme Nota Técnica nº 2.212/2008/DIRTUR/DR/SFC/CGU-PR (item 1.5.2, TC-025.134/2008-0, Acórdão nº 1.105/2009-1ª Câmara).*

DOU de 29.10.2007, S. 1, p. 70. Ementa: o TCU determinou à Secretaria de Recursos Hídricos do Meio Ambiente ***que desse início à descentralização de recursos para obras somente quando os projetos básicos contivessem todos os elementos técnicos discriminados no art. 6º, inc. IX, da Lei nº 8.666/1993*** *(item 2.2, TC-023.318/2006-1, Acórdão nº 2.214/2007-Plenário).*

CLÁUSULAS OBRIGATÓRIAS NO INSTRUMENTO DE CONVÊNIO

DOU de 12.04.2012, S. 1, p. 113. Ementa: alerta ao Departamento Nacional do SEBRAE ***que, ao dispor que o convenente não pode "transferir a terceiros as obrigações assumidas sem anuência expressa do concedente", a entidade não logrou vedar a subcontratação, nem especificar suas condições e limites****, o que caracteriza descumprimento ao disposto no art. 28 do Regulamento de Licitações e Contratos do SEBRAE e nos Acórdãos de nºs 153/2002-P, 1.302/2004-P e 2.731/2008-P (item 9.9.1, TC-031.863/2008-5, Acórdão nº 793/2012-Plenário).*

DOU de 18.11.2011, S. 1, p. 136. Ementa: determinação ao CISMEL (Consórcio Intermunicipal de Segurança Pública e Cidadania de Londrina e Região) para ***que atualize e mantenha atualizadas as informações relativas aos atos de dois convênios no sistema SICONV, como licitações e contratos, bem como a inclusão dos termos assinados dos convênios*** *(item 1.8.2, TC-004.681/2011-8, Acórdão nº 2.902/2011-Plenário).*

DOU de 10.10.2011, S. 1, ps. 102 e 103. Ementa: determinação à EMBRATUR para ***que, em cumprimento ao disposto em cláusula convenial, promova gestões junto ao Instituto de Promoção Turística do Iguaçu, para que providencie o registro, nos termos do art. 136, inc. I, da Lei nº 9.279/1996, da cessão perpétua dos direitos de uso da logomarca do Festival Internacional de Humor de Foz do Iguaçu,***

adquiridos por meio de contrato. *Na eventualidade da não obtenção do registro perpétuo da logomarca, adote medidas judiciais cabíveis com vistas a assegurar o direito à propriedade da logomarca, consoante estabelecido no respectivo convênio (itens 9.6.1 e 9.6.2, TC-008.882/2009-0, Acórdão nº 2.676/2011-Plenário).*

DOU de 01.07.2011, S. 1, p. 121. Ementa: recomendação à Secretaria Nacional de Segurança Pública (SENASP) e à Secretaria Executiva do PRONASCI do Ministério da Justiça no sentido de que incluam, nos termos de convênios ou outros instrumentos congêneres que tenham por objetivo instituir ou ampliar os Gabinetes de Gestão Integrada Municipal (GGIM), ***cláusulas que condicionem o repasse de recursos aos entes federados ao fornecimento de informação, pelo período mínimo de três anos após a aprovação dos convênios ou instrumentos congêneres, sobre o alcance dos resultados esperados decorrentes da implantação do GGIM, por meio de indicadores de avaliação dos resultados dos convênios****, a exemplo dos Indicadores Informativos, dos Indicadores de Metas e dos Indicadores de Impactos sobre o funcionamento do GGIM, nos termos definidos no consenso do III Fórum dos GGIM, realizado no exercício de 2010 (item 9.1.4, TC-023.312/2010-6, Acórdão nº 1.672/2011-Plenário).*

DOU de 25.02.2011, S. 1, p. 142. Ementa: determinação a uma prefeitura municipal para ***que, na aplicação de recursos públicos federais recebidos por meio de convênio, atente ao fiel cumprimento da obrigatoriedade de manutenção dos documentos comprobatórios das despesas em arquivo em boa ordem, no próprio local em que foram contabilizados, à disposição dos órgãos de controle interno e externo*** *(item 9.5.2, TC-018.501/2002-1, Acórdão nº 1.165/2011-1ª Câmara).*

DOU de 24.02.2011, S. 1, p. 165. Ementa: alerta a uma prefeitura municipal quanto ***à impropriedade caracterizada pela falta de contratação de seguro total do veículo contra danos materiais e vítimas por acidente****, em desacordo com o estabelecido em cláusula de dois convênios do FNDE (item 1.5, TC-030.412/2010-2, Acórdão nº 846/2011-2ª Câmara).*

DOU de 23.02.2011, S. 1, p. 97. Ementa: determinação à Caixa Econômica Federal (CAIXA) para ***que autorize o desbloqueio da conta-corrente vinculada e consequente saque dos recursos financeiros somente após comprovação do ateste da aquisição/execução da etapa e depósito da contrapartida****, devendo ser juntados ainda ao processo os documentos comprobatórios, de acordo com o preconizado nos normativos internos da CAIXA, mais especificamente no item 3.2 da norma MNSA 012.024 (item 9.2.1.7, TC-031.356/2007-5, Acórdão nº 393/2011-Plenário).*

DOU de 15.02.2011, S. 1, p. 133. Ementa: determinação ao SENAI/GO no sentido de que somente efetue transferências financeiras ao IEL/GO, ou a outro ente integrante do sistema liderado pela Federação das Indústrias do Estado de Goiás (FIEG), quando configurada a correlação entre a atividade a ser executada e as competências institucionais do SENAI/GO, ***sempre mediante a celebração de convênio que observe os princípios gerais relativos à Administração Pública,*** *utilizando como referencial normativo, na falta de norma própria, a Portaria Interministerial/MP, MF e CGU nº 127, de 29.05.2008, ora vigente,* ***fazendo constar desses instrumentos a vigência do instrumento, que deverá ser fixada de acordo com o prazo previsto para a consecução do objeto e em função das metas estabelecidas*** *(item 9.4.1, TC-018.693/2008-8, Acórdão nº 741/2011-2ªCâmara).*

DOU de 14.12.2010, S. 1, p. 123. Ementa: alerta à SANEAGO para que, por ocasião da execução de contratos de repasse de recursos federais, ***na condição de interveniente executora, abstenha-se de permitir o aproveitamento de licitações já realizadas por municípios beneficiários das obras que tenham sido realizadas sem a estrita observância da Lei nº 8.666/1993,*** *tendo em vista o previsto na Cláusula Terceira, item 3.3, alínea "f" do texto padrão dos contratos de repasse da CEF (item 9.3, TC-009.812/2009-0, Acórdão nº 3.263/2010-Plenário).*

DOU de 08.12.2010, S. 1, p. 97. Ementa: recomendação à Comissão Gestora do SICONV, como órgão central do sistema, no sentido de que analise a possibilidade de sugerir a alteração da Portaria Interministerial/MP, MF e CGU nº 127/2008 ***para incluir, entre as cláusulas necessárias para recebimento de cada parcela dos recursos, previstas no art. 43 deste normativo, a obrigatoriedade de o convenente ou contratado atender às exigências previstas em seu art. 30, inciso X (inclusão regular no SICONV de informações e documentos exigidos pela PI, mantendo-o atualizado)*** *(item 1.6.5, TC-007.487/2010-0, Acórdão nº 3.119/2010-Plenário).*

DOU de 24.09.2010, S. 1, p. 731. Ementa: determinação ao INCRA para que, em todos os convênios que firmar, ***inclua cláusula que indique, de forma clara e precisa, o modo pelo qual a execução do objeto será acompanhada,*** *de modo a garantir a plena execução física do objeto, conforme determina expressamente o art. 6º do Decreto nº 6.170/2007 (item 9.1.2, TC-021.081/2009-4, Acórdão nº 2.508/2010-Plenário).*

DOU de 11.08.2010, S. 1, p. 157. Ementa: alerta ao Serviço Nacional de Aprendizagem Comercial - Administração Regional/MS decorrente do descumprimento do Acórdão/TCU nº 2.541/2006-1ª C, para ***que "implante controles mais eficientes no acompanhamento de convênios em que a entidade figurar como interveniente", já***

que ainda não possui normativo interno disciplinando a celebração de convênios *(item 1.5, TC-016.145/2009-2, Acórdão nº 4.153/2010-2ª Câmara).*

DOU de 07.07.2010, S. 1, p. 109. Ementa: determinação ao SENAR/SP para ***que inclua, nos convênios e ajustes congêneres, cláusulas que vedem expressamente a transferência de recursos para contas de pessoas físicas ou para conta-corrente que não seja de titularidade do convenente****, uma vez que esse procedimento descaracteriza a vinculação dos recursos ao objeto pactuado (item 9.5.2, TC-016.604/2006-2, Acórdão nº 3.994/2010-1ª Câmara).*

DOU de 23.06.2010, S. 1, p. 138. Ementa: alerta ao Ministério de Desenvolvimento Social e Combate à Fome ***no sentido de que cumpra as cláusulas pactuadas nos termos de convênios, para que possa exigir as obrigações dos convenentes****, bem como, nos casos em que se verificar a impossibilidade de cumpri-las, justifique as razões que impediram o seu cumprimento (item 1.4, TC-024.232/2009-4, Acórdão nº 3.452/2010-1ª Câmara).*

DOU de 09.06.2010, S. 1, p. 111. Ementa: determinação ao Gabinete do Ministro (GM/MTE) para que, ao firmar convênios, ***adote providências no sentido de que o cronograma de liberação dos recursos seja compatível com o período de execução das metas****, evitando-se a liberação de recursos em montante superior ao necessário à consecução do objeto (item 9.5.6, TC-009.864/2004-5, Acórdão nº 2.797/2010-2ª Câmara).*

DOU de 04.12.2009, S. 1, p. 233. Ementa: determinação à EMBRATUR para que, ***na análise técnica de propostas de convênios, manifeste-se fundamentadamente quanto ao valor da contrapartida proposto no Plano de Trabalho, de forma a verificar o cumprimento dos limites legais, conforme estabelecido na Lei de Diretrizes Orçamentárias****, observando a incidência do percentual sobre o valor total do convênio e não apenas sobre o valor a ser transferido pelo Instituto,* ***bem como fundamente, quando for o caso, a aceitação de contrapartida por meio de bens e serviços economicamente mensuráveis****, observando o disposto no art. 20, § 2º, da Portaria Interministerial nº 127/2008 (item 1.5.1.3, TC-020.255/2009-0, Acórdão nº 6.527/2009-2ª Câmara).*

DOU de 20.11.2009, S. 1, p. 195. Ementa: determinação ao DNIT para ***que, em relação aos convênios, adote a seguinte medida preventiva de previsão dos recursos orçamentários para suportar as despesas provenientes de convênio****, em cumprimento ao art. 16 da Lei Complementar nº 101/2000 (LRF) (item 9.4.5, TC-017.177/2007-4, Acórdão nº 2.708/2009-Plenário).*

DOU de 02.10.2009, S. 1, p. 129. Ementa: determinação ao FNDE para ***que inclua****, nos convênios que envolvam a execução de obras,* ***cláusula exigindo a comprovação do*** *registro da ART junto ao respectivo Conselho Regional de Engenharia, Arquitetura e Agronomia, em cumprimento ao art. 1º da Lei nº 6.496/1977 (item 9.4, TC-007.264/2005-1, Acórdão nº 5.574/2009-1ª Câmara).*

DOU de 18.09.2009, S. 1, p. 111. Ementa: determinação para que fosse promovida a oitiva de uma empresa privada de engenharia para ***que se manifestasse acerca da ausência de cláusula em contrato de 2009 permitindo o livre acesso dos servidores dos órgãos ou entidades públicas concedentes ou contratantes, bem como dos órgãos de controle, aos documentos e registros contábeis da empresa****, nos termos da Portaria Interministerial/MP, MF e CGU nº 127/2008 (item 9.5.5.3, TC-011.135/2009-3, Acórdão nº 2.140/2009-Plenário).*

DOU de 14.08.2009, S. 1, p. 129. Ementa: determinação à EMBRATUR para ***que adote providências com vistas a ajustar suas normas internas relativas à transferência de recursos a outras entidades, aos dispositivos estabelecidos no Decreto nº 6.170, de 25.07.2007, regulamentado pela Portaria Interministerial/MP, MF e CGU nº 127/2008, de 29.05.2008*** *(item 9.2.1, TC-019.984/2008-0, Acórdão nº 1.771/2009-Plenário).*

DOU de 29.05.2009, S. 1, p. 186. Ementa: determinação à Universidade Federal de Pelotas para ***que não promova ações com fundamento em convênio ou acordo genérico, revendo todos os atos em vigor expedidos com base em acordo de cooperação técnica com uma universidade privada****, de modo que cada programa ou projeto realizado em conjunto tenha a aprovação formal dos setores competentes da Universidade, bem como esteja* ***formalizado em instrumento próprio no qual estejam definidos, no mínimo, o objeto****, o prazo, as obrigações das partes, os custos e sua repartição entre as instituições envolvidas, os resultados esperados e os mecanismos de avaliação (item 1.4.1, TC-016.629/2008-8, Acórdão nº 2.607/2009-2ªCâmara).*

DOU de 20.03.2009, S. 1, p. 112. Ementa: determinação ao Ministério da Saúde para ***que se abstenha de celebrar convênios com previsão orçamentária insuficiente para a execução integral das metas pactuadas****, em obediência ao disposto no art. 25, inc. I, da Lei Complementar nº 101/2000 (item 9.5, TC-013.321/2007-1, Acórdão nº 1.064/2009-2ª Câmara).*

DOU de 08.12.2008, S. 1, p. 164. Ementa: determinação ao INCRA para que, nos convênios em que atue como órgão repassador de recursos federais, ***nos casos em que o objeto preveja o pagamento de alimentação e hospedagem, dimensione claramente a responsabilidade de cada partícipe, observados os interesses comuns dos convenentes, fixando o valor a ser repassado de acordo com essa responsabilidade,***

bem como exigindo, da entidade conveniada, a devida comprovação das despesas efetuadas nas referidas categorias de gasto *(item 9.2, TC-005.839/2006-0, Acórdão nº 5.707/2008-2ª Câmara).*

DOU de 19.06.2008, S. 1, p. 116. Ementa: o TCU determinou ao CEAGESP que, caso entendesse conveniente que servidores da Companhia atuassem junto aos convenentes na execução do objeto pactuado, tal hipótese fosse prevista no instrumento de convênio (item 9.8.5, TC-019.170/2006-4, Acórdão nº 1.727/2008-2ª Câmara).

DOU de 13.06.2008, S. 1, p. 101. Ementa: o TCU recomendou à CPRM, ao Ministério da Integração Nacional (MIN) e à PETROBRAS que adotassem providências com relação à atividade de implantação de sistemas simplificados de abastecimento de água e ***incluíssem, nos convênios, os municípios onde os projetos seriam implantados e definissem a responsabilidade pela manutenção dos equipamentos e o direito de propriedade dos bens remanescentes na data da conclusão ou extinção do instrumento****; e especificassem, nos termos de convênio, de forma clara e detalhada, as atividades necessárias à manutenção dos sistemas simplificados de abastecimento (item 9.3, TC-018.202/2006-5, Acórdão nº 1.094/2008-Plenário).*

DOU de 06.06.2008, S. 1, p. 91. Ementa: o TCU determinou ao Ministério do Esporte ***que, em atenção ao princípio da prudência administrativa, dividisse, sempre que possível, a liberação dos recursos do programa Segundo Tempo em mais de duas parcelas****, de modo a intercalar as liberações com a apresentação de prestação de contas parciais (item 9.1.4, TC-013.016/2007-5, Acórdão nº 1.036/2008-Plenário).*

DOU de 29.10.2007, S. 1, p. 75. Ementa: o TCU determinou a uma prefeitura municipal ***que orientasse as unidades executoras no sentido de manter e disponibilizar, sempre que solicitado pelos órgãos de controle, quando da execução de convênios, acordos, ajustes ou outros instrumentos similares (custeados com recursos federais), a documentação hábil e suficiente a comprovar a pertinência da despesa realizada com a execução do objeto pactuado*** *(item 9.10.1, TC-018.170/2004-3, Acórdão nº 2.238/2007-Plenário).*

DOU de 29.10.2007, S. 1, p. 70. Ementa: o TCU determinou à Secretaria de Recursos Hídricos do Meio Ambiente ***que fizesse constar do termo de convênio a adequada descrição do objeto a ser executado****, de forma a caracterizar, de modo preciso, a obra a ser realizada ou o bem a ser adquirido, contendo todos os seus elementos característicos com descrição detalhada, objetiva, clara e precisa do que se pretende realizar e obter, guardando estrita conformidade com o plano de trabalho apresentado pelo interessado e aprovado (item 2.1, TC-023.318/2006-1, Acórdão nº 2.214/2007-Plenário)*

DOU de 29.06.2007, S. 1, p. 208. Ementa: o TCU determinou a uma prefeitura municipal ***que, ao firmar convênios, acordos, ajustes ou instrumentos congêneres, observasse, rigorosamente, os prazos para apresentação das correspondentes prestações de contas****, devidamente acompanhadas de toda a documentação necessária à comprovação da correta aplicação dos recursos (item 9.2, TC-019.059/2005-3, Acórdão nº 1.880/2007-1ª Câmara).*

DOU de 15.06.2007, S. 1, p. 69. Ementa: o TCU ***recomendou a existência de cláusula expressa que tornasse obrigatório o fornecimento de notas fiscais com a devida especificação dos serviços e bens unitários fornecidos ou prestados pelas empresas contratadas pelos convenentes e, complementarmente, que tornasse obrigatório o fornecimento adicional das notas fiscais originais dos bens adquiridos por intermédio dessas empresas que, por seu valor e características, demandassem a posse da documentação original tanto para o eventual exercício da garantia contra defeitos desses bens quanto, adicionalmente, para a certificação da origem regular das mercadorias*** *(item 9.1.5.3, TC-025.688/2006-1, Acórdão nº 1.136/2007-Plenário).*

DOU de 18.05.2007, S. 1, p. 75. Ementa: o TCU firmou ***entendimento de que o sigilo bancário de que trata a Lei Complementar nº 105/2001 não se aplica às informações referentes a contas específicas, abertas exclusivamente para movimentação de recursos descentralizados pela União, mediante convênios, acordos, ajustes, termos de parceria ou outros instrumentos congêneres federais*** *(item 9.3, TC-023.232/2006-5, Acórdão nº 877/2007-Plenário).*

DOU de 23.02.2006, S. 1, p. 113. Ementa: o TCU determinou à CODEVASF ***que observasse o disposto no inciso V, art. 7º da IN/STN-MF nº 01/97, adotando as providências cabíveis, a fim de evitar a possível deterioração das obras já realizadas*** *(item 9.2.2, TC-014.830/2005-6, Acórdão nº 400/2006-1ª Câmara).*

DOU de 08.02.2006, S. 1, p. 67. Ementa: o TCU determinou ao Ministério do Turismo ***que adotasse providências junto ao convenente, no sentido de obter a devolução da quantia correspondente aos rendimentos de aplicação no mercado financeiro, referente ao período compreendido entre a liberação do recurso e seu ressarcimento aos cofres do Tesouro Nacional, em observância ao disposto no instrumento de convênio*** *(item 9.2, TC-015.247/2005-5, Acórdão nº 87/2006-Plenário).*

COMPOSIÇÃO DE PREÇOS

DOU de 23.06.2010, S. 1, p. 126. Ementa: o TCU conheceu de consulta formulada pelo Comandante do Exército tendo respondido ***que quando a composição de preços***

resultar em preço unitário ou preço global superior ao que seria obtido por meio da utilização do método tradicional, o Exército deverá apresentar relatório técnico circunstanciado, elaborado por profissional habilitado e aprovado pela autoridade competente *(item 9.1.7, TC-019.281/2009-8, Acórdão nº 1.399/2010-Plenário).*

*DOU de 23.06.2010, S. 1, p. 126. Ementa: o TCU conheceu de consulta formulada pelo Comandante do Exército tendo respondido que **é permitido ao Exército utilizar, em composições de preço constantes dos orçamentos para obras em cooperação, os reais equipamentos utilizados, enquanto esteja promovendo o suprimento de base de dados de apropriação de custos**, bem como faixas de produtividade entre percentuais mínimos e máximos, adotando, como máxima, a produtividade constante dos sistemas tradicionais de orçamentação e, como mínima, temporariamente, as estimadas conforme a experiência dos batalhões de construção, relacionadas na "Tabela de Produtividade de Equipes" (publicada no DOU de 23.06.2010, S. 1, p. 126) e, em definitivo, aquelas baseadas em banco de dados de produtividades elaborado com base em apropriação de custos (item 9.1.4, TC-019.281/2009-8, Acórdão nº 1.399/2010-Plenário).*

*DOU de 23.06.2010, S. 1, p. 126. Ementa: o TCU conheceu de consulta formulada pelo Comandante do Exército tendo respondido **que é obrigação do Exército, por ocasião de elaboração de orçamento com metodologia diferenciada para obra em cooperação com órgão público federal, excluir das composições de preço os custos com remunerações, encargos sociais, alimentação e transporte do pessoal militar e dos servidores civis estatutários**, já suportados pela União, e abster-se de fazê-lo no caso de cooperação com as demais entidades (itens 9.1.3, TC-019.281/2009-8, Acórdão nº 1.399/2010-Plenário).*

CONFLITO DE INTERESSES

*DOU de 16.05.2011, S. 1, p. 118. Ementa: determinação da **oitiva de duas entidades para que se manifestem sobre a apresentação de indícios de envolvimento de seus representantes com os de outras entidades, cuja existência física não pôde ser comprovada, apesar de terem recebido repasse de recursos federais mediante convênios** com o Ministério do Trabalho e Emprego (item 9.4.2, TC-012.562/ 2011-4, Acórdão nº 1.205/2011-Plenário).*

*DOU de 31.01.2011, S. 1, p. 206. Ementa: alerta à Gerência de Filial de Apoio ao Desenvolvimento Urbano (GIDUR/SA) de Salvador/BA no sentido de que **oriente suas unidades de apoio localizadas no interior do Estado da Bahia (REDUR) quanto***

ao impedimento de empresas contratadas como prestadoras de serviços técnicos de engenharia, arquitetura e agronomia, mais especificamente para o acompanhamento de obras públicas (vistorias) advindas de contratos de repasse firmados com o Governo Federal, participarem do mesmo empreendimento (negócio)*, ainda que em momentos distintos, na qualidade de executora do objeto pactuado, ou parte dele, e de representante dessa instituição financeira (item 9.5, TC-024.962/2007-5, Acórdão nº 138/2011-Plenário).*

DOU de 09.10.2009, S. 1, p. 181. Ementa: determinação à EMBRATUR para ***que oriente os convenentes sobre a proibição****, ínsita no art. 9º, III, da Lei nº 8.666/1993, de* ***participação em licitação de empresas de servidores e de dirigentes do ente convenente*** *(itens 9.1.5 e 9.1.6, TC-004.575/2008-2, Acórdão nº 2.352/2009-Plenário).*

DOU de 28.08.2009, S. 1, p. 149. Ementa: determinação à EMBRATUR para ***que evite celebrar convênios com entidades cujos membros mantenham relações de parentesco com servidores e/ou dirigentes da EMBRATUR****, em consonância com os princípios constitucionais da moralidade e da impessoalidade, bem como com o disposto no art. 6º, II da Portaria Interministerial/MP, MF e CGU nº 127/2008 (item 9.7.29, TC-014.392/2004-3, Acórdão nº 1.934/2009-Plenário).*

DOU de 24.10.2008, S. 1, p. 141. Ementa: determinação a uma prefeitura municipal para ***que, na gestão de recursos federais transferidos ao município, abstenha-se de designar parentes de fornecedores da prefeitura para as funções de requisição, recebimento, guarda, controle e distribuição dos produtos adquiridos*** *(item 9.2.2, TC-012.967/2005-2, Acórdão nº 3.538/2008-1ª Câmara).*

DOU de 30.06.2008, S. 1, p. 123. Ementa: o TCU manifestou-se pela necessidade, relativamente aos contratos de repasse, de ***que o benefício da obra seja preponderantemente coletivo e a entidade beneficiária dos recursos não tenha como finalidade principal o atendimento dos interesses de um grupo determinado de pessoas*** *(item 9.5.1, TC-012.529/2007-6, Acórdão nº 1.232/2008-Plenário).*

CONTRAPARTIDA

DOU de 01.07.2011, S. 1, p. 121. Ementa: determinação à Secretaria Nacional de Segurança Pública (SENASP) e à Secretaria Executiva do PRONASCI do Ministério da Justiça para que, na análise das prestações de contas apresentadas pelos órgãos e entidades convenentes, ***observem irregularidades e impropriedades quanto ao depósito extemporâneo da contrapartida em relação à data prevista no termo***

***da avença ou não realizada**, deixando de ser auferidos os rendimentos relativos à aplicação financeira dos recursos, afrontando o que estabelece o § 1º do art. 20 da Portaria Interministerial/MP, MF e CGU nº 127/2008 (item 9.3, TC-023.312/2010-6, Acórdão nº 1.672/2011-Plenário).*

*DOU de 11.02.2011, S. 1, p. 185. Ementa: **alerta a uma prefeitura municipal no sentido de que**, em repasses destinados ao Programa do Serviço de Ação Continuada - Programa de Apoio à Criança Carente em Creche e Programa de Apoio à Pessoa Idosa - **dever-se-ia evitar a ausência de comprovação da utilização da contrapartida do município para a execução do objeto dos repasses**, em contrariedade ao Plano de Ação aprovado pelo concedente (item 9.4.2, TC-025.262/2007-1, Acórdão nº 679/2011--1ª Câmara).*

*DOU de 02.02.2011, S. 1, p. 187. Ementa: tratando-se de recursos de convênios/contratos de repasse e de contribuição de melhoria específicos para as obras, **prefeitura municipal não pode cobrar o tributo além do valor de sua contrapartida - custo da obra para a municipalidade** (item 1.10.1, TC-024.669/2007-0, Acórdão nº 62/2011--1ª Câmara).*

*DOU de 19.08.2010, S. 1, p. 108. Ementa: alerta a um município no sentido de que, quando da utilização de recursos federais, **faça constar de seu orçamento as receitas oriundas das transferências voluntárias federais**, em consonância com o que dispõe o art. 1º, § 3º, da Portaria Interministerial/MP, MF e CGU nº 127/2008 (item 1.4.1.1, TC--010.280/2007-3, Acórdão nº 4.298/2010-2ª Câmara).*

*DOU de 04.12.2009, S. 1, p. 233. Determinação à EMBRATUR para **que, na análise técnica de propostas de convênios, manifeste-se fundamentadamente quanto ao valor da contrapartida proposto no Plano de Trabalho**, de forma a verificar o cumprimento dos limites legais, conforme estabelecido na Lei de Diretrizes Orçamentárias, observando a incidência do percentual sobre o valor total do convênio e não apenas sobre o valor a ser transferido pelo Instituto, bem como fundamente, quando for o caso, a aceitação de contrapartida por meio de bens e serviços economicamente mensuráveis, observando o disposto no art. 20, § 2º, da Portaria Interministerial nº 127/2008 (item 1.5.1.3, TC--020.255/2009-0, Acórdão nº 6.527/2009-2ª Câmara).*

*DOU de 28.08.2009, S. 1, p. 148. Ementa: determinação à EMBRATUR para **que, ao liberar recursos em valores inferiores ao acordado inicialmente em instrumento de convênio, não autorize a redução da contrapartida** com o propósito único de ajustamento ao novo valor total (item 9.7.13, TC-014.392/2004-3, Acórdão nº 1.934/2009-Plenário).*

DOU de 15.05.2009, S. 1, p. 99. Ementa: determinação ao SEBRAE para ***que se abstenha de celebrar convênios admitindo como contrapartida a execução das metas de outro convênio*** *(item 9.4, TC-009.745/2007-9, Acórdão nº 980/2009-Plenário).*

DOU de 28.11.2007, S. 1, p. 180. Ementa: o TCU determinou ao MMA ***que se abstivesse de aprovar prestações de contas de convênios em que não estivesse comprovada a regular aplicação dos recursos públicos transferidos****, inclusive dos rendimentos obtidos pela obrigatória aplicação no mercado financeiro,* ***bem como comprovada a regular contabilização da contrapartida, não sendo permitido computar os rendimentos de aplicação no mercado financeiro como contrapartida****, conforme art. 20, §§ 2º e 3º, da IN/STNMF nº 01/1997, sob pena de responsabilização (item 10.2.3, TC-004.694/2007-5, Acórdão nº 2.419/2007-Plenário).*

DOU de 17.08.2007, S. 1, p. 107. Ementa: o TCU determinou a uma prefeitura municipal ***que adotasse providências com vistas à inclusão de previsão orçamentária, no tocante à reserva de contrapartida*** *relativa à obra com recursos federais a ser contratada, nos termos da alínea 'd', do inc. IV, art. 25 da Lei Complementar nº 101/2000 (LRF) (item 9.1.3, TC-005.590/2003-2, Acórdão nº 1.627/2007-Plenário).*

DOU de 12.07.2007, S. 1, p. 173. Ementa: o TCU ***determinou a um município que não utilizasse os rendimentos de aplicação financeira dos recursos recebidos como redutor do montante da contrapartida municipal****, uma vez que contraria o disposto no art. 20, § 3º, da IN/STN-MF nº 01/1997 (item 9.4.2, TC-021.798/2005-7, Acórdão nº 1.870/2007-2ª Câmara).*

DOU de 28.05.2007, S. 1, p. 94. Ementa: o TCU determinou ao Ministério do Meio Ambiente ***que exigisse a comprovação da contrapartida e, quando a mesma fosse oferecida na forma de bens, pessoal e outras despesas de custeio da convenente, exigisse a especificação de como serão utilizados em benefício do convênio*** *(item 9.3.13, TC-007.379/2005-0, Acórdão nº 936/2007-Plenário).*

DOU de 13.04.2007, S. 1, p. 291. Ementa: o TCU manifestou-se ***pela necessidade de movimentação de recursos da contrapartida na conta bancária específica do convênio federal*** *(item 9.1.1.4.3, TC-024.114/2006-6, Acórdão nº 584/2007-Plenário).*

DOU de 08.02.2007, S. 1, p. 369. Ementa: o TCU determinou à Secretaria de Produção e Agroenergia (SPAE) ***que providenciasse, junto a um convenente, a cobrança da aplicação da contrapartida*** *(em valores monetários) e, caso não lograsse êxito, inscrevesse o convenente em inadimplência e instaurasse a competente*

Tomada de Contas Especial (TCE) (item 1.3, TC-015.283/2006-0, Acórdão nº 34/ 2007-2ª Câmara).

DOU de 08.12.2006, S. 1, p. 159. Ementa: o TCU determinou a uma prefeitura municipal ***que, na execução de convênios em que houvesse repasse de recursos federais, se abstivesse de utilizar o saldo de aplicação financeira, remanescente na conta-corrente específica, para deduções nos valores a serem empregados a título de contrapartida*** *(item 9.2, TC-009.590/2005-7, Acórdão nº 3.567/2006-1ª Câmara).*

DOU de 29.11.2006, S. 1, p. 103. Ementa: o TCU ***promoveu a citação de ex-prefeito do Município de São Jerônimo/RS, devido à assinatura de convênio, comprometendo-se a aplicar contrapartida incompatível com a capacidade financeira do município e superior ao limite fixado em lei,*** *contrariando o disposto na Lei nº 9.293/96 (art. 18, §2º, I, "b"); segundo a Corte de Contas, houve a fixação de contrapartida municipal em R$ 363.201,58, representando 78% do valor conveniado (R$ 463.201,58), contrariando o disposto na Lei nº 9.293/96 (art. 18, §2º, I, "b"), que a limitava ao máximo de 40%, não sendo observada a capacidade financeira do município, pois o valor correspondia a quase um quarto das receitas correntes e ao dobro da receita tributária do município no exercício de 1998 (itens 1.1.1, alínea "b", e 1.2.1, TC-004.091/2005-4, Acórdão nº 3.266/2006-1ª Câmara).*

DOU de 24.11.2006, S. 1, p. 199. Ementa: o TCU determinou ao Ministério das Cidades que instaurasse Tomada de Contas Especial, relativamente a um contrato de repasse para construção de rede de sistema interceptor de esgotos sanitários, em decorrência da ***não comprovação por parte da prefeitura da utilização, a título de sua contrapartida,*** *de horas de serviços de máquinas de propriedade municipal, haja vista que a planilha de custos de empresa privada (anexada à proposta em licitação local) continha serviços de escavações, reaterros e apilolamentos (item 9.4, TC-001.652/2004-7, Acórdão nº 3.309/2006-2ª Câmara).*

DOU de 10.07.2006, S. 1, p. 56. Ementa: o TCU determinou ao Governo do Estado de Sergipe ***que****, quando do recebimento de recursos federais,* ***promovesse o depósito dos recursos financeiros da contrapartida estadual*** *contemporaneamente aos créditos do concedente (item 9.5.3, TC-005.269/2004-0, Acórdão nº 1.097/2006-Plenário).*

DOU de 28.04.2006, S. 1, p. 165. Ementa: o TCU posicionou-se ***pela possibilidade do estabelecimento, como contrapartida de convênio federal firmado sob a égide da IN/STN-MF nº 01/1997, de recursos financeiros, bens ou serviços, desde que economicamente mensuráveis,*** *nos termos do § 2º, art. 2º da Instrução Normativa* *da Secretaria do Tesouro Nacional (item 9.5.2, TC-010.666/2004-1, Acórdão nº 992/2006-2ª Câmara).*

DOU de 13.09.2012, S. 1, p. 202. Ementa: o TCU deu ciência a uma prefeitura municipal acerca ***da necessidade de depósito da contrapartida municipal em conta específica em convênios*** *firmados com órgãos federais (item 2, TC-026.303/2011-6, Acórdão nº 6.662/2012-2ª Câmara).*

DOU de 20.03.2006, S. 1, p. 107. Ementa: o TCU posicionou-se quanto à ***obrigatoriedade de uma prefeitura municipal em proceder ao depósito de R$ 30.000,00, referentes ao restante da contrapartida de um convênio federal****, em conta bancária específica no Banco do Brasil, conforme disposto no § 3º, art. 2º da IN/STN-MF nº 01/1997 e na Cláusula Terceira do instrumento de convênio (item 9.2.5, TC-016.324/2005-0, Acórdão nº 301/2006-Plenário).*

DOU de 07.08.2006, S. 1, p. 122. Ementa: o TCU determinou a uma prefeitura municipal ***que mantivesse em conta bancária específica os recursos oriundos dos convênios que firmasse com a União, inclusive aqueles referentes ao valor da contrapartida*** *a que se obrigou perante o concedente (item 3.2, TC-006.874/2006-4, Acórdão nº 1.999/2006-2ª Câmara).*

CONTRATO DE PRESTAÇÃO DE SERVIÇOS COM A INSTITUIÇÃO MANDATÁRIA

DOU de 11.04.2011, S. 1, p. 154. Ementa: ***recomendação ao Ministério da Integração Nacional e à Caixa Econômica Federal, para que avaliem a possibilidade de incluir nos contratos de prestação de serviço que celebram entre si para a realização de vistorias "in loco" e emissão de Relatório de Avaliação Final (RAF) mecanismos que permitam assegurar a veracidade das informações nele registradas****, de forma a coibir a falha consistente na afirmação de execução total do objeto pactuado quando fiscalização por órgão de controle verificou a inexecução parcial das obras ajustadas (item 9.4.2, TC-005.357/2010-1, Acórdão nº 2.079/2011-1ª Câmara).*

DOU de 23.02.2011, S. 1, p. 97. Ementa: recomendar a vários órgãos da Administração Pública Direta e Indireta e à Caixa Econômica Federal ***que incluam no Contrato de Prestação de Serviços firmado com a Caixa Econômica Federal cláusula que verse sobre o cancelamento da operação pela CAIXA, sem necessidade de autorização do Órgão Gestor****, no caso do beneficiário não cumprir os prazos acordados para a entrega do plano de trabalho, documentação institucional, contrapartida, CAUC, projeto básico* *de engenharia, documentação de titularidade da área e documentação da licitação, somente sendo autorizada a prorrogação no caso de documentos/fases que dependam da autorização de outros órgãos governamentais, como Instituto do Patrimônio Histórico Nacional (IPHAN), Secretaria do Patrimônio da União (SPU), Departamento Nacional de Infraestrutura de Transportes (DNIT) ou Marinha do Brasil (item 9.1.2.2, TC--031.356/2007-5, Acórdão nº 393/2011-Plenário).*

DOU de 16.03.2007, S. 1, p. 127. Ementa: o TCU alertou o Ministério das Cidades para o que dispõe o art. 27, inc. III, alínea "e", da Lei nº 10.683/2003, no sentido de que as ***tarefas atribuídas à Caixa Econômica Federal*** *por meio de acordo de cooperação firmado entre ambos para gestão de contrato de repasses,* ***não podem configurar indevida intromissão dessa instituição nas atribuições do Ministério****, o qual não pode delegá-las de modo tão amplo, sob pena de transferir ao agente financeiro competências próprias do órgão legalmente instituído para a consecução de políticas públicas nas áreas de desenvolvimento urbano, urbanização, habitação, saneamento básico e ambiental, transporte urbano e trânsito (item 9.7, TC-017.387/2006-3, Acórdão nº 347/2007-Plenário).*

DOU de 16.03.2007, S. 1, p. 126. Ementa: o TCU ***determinou ao Ministério das Cidades que exigisse da Caixa Econômica Federal o adequado cumprimento de seus serviços****, por meio de uma análise consistente e eficiente dos planos de trabalho apresentados pelos proponentes, atentando-se, principalmente, para a adequabilidade das análises em face do volume de planos de trabalho aprovados nos últimos dias do exercício (item 9.1.3.2, TC-017.387/2006-3, Acórdão nº 347/2007-Plenário).*

DOU de 02.06.2006, S. 1, p. 109. Ementa: o TCU recomendou ao Ministério da Integração Nacional que buscasse outras soluções para compensar o reduzido quadro de engenheiros alocados a algumas de suas Secretarias, responsáveis pelo acompanhamento e fiscalização dos convênios, em face do elevado número de processos e de pleitos processados anualmente no âmbito da Secretaria de Defesa Civil, tais como a utilização dos contratos de repasse previstos pelo Decreto nº 1.819/96, nos casos em que este instrumento se mostrar técnica e economicamente viável, ou se utilizasse da colaboração de dirigentes de órgãos ou entidades federais situados próximo aos locais de execução, sob delegação de competência, conforme previsão do art. 24 da IN/STN nº 1/97 (item 9.4.2, TC-007.454/2003-5, Acórdão nº 826/2006-Plenário).

DOU de 07.04.2006, S. 1, p. 269. Ementa: o TCU ***determinou ao Ministério do Turismo que fiscalizasse e fizesse cumprir, fielmente, os contratos daquele Ministério com a Caixa Econômica Federal****, quando da realização de obras conveniadas, atentando para a efetividade das ações a cargo de empresas terceirizadas da Caixa Econômica Federal (item 1, TC-017.875/2005-1, Acórdão nº 738/2006-2ª Câmara).*

CONTROLE SOCIAL

DOU de 01.07.2011, S. 1, p. 121. Ementa: recomendação à Secretaria Nacional de Segurança Pública (SENASP) e à Secretaria Executiva do PRONASCI do Ministério da Justiça ***no sentido de que evitem a implementação da ação Mulheres da Paz em fase posterior à ação Projeto, tendo em vista o papel representativo das mulheres na seleção e na captação dos jovens participantes****, bem como em seu acompanhamento durante o período de capacitação, no contexto da ação Protejo (item 9.1.7, TC-023.312/2010-6, Acórdão nº 1.672/2011-Plenário).*

CREDENCIAMENTO

DOU de 16.05.2011, S. 1, p. 118. Ementa: determinação da oitiva de duas entidades para ***que se manifestem sobre o recebimento de repasse de recursos federais****, mediante convênios com o Ministério do Trabalho e Emprego,* ***sem que possuíssem existência física comprovada*** *(item 9.4.1, TC-012.562/ 2011-4, Acórdão nº 1.205/2011-Plenário).*

DOU de 10.03.2006, S. 1, p. 85. Ementa: o TCU determinou a uma prefeitura municipal (convenente), com relação aos convênios celebrados com a União que, mesmo após a vigência do convênio, ***mantivesse atualizado o cadastro de endereços dos gestores, para o envio de correspondência, caso necessário*** *(item 1.2, TC-001.530/2004-4, Acórdão nº 426/2006-1ª Câmara).*

CRITÉRIOS DE ELEGIBILIDADE

DOU de 10.09.2012, S. 1, p. 106. Ementa: determinação ao Ministério do Turismo, quanto às ações de qualificação e capacitação profissionais complementares às ofertadas pelo PRONATEC Turismo, ***que normatize*** *essas ações, especialmente quanto ao seguinte: 1)* ***quais itens podem compor as ações, definindo objetivamente o que será aceito como item de despesa (por exemplo: quais materiais podem ser distribuídos aos alunos, como apostilas, mochila, camisetas; quais equipamentos podem ser utilizados/alugados; se podem ser incluídos auxílios transporte e alimentação aos alunos, se são possíveis ações de consultoria e de que tipo; se podem ocorrer cerimônias, como de encerramento, publicidade, etc.), com padrões e exigências uniformes para todos os convênios realizados com o apoio do Ministério;*** *2)* ***quais atividades podem ser contratadas de terceiros pelas entidades convenentes, de modo a viabilizar a aplicação do disposto no art. 60 da Portaria Interministerial/MP, MF e CGU nº 507/2011;*** *3)* ***os procedimentos e***

***indicadores de mensuração dos resultados das ações de qualificação, de forma a dar efetividade ao Plano Nacional de Turismo** (item 1.7.1.1, TC-006.757/2012-0, Acórdão nº 6.395/2012-2ª Câmara).*

*DOU de 01.07.2011, S. 1, p. 121. Ementa: recomendação à Secretaria Nacional de Segurança Pública (SENASP) e à Secretaria Executiva do PRONASCI do Ministério da Justiça no sentido de **que estabeleçam parâmetros para definir a quantidade de agentes, o período e a carga horária de capacitação das Mulheres da Paz** (item 9.1.6, TC-023.312/2010-6, Acórdão nº 1.672/2011-Plenário).*

*DOU de 01.07.2011, S. 1, p. 121. Ementa: recomendação à Secretaria Nacional de Segurança Pública (SENASP) e à Secretaria Executiva do PRONASCI do Ministério da Justiça no sentido de **que estabeleçam** critérios técnicos e específicos para definir o público-alvo e **a forma de seleção dos participantes do Protejo**, de modo a evitar a seleção de jovens fora do perfil e dos critérios estabelecidos (item 9.1.5, TC-023.312/2010-6, Acórdão nº 1.672/2011-Plenário).*

*DOU de 01.07.2011, S. 1, p. 121. Ementa: recomendação à Secretaria Nacional de Segurança Pública (SENASP) e à Secretaria Executiva do PRONASCI do Ministério da Justiça no sentido de que **adotem medidas para normatizar as ações e projetos** do PRONASCI, como GGIs, Mulheres da Paz e Protejo, **entre outros, fixando critérios, parâmetros e regras para sua implantação** (item 9.1.1, TC-023.312/2010-6, Acórdão nº 1.672/2011-Plenário).*

*DOU de 23.02.2011, S. 1, p. 97. Ementa: **recomendar** à Associação Pró-Gestão das Águas da Bacia Hidrográfica do Rio Paraíba do Sul (AGEVAP), Agência Nacional de Águas (ANA), Consórcio PCJ (CONS PCJ), Instituto Brasileiro de Turismo (EMBRATUR), Fundo Nacional do Meio Ambiente (FNMA), Ministério da Agricultura, Pecuária e Abastecimento (MAPA), Ministério das Cidades (MCIDADES), Ministério da Ciência e Tecnologia (MCT), Ministério do Desenvolvimento Agrário (MDA), Ministério do Desenvolvimento Social e Combate à Fome (MDS), Ministério do Esporte (ME), Ministério da Integração Nacional (MI), Ministério da Justiça (MJUSTIÇA), Ministério do Turismo (MTUR), à Superintendência da Zona Franca de Manaus (SUFRAMA) e à Caixa Econômica Federal **que instituam treinamentos aos beneficiários sobre os contratos de repasse e seus requisitos, avaliando ainda se esse treinamento não deve ser um requisito obrigatório e anterior à assinatura do contrato de repasse e se pode ser ministrado à distância, ante a dificuldade dos beneficiários de apresentar a documentação necessária e nos prazos acordados**, o que causou, na maioria dos contratos analisados, o atraso para o início das obras (item 9.1.2.1 , TC-031.356/2007-5, Acórdão nº 393/2011-Plenário).*

DOU de 02.10.2009, S. 1, p. 150. Ementa: determinação à Secretaria Executiva do Ministério do Turismo para que proceda, na análise técnica de propostas de convênios, a uma efetiva análise dos seus custos e dos benefícios advindos, ***explicitando a metodologia e os parâmetros de preços adotados, de maneira a garantir a observância ao princípio da economicidade****, em atenção ao art. 31 da Portaria Interministerial nº 127/2008 (item 1.5.1.3, TC-013.105/2009-3, Acórdão nº 5.078/2009-2ª Câmara).*

DOU de 29.05.2009, S. 1, p. 142. Ementa: determinação à SENASP-MJ para que avalie a possibilidade de condicionar o recebimento de recursos federais do FNSP pelos estados e municípios, mediante convênios ou doação de bens, à comprovação do cumprimento de determinado período de vida útil preestabelecido e da regular utilização dos bens anteriormente fornecidos, ***estabelecendo os critérios para tal aferição****, bem como à contratação de empresa especializada para realizar manutenção preventiva e corretiva quando aplicável, em especial no caso de viaturas, de modo a garantir a adequada e eficiente operação dos veículos e equipamentos (item 9.1.2, TC-019.269/2007-7, Acórdão nº 1.142/2009-Plenário).*

DOU de 30.06.2008, S. 1, p. 122. Ementa: o TCU decidiu-se por realizar audiência a um ex-Ministro de Estado, pela ocorrência, de forma generalizada, dos seguintes fatos, caracterizando ausência de supervisão hierárquica ***a celebração de contratos de repasse com instituições estabelecidas em municípios localizados fora das regiões contempladas no respectivo programa de governo, ou seja, em localidades que não são consideradas como do interesse da Pasta*** *e, predominantemente, situadas em uma única Unidade da Federação (item 9.2.1, TC-012.529/2007-6, Acórdão nº 1.232/2008-Plenário).*

DOU de 23.04.2007, S. 1, p. 64. Ementa: o TCU recomendou à STN-MF ***que disciplinasse a obrigatoriedade de os órgãos/entidades concedentes estabelecerem critérios, objetivamente aferíveis e transparentes, para escolha dos municípios que receberão recursos por meio de convênios*** *e outros instrumentos jurídicos utilizados para transferir recursos federais (item 9.1.2, TC-015.670/2005-5, Acórdão nº 641/2007-Plenário).*

DOU de 06.11.2006, S. 1, p. 87. Ementa: o TCU recomendou ao Ministério da Integração Nacional que, quando da assinatura de convênios (ou instrumentos congêneres) para a construção de obras complementares ao PISF (Projeto de Integração do Rio São Francisco com as Bacias Hidrográficas do Nordeste Setentrional) nos estados beneficiados, ***condicionasse a liberação dos recursos à exigência de estruturação administrativa dos órgãos responsáveis pela gestão de recursos hídricos*** *(item 9.1.10, TC-019.081/2005-4, Acórdão nº 2.017/2006-Plenário).*

DOU de 11.05.2011, S. 1, p. 220. Ementa: recomendação ao Ministério da Saúde para ***que estabeleça prazo improrrogável, a partir da data de publicação da lei orçamentária anual, para a apresentação de propostas de convênios****, com o objetivo de permitir análises mais criteriosas dos planos de trabalho e demais documentos e informações necessárias à aprovação dos projetos pelas áreas técnicas do Ministério (item 9.6.3, TC--018.701/2004-9, Acórdão nº 1.147/2011-Plenário).*

DOU de 29.04.2011, S. 1, p. 135. Ementa: determinação à CGU/SC e à Universidade Federal de Santa Catarina (UFSC) para que informem as providências e/ou medidas adotadas visando ***a especificação, nos convênios firmados pela UFSC, dos gastos elegíveis no âmbito do projeto, bem como o detalhamento suficiente do objeto e do Plano de Trabalho dos contratos e convênios da Universidade, de modo a estabelecer e prever todos os tipos de despesas inerentes aos mesmos e permitir a identificação e o controle adequado de tais despesas****; a abstenção de aprovação de despesas que não estão suficientemente detalhadas e justificadas, de forma a comprovar a relação desta despesa com o objeto do convênio, estando esta modalidade de gasto expressamente prevista no Plano de Trabalho (item 1.6.1.17, TC-022.878/2010-6, Acórdão nº 2.498/2011-2ª Câmara).*

DOU de 09.06.2010, S. 1, p. 111. Ementa: determinação ao Gabinete do Ministro (GM/MTE) para ***que, ao firmar convênio para transferência de recursos a entidades privadas sem fins lucrativos, publique normas contendo critérios objetivos de habilitação e seleção das entidades e demais condições envolvendo a transferência de recursos****, aplicando, caso necessário, o disposto no art. 5º da Portaria Interministerial/MP, MF e CGU nº 127, de 29.05.2008, quanto ao chamamento público (item 9.5.2, TC--009.864/2004-5, Acórdão nº 2.797/2010-2ª Câmara).*

DOU de 09.06.2010, S. 1, p. 111. Ementa: determinação ao Gabinete do Ministro (GM/MTE) para ***que, ao firmar convênio para transferência de recursos a entidades privadas sem fins lucrativos, observe as exigências contidas na Lei de Diretrizes Orçamentárias, para a destinação de recursos a essas entidades, especificamente quanto à publicação de ato de autorização para cada entidade beneficiada selecionada para execução em parceria com a administração pública federal, acompanhado de demonstração de que a contribuição corrente ou de capital destina-se a entidade sem fins lucrativos, de programas e ações que contribuam diretamente para o alcance de diretrizes, objetivos e metas previstas no plano plurianual*** *(item 9.5.2, TC-009.864/2004-5, Acórdão nº 2.797/2010-2ª Câmara).*

DOU de 02.10.2009, S. 1, p. 150. Ementa: determinação à Secretaria Executiva do Ministério do Turismo para ***que estabeleça critérios para a aferição da qualificação técnica e***

capacidade operacional para a gestão de convênios a serem analisados nos Planos de Trabalho*, conforme dispõe o art. 22 da Portaria Interministerial nº 127/2008, e, ao realizar avaliações técnicas quanto às propostas de convênios apresentadas, explicite nos pareceres técnicos a fundamentação quanto à capacidade administrativa e financeira da entidade proponente (item 1.5.1.4, TC-013.105/2009-3, Acórdão nº 5.078/2009-2ª Câmara).*

DOU de 04.12.2009, S. 1, p. 233. Ementa: determinação à EMBRATUR para que ***estabeleça, formalmente, critérios a serem observados para a aferição da qualificação técnica e da capacidade operacional do convenente****, conforme dispõe o art. 22 da Portaria Interministerial nº 127/2008, e, ao realizar avaliações técnicas quanto às propostas de convênios apresentadas, explicite nos pareceres a fundamentação quanto à capacidade administrativa e financeira da entidade proponente (item 1.5.1.5, TC--020.255/2009-0, Acórdão nº 6.527/2009-2ª Câmara).*

DOU de 17.07.2009, S. 1, p. 105. Ementa: recomendação ao MCT para ***que edite normativo próprio visando estabelecer****, com base na Portaria Interministerial/MP, MF e CGU nº 127/2008 e nos princípios da transparência, da isonomia, da impessoalidade e da publicidade dos atos administrativos que regem a Administração,* ***critérios objetivos para seleção dos beneficiários dos recursos, em todas as ações operacionalizadas mediante transferências voluntárias****, em atendimento ao art. 4º, § 2º e art. 5º, inc. II, do citado normativo (item 9.2.1, TC-026.668/2007-1, Acórdão nº 1.562/2009-Plenário).*

DOU de 30.06.2008, S. 1, p. 122. Ementa: o TCU posicionou-se pelo necessário cumprimento das normas contidas nas leis de diretrizes orçamentárias (LDOs) com relação ***aos critérios de repasse de recursos a entidades privadas sem fins lucrativos, em especial aquelas relativas à exigência de prazo mínimo de funcionamento das entidades beneficiárias e aos tipos de despesas autorizadas*** *(item 9.4.6, TC--012.529/2007-6, Acórdão nº 1.232/2008-Plenário).*

DOU de 15.02.2008, S. 1, p. 172. Ementa: o TCU determinou ao Fundo Nacional Antidrogas (FUNAD) ***que exigisse****, previamente à celebração de convênios com entidades privadas sem fins lucrativos,* ***a apresentação de declarações de funcionamento regular da entidade, inclusive com inscrição no CNPJ, nos últimos três anos****, observando disposição relativa a essa questão na LDO do ano em que se pretenderia efetivar o convênio (item 8.3.2, TC-008.061/2006-1, Acórdão nº 74/2008-2ª Câmara).*

DOU de 05.10.2007, S. 1, p. 182. Ementa: o TCU determinou à FUNASA que promovesse estudos para identificar, nos termos da legislação pertinente, ***uma forma eficaz para o estabelecimento de parcerias com as ONGs e demais entidades interessadas***

no desenvolvimento de ações de saúde indígena, as quais possuíssem natureza continuada *(item 9.1, TC-012.718/2004-9, Acórdão nº 2.075/2007-Plenário).*

DOU de 10.05.2007, S. 1, p. 93. Ementa: o TCU determinou ao Ministério do Trabalho e Emprego ***que, ao firmar convênio para transferência de recursos a entidades privadas sem fins lucrativos****, observasse as exigências contidas na LDO para a destinação de recursos a essas entidades, especificamente* ***quanto à publicação de normas contendo critérios objetivos de habilitação e seleção dessas entidades e demais condições, além da demonstração de que a entidade selecionada fosse a que melhor atendesse aos critérios estabelecidos para a escolha*** *(item 1.3.4, TC-006.660/2005-0, Acórdão nº 1.162/2007-1ª Câmara).*

DOU de 13.04.2007, S. 1, p. 296. Ementa: o TCU determinou ao Ministério do Esporte que adotasse providências no sentido de que, entre outros controles internos administrativos cabíveis, ***os processos administrativos decorrentes de suas transferências voluntárias a estados, ao Distrito Federal e/ou a municípios apresentassem referência expressa sobre se a Unidade da Federação a ser beneficiada estaria cumprindo o disposto no art. 217, inc. II, da Constituição Federal, com a efetiva promoção prioritária do desporto educacional*** *(item 9.2.1, TC-019.125/2006-9, Acórdão nº 603/2007-Plenário).*

DOU de 16.03.2007, S. 1, p. 126. Ementa: o TCU determinou ao Ministério das Cidades ***que fixasse limites para o fracionamento das demandas em vários contratos de repasse com baixos valores****, de forma a reduzir o volume de planos de trabalho a serem analisados pela Caixa Econômica Federal (item 9.1.7, TC-017.387/2006-3, Acórdão nº 347/2007-Plenário).*

DOU de 09.03.2007, S. 1, p. 123. Ementa: o TCU determinou à FUNASA que, ao celebrar convênios que envolvessem a construção de sistemas de abastecimento de água, ***exigisse como parte integrante do plano de trabalho (para fins de sua aprovação) a comprovação da potabilidade da água****, nos termos do disposto na Portaria/MS de nº 518/GM/2004 (item 31.1, TC-018.207/2006-1, Acórdão nº 255/2007-2ª Câmara).*

DOU de 02.03.2007, S. 1, p. 75. Ementa: o TCU determinou à FUNASA ***que desenvolvesse métodos para o aperfeiçoamento dos critérios utilizados na aprovação dos planos de trabalho dos convênios a serem celebrados com os diversos municípios****, cujos objetos fossem a construção de unidades de saúde, levando-se em consideração, dentre outros aspectos, a compatibilidade entre os custos de manutenção de determinada unidade de saúde e a capacidade financeira e orçamentária do respectivo município (item 9.5.2.2, TC-001.045/2005-8, Acórdão nº 213/2007-Plenário).*

DOU de 13.11.2006, S. 1, p. 138. Ementa: o TCU recomendou à Secretaria do Tesouro Nacional ***que disciplinasse a obrigatoriedade da aprovação dos termos de celebração ou renovação de convênios, acordos, ajustes e outros instrumentos utilizados para transferir recursos federais a entidades privadas estar condicionada à presença, no processo, de declaração do profissional ou organização contábil quanto ao conhecimento e concordância com a responsabilização prevista no item precedente*** *(item 9.4.6, TC-015.568/2005-1, Acórdão nº 2.066/2006-Plenário).*

CRONOGRAMA DE DESEMBOLSO E CRONOGRAMA DE EXECUÇÃO DO OBJETO

DOU de 15.02.2011, S. 1, p. 133. Ementa: determinação ao SENAI/GO no sentido de que somente efetue transferências financeiras ao IEL/GO, ou a outro ente integrante do sistema liderado pela Federação das Indústrias do Estado de Goiás (FIEG), quando configurada a correlação entre a atividade a ser executada e as competências institucionais do SENAI/GO, sempre mediante a celebração de convênio que observe os princípios gerais relativos à Administração Pública, utilizando como referencial normativo, na falta de norma própria, a Portaria Interministerial/MP, MF e CGU nº 127, de 29.05.2008, ora vigente, fazendo constar desses instrumentos o plano de trabalho, que, além da especificação completa do resultado a ser produzido ou adquirido, ***deverá previamente explicitar o valor a ser despendido na sua obtenção e conter cronograma de desembolso, este último condizente com as fases ou etapas de execução do objeto do convênio*** *(item 9.4.1, TC-018.693/2008-8, Acórdão nº 741/2011-2ª Câmara).*

DOU de 01.11.2010, S. 1, p. 109. Ementa: determinação ao FNDE para ***que, sempre que a execução física permitir e a materialidade do convênio indicar a conveniência, promova a divisão da liberação dos recursos em parcelas****, de modo a intercalar as liberações com a apresentação de prestação de contas parciais, considerado o "caput" do art. 42 da Portaria Interministerial/MP, MF e CGU nº 127/2008 (item 9.2.4, TC--023.857/2008-3, Acórdão nº 2.870/2010-Plenário).*

DOU de 09.06.2010, S. 1, p. 111. Ementa: determinação ao Gabinete do Ministro (GM/MTE) para que, ao firmar convênios, ***adote providências no sentido de que o cronograma de liberação dos recursos seja compatível com o período de execução das metas****, evitando-se a liberação de recursos em montante superior ao necessário à consecução do objeto (item 9.5.6, TC-009.864/2004-5, Acórdão nº 2.797/2010-2ª Câmara).*

DOU de 06.04.2010, S. 1, p. 105. Ementa: recomendação aos Ministérios do Planejamento, Orçamento e Gestão (MP) e da Fazenda (MF), bem como à Controladoria-Geral da União

(CGU), no tocante à alteração da Portaria Interministerial/MP, MF e CGU nº 127, de 29.05.2007, ***para fazer constar da sua redação comando que determine a informação do cronograma financeiro dos contratos de obras e serviços de engenharia a serem custeados mediante recursos de convênios, contratos de repasse e instrumentos congêneres*** *(item 9.4, TC-016.162/2009-3, Acórdão nº 617/2010-Plenário).*

DOU de 04.12.2009, S. 1, p. 159. Ementa: determinação à Secretaria de Ciência e Tecnologia para Inclusão Digital do Ministério da Ciência e Tecnologia, à Secretaria de Telecomunicações do Ministério das Comunicações e à Financiadora de Estudos e Projetos/ MCT para que, nos termos do art. 21, incisos IV, V e VI, da Portaria Interministerial nº 127/2008, ***ao analisar propostas no âmbito do Programa de Inclusão Digital, exijam cronograma de execução compatível com a exequibilidade do objeto e cronograma de desembolso adequado à execução física*** *(item 9.3, TC-018.243/2007-6, Acórdão nº 2.909/2009-Plenário).*

DOU de 04.12.2009, S. 1, p. 233. Ementa: determinação à EMBRATUR para que, na análise técnica de propostas de convênios em cumprimento ao art. 21, inc. V, da Portaria Interministerial nº 127/2008, ***inclua avaliações expressas quanto aos seguintes aspectos: 1) adequação do cronograma de execução com o objeto do convênio, verificando se esse cronograma estabelece etapas e metas adequadas ao projeto a ser desenvolvido; 2) correlação entre o cronograma de execução e o cronograma de desembolso, avaliando se há compatibilidade entre o número de parcelas de liberação de recursos e o cronograma de execução*** *(item 1.5.1.3, TC-020.255/2009-0, Acórdão nº 6.527/2009-2ª Câmara).*

DOU de 15.09.2006, S. 1, p. 151. Ementa: o TCU determinou ao FNDE que estudasse a conveniência de editar norma regulamentar a fim de ***disciplinar procedimento relativo à forma de liberação dos recursos, de modo a fixar número de parcelas de repasse de acordo com a natureza do objeto pactuado, ou proporcionalmente ao valor do financiamento dos convênios e ao prazo de execução da avença*** *(item 1.1.5, TC--007.340/2006-3, Acórdão nº 2.497/2006-1ª Câmara).*

DOU de 20.07.2006, S. 1, p. 58. Ementa: o TCU determinou à FUNASA que exigisse dos interessados na celebração de convênios a ***observação da correlação temporal entre as etapas de execução física do objeto e os repasses dos recursos, como forma de estabelecer parâmetros para a definição das parcelas do cronograma de desembolso proposto*** *(item 1.9, TC-018.308/2005-6, Acórdão nº 1.852/2006-2ª Câmara).*

DOU de 02.02.2006, S. 1, p. 34. Ementa: o TCU determinou à FUNASA que, em atenção ao princípio da prudência administrativa e sempre que a execução física permitir e a materialidade do convênio indicar a conveniência, ***dividisse a liberação dos recursos em três ou mais parcelas, de modo a intercalar as liberações c/ apresentação de prestações de contas parciais*** *(caput art. 21, c/c § 2º do mesmo artigo, da IN/STN-MF nº 01/97) (item 1.9, TC-018.120/2005-0, Acórdão nº 11/2006-2ª Câmara).*

DESPESAS ADMINISTRATIVAS

DOU de 29.04.2011, S. 1, p. 135. Ementa: determinação à CGU/SC e à Universidade Federal de Santa Catarina (UFSC) para ***que informem as providências e/ou medidas adotadas visando a previsão, ou proibição expressa, de acordo com o caso, de pagamento de taxa relativa a despesas operacionais e administrativas nos convênios/contratos com entidades sem fins lucrativos, ou, no caso de previsão, o estabelecimento do montante e as regras que permitam que este pagamento seja liquidado; a especificação, nos convênios firmados pela UFSC, dos gastos elegíveis no âmbito do projeto, bem como o detalhamento suficiente do objeto e do Plano de Trabalho dos contratos e convênios da Universidade, de modo a estabelecer e prever todos os tipos de despesas inerentes aos mesmos e permitir a identificação e o controle adequado de tais despesas****; a abstenção de aprovação de despesas que não estão suficientemente detalhadas e justificadas, de forma a comprovar a relação desta despesa com o objeto do convênio, estando esta modalidade de gasto expressamente prevista no Plano de Trabalho (item 1.6.1.17, TC-022.878/2010-6, Acórdão nº 2.498/2011-2ª Câmara).*

DOU de 13.04.2011, S. 1, ps. 76 e 77. Ementa: alerta à FURG para que solicite de suas fundações que realizem o levantamento dos seus custos operacionais e elaborem uma forma de rateio aos diversos tipos de projetos por elas desenvolvidos em apoio à FURG; e observe o disposto no parágrafo único do art. 39 da Portaria Interministerial nº 127/2008, com a redação dada pela Portaria Interministerial nº 342/2008, ***em especial quanto à obrigatoriedade de que o valor do ressarcimento às fundações esteja demonstrado não só no Plano de Trabalho, mas também nos instrumentos de formalização das avenças*** *(itens 1.6.5 a 1.6.6, TC-027.439/2010-0, Acórdão nº 826/2011-Plenário).*

DOU de 13.04.2007, S. 1, p. 292. Ementa: o TCU determinou ao MAPA ***que se abstivesse de realizar transferências de recursos, via convênio, com a finalidade de custear despesas que não tivessem correspondência com as atividades finalísticas dos programas da área da sanidade agropecuária, a exemplo de despesas administrativas de material de consumo para manutenção predial dos órgãos convenentes*** *(detergente, cera para piso, água sanitária, flanela, lustra-móveis, papel higiênico, sabão em barra e em pó), em observância à determinação contida no item 9.3 do Acórdão nº 1.458/2004-2ª Câmara (item 9.5, TC-003.816/2006-7, Acórdão nº 585/2007-Plenário).*

DOU de 22.02.2012, S. 1, p. 109. Ementa: determinação à CODEVASF para que, na celebração ou aditamento de convênios, observe o disposto no art. 27 do Decreto nº 93.872/1986, ***deixando de empenhar recursos federais acima do montante necessário à conclusão do objeto*** *(item 9.2.1.3, TC-011.098/2008-0, Acórdão nº 278/2012-Plenário).*
DOU de 09.12.2011, S. 1, p. 143. Ementa: recomendação ao Ministério do Planejamento, Orçamento e Gestão para ***que elabore estudos com vistas à criação de mecanismos no Sistema de Gestão de Convênios e Contratos de Repasse do Governo Federal (SICONV), para controle da emissão de notas de empenho no mesmo exercício financeiro da assinatura de convênios e contratos de repasse****, de forma a observar o disposto no art. 2º da Lei nº 4.320/1964 e o art. 3º da Portaria Interministerial/MP, MF e CGU nº 127/2008 (item 1.8, TC-028.055/2011-0, Acórdão nº 3.108/2011-Plenário).*

DOU de 20.04.2011, S. 1, p. 191. Ementa: alerta à Secretaria de Políticas Públicas de Emprego no sentido ***de que, na celebração de convênios com entidades privadas sem finalidade lucrativa, devem ser observados os requisitos impostos para a destinação de recursos a título de auxílios pela Lei de Diretrizes Orçamentárias vigente à época da celebração do convênio, com vistas a evitar o repasse ilegal de recursos para custear despesas de capital, como a reforma de imóveis e o fornecimento de material permanente*** *(item 1.6, TC-021.196/2009-2, Acórdão nº 926/2011–Plenário).*

DOU de 20.11.2009, S. 1, p. 195. Ementa: determinação ao DNIT para ***que, em relação aos convênios, adote a medida preventiva de previsão dos recursos orçamentários para suportar as despesas provenientes de convênio****, em cumprimento ao art. 16 da Lei Complementar n° 101/2000 (LRF); (item 9.4.5, TC-017.177/2007-4, Acórdão nº 2.708/2009-Plenário).*

DOU de 14.08.2009, S. 1, p. 150. Ementa: determinação à Secretaria de Recursos Hídricos do Ministério do Meio Ambiente para ***que observe a Lei Orçamentária Anual quando da execução orçamentária do Órgão, de maneira a não mais permitir a realização de despesas utilizando-se de dotações impróprias****, a exemplo da execução de despesas relativas aos convênios nº 046/2000 e 088/2000, que foram realizadas à conta dos Projetos/Subprojetos – 18.544.0495.2957.0001 (fomento a projetos de manejo e conservação de recursos hídricos) e 18.541.0495.1967.0024 (saneamento básico em áreas de preservação ambiental e mananciais), respectivamente, em afronta ao disposto no art. 23 do Decreto nº 93.872/1986, nos arts. 28, 43, 61 e 75 da Lei nº 4.320/1964, e no art. 16, § 1º, da Lei de Responsabilidade Fiscal (item 9.2.2.2, TC-003.948/2006-6, Acórdão nº 4.121/2009-1ª Câmara).*

DOU de 19.06.2009, S. 1, p. 107. Ementa: alerta ao Ministério da Integração Nacional no sentido de ***que a obrigatoriedade da existência de créditos orçamentários previamente aprovados e suficientes para execução de obras públicas segundo o cronograma estabelecido para o exercício****, prevista no art. 7º, § 2º, da Lei nº 8.666/1993,* ***se estende aos empreendimentos custeados mediante convênio federal, vedada a celebração de avenças em valores insuficientes para assegurar o término da obra em prazo razoável ou que possam conferir ao objeto a situação de obra inacabada*** *(item 9.3, TC-017.176/2007-7, Acórdão nº 1.330/2009-Plenário).*

DOU de 04.05.2009, S. 1, p. 173. Ementa: determinação/recomendação/orientação à Secretaria Especial de Aquicultura e Pesca para ***que se abstenha de utilizar dotações alocadas a outras categorias de programação que não guardem expressa relação com obras/serviços discriminados nos projetos apresentados para celebração de convênios ou que não correspondem a essas dotações****, evitando-se a utilização de dotações impróprias, as quais são vedadas pelo "caput" do art. 23 do Decreto nº 93.872/1986 e pelo art. 73 do Decreto-lei nº 200/1967 (item 1.6.1, TC-014.382/2006-3, Acórdão nº 1.934/2009-2ª Câmara).*

DOU de 20.03.2009, S. 1, p. 112. Ementa: determinação ao Ministério da Saúde para ***que se abstenha de celebrar convênios com previsão orçamentária insuficiente para a execução integral das metas pactuadas****, em obediência ao disposto no art. 25, inc. I, da Lei Complementar nº 101/2000 (item 9.5, TC-013.321/2007-1, Acórdão nº 1.064/2009-2ª Câmara).*

DOU de 19.09.2008, S. 1, p. 125. Ementa: determinação à FUNASA para ***que se abstenha de empenhar recursos à conta de convênios que não tenham os devidos projetos técnicos e prévias licenças ambientais aprovados*** *(item 9.1.2, TC-004.987/2006-9, Acórdão nº 2.067/2008-Plenário).*

DOU de 14.06.2007, S. 1, p. 73. Ementa: o TCU determinou à ADA que cumprisse rigorosamente a IN/STN-MF nº 1/1997, ***de modo a empenhar a despesa somente após o saneamento de eventuais falhas detectadas pela procuradoria jurídica ou por outra unidade técnica daquela autarquia*** *(item 1.2.1.1.2, TC 013.153/2004-0, Acórdão nº 1.629/2007-1ª Câmara).*

ESPECIFICAÇÕES TÉCNICAS

DOU de 04.09.2008, S. 1, p. 82. Ementa: determinação ao Ministério da Integração Nacional para ***que observe, quando da celebração de futuros convênios objetivando***

a execução de obras de infraestrutura, se as especificações contemplam todos os itens necessários para que o objeto possa produzir benefícios imediatos à coletividade*, conforme se deduz do art. 8º c/c o art. 116, § 1º, inc. VII, da Lei nº 8.666/1993 (item 9.7.1, TC-004.134/2005-3, Acórdão nº 3.187/2008-2ª Câmara).*

DOU de 05.06.2008, S. 1, p. 116. Ementa: o TCU determinou ao MMA que ***exigisse a especificação completa do bem a ser produzido ou adquirido por meio de convênios*** *e, no caso de obras, instalações ou serviços, exigisse o estudo de viabilidade técnica, custos e prazos de execução (item 1.3, TC-011.340/2006-0, Acórdão nº 1.467/2008-2ª Câmara).*

ETAPAS OU FASES

DOU de 22.02.2012, S. 1, p. 109. Ementa: determinação à CODEVASF para que, na celebração ou aditamento de convênios ***abstenha-se de incluir etapas e serviços incompatíveis com a capacidade e com os fins institucionais da entidade ou órgão convenente*** *(item 9.2.1.1, TC-011.098/2008-0, Acórdão nº 278/2012-Plenário).*

DOU de 31.10.2008, S. 1, p. 146. Ementa: determinação ao MAPA para que, quando da assinatura de convênios, ou instrumentos congêneres, objetivando a realização de obras públicas, ***faça constar do respectivo objeto o adequado detalhamento da totalidade do empreendimento, ou de suas fases****, e assegure que a conclusão da obra acordada implique atingimento da finalidade almejada (item 9.4, TC-030.704/2007-6, Acórdão nº 2.388/2008-Plenário).*

DOU de 30.06.2008, S. 1, p. 120. Ementa: o TCU determinou ao MCT que se ***abstivesse de promover a celebração de convênios distintos para a realização de projetos em mais de uma etapa****, adotando, nas situações em que tal procedimento se mostrasse justificadamente imprescindível, mecanismos que assegurassem que os recursos para execução de cada etapa somente fossem repassados quando demonstrado que os valores descentralizados para a execução de etapa anterior tiveram boa e regular aplicação (item 9.8.1, TC-023.504/2006-7, Acórdão nº 1.224/2008-Plenário).*

DOU de 07.02.2006, S. 1, p. 57. Ementa: o TCU determinou ao Ministério da Integração Nacional ***que, ao celebrar convênios ou outros ajustes, observasse rigorosamente as disposições legais pertinentes quanto à correta e suficiente descrição e detalhamento das metas, etapas/fases a serem executadas****, tanto nos seus aspectos quantitativos como qualitativos (item 5.5, TC-017.928/2005-7, Acórdão nº 46/2006-2ª Câmara).*

INDICADORES DE DESEMPENHO

DOU de 04.12.2009, S. 1, p. 234. Ementa: recomendações à EMBRATUR no sentido de ***que estabeleça, com a participação das áreas técnicas, indicadores de desempenho padronizados para os principais objetos de convênios firmados pela entidade*** *(a exemplo de caravanas, congressos, "press trips" e workshops),* ***a fim de subsidiar a avaliação dos resultados das ações,*** *sem prejuízo da eventual utilização de indicadores adicionais, definidos especificamente para cada convênio (item 1.6.1.4, TC--020.255/2009-0, Acórdão nº 6.527/2009-2ª Câmara).*

DOU de 31.07.2009, S. 1, p. 102. Ementa: determinação à Empresa de Pesquisa Energética (EPE) ***para que proceda, nos convênios, a uma elaboração mais sólida dos indicadores que balizarão as análises de eficácia, eficiência e efetividade do convênio*** *(item 1.5.1.4, TC-017.509/2008-4, Acórdão nº 3.924/2009-2ª Câmara).*

INTERESSE RECÍPROCO E MÚTUA COOPERAÇÃO

DOU de 25.05.2012, S. 1, p. 98. Ementa: o TCU deu ciência ao INEP no sentido de que o termo de cooperação ***tem por objetivo o desenvolvimento de atividades em regime de colaboração mútua,*** *sendo que, ausente tal situação, o instrumento adequado é o contrato, para o qual se impõe, com as exceções previstas em lei, o devido procedimento licitatório (alínea "b", TC 015.042/2009-0, Acórdão nº 2.857/2012-1ª Câmara).*

DOU de 06.10.2011, S. 1, p. 132. Ementa: o TCU deu ciência ao INCRA/TO sobre o fato de que a ***impropriedade de celebração de convênios com entidades privadas, sem a prevalência de interesses comuns e coincidentes,*** *caracterizando a contraprestação de serviços, contraria o art. 3º da Lei nº 5.764/1971, a IN/STN-MF nº 1/1997, a Portaria Interministerial/MP, MF e CGU nº 127/2008, art. 1º, § 2º, a Decisão nº 194/1999-Plenário e o Acórdão nº 2.261/2005-Plenário (item 1.7.1.5, TC-024.516/2007-0, Acórdão nº 2.594/2011-Plenário).*

DOU de 11.03.2011, S. 1, p. 76. Ementa: alerta ao DNOCS para que ***se abstenha de formalizar instrumento de convênio para execução de objeto licitável pela própria Administração*** *(item 1.7.10, TC-021.066/2008-0, Acórdão nº 1.333/2011-1ª Câmara).*

DOU de 07.02.2011, S. 1, p. 121. Ementa: determinação à Secretaria Especial de Políticas de Promoção da Igualdade Racial para que ***se abstenha de utilizar convênio para contratar prestação de serviços comuns, por caracterizar fuga à licitação*** *(item 9.6, TC-008.950/2008-3, Acórdão nº 179/2011-Plenário).*

DOU de 02.12.2010, S. 1, p. 163. Ementa: alerta a uma prefeitura municipal acerca da ***necessidade de evidenciar*** *a relação entre a proposta apresentada e os objetivos e as diretrizes do programa federal, bem como* ***a caracterização dos interesses recíprocos,*** *quando da formulação de propostas de trabalho no SICONV, consoante disposto no art. 15, inc. II, da Portaria Interministerial/MP, MF e CGU nº 127/2008 (item 1.6.1.3, TC-014.690/2006-1, Acórdão nº 374/2009-1ª Câmara).*

DOU de 25.10.2010, S. 1, p. 120. Ementa: determinação ao IPHAN para que ***se abstenha de firmar convênios que objetivem meramente a aquisição de equipamentos e mobiliários ou a prestação de serviços, devido à ausência do interesse recíproco*** *requerido pelo art. 1º, § 1º, inc. I, do Decreto nº 6.170/2007, de forma a evitar ocorrências semelhantes às verificadas em convênios firmados com a Associação de Amigos do Museu Júlio de Castilhos e a Associação dos Amigos do Museu Casa de Guimarães Rosa (item 9.3.6, TC-019.200/2007-3, Acórdão nº 6.726/2010-1ª Câmara).*

DOU de 09.10.2009, S. 1, p. 181. Ementa: determinação à EMBRATUR para que ***se abstenha de celebrar convênios que prevejam ações voltadas preponderantemente ao interesse dos convenentes,*** *com vistas a garantir a prevalência do interesse público (item 9.1.1, TC-004.575/2008-2, Acórdão nº 2.352/2009-Plenário).*

DOU de 02.10.2009, S. 1, p. 150. Ementa: determinação à Secretaria Executiva do Ministério do Turismo para que ***não utilize convênio como forma de ajuste quando os interesses das partes não concorrerem para o mesmo objetivo,*** *situação na qual se configura contrato, devendo, portanto, ser realizado o devido certame licitatório (item 1.5.1.6, TC-013.105/2009-3, Acórdão nº 5.078/2009-2ª Câmara).*

DOU de 23.03.2009, S. 1, p. 88. Ementa: resposta a um consulente no sentido de que assegurar a ***defesa nacional é competência exclusiva*** *e* ***indelegável da União, consoante art. 21, inc. III, da CF; a característica dessa competência, a cargo da União, impossibilita, via de regra, a realização de convênio*** *cujo objeto sejam ações de defesa nacional,* ***por não haver como caracterizar o interesse do ente convenente nessa ação; e em face do resultado de ações de defesa nacional a cargo da União, nas cercanias de entes federados, podem estes, excepcionalmente, figurar como convenentes em ajustes celebrados com a União,*** *ocasião em que serão executores da ação de interesse e responsabilidade do concedente, que, pela sua competência exclusiva e indelegável, deverá obrigatoriamente compor o processo com documentos que contemplem as seguintes situações: 1) interesse do ente federado, uma vez que ações realizadas em sua região podem lhe ser proveitosas; 2) análise e conclusão quanto à correlação do objeto do convênio com ações de defesa nacional; 3) análise e conclusão, em cada caso, pela União, de que a execução indireta (convênio, transferência* *voluntária) é a única forma, indispensável e inadiável, para a realização das pretendidas ações de defesa nacional; 4) manifestação expressa do Conselho de Defesa Nacional, conforme preceitua o art. 91, § 1º, inc. III, da Constituição Federal, quanto à concordância com as análises e conclusões a que chegaram os gestores do concedente, pretendentes à realização do convênio (itens 9.2.5 e 9.2.6, TC-001.362/2009-8, Acórdão nº 445/2009-Plenário).*

*DOU de 18.02.2009, S. 1, p. 83. Ementa: determinação ao Serviço Nacional de Aprendizagem do Cooperativismo/RS para que estude a viabilidade da **adoção do instrumento convênio** para a realização de termos de cooperação **quando se verificarem os interesses recíprocos das entidades envolvidas**, com a utilização de normativos internos de regulamentação de convênios que atentem para o disciplinado na Portaria Interministerial/MP, MF e CGU nº 127, de 29.05.2008, e o referido nos Acórdãos nºs 614/2005-Plenário, 672/2008-Plenário e 953/2008-1ª Câmara (item 1.5.1.3, TC-017.638/2007-3, Acórdão nº 245/2009-2ª Câmara).*

*DOU de 18.02.2009, S. 1, p. 83. Ementa: determinação ao SENAI/SP para que observe, na formalização de termos de convênio, a necessidade de explicitação do objeto específico, com seus elementos característicos e descrição detalhada, objetiva, clara e precisa do que se pretende realizar ou obter **e que, comprovadamente, seja de interesse recíproco (comum) das partes convenentes** (item 1.5.1.5.1, TC-016.959/2007-5, Acórdão nº 244/2009-2ª Câmara).*

*DOU de 29.08.2008, S. 1, p. 155. Ementa: audiência do TCU com relação a ex-Ministro do Estado, por ter firmado um convênio **cujo objeto constitui terceirização indevida de atividades finalísticas do Ministério do Turismo**, contrariando o art. 1º do Decreto nº 2.271/97 e jurisprudência consolidada deste Tribunal (item 9.2.1.4, TC-009.745/2007-9, Acórdão nº 1.852/2008-Plenário).*

*DOU de 15.05.2008, S. 1, p. 111. Ementa: o TCU determinou à Controladoria-Geral da União **que se abstivesse de celebrar convênio nos casos em que não restasse comprovado o interesse recíproco e o regime de mútua cooperação** na consecução do objeto, nos termos do inc. I, § 1º, art. 1º da IN/STN-MF nº 01/1997, a exemplo de instrumento de convênio firmado com a Fundação de Apoio ao Desenvolvimento da Universidade Federal de Pernambuco (item 4.3, TC-011.013/2006-6, Acórdão nº 1.200/2008-2ª Câmara).*

*DOU de 18.10.2007, S. 1, p. 76. Ementa: o TCU determinou à Secretaria de Educação à Distância do MEC **que se abstivesse de utilizar convênio para prover a Secretaria de serviços terceirizados**, a exemplo do ocorrido em um convênio celebrado com a*

Fundação Universidade de Brasília (FUB), por caracterizar fuga ao procedimento licitatório, contrariando o art. 37, inc. XXI, da Constituição Federal, e o art. 3º da Lei n° 8.666/1993, bem como o art. 1º da IN/STNMF n° 01/1997 (item 9.3.1, TC-007.086/2005-8, Acórdão nº 3.246/2007-1ª Câmara).

DOU de 05.10.2007, S. 1, p. 183. Ementa: o TCU recomendou à FUNASA que ***avaliasse a conveniência e a oportunidade de celebrar convênios*** *ou outra forma de parceria com entidades prestadoras de serviços de saúde, notadamente nos estados da Amazônia Legal, região que concentra mais de 60% da população indígena brasileira,* ***com o objetivo precípuo de atender às necessidades da população indígena na área de saúde, atuando de forma conjunta e complementar aos DSEIs e às ONGs voltadas para esse fim*** *(item 9.3.6, TC-012.718/2004-9, Acórdão nº 2.075/2007-Plenário).*

DOU de 01.09.2006, S. 1, p. 148. Ementa: o TCU recomendou à Gerência Regional de Patrimônio da União no Estado de Santa Catarina (GRPU/SC) ***que intensificasse a celebração de convênios*** *(ou outras formas de parceria)* ***com entes públicos, priorizando aquelas que permitissem o compartilhamento de cartografia, de informações cadastrais e de valores imobiliários*** *(item 9.3, TC-006.532/2006-8, Acórdão nº 1.575/2006-Plenário).*

DOU de 22.06.2006, S. 1, p. 119. Ementa: o TCU determinou à UFRRJ ***que evitasse firmar instrumentos indefinidos, com características híbridas entre contrato administrativo e convênio federal*** *(plano de aplicação e cronograma de execução e desembolso) (itens 9.5.1.4.1 e 9.5.1.5.1, TC-009.003/2002-0, Acórdão nº 1.595/2006-1ª Câmara).*

DOU de 02.02.2006, S. 1, p. 35. Ementa: o TCU determinou à Secretaria Executiva do Ministério da Educação ***que se abstivesse de firmar convênios quando não ficasse caracterizado o interesse recíproco entre os partícipes na implementação do objeto do ajuste****, em observância ao disposto no art. 1º, § 1º, inciso I, da IN/STN nº 01/97, a exemplo dos serviços de capacitação de seu quadro de servidores (item 1.3, TC-007.059/2004-2, Acórdão nº 21/2006-2ª Câmara).*

INTERVENIENTE

DOU de 15.06.2007, S. 1, p. 73. Ementa: o TCU determinou à Fundação Universidade Federal do Piauí (FUFPI) que, nos convênios ou outros instrumentos congêneres que viesse a celebrar com órgãos e entidades da Administração Direta e Indireta da União, dos Estados, do Distrito Federal e dos Municípios, ***se abstivesse de contratar fundação de apoio, ou permitir sua participação como interveniente, para a realização de atividades não relacionadas ao apoio de projetos de pesquisa****, ensino e extensão e de desenvolvimento institucional, científico e tecnológico de interesse da universidade (item 9.2, TC-011.794/2005-4, Acórdão nº 1.155/2007-Plenário).*

DOU de 03.11.2005, S. 1, p. 102. Ementa: o TCU ***exigiu a assinatura de interveniente, quando este existir, em termo de convênio*** *(item 2.1.8, TC-007.003/2004-7, Acórdão nº 2.132/2005-2ª Câmara).*

LICENCIAMENTO AMBIENTAL

DOU de 01.12.2010, S. 1, p. 123. Ementa: alerta à ELETRONUCLEAR quanto à ***necessidade de compor os processos de convênios que possuam condicionantes de licenças ambientais impostas pelo IBAMA com a inclusão de parecer técnico circunstanciado da Superintendência de Licenciamento e Meio Ambiente, atestando a adequação dos projetos apresentados às exigências da autarquia ambiental****, em conformidade com o disposto no art. 31 da Portaria Interministerial/MP, MF e CGU nº 127/2008 (item 9.2.4, TC 021.520/2010-0, Acórdão nº 7.817/2010-1ª Câmara).*

DOU de 20.09.2010, S. 1, p. 93. Ementa: determinação à Caixa Econômica Federal – Superintendência Regional em Alagoas para ***que atente para a exigência*** *contida em contrato de repasse (Ministério das Cidades/CAIXA), exigindo da SEINFRA/AL a* ***apresentação das licenças ambientais (prévia e de instalação)*** *e o atendimento, caso existam, de todas as determinações contidas no Relatório de Avaliação Ambiental (RAA), em atendimento ao inciso III-A, "caput" e § 1°, do art. 2º, e § 3° do art. 18 da IN/STN-MF n° 01/1997, bem como à Resolução/CONAMA nº 237/1997 (item 9.3, TC-009.729/2008-3, Acórdão nº 2.388/2010-Plenário).*

DOU de 20.11.2009, S. 1, p. 195. Ementa: determinação ao DNIT para que, em relação aos convênios, ***adote a medida preventiva de obter o devido licenciamento ambiental aos órgãos competentes, antes do início das obras rodoviárias****, em cumprimento ao disposto no art. 2º, § 2º, inc. I e art. 12, da Lei nº 8.666/1993 c/c o art. 8º, inc. I, da Resolução/CONAMA nº 237/97 e Resolução/CONAMA nº 06/87 (item 9.4.4, TC-017.177/2007-4, Acórdão nº 2.708/2009-Plenário).*

DOU de 28.08.2009, S. 1, p. 148. Ementa: determinação à EMBRATUR para ***que exija dos convenentes o cumprimento da obrigatoriedade de apresentação da licença ambiental prévia nos convênios envolvendo obras, instalações ou serviços que***

exijam estudos ambientais, *conforme previsto na Resolução/CONAMA nº 1/1996, na IN/STN-MF nº 1/1997 (alterada pela IN/STN-MF nº 5/2004) e na Portaria Interministerial/MP, MF e CGU nº 127/2008 (item 9.7.14, TC-014.392/2004-3, Acórdão nº 1.934/2009-Plenário).*

DOU de 06.11.2006, S. 1, p. 89. Ementa: o TCU comunicou à Comissão Mista de Planos, Orçamentos Públicos e Fiscalização do Congresso Nacional ***que não seria recomendável a remessa de recursos federais para continuidade de obra até que fosse obtida licença prévia e/ou licença de instalação para a complementação da obra sob análise***, *em observância ao disposto na Resolução/CONAMA nº 327/1997 (item 9.3.3.1, TC-005.286/2002-5, Acórdão nº 2.022/2006-Plenário).*

METAS

DOU de 06.10.2011, S. 1, p. 132. Ementa: o TCU deu ciência ao INCRA/TO sobre o fato de que a ***impropriedade de celebração de convênios sem que as metas dos cronogramas de execução estivessem suficientemente descritas*** *(projeto básico e plano de trabalho com descrição genérica do objeto pactuado, em prejuízo às ações de fiscalização) afronta a Lei nº 8.666/1993, art. 55, inc. IV, e art. 116, incisos II, III, VI, a IN/STN-MF nº 1/1997, art. 2º, incisos III e IV, e o Acórdão nº 2.261/2005-Plenário (item 1.7.1.6, TC--024.516/2007-0, Acórdão nº 2.594/2011-Plenário).*

DOU de 28.08.2009, S. 1, p. 148. Ementa: determinação à EMBRATUR para que: observe com maior rigor as disposições contidas no art. 2º da IN/STNMF nº 1/1997 c/c art. 21 da Portaria Interministerial/MP, MF e CGU nº 127/2008, primando pelo correto preenchimento do plano de trabalho aprovado, ***especialmente quanto ao estabelecimento de metas, fases ou etapas previstas para a consecução do objeto*** *e à descrição completa do objeto a ser executado, não admitindo a celebração de convênios cujos planos de trabalho não se encontrem devidamente formulados, fazendo nele constar, também, a assinatura e a identificação de todos os partícipes, além da data e dos demais elementos formais pertinentes (item 9.7.3, TC-014.392/2004-3, Acórdão nº 1.934/2009-Plenário).*

DOU de 02.08.2007, S. 1, p. 77. Ementa: o TCU determinou à STN-MF que estudasse ***a normatização de condutas que viessem a impedir o órgão concedente de recursos de convênio de pactuar planos de trabalho com metas genéricas***, *sem a definição de produtos acabados ou de serviços concretamente mensuráveis, assim como de celebrar mais de um acordo, na mesma época e com o mesmo convenente, com objetos semelhantes (item 9.2.2, TC-010.190/2000-7, Acórdão nº 2.161/2007-1ª Câmara).*

*DOU de 06.09.2007, S. 1, p. 227. Ementa: o TCU determinou à UFMA que promovesse o aprimoramento dos planos de trabalho de convênios, **incluindo metas mensuráveis e as associando a indicadores, com vistas a permitir a avaliação dos resultados alcançados e dos benefícios gerados** (item 9.3.10, TC-015.641/2005-3, Acórdão nº 2.366/2007-2ª Câmara).*

*DOU de 06.12.2006, S. 1, p. 100. Ementa: o TCU determinou ao Ministério da Saúde que evitasse a celebração de convênios com planos de trabalho genéricos, visto que a Instrução Normativa/STN-MF nº 01/97, por meio dos seus artigos 2º, incisos II e III, e 7º, inc. I, **exige que estes instrumentos contenham a definição de metas quantitativas e qualificativas objetivas em seus planos de trabalho** (item 1, TC-023.245/2006-3, Acórdão nº 3.382/2006-1ªCâmara).*

*DOU de 27.04.2006, S. 1, p. 93. Ementa: o TCU determinou à Escola Agrotécnica Federal de Colatina/ES que se abstivesse de celebrar convênios com objetos ou planos de trabalho genéricos, **atentando para que os planos tragam a descrição das ações e metas a serem executadas pelos convenentes**, bem como todas as informações suficientes para a identificação do projeto, atividade ou ação prevista, conforme incisos II e III do art. 2º da IN/STN nº 01/97 (item 1.2, TC-012.912/2005-4, Acórdão nº 901/2006-1ª Câmara).*

OBJETO DO CONVÊNIO

*DOU de 15.05.2012, S. 1, p. 114. Ementa: o TCU deu ciência à EMBRATUR sobre impropriedade ocorrida em dois convênios, onde não há **descrição detalhada e completa do objeto**, de forma a permitir que, nos pareceres técnicos, conste identificação inequívoca do que será realizado em termos de produtos e serviços, em inobservância ao item 1.5.1.2 do Acórdão nº 6.527/2009-2ªC (item 1.6.1.1, TC-011.774/2011-8, Acórdão nº 3.145/2012-2ª Câmara).*

*DOU de 02.03.2011, S. 1, p. 100. Ementa: recomendação à Fundação Universidade Federal do Rio Grande (FURG) no sentido de que atente para o disposto no item 1.5.1.6 do Acórdão nº 1.408/2009-P, retificado pelo Acórdão nº 1.829/2009-P, **abstendo-se de celebrar convênio com suas fundações de apoio cujo objeto seja única e exclusivamente a aquisição de equipamentos** (item 1.5.2, TC-022.560/2010-6, Acórdão nº 995/2011-2ª Câmara).*

*DOU de 24.02.2011, S. 1, p. 182. Ementa: alerta a um município quanto à necessidade de que o plano de trabalho deve atender ao conteúdo mínimo estabelecido no artigo 21, da Portaria Interministerial nº 127/2008, em especial, **descrevendo-se o objeto***

proposto de forma integral, com clareza e precisão *(item 9.1.3, TC-022.538/2010-0, Acórdão nº 944/2011-2ª Câmara).*

DOU de 31.01.2011, S. 1, p. 206. Ementa: alerta à Superintendência da Caixa Econômica Federal na Bahia ***quanto à necessidade de detalhar, a contento, quando da celebração de contratos de repasse de recursos federais, o objeto e seus elementos característicos****, em consonância com o Plano de Trabalho que integrará o termo pactuado, independentemente de transcrição, consoante art. 30, inc. I, da Portaria Interministerial/MP, MF e CGU nº 127, de 29.05.2008 (item 9.6, TC-024.962/2007-5, Acórdão nº 138/2011-Plenário).*

DOU de 08.12.2010, S. 1, p. 147. Ementa: alerta à FUNASA/CORE/GO para ***que, quando da celebração de convênios, atente para a descrição pormenorizada de seu objeto*** *(item 1.5.2, TC-020.578/2008-3, Acórdão nº 7.129/2010-2ª Câmara).*

DOU de 22.11.2010, S. 1, p. 151. Ementa: determinação ao Ministério do Turismo para ***que evite desdobrar objetos relativos a convênios ou ajustes similares, que tenham natureza integrada****, em diversos instrumentos, o que propicia o fracionamento de licitações por parte dos receptores de tais recursos, cumprindo o disposto no art. 23, "caput", §§ 1º e 5º, da Lei nº 8.666/1993 (item 1.6.7, TC-021.309/2007-1, Acórdão nº 6.620/2010-2ª Câmara).*

DOU de 01.09.2010, S. 1, p. 130. Ementa: determinação a um município e à Caixa Econômica Federal para ***que, por ocasião de convênios, contratos de repasse ou outros instrumentos congêneres de transferência de recursos federais, façam constar*** *no Plano de Trabalho* ***a descrição precisa do objeto****, de forma a não possibilitar dúvida quanto à localização do objeto, aos serviços que serão executados e aos bens que serão adquiridos (item 9.2, TC-009.553/2009-6, Acórdão nº 5.286/2010-1ª Câmara).*

DOU de 24.08.2010, S. 1, p. 133. Ementa: determinação à CODEVASF ***para que, quando da análise de pleitos de convênios, atente para*** *a viabilidade técnica do empreendimento, bem como para* ***a adequabilidade do objeto frente ao problema que se objetiva sanar*** *(item 1.5.1, TC-017.610/2008-0, Acórdão nº 5.052/2010-1ª Câmara).*

DOU de 29.07.2010, S. 1, p. 65. Ementa: determinação ao Ministério da Integração Nacional para que promova ajuste no "Manual de Instruções para Contratação e Execução", aprovado pela Portaria Ministerial nº 1354/2007, de modo que a celebração de Contrato de Repasse pela CEF ***seja precedida da competente análise e aprovação do objeto ali consignado por parte do Ministério****, quando não houver sido especificado por ocasião da descentralização do recurso (item 1.6.2.3, TC-013.125/2009-6, Acórdão nº 1.701/2010-Plenário).*

DOU de 07.07.2010, S. 1, p. 101. Ementa: alerta ao Ministério do Meio Ambiente ***quanto à ausência de descrição completa e clara do objeto do convênio****, em termos de metas a serem atingidas (item 9.5.1, TC-013.789/2009-6, Acórdão nº 3.965/2010--1ª Câmara).*

DOU de 04.12.2009, S. 1, p. 159. Ementa: determinação ao Ministério do Planejamento, Orçamento e Gestão, por intermédio de sua Secretaria Executiva, para que nos termos dos arts. 55, I, 116, § 1º, I, da Lei nº 8.666/1993, c/c art. 1º, § 1º, inc. XV, da Portaria Interministerial nº 127/2008, ***abstenha-se de celebrar convênios ou instrumentos congêneres com*** *planos de trabalho genéricos ou com* ***objetos imprecisos****, exigindo que contenham todas as informações legalmente exigidas (item 9.8.1, TC-018.243/2007-6, Acórdão nº 2.909/2009-Plenário).*

DOU de 04.12.2009, S. 1, p. 233. Ementa: determinação à EMBRATUR para ***que somente aprove propostas de convênios que apresentem a descrição detalhada e completa do objeto****, de forma a permitir que, nos pareceres técnicos, conste identificação inequívoca do que será realizado em termos de produtos e serviços, em atenção ao disposto no art. 31 da Portaria Interministerial nº 127/2008, e de forma a evitar situações como a falta de detalhamento do roteiro e dos destinos visitados ou a falta de clareza quanto às ações a serem realizadas (item 1.5.1.2, TC-020.255/2009-0, Acórdão nº 6.527/2009-2ª Câmara).*

DOU de 27.11.2009, S. 1, p. 207. Ementa: determinação à Caixa Econômica Federal ***para que****, ao firmar contratos de repasse ou outros instrumentos congêneres,* ***especifique adequadamente o seu objeto****, abstendo-se de anuir a plano de trabalho que não identifique de forma precisa e clara os logradouros e as respectivas quantidades de serviço a serem contemplados com obras de pavimentação asfáltica (item 2.9.3, TC-007.606/2009-2, Acórdão nº 2.828/2009-Plenário).*

DOU de 02.10.2009, S. 1, p. 150. Ementa: determinação à Secretaria Executiva do Ministério do Turismo para ***que aprove somente propostas de convênios que apresentem descrição detalhada e completa do objeto****, de forma que permita a identificação inequívoca, nos pareceres técnicos de análise, do que será realizado em termos de produtos e serviços, em atenção ao disposto no art. 31 da Portaria Interministerial nº 127/2008 (item 1.5.1.2, TC-013.105/2009-3, Acórdão nº 5.078/2009-2ª Câmara).*

DOU de 28.08.2009, S. 1, p. 148. Ementa: determinação à EMBRATUR para que ***abstenha-se de celebrar convênios nos casos em que o objeto pretendido deve ser alcançado mediante a realização de regular processo licitatório*** *(item 9.7.2, TC-014.392/2004-3, Acórdão nº 1.934/2009-Plenário).*

DOU de 18.02.2009, S. 1, p. 83. Ementa: determinação ao SENAI/SP para ***que observe, na formalização de termos de convênio, a necessidade de explicitação do objeto específico, com seus elementos característicos e descrição detalhada, objetiva, clara e precisa do que se pretende realizar ou obter*** *e que, comprovadamente, seja de interesse recíproco (comum) das partes convenentes (item 1.5.1.5.1, TC-016.959/2007-5, Acórdão nº 244/2009-2ª Câmara).*

DOU de 30.06.2008, S. 1, p. 123. Ementa: o TCU manifestou-se ***pela necessidade,*** *relativamente aos contratos de repasse,* ***de que o objeto tenha relação direta com a Pasta*** *(item 9.5.1, TC-012.529/2007-6, Acórdão nº 1.232/2008-Plenário).*

DOU de 22.02.2008, S. 1, p. 111. Ementa: o TCU determinou às Indústrias Nucleares do Brasil (INB) ***que se abstivessem de celebrar convênios que não guardassem relação com os objetivos institucionais da empresa*** *(item 1.3.5, TC-011.844/2005-8, Acórdão nº 268/2008-1ª Câmara).*

DOU de 21.09.2007, S. 1, p. 82. Ementa: o TCU concluiu em achados de auditoria junto a órgãos federais concernentes a celebração de convênios ***que os objetos, em geral, não eram definidos com precisão e seus elementos característicos não foram descritos de forma detalhada, objetiva e clara, de modo a permitir a identificação exata do que se pretendia realizar ou obter****. Ademais, não traziam informações que permitam avaliar os objetivos que se pretendem atingir, como seriam realizadas as ações e o que seria obtido concretamente em termos de produtos ou serviços a serem prestados à comunidade; em parcela significativa dos casos analisados, as metas foram descritas com insuficiência de informações qualitativas e quantitativas, muitas vezes de forma genérica e de difícil entendimento (item 5.1, TC-025.376/2006-4, Acórdão nº 1.933/2007-Plenário).*

DOU de 19.07.2007, S. 1, p. 66. Ementa: o TCU determinou à UFRN que exigisse que a elaboração dos Planos de Trabalho relativos a convênios estivesse de acordo com a IN/STN-MF nº 01/1997, ***em especial quanto à objetividade, clareza e definição quantitativa na descrição do objeto****; à inclusão do plano de aplicação dos recursos, ao detalhamento no cronograma de desembolso; à situação da mora ou de inadimplência da convenente junto a órgãos da Administração Direta ou Indireta, e à identificação (assinatura) do responsável (item 1.1.3, TC-011.087/2003-5, Acórdão nº 1.888/2007-2ª Câmara).*

DOU de 15.06.2007, S. 1, p. 70. Ementa: o TCU determinou ao Ministério da Integração Nacional ***que se abstivesse de celebrar convênios cujos objetos não se coadunassem com o objetivo do programa e a finalidade da ação orçamentária****, atentando para o público-alvo contemplado na referida ação e para a exata forma de implementação da* *mesma, nos termos da Lei Orçamentária Anual / Cadastro de Ações da LOA e do PPA (item 9.5.1, TC-017.945/2005-8, Acórdão nº 1.143/2007-Plenário).*

DOU de 15.06.2007, S. 1, p. 71. Ementa: o TCU ***preocupou-se com a descrição do objeto dos convênios, refutando celebrá-los quando não presentes os seus elementos característicos com a descrição detalhada, objetiva, clara e precisa do que se pretende realizar ou obter****, nos termos do art. 55, inc. I e art. 116, § 1º, inc. I, da Lei nº 8666/1993, e do art. 2º, inc. II, e art. 7º, inc. I, da IN/STN-MF nº 01/1997 (item 9.8.2, TC-017.945/2005-8, Acórdão nº 1.143/2007-Plenário).*

DOU de 20.07.2006, S. 1, p. 58. Ementa: o TCU determinou à FUNASA ***que observasse, com maior rigor, as disposições a respeito da descrição do objeto dos convênios, abstendo-se de celebrá-los quando não presentes os seus elementos característicos, com a descrição detalhada, objetiva, clara e precisa do que se pretende realizar ou obter*** *(item 1.7, TC-018.308/2005-6, Acórdão nº 1.852/2006-2ª Câmara).*

DOU de 07.02.2006, S. 1, p. 57. Ementa: o TCU determinou ao Ministério da Integração Nacional ***que observasse, com maior rigor, as disposições a respeito da descrição dos objetos dos convênios, refutando celebrá-los quando não presentes os seus elementos característicos com a descrição detalhada, objetiva, clara e precisa do que se pretende realizar ou obter*** *(item 5.3, TC-017.928/2005- 7, Acórdão nº 46/2006-2ª Câmara).*

DOU de 02.02.2006, S. 1, p. 33. Ementa: o TCU determinou à FUNASA ***que observasse com maior rigor as disposições a respeito da descrição do objeto dos convênios****, Lei nº 8.666/1993, art. 55, inciso I, e art. 116, inciso I, e IN-STN nº 01/97, art. 2º, inciso II, e Art. 7º, inciso I,* ***refutando celebrá-los quando não presentes os seus elementos característicos com a descrição detalhada, objetiva, clara e precisa do que se pretende realizar ou obter*** *(item 1.1, TC-018.120/2005- 0, Acórdão nº 11/2006-2ª Câmara).*

DOU de 13.10.2005, S. 1, p. 100. Ementa: o TCU recomendou ao Ministério da Saúde ***que nos convênios por ele celebrados especificasse com clareza o objeto da avença****, evitando, assim, a realização de despesas arcadas ao mesmo tempo com recursos do convênio e outros provenientes da União (item 2, TC-012.701/2003-3, Acórdão n° 2.309/2005-1ª Câmara).*

OBJETO SOCIAL DA CONVENENTE

DOU de 15.06.2011, S. 1, p. 127. Ementa: determinação ao MinC e ao MDA para que ***se abstenham de realizar transferências voluntárias não amparadas pela Lei de Diretrizes Orçamentárias a entidades privadas, para a execução de atividades que***

não tenham relação de pertinência com suas finalidades sociais *(itens 9.6.2, TC--002.852/2008-5, Acórdão nº 1.554/2011-Plenário).*

DOU de 13.04.2011, S. 1, ps. 76 e 77. Ementa: alerta à FURG para que oriente e acompanhe a FAHERG para que não celebre ajustes para intermediar contratação de mão de obra para terceiros, ***por não se coadunar com os seus fins estatutários*** *(item 1.6.3, TC-027.439/2010-0, Acórdão nº 826/2011-Plenário).*

DOU de 15.02.2011, S. 1, p. 133. Ementa: determinação ao SENAI/GO no sentido de que somente efetue transferências financeiras ao IEL/GO, ou a outro ente integrante do sistema liderado pela Federação das Indústrias do Estado de Goiás (FIEG), quando configurada a ***correlação entre a atividade a ser executada e as competências institucionais*** *do SENAI/GO, sempre mediante a celebração de convênio que observe os princípios gerais relativos à Administração Pública, utilizando como referencial normativo, na falta de norma própria, a Portaria Interministerial/MP, MF e CGU nº 127, de 29.05.2008, ora vigente, fazendo constar desses instrumentos* ***o objeto específico, com descrição detalhada, objetiva, clara e precisa do que se pretende realizar ou obter****, que, comprovadamente, seja de* ***interesse recíproco*** *(comum) das partes convenentes (item 9.4.1, TC-018.693/2008-8, Acórdão nº 741/2011-2ª Câmara).*

DOU de 02.03.2011, S. 1, p. 100. Ementa: recomendação à Fundação Universidade Federal do Rio Grande (FURG) no sentido de que atente para o disposto no item 1.5.1.6 do Acórdão nº 1.408/2009-P, retificado pelo Acórdão nº 1.829/2009-P, ***abstendo--se de celebrar convênio com suas fundações de apoio cujo objeto seja única e exclusivamente a aquisição de equipamentos*** *(item 1.5.2, TC-022.560/2010-6, Acórdão nº 995/2011-2ª Câmara).*

DOU de 21.09.2010, S. 1, p. 89. Ementa: determinação ao FNDE/MEC para ***que se abstenha de celebrar convênios ou outros ajustes com entidades que não disponham de condições para a consecução de seus objetos, ou que não tenham em seus estatutos ou regimentos atribuições relacionadas ao mesmo****, fazendo constar nos processos de celebração os elementos de comprovação desses requisitos, e nos pareceres de análises técnica e jurídica manifestação expressa quanto ao atendimento aos mesmos (item 1.4.1.1, TC-002.507/2010-2, Acórdão nº 5.162/2010-2ª Câmara).*

DOU de 04.06.2010, S. 1, p. 98. Ementa: determinação à SUFRAMA para ***que se abstenha de celebrar convênio com entidade privada sem fins lucrativos cujos objetivos sociais*** *não apresentem relação com o objeto do convênio ou que não possua condições técnicas para executá-lo, nos termos do art. 1º, § 2º, da Portaria Interministerial/MP, MF e CGU nº 127, de 29.05.2008 (item 9.7.3, TC-16.691/2008-4, Acórdão nº 1.190/2010-Plenário).*

DOU de 25.07.2008, S. 1, p. 65. Ementa: o TCU determinou ao Fundo Nacional de Desenvolvimento da Educação, à Secretaria Especial de Políticas para as Mulheres da Presidência da República, à Secretaria de Políticas Públicas de Emprego do Ministério do Trabalho e Emprego, à Secretaria Especial de Políticas de Promoção da Igualdade Racial da Presidência da República ***que se abstenham de realizar transferências voluntárias a organizações não governamentais (ONGs) e a organizações da sociedade civil de interesse público (OSCIPs) que não contemplem em seus estatutos as atividades dos objetivos pretendidos pelo ajuste*** *(item 9.10, TC-021.723/2007-2, Acórdão nº 1.403/2008-Plenário).*

DOU de 30.06.2008, S. 1, p. 126. Ementa: o TCU determinou à Coordenação Regional da Mútua de Assistência dos Profissionais de Engenharia, Arquitetura e Agronomia do Estado do Paraná ***que se abstivesse de firmar convênios com entidades de classe, associações e congêneres com o objetivo de transferir recursos em apoio financeiro à realização de eventos, cursos, encontros, reuniões e outros, por fugir aos objetivos da Entidade e diante da ausência de previsão legal para tal procedimento*** *(item 9.5.1, TC-012.662/2005-0, Acórdão nº 1.247/2008-Plenário).*

DOU de 28.05.2007, S. 1, p. 94. Ementa: o TCU ***determinou ao Ministério do Meio Ambiente que evitasse firmar convênio com ONGs cuja finalidade principal, destacada e comprovadamente, não fosse o meio ambiente****, como requer o art. 1º, § 2º, da IN/STN-MF nº 01/1997 (item 9.3.8, TC-007.379/2005-0, Acórdão nº 936/2007-Plenário).*

ORGANISMOS INTERNACIONAIS

DOU de 04.05.2009, S. 1, p. 170. Ementa: determinação à ELETROBRÁS S.A. para que – na celebração de convênios, contratos ou ***projetos com recursos de organismos internacionais*** *– abstenha-se de celebrar convênios, contratos e projetos com recursos de organismos internacionais que não detalhem, em suas cláusulas ou em seu plano de trabalho, as despesas com bolsas, diárias, hospedagens, alimentação e transporte necessários ao cumprimento dos objetivos avençados (item 1.5.1.4.2.4, TC-019.182/2007-3, Acórdão nº 1.914/2009-2ª Câmara).*

PADRONIZAÇÃO

DOU de 08.11.2012, S. 1, p. 119. Ementa: recomendação à Secretaria Executiva do Ministério da Cultura para que promova, junto às demais secretarias e unidades finalísticas do Ministério, a padronização dos formulários utilizados ***para análise***

das propostas de apoio a projetos culturais, incluindo convênios e instrumentos congêneres *(item 9.6, TC-026.176/2011-4, Acórdão nº 2.965/2012-Plenário).*

DOU de 10.09.2012, S. 1, p. 106. Ementa: recomendação ao Ministério do Turismo no sentido de que padronize as ações e exigências quanto às soluções de Tecnologia da Informação, de plataforma web e de midiação de conteúdo ***para os cursos de qualificação complementares aos ofertados pelo PRONATEC Turismo e na modalidade "on line"****, podendo definir, inclusive, um projeto básico padrão de plataforma web (item 1.7.2.2, TC-006.757/2012-0, Acórdão nº 6.395/2012-2ª Câmara).*

DOU de 10.09.2012, S. 1, p. 106. Ementa: recomendação ao Ministério do Turismo ***no sentido de que defina os itens comuns a várias ações de capacitação****, a exemplo de cadernos, mochilas e camisetas,* ***e avalie a possibilidade de contratá-los por meio de processo licitatório próprio do ministério, a fim de se beneficiar com o ganho de escala e uniformizar bens e serviços produzidos*** *(item 1.7.2.1, TC-006.757/2012-0, Acórdão nº 6.395/2012-2ª Câmara).*

DOU de 10.09.2012, S. 1, p. 106. Ementa: determinação ao Ministério do Turismo, quanto às ações de qualificação e capacitação profissionais complementares às ofertadas pelo PRONATEC Turismo, que ***adote uma metodologia única ou padronizada e um conteúdo básico predefinido para cursos similares****, evitando o dispêndio com tais itens em convênios diversos e assemelhados, a fim de evitar pagamentos e esforços em duplicidade e perda da economia de escala (item 1.7.1.3, TC-006.757/2012-0, Acórdão nº 6.395/2012-2ª Câmara).*

DOU de 04.12.2009, S. 1, p. 234. Ementa: recomendações à EMBRATUR no sentido de que avalie, ***de forma a subsidiar a análise de custos das propostas de convênios, a possibilidade de manter banco de dados contendo o registro de preços praticados para determinados itens, tais como passagens aéreas, hospedagem e peças promocionais, que são recorrentes nas propostas de convênios*** *(item 1.6.1.3, TC-020.255/2009-0, Acórdão nº 6.527/2009-2ª Câmara).*

DOU de 02.10.2009, S. 1, p. 151. Ementa: recomendação à Secretaria Executiva do Ministério do Turismo para ***que avalie a possibilidade de manter banco de dados contendo o registro de preços praticados para determinados itens de custos que são recorrentes nas propostas de convênios analisadas****, tais como: locação de palco, sonorização, iluminação e banheiros químicos, entre outros, de forma a subsidiar a análise de custos, principalmente no âmbito da Coordenação de Análise de Projetos da Secretaria Nacional de Políticas de Turismo (item 1.6.1.1, TC-013.105/2009-3, Acórdão nº 5.078/2009-2ª Câmara).*

DOU de 01.12.2008, S. 1, p. 153. Ementa: determinação à FUNASA para ***que estabeleça parâmetros de custo no mínimo regionais, de modo a permitir análises mais efetivas e objetivas da compatibilidade dos recursos pleiteados e alocados aos convênios celebrados*** *(item 9.4.6, TC-017.828/2005-1, Acórdão nº 2.697/2008-Plenário).*

DOU de 15.06.2007, S. 1, p. 69. Ementa: o TCU determinou à FINEP, quando da avaliação e aprovação de projetos relativos a convênios de Inclusão Digital e similares, que ***normatizasse internamente*** *(para enquadramento dos pretendentes à aprovação de recursos destinados a iniciativas de Inclusão Digital ou similares)* ***planilha pré-elaborada de itens e serviços que contivesse a prévia descrição/configuração dos referidos bens, serviços, veículos e outros equipamentos normalmente apresentados como insumos necessários aos projetos de Inclusão Digital,*** *com a ressalva do devido cuidado de não configurar caso de preferência por fornecedor ou produto específico, de forma a possibilitar a imposição de margens de valores aceitáveis a esses insumos, facilitando a prestação de contas, inclusive (item 9.1.4.2, TC-025.688/2006-1, Acórdão nº 1.136/2007-Plenário).*

DOU de 15.06.2007, S. 1, p. 69. Ementa: o TCU determinou à FINEP, quando da avaliação e aprovação de projetos relativos a convênios de Inclusão Digital e similares, ***que normatizasse internamente planilha referencial de custos*** *atualizados dos insumos comuns que fossem passíveis de serem contemplados com recursos públicos destinados a tais convênios, correspondentes a bens, serviços, veículos e outros equipamentos em geral, apresentados no âmbito da Inclusão Digital,* ***de forma que fosse viável uma devida e obrigatória parametrização dos valores propostos*** *para tais insumos segundo as margens de valores aceitáveis de mercado, quando da submissão dos projetos apresentados aos procedimentos de sua prévia avaliação e da posterior prestação de contas dos convênios firmados por aquela empresa pública (item 9.1.4.1, TC-025.688/2006-1, Acórdão nº 1.136/2007-Plenário).*

DOU de 13.04.2007, S. 1, p. 333. Ementa: o TCU determinou à ***FUNASA que adotasse providências administrativas para a padronização dos pareceres relativos à execução de convênios****, possibilitando a abordagem de aspectos quantitativos e qualitativos relativos ao ajuste, de forma a minimizar a possibilidade de existência, em um mesmo processo, de opiniões divergentes (item 9.5.1, TC-021.049/2005-4, Acórdão nº 915/2007-1ª Câmara).*

DOU de 20.07.2006, S. 1, p. 58. Ementa: o TCU determinou à FUNASA ***que estabelecesse parâmetros de custo no mínimo regionais, de modo a permitir análises mais efetivas e objetivas da compatibilidade dos recursos pleiteados e alocados aos convênios celebrados*** *(item 1.11, TC-018.308/2005-6, Acórdão nº 1.852/2006-2ª Câmara).*

*SÚMULA TCU Nº 088 – "**Não é da competência do Tribunal de Contas da União o julgamento ou a aprovação, prévia ou "a posteriori", de minutas ou termos de convênios, ajustes, acordos e contratos de abertura de crédito, financiamento ou empréstimo, celebrados com a vinculação, em garantia, de quotas dos Fundos de Participação. Pode, todavia, o Tribunal, no exercício da auditoria financeira e orçamentária e com vistas ao julgamento da regularidade das contas relativas à movimentação e aplicação dos recursos provenientes daqueles Fundos, expedir Instruções sobre a matéria, ou, ainda, tomar conhecimento dos respectivos termos, para, se verificar ilegalidade ou irregularidade, adotar providências no sentido de saná-la ou evitar a sua reincidência.**"*

*DOU de 19.06.2012, S. 1, p. 119. Ementa: recomendação à Secretaria Nacional de Economia Solidária (SENAES) no sentido de **que submeta à apreciação jurídica, individualmente, todos os processos relativos a parcerias, ainda que sejam decorrentes de processos públicos de seleção já anteriormente examinados pela Consultoria Jurídica** (CONJUR) (item 1.8.1, TC-021.636/2010-9, Acórdão nº 3.173/2012-1ª Câmara).*

*DOU de 23.02.2011, S. 1, p. 97. Ementa: determinação à Caixa Econômica Federal (CAIXA) para **que faça análise jurídica das minutas dos contratos de repasse, fazendo constar a assinatura do advogado responsável pelo trabalho**, seguindo o preconizado nos itens 3.12.9.2 e 3.12.9.2.1 da norma MNSA 031.017 (item 9.2.1.1, TC-031.356/2007-5, Acórdão nº 393/2011-Plenário).*

*DOU de 01.11.2010, S. 1, p. 109. Ementa: determinação ao FNDE **para que faça constar, dos pareceres de processos de convênios, análises de custos e informação técnica acerca de eventual incompatibilidade ou sobreposição de ações do ajuste** a ser firmado com outros programas da Autarquia, que já contemplam transferência de recursos para finalidades semelhantes, em atenção ao art. 35, § 1º, da Lei nº 10.180/2001 e às normas que disciplinam cada um dos programas em operação pela Autarquia (item 9.2.3, TC-023.857/2008-3, Acórdão nº 2.870/2010-Plenário).*

*DOU de 21.09.2010, S. 1, p. 89. Ementa: determinação ao FNDE/MEC para que se abstenha de celebrar convênios ou outros ajustes com entidades que não disponham de condições para a consecução de seus objetos, ou que não tenham em seus estatutos ou regimentos atribuições relacionadas ao mesmo, **fazendo constar nos processos de celebração os elementos de comprovação desses requisitos, e nos pareceres de análises técnica e jurídica manifestação expressa quanto ao atendimento aos mesmos** (item 1.4.1.1, TC-002.507/2010-2, Acórdão nº 5.162/2010-2ª Câmara).*

DOU de 07.07.2010, S. 1, p. 103. Ementa: alerta à SUDENE no sentido de ***que observe as prescrições técnicas e as recomendações formuladas pelos setores competentes da SUDENE, a exemplo de pareceres da Procuradoria Federal junto à SUDENE*** *(item 9.4.2, TC-001.923/2008-4, Acórdão nº 3.971/2010-1ª Câmara).*

DOU de 09.06.2010, S. 1, p. 111. Ementa: determinação ao Gabinete do Ministro (GM/MTE) para ***que faça constar dos pareceres técnicos emitidos sobre as propostas de convênios apresentadas pelas entidades privadas, avaliação quanto à qualificação técnica e à capacidade administrativa e operacional dessas entidades*** *para a consecução do objeto dos convênios (item 9.5.4, TC-009.864/2004-5, Acórdão nº 2.797/2010-2ª Câmara).*

DOU de 26.03.2010, S. 1, p. 115. Ementa: determinação ao Ministério do Desenvolvimento Social e Combate à Fome para ***que se abstenha de celebrar convênios sem a prévia análise e manifestação conclusiva do setor jurídico quanto aos atendimentos das exigências formais e legais necessárias****, nos termos do art. 31 da Portaria Interministerial/MP, MF e CGU nº 127/2008 e do parágrafo único do art. 38 da Lei nº 8.666/1993 (item 1.5.2.2, TC-006.288/2009-1, Acórdão nº 1.389/2010-1ª Câmara).*

DOU de 26.03.2010, S. 1, p. 116. Ementa: determinação ao MTur para que ***regulamente a competência do MTur no que se refere ao exame dos procedimentos licitatórios*** *no âmbito dos contratos de repasse, em especial quanto à análise de documentos e declarações comprobatórios da regular realização do certame, e à* ***emissão de pronunciamento do Ministério mediante parecer*** *(item 1.5.1, TC-025.134/2008-0, Acórdão nº 1.393/2010-1ª Câmara).*

DOU de 26.02.2010, S. 1, p. 143. Ementa: recomendação à Secretaria de Atenção à Saúde (SAS/MS) para ***que, em processos de convênio para aquisição de mamógrafo, condicione a emissão de parecer favorável à demonstração da adequação das instalações físicas do estabelecimento que receberá o equipamento, ou projeto de construção, reforma ou adaptação com data estabelecida para finalização; da capacidade do estabelecimento de prestar serviços de radiologia, levando em consideração a quantidade de profissionais existentes, a possibilidade de contratação de profissionais, bem como a forma pela qual se dará a emissão de laudos*** *(por profissionais da unidade, em centrais de laudo, ou por serviço terceirizado);* ***da disponibilidade de processadora exclusiva para o mamógrafo ou previsão de aquisição dessa processadora ou utilização de tecnologia que dispense esse tipo de equipamento****; bem como* ***previsão de como será realizada a manutenção preventiva e corretiva dos equipamentos****; da* ***possibilidade de oferecer o serviço na região a ser beneficiada por meio da estruturação dos serviços em estabelecimento que já possua*** *aparelho semelhante fora de funcionamento ou com baixa produtividade (item 9.2, TC-033.176/2008-4, Acórdão nº 247/2010-Plenário).*

*DOU de 04.12.2009, S. 1, p. 159. Ementa: determinação à Caixa Econômica Federal para **que cientifique e oriente os responsáveis pela celebração dos contratos de repasse e pelas avaliações preliminares dos instrumentos de repasse de recursos de programas governamentais quanto ao teor dos Acórdãos nºs 2.066/2006-P e 641/2007-P**, no que concerne às possíveis responsabilizações perante o TCU, em face de inadequados controles preventivos; bem como **que realize**, com tempestividade, as **análises técnica e jurídica preliminares aos instrumentos de repasse de recursos no âmbito do Programa de Inclusão Digital** (itens 9.7.1 e 9.7.2, TC-018.243/2007-6, Acórdão nº 2.909/2009-Plenário).*

*DOU de 04.12.2009, S. 1, p. 233. Ementa: determinação à EMBRATUR para **que, na análise técnica de propostas de convênios, proceda a uma efetiva análise dos seus custos e dos benefícios advindos, explicitando a metodologia e os parâmetros de preços adotados, de maneira a garantir a observância ao princípio da economicidade**, em atenção ao art. 31 da Portaria Interministerial nº 127/2008, de modo a evitar inconsistências nas planilhas de custos apresentadas pelos proponentes, ou aprovação de custos aparentemente desarrazoados (item 1.5.1.3, TC-020.255/2009-0, Acórdão nº 6.527/2009-2ª Câmara).*

*DOU de 04.12.2009, S. 1, p. 233. Ementa: determinação à EMBRATUR para que somente aprove propostas de convênios que apresentem a descrição detalhada e completa do objeto, **de forma a permitir que, nos pareceres técnicos, conste identificação inequívoca do que será realizado em termos de produtos e serviços, em atenção ao disposto no art. 31 da Portaria Interministerial nº 127/2008, e de forma a evitar situações como a falta de detalhamento do roteiro e dos destinos visitados ou a falta de clareza quanto às ações a serem realizadas** (item 1.5.1.2, TC-020.255/2009-0, Acórdão nº 6.527/2009-2ª Câmara).*

*DOU de 20.11.2009, S. 1, p. 195. Ementa: determinação ao DNIT para **que, em relação aos convênios, aprove as minutas de convênio fundamentado nos pareceres técnicos e jurídicos do órgão**, consoante art. 31 da Portaria Interministerial/MP, MF e CGU nº 127/2008 (item 9.4.2, TC-017.177/2007-4, Acórdão nº 2.708/2009-Plenário).*

*DOU de 20.11.2009, S. 1, p. 195. Ementa: determinação ao DNIT para **que, em relação aos convênios, realize a adequada e prévia apreciação do texto das minutas do convênio e de seus aditivos pelos setores técnicos e jurídico do órgão/entidade concedente, acompanhado dos documentos exigidos**, conforme art. 31 da Portaria*

Interministerial/MP, MF e CGU nº 127/2008 (item 9.4.1, TC-017.177/2007-4, Acórdão nº 2.708/2009-Plenário).

DOU de 06.11.2009, S. 1, p. 97. Ementa: determinação ao FNDE para ***que faça constar nos expedientes que se prestem a exprimir análises das manifestações e documentações encaminhadas pelos executores*** *com vistas a sanar indícios de dano ao erário,* ***análise individualizada de cada documento ou argumento apresentado, contendo a respectiva fundamentação para a proposta de rejeição ou acolhimento,*** *em observância ao princípio da motivação estatuído no art. 2º, "caput" e inc. VII do parágrafo único, da Lei nº 9.784/1999 (item 9.1.1.2, TC-019.162/2008-9, Acórdão nº 2.576/2009-Plenário).*

DOU de 09.10.2009, S. 1, p. 181. Ementa: determinação à EMBRATUR ***para que faça constar dos pareceres emitidos para fins de análise e aprovação dos planos de trabalho de convênios avaliação da possibilidade de utilizar a estrutura dos Escritórios de Turismo da EMBRATUR, quando o objeto envolver ações no exterior, especialmente eventos*** *(item 9.1.5, TC-004.575/2008-2, Acórdão nº 2.352/2009-Plenário).*

DOU de 17.07.2009, S. 1, p. 105. Ementa: determinação ao MCT para ***que inclua nos pareceres técnicos e financeiros, elaborados na fase de celebração de convênios, justificativas e avaliações expressas, acompanhadas de documentos que as sustentem, que considerem a necessidade de apoio ao projeto e possíveis benefícios a serem obtidos pela sua implantação, de acordo com os critérios objetivos fixados para escolha dos beneficiários dos recursos; a compatibilidade da proposição com o objeto do programa e/ou ação governamental; a avaliação dos requisitos técnicos, financeiros e operacionais de habilitação das possíveis entidades convenentes, que demonstre a capacidade da entidade conveniada para consecução do objeto;*** *a* ***adequação das etapas, metas e prazos de execução, levando-se em consideração todos os fatores envolvidos na consecução da avença,*** *entre os quais se incluem* ***os procedimentos licitatórios ou quaisquer atos previstos para a realização do objeto;*** *a* ***compatibilidade do número de parcelas de liberação dos recursos e das datas previstas de desembolso*** *com os elementos descritos no cronograma de execução (item 9.1, TC-026.668/2007-1, Acórdão nº 1.562/2009-Plenário).*

DOU de 29.05.2008, S. 1, p. 121. Ementa: o TCU determinou à ***UFRJ que cuidasse para que os convênios firmados pela universidade fossem formalizados com todas as peças exigidas*** *pela IN/STN-MF nº 01/1997,* ***evitando falhas como a ausência de exame prévio da minuta do convênio e aprovação pelo setor técnico e pela assessoria jurídica da Unidade*** *(item 9.8.15, TC-011.840/2004-0, Acórdão nº 1.418/2008-2ª Câmara).*

DOU de 13.03.2009, S. 1, p. 153. Ementa: determinação ao Ministério da Integração Nacional para ***que celebre convênio sempre respaldado em prévios pareceres dos setores de assessoria jurídica e técnica do órgão****, de acordo com as disposições contidas no art. 31 da Portaria Interministerial/MP, MF e CGU nº 127/2008 e do parágrafo único, art. 38 da Lei nº 8.666/1993 (item 9.2.1, TC-019.569/2005-7, Acórdão nº 384/2009-Plenário).*

DOU de 15.02.2008, S. 1, p. 135. Ementa: o TCU determinou à CODEVASF ***que elaborasse estudos visando a definir****, de forma clara e objetiva, critérios técnicos para a seleção das organizações aptas a celebrar convênios com a entidade, bem como* ***procedimentos a serem observados para fins de análise e emissão de parecer técnico quanto às propostas apresentadas****, com base na avaliação da capacidade administrativa e operacional do potencial convenente na prestação dos serviços pretendidos (item 9.4, TC-025.507/2007-6, Acórdão nº 141/2008-Plenário).*

DOU de 02.08.2007, S. 1, p. 90. Ementa: o TCU determinou ao MMA ***que, quando da celebração de convênio, fizesse constar (do parecer técnico) criteriosa análise da adequação dos preços orçados, indicando a referência de preços consultada*** *(nome da publicação, número, data de emissão, etc.), com o intuito de coibir a prática de sobrepreço e permitir futuras verificações pelos controles interno e externo (item 9.4, TC--013.315/2003-1, Acórdão nº 2.026/2007-2ª Câmara).*

DOU de 16.10.2006, S. 1, p. 104. Ementa: o TCU determinou ao Ministério da Saúde que cumprisse o § 1º, art. 4º da IN/STN-MF nº 01/97, ***abstendo-se de aprovar a celebração de convênios federais sem fundamentar-se nos pareceres das unidades técnicas e de assessoria jurídica****, os quais devem conter, entre outros elementos de convicção, os seguintes requisitos mínimos: necessidade local e viabilidade do empreendimento objeto do convênio federal; a capacidade do proponente quanto às condições para consecução dos objetos propostos no Plano de Trabalho; e a existência, nos estatutos ou regimentos, de atribuições relacionadas aos objetos dos convênios sob análise (item 4.3, TC--017.998/2005-1, Acórdão nº 1.865/2006-Plenário).*

DOU de 20.07.2006, S. 1, p. 58. Ementa: o TCU determinou à FUNASA que observasse as disposições do art. 1º, § 2º, da IN/STN-MF nº 01/97, ***fazendo constar, em seu parecer técnico sobre plano de trabalho apresentado por proponente de celebração de convênios, a avaliação quanto às condições do convenente para a consecução do objeto pactuado*** *(item 1.1, TC-018.308/2005-6, Acórdão nº 1.852/2006-2ª Câmara).*

DOU de 07.02.2006, S. 1, p. 57. Ementa: o TCU determinou ao Ministério da Integração Nacional que desse exato cumprimento ao disposto no § 1º do art. 4º da IN/STN-MF *nº 01/97, **abstendo-se de aprovar a celebração de convênios sem fundamentar-se nos pareceres das unidades técnicas e de assessoria jurídica** (item 5.8, TC-017.928/2005-7, Acórdão nº 46/2006-2ª Câmara).*

*DOU de 01.02.2006, S. 1, p. 78. Ementa: o TCU determinou ao Fundo Nacional de Saúde que, quando da realização de convênios, atentasse para o cumprimento da IN/STN-MF nº 01/97, **emitindo parecer técnico prévio ao convênio, datado, em papel timbrado e conclusivo sobre a adequabilidade dos custos do convênio em relação aos preços de mercado ou a outros convênios de mesma espécie** (art. 2º, § 1º) (item 1.1.4, TC-012.472/2005-5, Acórdão nº 1/2006-1ª Câmara).*

*DOU de 13.10.2005, S. 1, p. 95. Ementa: o TCU determinou ao Ministério das Cidades **que não assinasse convênios sem antes submeter suas minutas à Consultoria Jurídica e que esta exarasse parecer específico para cada instrumento** (item 16, TC--008.741/2004-0, Acórdão nº 2.285/2005-1ª Câmara).*

PLANO DE TRABALHO

*DOU de 18.03.2011, S. 1, p. 204. Ementa: determinação ao INCRA/SP para **que não celebre convênio com objetos ou planos de trabalho genéricos**, devendo especificar claramente as ações a serem executadas pelos convenentes e exigir que nos planos haja a descrição das metas a serem atingidas, qualitativa e quantitativamente, **e todas as informações insuficientes para a perfeita identificação e delimitação do projeto, atividade ou ação prevista**, em respeito ao art. 22 da IN/STN 1/1997 (item 9.5.3, TC--025.476/2009-4, Acórdão nº 1.549/2011-2ª Câmara).*

*DOU de 24.02.2011, S. 1, p. 182. Ementa: alerta a um município **quanto à necessidade de que o plano de trabalho deve atender ao conteúdo mínimo estabelecido no artigo 21, da Portaria Interministerial nº 127/2008**, em especial, descrevendo-se o objeto proposto de forma integral, com clareza e precisão (item 9.1.3, TC-022.538/2010-0, Acórdão nº 944/2011-2ª Câmara).*

*DOU de 07.02.2011, S. 1, p. 156. Ementa: alerta à FUNASA no sentido de que somente **descentralize recursos, mediante convênios, se o plano de trabalho contemplar todos os elementos necessários para que o objeto**, quando concluído, esteja disponível para a população, evitando, dessa forma, o ocorrido num convênio celebrado com um município, em que foram destinados recursos para a construção de sistema de esgotamento sanitário sem a estação de tratamento de esgoto, que era requisito indispensável para o funcionamento do sistema (item 9.2, TC-027.117/2008-8, Acórdão nº 506/2011-1ª Câmara).*

DOU de 27.11.2009, S. 1, p. 207. Ementa: determinação à Caixa Econômica Federal para que, ao firmar contratos de repasse ou outros instrumentos congêneres, especifique adequadamente o seu objeto, ***abstendo-se de anuir a plano de trabalho que não identifique de forma precisa e clara os logradouros e as respectivas quantidades de serviço a serem contemplados com obras de pavimentação asfáltica*** *(item 2.9.3, TC-007.606/2009-2, Acórdão nº 2.828/2009-Plenário).*

DOU de 27.03.2009, S. 1, p. 160. Ementa: determinação ao Ministério do Meio Ambiente para ***que, quando firmar convênios para a construção de poços artesianos, faça constar dos respectivos planos de trabalho a quantidade e a localização das obras a serem executadas*** *(item 9.8, TC-003.866/2004-2, Acórdão nº 1.179/2009-2ª Câmara).*

DOU de 16.05.2008, S. 1, p. 101. Ementa: o TCU considerou como ***irregularidade, no âmbito da SFA/PB, a existência de planos de trabalho inconsistentes e a inexistência de consulta ao CAUC****, quando da formalização de convênios em que a SFA/PB fosse concedente (item 1.6.9, TC-015.341/2006-5, Acórdão nº 863/2008-Plenário).*

DOU de 04.04.2008, S. 1, p. 98. Ementa: o TCU determinou ao Conselho Gestor do FUNTTEL que, por ocasião da celebração de convênios com o CPqD, nos termos do art. 2º, §1º, da IN/STN-MF nº 01/1997 c/c os arts. 7º, 14 e 55, inc. I, da Lei nº 8.666/1993, ***exigisse que o plano de trabalho dos convênios a serem celebrados contivesse a especificação completa do bem a ser produzido ou adquirido e, no caso de obras, instalações ou serviços, o projeto básico, entendido como tal o conjunto de elementos necessários e suficientes para caracterizar, de modo preciso, a obra, instalação ou serviço objeto do convênio****, sua viabilidade técnica, custos, fases ou etapas, e prazos de execução, devendo conter os elementos discriminados no inc. IX, art. 6º da Lei nº 8.666/1993 (item 9.4.6.2, TC-002.660/2007-8, Acórdão nº 544/2008-Plenário).*

DOU de 11.12.2007, S. 1, p. 83. Ementa: o TCU determinou ao 7º BEC ***que se abstivesse de firmar convênios para construção, restauração e conservação de rodovias apresentando programas de trabalho sintéticos e incompletos****, passando a elaborar projetos básico e executivo com os elementos necessários a identificar claramente a obra e os serviços a serem executados, bem como os materiais a serem empregados, as especificações técnicas a serem observadas, bem como orçamento detalhado dos quantitativos e custos unitários relativos ao objeto (item 9.2.3, TC-009.790/2000-7, Acórdão nº 2.628/2007-Plenário).*

DOU de 21.09.2007, S. 1, p. 82. Ementa: o TCU concluiu em achados de auditoria junto a órgãos federais concernentes a celebração de convênios que os objetos, em geral, não eram definidos com precisão e seus elementos característicos não foram descritos de forma detalhada, objetiva e clara, de modo a permitir a identificação exata do que se pretendia realizar ou obter. Ademais, ***não traziam informações que permitam avaliar os objetivos que se pretendiam atingir, como seriam realizadas as ações e o que seria obtido concretamente em termos de produtos ou serviços a serem prestados à comunidade; em parcela significativa dos casos analisados, as metas foram descritas com insuficiência de informações qualitativas e quantitativas, muitas vezes de forma genérica e de difícil entendimento*** *(...) (item 5.1, TC-025.376/2006-4, Acórdão nº 1.933/2007-Plenário).*

DOU de 19.07.2007, S. 1, p. 66. Ementa: o TCU determinou à UFRN ***que exigisse que a elaboração dos Planos de Trabalhos relativos a convênios estivesse de acordo com a IN/STN-MF nº 01/1997****, em especial quanto: à objetividade, clareza e definição quantitativa na descrição do objeto; à inclusão do plano de aplicação dos recursos, ao detalhamento no cronograma de desembolso; à situação da mora ou de inadimplência da convenente junto a órgãos da Administração Direta ou Indireta, e à identificação (assinatura) do responsável (item 1.1.3, TC-011.087/2003-5, Acórdão nº 1.888/2007-2ª Câmara).*

DOU de 29.06.2007, S. 1, p. 202. Ementa: o TCU determinou ao SENAI/AL, relativamente à aplicação da IN/STN-MF nº 01/1997, ***que o plano de trabalho, além da especificação completa do bem a ser produzido ou adquirido, deverá previamente explicitar o valor a ser despendido na sua obtenção e conter cronograma de desembolso****, este último condizente com as fases ou etapas de execução do objeto do convênio (item 1.1.3.2, TC-009.685/2005-2, Acórdão nº 1.846/2007-1ª Câmara).*

DOU de 22.06.2007, S. 1, p. 100. Ementa: o TCU determinou à ANTT que cumprisse, tempestivamente, quando da celebração de futuros convênios, as orientações da IN/STN-MF nº 01/1997 no tocante ***à elaboração e ao nível de detalhamento do Plano de Trabalho*** *e do Projeto Básico, em especial as enunciadas no art. 2º, "caput", §§ 1º e 7º, bem como o modelo de Plano de Trabalho apresentado no Anexo I do referido normativo (item 2.1, TC-010.178/2005-3, Acórdão nº 1.731/2007-1ª Câmara).*

DOU de 02.03.2007, S. 1, p. 75. Ementa: o TCU determinou à FUNASA ***que desenvolvesse métodos para o aperfeiçoamento dos critérios utilizados na aprovação dos planos de trabalho dos convênios a serem celebrados com os diversos municípios****, cujos objetos fossem a construção de unidades de saúde, levando-se em consideração, dentre outros aspectos, a compatibilidade entre os custos de manutenção de determinada unidade de saúde e a capacidade financeira e orçamentária do respectivo município (item 9.5.2.2, TC-001.045/2005-8, Acórdão nº 213/2007-Plenário).*

PLURIANUALIDADE

DOU de 09.06.2010, S. 1, p. 111. Ementa: determinação ao Gabinete do Ministro (GM/MTE) para que, ao firmar convênio para transferência de recursos a entidades privadas sem fins lucrativos, observe as exigências contidas na Lei de Diretrizes Orçamentárias, para a destinação de recursos a essas entidades, especificamente quanto à publicação de ato de autorização para cada entidade beneficiada selecionada para execução em parceria com a administração pública federal, ***acompanhado de demonstração de que a contribuição corrente ou de capital destina-se a entidade sem fins lucrativos, de programas e ações que contribuam diretamente para o alcance de diretrizes, objetivos e metas previstas no plano plurianual*** *(item 9.5.2, TC-009.864/2004-5, Acórdão nº 2.797/2010-2ª Câmara).*

DOU de 20.11.2009, S. 1, p. 195. Ementa: determinação ao DNIT para ***que, em relação aos convênios, adote a medida preventiva de incluir projeto de obras rodoviárias em Plano de Investimento Plurianual, quando a respectiva execução ultrapassar o exercício financeiro, em obediência ao disposto no art. 167, § 1°, da Constituição Federal*** *(item 9.4.6, TC-017.177/2007-4, Acórdão nº 2.708/2009-Plenário).*

PRÉ-CONVÊNIO

DOU de 12.09.2008, S. 1, ps. 72 e 73. Ementa: ***conhecimento de consulta com informação no sentido de que é lícita a continuidade da utilização de pré-projeto, pré-convênio ou de termo simplificado,*** *visto que os dispositivos que os regulamentam permanecem em vigência, concomitantemente com as novas disposições que disciplinam outros aspectos da mesma matéria, contidas no Decreto e na Portaria citados anteriormente (itens 9.2.1 e 9.2.2, TC-018.499/2008-0, Acórdão nº 1.937/2008-Plenário).*

PROGRAMAS DE CONVÊNIO

DOU de 29.07.2011, S. 1, p. 235. Ementa: recomendação à Secretaria Nacional de Programas de Desenvolvimento do Turismo (SNPDTur) ***no sentido de que se houver previsão de mais de uma emenda parlamentar e/ou pleito contemplando a realização de uma mesma obra, consolide a sua execução em apenas um contrato de repasse,*** *para obter melhor controle das transferências e evitar risco de incompatibilidades que o desmembramento dos ajustes possa causar no momento da integração/unificação das diferentes etapas (itens 1.6.2.1, TC-019.169/2007-1, Acórdão nº 5.662/2011-1ª Câmara).*

DOU de 02.12.2010, S. 1, p. 163. Ementa: alerta a uma prefeitura municipal acerca da ***necessidade de evidenciar a relação entre a proposta apresentada e os objetivos e diretrizes do programa federal****, bem como a caracterização dos interesses recíprocos, quando da formulação de propostas de trabalho no SICONV, consoante disposto no art. 15, inc. II, da Portaria Interministerial/MP, MF e CGU nº 127/2008 (item 1.6.1.3, TC-014.690/2006-1, Acórdão nº 374/2009-1ª Câmara).*

DOU de 30.06.2008, S. 1, p. 122. Ementa: o TCU decidiu-se por realizar audiência a um ex-Ministro de Estado, pela ocorrência, de forma generalizada, dos seguintes fatos, caracterizando ausência de supervisão hierárquica ***a celebração de contratos de repasse com instituições estabelecidas em municípios localizados fora das regiões contempladas no respectivo programa de governo, ou seja, em localidades que não são consideradas como do interesse da Pasta*** *e, predominantemente, situadas em uma única Unidade da Federação (item 9.2.1, TC-012.529/2007-6, Acórdão nº 1.232/2008-Plenário).*

DOU de 15.06.2007, S. 1, p. 70. Ementa: o TCU determinou ao Ministério da Integração Nacional ***que se abstivesse de celebrar convênios cujos objetos não se coadunassem com o objetivo do programa e a finalidade da ação orçamentária, atentando para o público-alvo contemplado na referida ação e para a exata forma de implementação da mesma****, nos termos da Lei Orçamentária Anual / Cadastro de Ações da LOA e do PPA (item 9.5.1, TC-017.945/2005-8, Acórdão nº 1.143/2007-Plenário).*

DOU de 10.05.2007, S. 1, p. 93. Ementa: o TCU determinou ao Ministério do Trabalho e Emprego ***que, ao firmar convênio para transferência de recursos a entidades privadas sem fins lucrativos, observasse as exigências contidas na LDO para a destinação de recursos a essas entidades, especificamente quanto à publicação de ato de autorização para cada entidade beneficiada selecionada para execução em parceria com a Administração Pública Federal (acompanhado de demonstração de que a contribuição corrente ou de capital destina-se a entidade sem fins lucrativos) de programas e ações que contribuíssem diretamente para o alcance de diretrizes, objetivos e metas previstas no plano plurianual (PPA)****, e quanto à publicação de normas contendo critérios objetivos de habilitação e seleção dessas entidades e demais condições, além da demonstração de que a entidade selecionada fosse a que melhor atendesse aos critérios estabelecidos para a escolha (itens 1.3.3 e 1.3.4, TC-006.660/2005-0, Acórdão nº 1.162/2007-1ª Câmara).*

DOU de 23.04.2007, S. 1, p. 64. Ementa: o TCU recomendou à STN-MF ***que disciplinasse a obrigatoriedade de os órgãos/entidades concedentes estabelecerem critérios, objetivamente aferíveis e transparentes, para escolha dos municípios que receberão*** *recursos por meio de convênios e outros instrumentos jurídicos utilizados para transferir recursos federais (item 9.1.2, TC-015.670/2005-5, Acórdão nº 641/2007-Plenário).*

DOU de 07.02.2006, S. 1, p. 57. Ementa: o TCU determinou ao Ministério da Integração Nacional ***que se abstivesse de celebrar convênios cujos objetos não se coadunassem com o objetivo do programa e a finalidade da ação orçamentária****, atentando para o público-alvo contemplado na referida ação e para a exata forma de implementação da mesma (item 5.1, TC-017.928/2005-7, Acórdão nº 46/2006-2ª Câmara).*

PROJETO BÁSICO

DOU de 10.06.2011, S. 1, p. 142. Ementa: determinação à Universidade Federal do Rio de Janeiro e à Fundação Universitária José Bonifácio (FUJB) para ***que, ao participar de convênios e contratos com emprego de recursos públicos federais, observe, ao assinar convênios que envolvam obras ou serviços de engenharia, a exigência de que o Projeto Básico****, com as características que lhe confere o art. 6º da Lei nº 8.666/1993, integre o Plano de Trabalho (item 9.8.1, TC-013.727/2005-0, Acórdão nº 3.863/2011-2ª Câmara).*

DOU de 18.02.2011, S. 1, p. 202. Ementa: ***rejeição das razões de justificativa de uma pessoa física****, ex-Secretário Executivo de Segurança Pública,* ***pela inexistência de projeto básico (arquitetônico, estrutura e fundações, elétrico e eletrônico, hidráulico e fluido mecânico e climatização), devidamente registrado no CREA local****, com identificação e assinatura do responsável técnico, em desacordo com o disposto no art. 1º da Lei nº 6.496/1977, no art. 7º, inc. I, da Lei nº 8.666/1993, e na Portaria MS/GM nº 1.884/1994 (item 9.5.2.4, TC 012.713/2004-2, Acórdão nº 945/2011-1ª Câmara).*

DOU de 02.12.2010, S. 1, p. 164. Ementa: determinação à Secretaria de Qualidade Ambiental nos Assentamentos Humanos do MMA para ***que realize análise criteriosa dos Planos de Trabalho e respectivos Projetos Básicos/Executivos constantes dos convênios em que atue como concedente****, de forma a garantir a inclusão de todos os serviços/itens necessários ao regular funcionamento do objeto, e alcance dos objetivos propostos, atentando para a retirada e/ou inclusão de serviços/itens em caso de aditivação do ajuste firmado (item 9.7, TC-022.700/2007-2, Acórdão nº 7.025/2010-2ª Câmara).*

DOU de 22.11.2010, S. 1, p. 151. Ementa: determinação ao Ministério do Turismo para ***que não permita que entes que recebem transferências voluntárias de recursos públicos da União, decorrentes de convênios ou instrumentos congêneres, contratem pessoas que tenham sido responsáveis pela elaboração de projetos básicos*** *relativos* *aos objetos contratados, por descumprir o disposto no art. 9º, I, da Lei nº 8.666/1993 (item 1.6.1.1, TC-021.309/2007-1, Acórdão nº 6.620/2010-2ª Câmara).*

DOU de 14.07.2010, S. 1, p. 908. Ementa: determinação à Secretaria Nacional Antidrogas (SENAD) para ***que se abstenha de elaborar projetos básicos de convênios****, restringindo-se a apreciar a documentação remetida pelo proponente, de acordo com o disposto nos arts. 15 e 16 da Portaria Interministerial/MP, MF e CGU nº 127/2008 (item 1.7.3, TC-017.347/2008-4, Acórdão nº 1.576/2010-Plenário).*

DOU de 30.06.2008, S. 1, p. 122. Ementa: o TCU ***posicionou-se pela impossibilidade de prever, em convênios e contratos de repasse, a transferência de recursos para a elaboração de projeto básico****, uma vez que tal elemento deveria integrar o plano de trabalho, que precede a celebração do ajuste (item 9.4.4, TC-012.529/2007-6, Acórdão nº 1.232/2008-Plenário).*

DOU de 04.04.2008, S. 1, p. 98. Ementa: o TCU determinou ao Conselho Gestor do FUNTTEL que, por ocasião da celebração de convênios com o CPqD, nos termos do art. 2º, §1º, da IN/STN-MF nº 01/1997 c/c os arts. 7º, 14 e 55, inc. I, da Lei nº 8.666/1993, ***exigisse que o plano de trabalho dos convênios a serem celebrados contivesse a especificação completa do bem a ser produzido ou adquirido e, no caso de obras, instalações ou serviços, o projeto básico, entendido como tal o conjunto de elementos necessários e suficientes para caracterizar, de modo preciso, a obra, instalação ou serviço objeto do convênio, sua viabilidade técnica, custos, fases ou etapas, e prazos de execução, devendo conter os elementos discriminados no inc. IX, art. 6º da Lei nº 8.666/1993*** *(item 9.4.6.2, TC-002.660/2007-8, Acórdão nº 544/2008-Plenário).*

DOU de 11.12.2007, S. 1, p. 83. Ementa: o TCU determinou ao 7º BEC que se abstivesse de firmar convênios para construção, restauração e conservação de rodovias, apresentando programas de trabalho sintéticos e incompletos, ***passando a elaborar projetos básico e executivo com os elementos necessários a identificar claramente a obra e os serviços a serem executados, bem como os materiais a serem empregados, as especificações técnicas a serem observadas, bem como orçamento detalhado dos quantitativos e custos unitários relativos ao objeto*** *(item 9.2.3, TC-009.790/2000-7, Acórdão nº 2.628/2007-Plenário).*

DOU de 14.06.2007, S. 1, p. 72. Ementa: o TCU determinou à Secretaria de Educação à Distância (SEED) ***que, nos casos em que houvesse transferência de recursos financeiros a terceiros mediante convênio, adotasse as providências no sentido de exigir da entidade conveniada, antes da formalização da avença, que o projeto básico integrasse o plano de trabalho****, nos termos do art. 7º, inc. I, c/c o art. 116,* *inc. I, da Lei nº 8.666/1993, identificando, pormenorizadamente, eventuais obras e serviços a serem executados (item 1.2.1, TC-012.688/2006-4, Acórdão nº 1.627/2007--1ª Câmara).*

DOU de 08.05.2006, S. 1, p. 59. Ementa: o TCU determinou ao Ministério dos Transportes ***que promovesse a análise e a aprovação prévias dos projetos básicos e executivos das obras conveniadas****, conforme estabelecido na IN/STN-MF nº 1/97, art. 2º, § 1º e art. 4º e no Acórdão nº 67/2002-Plenário e na Decisão nº 216/2002-Plenário (item 9.12.2, TC-008.623/2003-9, Acórdão nº 636/2006-Plenário).*

PUBLICAÇÃO DE EXTRATOS DE CONVÊNIOS

DOU de 29.05.2008, S. 1, p. 121. Ementa: o TCU determinou à UFRJ ***que cuidasse para que os convênios firmados pela universidade fossem formalizados com todas as peças exigidas*** *pela IN/STN-MF nº 01/1997,* ***evitando falhas como a ausência de publicação no DOU*** *(item 9.8.15, TC-011.840/2004-0, Acórdão nº 1.418/2008-2ª Câmara).*

DOU de 24.08.2006, S. 1, p. 177. Ementa: o TCU determinou à UFES ***que obedecesse aos princípios do formalismo e da publicidade dos atos administrativos, evitando convênio verbal****, a exemplo daquele pactuado entre a UFES e o Governo do Estado do Espírito Santo (item 1.1.2, TC-003.072/2006-2, Acórdão nº 2.778/2006-2ª Câmara).*

PÚBLICO-ALVO

DOU de 01.07.2011, S. 1, p. 121. Ementa: recomendação à Secretaria Nacional de Segurança Pública (SENASP) e à Secretaria Executiva do PRONASCI do Ministério da Justiça no sentido de ***que estabeleçam critérios técnicos e específicos para definir o público-alvo*** *e a forma de seleção dos participantes do Protejo, de modo a evitar a seleção de jovens fora do perfil e dos critérios estabelecidos (item 9.1.5, TC-023.312/2010-6, Acórdão nº 1.672/2011-Plenário).*

DOU de 15.06.2007, S. 1, p. 70. Ementa: o TCU determinou ao Ministério da Integração Nacional ***que se abstivesse de celebrar convênios cujos objetos não se coadunassem com o objetivo do programa e a finalidade da ação orçamentária, atentando para o público-alvo contemplado na referida ação e para a exata forma de implementação da mesma****, nos termos da Lei Orçamentária Anual / Cadastro de Ações da LOA e do PPA (item 9.5.1, TC-017.945/2005-8, Acórdão nº 1.143/2007-Plenário).*

DOU de 17.12.2012, S. 1, p. 110. Ementa: o TCU deu ciência à Secretaria de Direitos Humanos a respeito da ***impropriedade caracterizada pela inexistência, nos processos relativos aos convênios assinados pelo órgão,*** *de análise acerca da viabilidade do projeto, da capacidade da entidade convenente para realização do objeto, da pertinência das metas, da compatibilidade dos custos cobrados em relação aos preços praticados no mercado e* ***da comprovação da regularidade fiscal e previdenciária****, contrariando o disposto nos arts. 21 e 22 da Portaria Interministerial/MP, MF e CGU nº 127/2008, em vigor à época, hoje arts. 25 e 26 da Portaria Interministerial/MP, MF e CGU nº 507 (item 9.4.3, TC-016.527/2007-0, Acórdão nº 3.454/2012-Plenário).*

DOU de 24.11.2010, S. 1, p. 137. Ementa: alerta à FUNASA, no tocante a convênios, que ***não celebre convênios ou termos de compromisso sem o cumprimento dos procedimentos determinados pela Portaria Interministerial/MP, MF e CGU nº 127/2008, principalmente no que se refere à documentação exigida*** *e à análise do setor responsável sobre a viabilidade técnica do projeto apresentado e a avaliação acerca da pertinência e adequação do objeto proposto, previamente à celebração dos convênios (item 9.2.4, TC-019.402/2009-5, Acórdão nº 3.089/2010-Plenário).*

DOU de 24.09.2010, S. 1, p. 723. Ementa: determinação à Caixa Econômica Federal para ***que, na formalização de contratos de repasse, observe e registre nos respectivos processos a situação de adimplência dos proponentes e se abstenha de efetuar qualquer transferência voluntária de recursos para a execução de programas na área de desporto aos entes federativos inadimplentes quanto às exigências constantes na Lei Complementar nº 101/2000****, tendo em vista que tais aportes não se encontram excepcionados no § 3º do art. 25 da mesma Lei (item 9.9.1, TC--019.135/2006-5, Acórdão nº 2.485/2010-Plenário).*

DOU de 09.06.2010, S. 1, p. 111. Ementa: determinação ao Gabinete do Ministro (GM/MTE) para ***que exija do convenente o comprovante de regularidade perante o PIS/PASEP****, em conformidade com o inc. IV do art. 3º da IN/STN-MF nº 01/1997 (item 9.5.8, TC-009.864/2004-5, Acórdão nº 2.797/2010-2ª Câmara).*

DOU de 04.12.2009, S. 1, p. 159. Ementa: determinação à Secretaria de Ciência e Tecnologia para Inclusão Digital do Ministério da Ciência e Tecnologia, à Secretaria de Telecomunicações do Ministério das Comunicações, à Financiadora de Estudos e Projetos/MCT e à Caixa Econômica Federal ***no sentido de que adotem providências necessárias para garantir maior eficácia aos procedimentos preliminares de análise de propostas de convênios federais e demais instrumentos de transferência de recursos, no âmbito*** *do* ***Programa de Inclusão Digital, adequando-os às normas pertinentes, com especial atenção para*** *que nos termos dos arts. 15, inc. V, 17, 18 e 22, da Portaria Interministerial nº 127/2008, avaliar a capacidade técnica e operacional das proponentes, bem como* ***sua regularidade jurídica e fiscal, para a celebração do respectivo termo e consecução do objeto proposto*** *(item 9.2.1, TC-018.243/2007-6, Acórdão nº 2.909/2009-Plenário).*

DOU de 23.03.2009, S. 1, p. 88. Ementa: resposta a um consulente no sentido ***de que para outras ações que não aquelas diretamente afetas à defesa nacional, a celebração de convênio com ente em situação irregular somente é possível nas situações previstas no art. 25, § 3º da LRF: ações de educação, saúde e assistência social*** *(itens 9.2.7, TC-001.362/2009-8, Acórdão nº 445/2009-Plenário).*

DOU de 23.03.2009, S. 1, p. 88. Ementa: resposta a um consulente no sentido de que, evidenciada a situação excepcionalíssima – em face do resultado de ações de defesa nacional a cargo da União, nas cercanias de entes federados, podem estes, excepcionalmente, figurar como convenentes em ajustes celebrados com a União, ocasião em que serão executores da ação de interesse e responsabilidade do concedente –, ***é possível a realização de convênio com ente federado, localizado em qualquer parte do território nacional, que se encontre em situação irregular quanto à prestação de contas de recursos anteriormente recebidos, apontada no SIAFI/CAUC,*** *suplantando o que dispõe o art. 25 da LRF, devendo-se observar, nesses casos, somente o que determina o art. 167, inc. X, da Constituição Federal. O entendimento deriva do Acórdão nº 1.640/2003-Plenário e da verossimilhança da* ***natureza das ações de defesa nacional para com as ações de segurança*** *(itens 9.2.6 e 9.2.7, TC-001.362/2009-8, Acórdão nº 445/2009-Plenário).*

DOU de 25.07.2008, S. 1, p. 65. Ementa: o TCU determinou ao Fundo Nacional de Desenvolvimento da Educação ***que não realizasse transferências voluntárias para entidades que não demonstrassem a regularidade fiscal*** *(item 9.11, TC--021.723/2007-2, Acórdão nº 1.403/2008-Plenário).*

REMUNERAÇÃO DA INSTITUIÇÃO MANDATÁRIA

DOU de 23.02.2011, S. 1, p. 97. Ementa: recomendação ao Ministério do Planejamento, Orçamento e Gestão (MP) no sentido de que viabilize recursos orçamentários e financeiros ao Ministério do Esporte (ME) e ao Ministério da Agricultura, Pecuária e Abastecimento (MAPA) para ***pagamento dos serviços da Caixa Econômica Federal relativos à operacionalização dos contratos de repasse*** *(item 9.1.3.1, TC-031.356/2007-5, Acórdão nº 393/2011-Plenário).*

DOU de 25.08.2010, S. 1, p. 98. Ementa: determinação ao Departamento Penitenciário Nacional no sentido de que adote medidas necessárias com vistas a promover a reposição ao Erário de um ***valor percebido indevidamente pela Caixa Econômica Federal a título de acompanhamento de contrato de repasse****, em decorrência da utilização de valor superior ao fixado na avença firmada entre a referida empresa pública e o DEPEN (item 1.5.1.7, TC-017.122/2008-4, Acórdão nº 4.552/2010-2ª Câmara).*

DOU de 23.02.2011, S. 1, p. 97. Ementa: recomendação à Caixa Econômica Federal no sentido de ***que realize estudos para verificar se os valores cobrados dos gestores são suficientes para cobrir os custos incorridos na administração dos contratos de repasse*** *(item 9.1.1.7, TC-031.356/2007-5, Acórdão nº 393/2011-Plenário).*

DOU de 15.06.2007, S. 1, p. 66. Ementa: o TCU recomendou ao Ministério do Planejamento, Orçamento e Gestão que, em conjunto com o Ministério das Cidades e a Caixa Econômica Federal, implementassem alteração na ***forma de remuneração de um Contrato de Prestação de Serviços com a instituição financeira mandatária da União****, evitando a fixação de percentual fixo sobre o montante de cada contrato de repasse, aplicado sobre determinada fase do processo de acompanhamento e fiscalização dos ajustes, passando a serem previstos os pagamentos à instituição financeira a partir de critérios que remunerassem de modo justo os custos por ela incorridos, com o detalhamento das tarefas efetivamente prestadas, de modo a permitir a aferição dos serviços prestados ao órgão contratante (item 9.4, TC-017.387/2006-3, Acórdão nº 1.126/2007-Plenário).*

TAXA DE ADMINISTRAÇÃO, GERÊNCIA OU SIMILAR

DOU de 22.02.2012, S. 1, p. 109. Ementa: determinação à CODEVASF para que, na celebração ou aditamento de convênios, ***não estabeleça taxas a título de custos administrativos sobre despesas reembolsáveis*** *(item 9.2.1.2, TC-011.098/2008-0, Acórdão nº 278/2012-Plenário).*

DOU de 13.04.2011, S. 1, ps. 76 e 77. Ementa: alerta à FURG para ***que não remunere suas fundações de apoio com base em percentual fixo calculado sobre valor bruto dos projetos****, em todas as avenças que não se enquadrem na hipótese prevista no art. 11 do Decreto nº 5.563/2005 (item 1.6.5, TC-027.439/2010-0, Acórdão nº 826/2011-Plenário).*

DOU de 09.09.2010, S. 1, p. 104. Ementa: determinação à Caixa Econômica Federal para ***que, nos contratos de repasse em que atuar como interveniente na transferência de recursos da União, não admita recibo assinado pelo próprio beneficiário como***

comprovante de despesas como viagem, alimentação, combustível *(item 9.5.2.2, TC-011.975/2007-6, Acórdão nº 5.039/2010-2ª Câmara).*

DOU de 05.12.2008, S. 1, p. 140. Ementa: determinação ao Governo do Estado da Bahia para ***que, quando do repasse a municípios ou outras entidades, de verbas federais oriundas de convênio, inclua cláusulas vedando o pagamento de taxas de administração em termos que porventura venham a ser firmados por esses com terceiros****, de acordo com o art. 8º, inc. I, da IN/STN-MF nº 01/1997 (item 1.5.2, TC--024.201/2008-0, Acórdão nº 5.243/2008-1ª Câmara).*

DOU de 17.04.2008, S. 1, p. 75. Ementa: o TCU determinou à FUNASA que ***se abstivesse de celebrar convênio cujo plano de trabalho previsse despesas com a manutenção jurídico-administrativa da convenente, tais como pagamento de aluguel, serviços advocatícios e contábeis****, e que nas prestações de contas e auditorias realizadas impugnasse os gastos de igual natureza, sob pena de responsabilização (item 3.1.7, TC--018.011/2005-5, Acórdão nº 958/2008-2ª Câmara).*

DOU de 09.08.2007, S. 1, p. 85. Ementa: o TCU determinou à SEDH/PR ***que apenas celebrasse convênios em que restasse evidente que o plano de trabalho não contivesse previsão de remuneração por atividades de coordenação ou quaisquer outras que se confundissem com despesas a título de taxa de administração, gerência ou similar****, contrariando o art. 8º, inc. I, da IN/STN-MF nº 01/1997 (item 19.1, TC-020.565/2006-9, Acórdão nº 2.055/2007-2ª Câmara).*

DOU de 14.06.2007, S. 1, p. 99. Ementa: o TCU determinou à UFOP ***que se abstivesse de realizar despesas com o pagamento de taxa de administração a fundações de apoio, quando os recursos fossem advindos de convênio****, por contrariar o disposto no art. 8º, inc. I, da IN/STN-MF nº 1/1997 (item 9.2.3, TC-017.286/2005-2, Acórdão nº 1.525/2007-2ª Câmara).*

DOU de 28.05.2007, S. 1, p. 94. Ementa: o TCU determinou ao Ministério do Meio Ambiente ***que, quando da celebração de convênios, evitasse o pagamento de despesas de custeio inerentes a atividades rotineiras do convenente*** *(item 9.3.17, TC-007.379/2005-0, Acórdão nº 936/2007-Plenário).*

TITULARIDADE DO IMÓVEL OU TERRENO

DOU de 05.11.2012, S. 1, p. 178. Ementa: determinação a um município no sentido de que ***somente realize obras públicas com a preliminar regularização fundiária,*** *abstendo-se, por exemplo, da construção de casas em propriedades particulares, como ocorrido no âmbito de um convênio da FUNASA (itens 9.3.1 e 9.3.2, TC-026.801/2007-3, Acórdão nº 8.140/2012-2ª Câmara).*

DOU de 23.02.2011, S. 1, p. 97. Ementa: recomendar à Associação Pró-Gestão das Águas da Bacia Hidrográfica do Rio Paraíba do Sul (AGEVAP), Agência Nacional de Águas (ANA), Consórcio PCJ (CONS PCJ), Instituto Brasileiro de Turismo (EMBRATUR), Fundo Nacional do Meio Ambiente (FNMA), Ministério da Agricultura, Pecuária e Abastecimento (MAPA), Ministério das Cidades (MCIDADES), Ministério da Ciência e Tecnologia (MCT), Ministério do Desenvolvimento Agrário (MDA), Ministério do Desenvolvimento Social e Combate à Fome (MDS), Ministério do Esporte (ME), Ministério da Integração Nacional (MI), Ministério da Justiça (MJUSTIÇA), Ministério do Turismo (MTUR), à Superintendência da Zona Franca de Manaus (SUFRAMA) e à Caixa Econômica Federal que incluam no Contrato de Prestação de Serviços firmado com a Caixa Econômica Federal ***cláusula que verse sobre o cancelamento da operação pela CAIXA, sem necessidade de autorização do Órgão Gestor, no caso do beneficiário não cumprir os prazos acordados para a entrega*** *do plano de trabalho, documentação institucional, contrapartida, CAUC, projeto básico de engenharia,* ***documentação de titularidade da área*** *e documentação da licitação, somente sendo autorizada a prorrogação no caso de documentos/fases que dependam da autorização de outros órgãos governamentais, como Instituto do Patrimônio Histórico Nacional (IPHAN), Secretaria do Patrimônio da União (SPU), Departamento Nacional de Infraestrutura de Transportes (DNIT) ou Marinha do Brasil (item 9.1.2.2, TC--031.356/2007-5, Acórdão nº 393/2011-Plenário).*

DOU de 30.06.2010, S. 1, p. 197. Ementa: alerta ***a um município para a necessidade de cercar a área de uso do açude, isolando-o da propriedade privada que lhe é adjacente****, conforme recomendado pelo DNOCS no relatório de inspeção, e de providenciar a incorporação do terreno em que se situa o açude construído com recursos públicos ao patrimônio municipal (item 9.6, TC-015.337/2007-0, Acórdão nº 3.766/2010-1ª Câmara).*

DOU de 20.05.2010, S. 1, p. 95. Ementa: determinação ao Ministério do Turismo ***para verificar se a propriedade dos bens patrimoniais oriundos de um contrato de repasse, bem como do terreno onde as obras foram executadas, pertence ao município*** *(ente federado) ou à associação de municípios (entidade privada), para, se for o caso, negociar junto à associação, a devolução dos recursos repassados que serviram para aumentar indevidamente seu patrimônio, sob pena de instauração de Tomada de Contas Especial (TCE) para obter ressarcimento dos valores indevidamente transferidos (item 1.6.1.1, TC-019.347/2008-3, Acórdão nº 2.139/2010-2ª Câmara).*

DOU de 04.12.2009, S. 1, p. 159. Ementa: determinação à Secretaria de Ciência e Tecnologia para Inclusão Digital do Ministério da Ciência e Tecnologia e à Secretaria de Telecomunicações do Ministério das Comunicações para que, nos termos do art. 25, inc. IV e §1º, da Portaria Interministerial nº 127/2008, ***ao analisar propostas*** *no âmbito do Programa de Inclusão Digital,* ***exija a comprovação do exercício pleno dos poderes inerentes à propriedade do imóvel****, mediante certidão emitida pelo cartório de registro de imóveis competente, quando o convênio tiver por objeto a execução de obras ou benfeitorias no imóvel (item 9.4, TC-018.243/2007-6, Acórdão nº 2.909/2009-Plenário).*

DOU de 30.10.2009, S. 1, p. 211. Ementa: determinação ao Ministério da Integração Nacional para ***que reexamine a documentação que respaldou a formalização de dois convênios firmados com uma prefeitura municipal e, caso se confirme que a construção dos açudes objeto dessas avenças tenha ocorrido em terras particulares, adote providências para a imediata regularização da propriedade, sem prejuízo de que seja apurada a responsabilidade do agente público que autorizou a liberação dos recursos desses convênios****, sem que o município tivesse apresentado a documentação exigida na legislação que disciplina a matéria: IN/STN-MF nº 01/1997 e Portaria Interministerial/MF, MP e CGU nº 127/2008 (item 1.5.1, TC-010.214/2009-4, Acórdão nº 5.991/2009-1ª Câmara).*

DOU de 18.07.2008, S. 1, p. 116. Ementa: o TCU determinou ao MMA ***que, na celebração de convênios, observasse atentamente as disposições que regem a matéria, em especial as que vedam a celebração de avenças cujo objeto fosse a execução de obras ou benfeitorias em imóveis que não fossem da propriedade do convenente****, o que seria comprovado apenas mediante apresentação de certidão do registro no cartório competente (item 9.5, TC-020.056/2006- 2, Acórdão nº 2.105/2008-2ª Câmara).*

DOU de 20.07.2007, S. 1, p. 86. Ementa: o TCU promoveu aditamento ao Acórdão nº 535/2006-1ª Câmara, o qual passou a ter o seu item 9.2 com a seguinte redação: "9.2. ***determinar à Secretaria de Recursos Hídricos do Estado do Rio Grande do Norte que se abstenha de instalar poços em propriedade particular****" (item 9.1, TC-016.476/2003-6, Acórdão nº 2.054/2007-1ª Câmara).*

DOU de 01.12.2006, S. 1, p. 117. Ementa: o TCU informou ao Ministério da Saúde (consulente) ***que, em tese, é admitida a realização de obra em imóvel objeto de processo judicial de desapropriação ainda em curso, por interesse social, de que se detenha somente a imissão provisória de posse, determinada pelo juízo da causa****, analogamente ao previsto no art. 2º, inciso VIII, item a.1, e § 11°, da Instrução Normativa/ STN-MF nº 1/1997, com as alterações introduzidas pela IN/STN-MF nº 4/2003 (item 9.2, TC-022.944/2006-0, Acórdão nº 2.254/2006-Plenário).*

*DOU de 18.08.2006, S. 1, p. 96. Ementa: o TCU determinou à FUNASA que, ao repassar recursos federais para obras de saneamento, cujo projeto impusesse a utilização de áreas de particulares, **fosse exigida do convenente, previamente, documentação que comprovasse o registro do direito real de uso do imóvel correspondente em favor do Poder Público**, para que produza efeitos "erga omnes" (item 9.2.1, TC-005.235/2005-0, Acórdão nº 2.295/2006-1ª Câmara).*

*DOU de 30.06.2006, S. 1, p. 298. Ementa: o TCU determinou ao DEPEN/MJ que implementasse, como condição ao repasse de recursos para obras de reforma ou construção de estabelecimentos penitenciários ou afins, **a comprovação da posse do imóvel em que serão investidos os recursos, senão definitiva, ao menos assegurada por período suficiente para conferir economicidade ao investimento** (item 9.3, TC--013.350/2005-7, Acórdão nº 1.051/2006-Plenário).*

VEDAÇÃO QUANTO A TRANSFERIR RECURSOS PARA CLUBES, ASSOCIAÇÕES DE SERVIDORES OU QUAISQUER ENTIDADES CONGÊNERES

*DOU de 28.05.2007, S. 1, p. 94. Ementa: o TCU determinou ao Ministério do Meio Ambiente **que se abstivesse de firmar convênio com a finalidade de patrocinar encontros de entidades de classe** (item 9.3.14, TC-007.379/2005-0, Acórdão nº 936/2007-Plenário).*

VEDAÇÕES QUANTO A CELEBRAÇÃO

*DOU de 22.06.2012, S. 1, p. 88. Ementa: o TCU deu ciência à Secretaria Executiva do Ministério do Turismo **acerca de falhas verificadas na Coordenação Geral de Convênios quanto à celebração de novo acordo de transferência voluntária com convenentes que se encontravam em mora no dever de prestar contas de ajustes anteriores** (item 9.2.4, TC-019.300/2007-9, Acórdão nº 1.545/2012-Plenário).*

*DOU de 06.10.2011, S. 1, p. 132. Ementa: o TCU deu ciência ao INCRA/TO de que a **impropriedade quanto a celebração de convênios para execução de atividades inerentes às categorias funcionais abrangidas pelo plano de cargos do INCRA** afronta os seguintes normativos: Norma Técnica - Instituto Nacional de Colonização e Reforma Agrária - INCRA/MDA - Norma de Execução nº 39/2004, art. 5º, § 2º, inc. IV, alíneas "a" a "i" e art. 10, "caput"; Manual Operacional de ATES - Instituto Nacional de Colonização e Reforma Agrária - INCRA/MDA; art. 1º, § 2º, do Decreto nº 2.271/1997; Lei nº 11.090/2005 (Plano de Carreira dos Cargos de Reforma e Desenvolvimento Agrário,* *do INCRA); Lei nº 10.550/2002; Acórdão nº 170/2006-1ª Câmara, Portaria Conjunta MDA/INCRA nº 10, em 2005 (Diretrizes Estratégicas do INCRA) (item 1.7.1.3, TC--024.516/2007-0, Acórdão nº 2.594/2011-Plenário).*

DOU de 29.06.2011, S. 1, p. 282. Ementa: determinação à Fundação Oswaldo Cruz para ***que, caso persista a necessidade dos serviços atualmente executados mediante o convênio nº 118/2006, seja ela suprida via contratação de pessoa jurídica por meio de licitação,*** *ficando a FIOCRUZ autorizada a manter o aludido convênio até o término de sua atual vigência caso ela expire após o prazo de seis meses concedido para a efetivação do certame licitatório antes referido (item 9.7, TC-027.513/2006-4, Acórdão nº 4.785/2011-1ª Câmara).*

DOU de 15.06.2011, S. 1, p. 127. Ementa: determinação ao MinC e ao MDA para que ***se abstenham de realizar transferências voluntárias não amparadas pela Lei de Diretrizes Orçamentárias para a aplicação de recursos de capital com vistas à estruturação de entidades privadas*** *(item 9.6.3, TC-002.852/2008-5, Acórdão nº 1.554/2011-Plenário).*

DOU de 15.06.2011, S. 1, p. 127. Ementa: determinação ao MinC e ao MDA para que ***se abstenham de realizar transferências voluntárias não amparadas pela Lei de Diretrizes Orçamentárias a entidades privadas que não atendam aos requisitos legais,*** *por intermédio de pessoas políticas estaduais e municipais, como forma de contornar os impedimentos impostos pela legislação (item 9.6.1, TC-002.852/2008-5, Acórdão nº1.554/2011-Plenário).*

DOU de 20.04.2011, S. 1, p. 191. Ementa: alerta à Secretaria de Políticas Públicas de Emprego no sentido de ***que, na celebração de convênios com entidades privadas sem finalidade lucrativa, devem ser observados os requisitos impostos para a destinação de recursos a título de auxílios pela Lei de Diretrizes Orçamentárias vigente à época da celebração do convênio, com vistas a evitar o repasse ilegal de recursos para custear despesas de capital, como a reforma de imóveis e o fornecimento de material permanente*** *(item 1.6, TC-021.196/2009-2, Acórdão nº 926/2011–Plenário).*

DOU de 10.08.2010, S. 1, p. 181. Ementa: alerta à UFRS ***quanto à constatação da impropriedade consistente na celebração de convênios com a FAURGS, sem a comprovação da apresentação de prestação de contas de recursos anteriormente por ela recebidos,*** *em dissonância com o disposto no inc. VI do art. 24 da Portaria Interministerial/MP, MF e CGU nº 127/2008 (item 1.6.1, TC-015.652/2009-0, Acórdão nº 4.641/2010-1ª Câmara).*

DOU de 05.03.2010, S. 1, p. 171. Ementa: determinação à Universidade Federal do Ceará para que atente, em suas relações com fundações de apoio, para o estrito cumprimento do Decreto nº 6.170, de 25.07.2007, que dispõe sobre as normas relativas às transferências de recursos da União mediante convênios e contratos de repasse, inclusive quanto ao cumprimento do estabelecido em seu art. 2º, inc. II, ***que estabelece restrições quanto à participação de servidores da Universidade como dirigentes das fundações*** *(item 9.7.10, TC-020.225/2007-5, Acórdão nº 730/2010-2ª Câmara).*

DOU de 28.08.2009, S. 1, p. 149. Ementa: determinação à EMBRATUR para ***que evite celebrar convênios com entidades cujos membros mantenham relações de parentesco com servidores e/ou dirigentes da EMBRATUR****, em consonância com os princípios constitucionais da moralidade e da impessoalidade, bem como com o disposto no art. 6º, II da Portaria Interministerial/MP, MF e CGU nº 127/2008 (item 9.7.29, TC-014.392/2004-3, Acórdão nº 1.934/2009-Plenário).*

DOU de 28.08.2009, S. 1, p. 148. Ementa: determinação à EMBRATUR para ***que abstenha-se de formalizar novos convênios com entidade que tenha processo de prestação de contas pendente de aprovação****, conforme ocorrência verificada no Processo nº 3645/1999 (item 9.7.11, TC-014.392/2004-3, Acórdão nº 1.934/2009-Plenário).*

DOU de 23.03.2009, S. 1, p. 88. Ementa: resposta a um consulente no sentido ***de que a eficácia do art. 26 da Lei nº 10.522/2002, no que se refere à possibilidade de transferência de recursos federais para a realização de ações sociais e ações em faixa de fronteira a entes que se encontrem em situação de inadimplência, objeto de registro no CADIN ou no SIAFI/CAUC, está adstrita às situações previstas no art. 25, § 3º da LRF – ações de educação, saúde e assistência social – porque, como regra geral, a própria LRF, no art. 25, § 1º, inc. IV, alínea "a", vedou a transferência voluntária de recursos a entes federados em situação irregular*** *(item 9.2.4, TC-001.362/2009-8, Acórdão nº 445/2009-Plenário).*

DOU de 20.03.2009, S. 1, p. 112. Ementa: determinação ao Ministério da Saúde para ***que se abstenha de celebrar convênios com previsão orçamentária insuficiente para a execução integral das metas pactuadas****, em obediência ao disposto no art. 25, inc. I, da Lei Complementar nº 101/2000 (item 9.5, TC-013.321/2007-1, Acórdão nº 1.064/2009-2ª Câmara).*

DOU de 20.03.2009, S. 1, p. 92. Ementa: determinação à Universidade Federal de Pernambuco para ***que se abstenha de celebrar contratos e convênios com entidades de direito público ou privado que contenham cláusula que vinculem servidores***

à execução do instrumento, sem o expresso detalhamento da carga horária para execução dos serviços contratados e declaração da necessária observância de compatibilidade com a jornada dos servidores em efetivo exercício ou cedidos a outros órgãos e entidades*, nos termos do art. 19, "caput" e § 1°, da Lei n° 8.112/1990; no art. 14, § 1°, "d", do Anexo do Decreto nº 94.664/1987; e no art. 4º, § 2°, da Lei n° 8.958/1994 (item 1.6.1.2, TC-016.799/2007-0, Acórdão nº 960/2009-2ª Câmara).*

DOU de 30.06.2008, S. 1, p. 126. Ementa: o TCU determinou à Coordenação Regional da Mútua de Assistência dos Profissionais da Engenharia, Arquitetura e Agronomia do Estado do Paraná ***que se abstivesse de firmar convênios com entidades de classe, associações e congêneres com o objetivo de transferir recursos em apoio financeiro à realização de eventos, cursos, encontros, reuniões e outros, por fugir aos objetivos da Entidade e diante da ausência de previsão legal para tal procedimento*** *(item 9.5.1, TC-012.662/2005-0, Acórdão nº 1.247/2008-Plenário).*

DOU de 30.06.2008, S. 1, p. 122. Ementa: o TCU posicionou-se pelo necessário cumprimento das normas contidas nas leis de diretrizes orçamentárias (LDOs) com relação aos critérios de repasse de recursos a entidades privadas sem fins lucrativos, em especial aquelas ***relativas à exigência de prazo mínimo de funcionamento das entidades beneficiárias e aos tipos de despesas autorizadas*** *(item 9.4.6, TC--012.529/2007-6, Acórdão nº 1.232/2008-Plenário).*

*DOU de 30.06.2008, S. 1, p. 122. Ementa: o TCU decidiu-se por realizar audiência a um ex-Ministro de Estado, pela ocorrência, de forma generalizada, de fatos caracterizando ausência de supervisão hierárquica n****a celebração de contratos de repasse com entidades privadas para a realização de obras e benfeitorias em imóveis pertencentes a essas entidades****, em descumprimento ao disposto no art. 34, inc. II, da Lei nº 10.934/2004 (LDO/2005) ou no art. 35, inc. II, da Lei nº 11.178/2005 (LDO/2006) (item 9.2.1, TC-012.529/2007-6, Acórdão nº 1.232/2008-Plenário).*

DOU de 15.02.2008, S. 1, p. 172. Ementa: o TCU determinou ao Fundo Nacional Antidrogas (FUNAD) ***que exigisse, previamente à celebração de convênios com entidades privadas sem fins lucrativos, a apresentação de declarações de funcionamento regular da entidade, inclusive com inscrição no CNPJ, nos últimos três anos****, observando disposição relativa a essa questão na LDO do ano em que se pretenderia efetivar o convênio (item 8.3.2, TC-008.061/2006-1, Acórdão nº 74/2008--2ª Câmara).*

DOU de 05.10.2007, S. 1, p. 183. Ementa: o TCU registrou que, consoante nova norma (Decreto nº 6.170/2007), que dispõe sobre as transferências de recursos da União mediante convênios e contratos de repasse, ***entidades privadas sem fins lucrativos que tenham como dirigentes membros dos poderes Executivo, Legislativo, Judiciário, do Ministério Público e do Tribunal de Contas da União, bem como cônjuges, companheiros, parentes de até 2º grau, não poderão firmar convênios com o governo federal****. A regra também vale para aquelas que tiverem servidor público vinculado ao órgão ou entidade concedente. Dentre outras mudanças, cita--se o cadastro prévio que as ONGs que pretendem celebrar algum ajuste com o Poder Público terão que realizar no Sistema de Gestão de Convênios, Contratos de Repasse e Termos de Parcerias (Siconv), que tem como órgão central o Ministério do Planejamento, Orçamento e Gestão, bem como a possibilidade do órgão concedente fazer chamamento público, visando à seleção de projetos ou entidades (item 9, TC--012.718/2004-9, Acórdão nº 2.075/2007-Plenário).*

DOU de 28.05.2007, S. 1, p. 94. Ementa: o TCU determinou ao Ministério do Meio Ambiente ***que abstenha-se de firmar convênio com a finalidade de patrocinar encontros de entidades de classe*** *(item 9.3.14, TC-007.379/2005-0, Acórdão nº 936/2007-Plenário).*

DOU de 10.05.2007, S. 1, p. 93. Ementa: o TCU determinou ao Ministério do Trabalho e Emprego ***que, ao firmar convênio para transferência de recursos a entidades privadas sem fins lucrativos, se abstivesse de repassar recursos a entidades privadas, a título de contribuições de capital****, sem autorização em lei especial anterior de que trata o art. 12, § 6º, da Lei nº 4.320/1964 (itens 1.3.3 e 1.3.4, TC-006.660/2005-0, Acórdão nº 1.162/2007-1ª Câmara).*

DOU de 10.04.2007, S. 1, p. 70. Ementa: o TCU determinou ao MDA ***que, previamente à celebração de novos contratos de repasses ou de convênios federais, avaliasse se as entidades beneficiárias estariam aptas, ou mesmo fossem idôneas, inclusive quanto a seus dirigentes, a ponto de receber e gerenciar os recursos descentralizados*** *(item 9.4.1, TC-025.735/2006-3, Acórdão nº 530/2007-Plenário).*

DOU de 26.03.2007, S. 1, p. 62. Ementa: o TCU determinou aos Ministérios do Trabalho e Emprego; do Desenvolvimento Social e Combate à Fome; e da Saúde ***que se abstivessem de celebrar convênios e outros instrumentos similares de transferência voluntária de recursos com o Município de Boa Ventura – PB, enquanto os titulares das Secretarias de Ação Social e de Finanças do município fossem parentes de primeiro e segundo graus (consanguíneos e afins) do Prefeito****, tendo em vista o flagrante descumprimento aos princípios constitucionais da impessoalidade e da moralidade que norteiam a Administração Pública (itens 3.1.1, 3.2.1 e 3.3.1, TC-017.029/2006-3, Acórdão nº 553/2007-1ª Câmara).*

DOU de 28.04.2006, S. 1, p. 165. Ementa: o TCU determinou às Indústrias Nucleares do Brasil ***que deixassem de transferir recursos financeiros à sociedade que objetive prestar assistência aos seus empregados****, consoante a vedação expressa contida na IN/STN-MF nº 01/1997, art. 8º, inciso VIII (item 9.5.3, TC-010.666/2004-1, Acórdão nº 992/2006-2ª Câmara).*

VIABILIDADE TÉCNICA

DOU de 28.04.2011, S. 1, p. 132. Ementa: alerta à Superintendência Regional da Companhia de Desenvolvimento dos Vales do São Francisco e do Parnaíba no Estado do Piauí para ***que se abstenha de celebrar convênio sem a realização do prévio estudo de viabilidade****, o que contraria o disposto no art. 1º, § 1º, inc. XV, c/c o art. 23 da Portaria Interministerial/MP, MF e CGU nº 127/2008 (item 9.19.1, TC--021.746/2007-7, Acórdão nº 998/2011-Plenário).*

DOU de 24.08.2010, S. 1, p. 133. Ementa: determinação à CODEVASF ***para que, quando da análise de pleitos de convênios, atente para a viabilidade técnica do empreendimento****, bem como para a adequabilidade do objeto frente ao problema que se objetiva sanar (item 1.5.1, TC-017.610/2008-0, Acórdão nº 5.052/2010-1ª Câmara).*

DOU de 07.07.2010, S. 1, p. 103. Ementa: alerta à SUDENE no sentido de ***que analise os aspectos técnicos e financeiros dos planos de trabalho propostos, de modo a certificar a viabilidade do empreendimento e a compatibilidade dos preços com os praticados no mercado****, em atendimento à Portaria Interministerial/MP, MF e CGU nº 127, de 29.05.2008, arts. 4º, 15 e 16, 21 a 23 (item 9.4.1, TC-001.923/2008-4, Acórdão nº 3.971/2010-1ª Câmara).*

DOU de 04.12.2009, S. 1, p. 159. Ementa: determinação ao Ministério do Planejamento, Orçamento e Gestão, por intermédio de sua Secretaria Executiva, para que nos termos do art. 35, § 1º, da Lei nº 10.180/2001, c/c art. 1º, § 1º, inc. XV, da Portaria Interministerial nº 127/2008, e com a jurisprudência do TCU (Decisão nº 194/1999-P e Acórdãos nºs 722/2003-P, 2.093/2004-P e 1.865/2006-P), ***efetue análises pormenorizadas da viabilidade técnica e econômica dos projetos de convênios e instrumentos congêneres*** *(item 9.8.2, TC-018.243/2007-6, Acórdão nº 2.909/2009-Plenário).*

DOU de 04.12.2009, S. 1, p. 159. Ementa: determinação à Secretaria de Ciência e Tecnologia para Inclusão Digital do Ministério da Ciência e Tecnologia, à Secretaria de Telecomunicações do Ministério das Comunicações, à Financiadora de Estudos e

Projetos/MCT e à Caixa Econômica Federal ***no sentido de que adotem providências necessárias para garantir maior eficácia aos procedimentos preliminares de análise de propostas de convênios federais e demais instrumentos de transferência de recursos****, no âmbito do Programa de Inclusão Digital, adequando-os às normas pertinentes, com especial atenção para, nos termos do art. 35, § 1º, da Lei nº 10.180/2001, c/c art. 1º, §1º, inc. XV, da Portaria Interministerial nº 127/2008 e com a jurisprudência do TCU (Decisão nº 194/1999-P e Acórdãos nºs 722/2003-P, 2.093/2004-P e 1.865/2006-P),* ***efetuar análises pormenorizadas da viabilidade técnica e econômica dos projetos propostos****, de modo a assegurar a alocação eficiente e efetiva dos recursos orçamentários, instruindo os respectivos processos com a análise fundamentada de custos (item 9.2.1, TC-018.243/2007-6, Acórdão nº 2.909/2009-Plenário).*

DOU de 14.05.2009, S. 1, p. 97. Ementa: determinação ao Núcleo Estadual do Ministério da Saúde em Rondônia para ***que promova, quando da aprovação inicial dos projetos, análise da viabilidade técnica****, condições organizacionais, estruturais e demandas sociais dos convenentes (item 1.6.3, TC-005.683/2004-1, Acórdão nº 2.314/2009-2ª Câmara).*

DOU de 05.06.2008, S. 1, p. 116. Ementa: o TCU determinou ao MMA que exigisse a especificação completa do bem a ser produzido ou adquirido por meio de convênios e, no caso de obras, instalações ou serviços, ***exigisse o estudo de viabilidade técnica, custos e prazos de execução*** *(item 1.3, TC-011.340/2006-0, Acórdão nº 1.467/2008-2ª Câmara).*

DOU de 30.06.2006, S. 1, p. 294. Ementa: o TCU determinou ao Ministério da Integração Nacional ***que condicionasse o repasse de recursos a entes da Administração Pública, por meio de convênios ou instrumentos similares, à prévia apresentação de estudos pelo ente beneficiário que busquem comprovar a viabilidade socioeconômica do empreendimento objeto do respectivo instrumento*** *(item 9.6.1, TC-010.015/2003-1, Acórdão nº 1.034/2006-Plenário).*

DOU de 08.05.2006, S. 1, p. 59. Ementa: o TCU determinou ao Ministério dos Transportes ***que somente celebrasse convênios com a apresentação prévia, pelo convenente, do estudo de viabilidade econômica do empreendimento, devidamente analisado e aprovado****, em atendimento ao disposto no art. 3º, "f" da Lei nº 5.917/73 e em observância ao Acórdão nº 513/2003-Plenário (item 9.12.1, TC-008.623/2003-9, Acórdão nº 636/2006-Plenário).*

DOU de 27.10.2005, S. 1, p. 332. Ementa: o TCU determinou ao Ministério do Desenvolvimento Social e Combate à ***Fome que considerasse a viabilidade do objeto***

dos convênios, sob a ótica da eficiência, eficácia, efetividade e economicidade, *ao serem emitidos os pareceres técnicos (item 6.3, TC-010.738/2003-4, Acórdão n° 2.038/2005-2ª Câmara).*

VIGÊNCIA DE CONVÊNIOS

DOU de 10.07.2008, S. 1, p. 56. Ementa: o TCU determinou à Superintendência Regional da Caixa Econômica Federal no Estado do Paraná e à Secretaria Executiva do Ministério do Esporte ***que celebrassem convênios/contratos de repasse com o prazo de vigência adequado e compatível com a consecução do respectivo objeto*** *(item 1.1.1, TC-031.549/2007-1, Acórdão nº 1.975/2008-2ª Câmara).*

EXECUÇÃO

AJUSTES DO PLANO DE TRABALHO

DOU de 12.11.2012, S. 1, p. 165. Ementa: determinação a um município para que, na gestão de verba federal recebida por meio de convênio ou, ainda, de qualquer outro ajuste ou instrumento congênere, atente para o exato cumprimento do Plano de Trabalho pactuado com a União, ***abstendo-se de efetuar alterações no objeto conveniado sem a prévia anuência do órgão ou da entidade concedente*** *(item 1.7.1, TC-009.886/2012-5, Acórdão nº 8.302/2012-2ª Câmara).*

DOU de 11.04.2012, S. 1, p. 193. Ementa: o TCU deu ciência à Secretaria de Estado da Saúde de Roraima a respeito da ***necessidade de observância do disposto no § 3º do art. 22 e no inc. III do art. 39 da Portaria Interministerial nº 127/2008, no que tange à obrigatoriedade de que****, quando da execução de convênios ou outros instrumentos congêneres que envolvam recursos federais,* ***eventuais modificações do Plano de Trabalho somente sejam levadas a efeito após a obtenção de prévia concordância do concedente*** *(item 9.5, TC-008.133/2009-7, Acórdão nº 1.631/2012-1ª Câmara).*

DOU de 05.04.2011, S. 1, p. 111. Ementa: determinação a um município para ***que se abstenha de promover alterações em convênios sem a apresentação de proposta, devidamente formalizada e justificada, ao concedente****, nos termos do art. 37 da Portaria Interministerial/MP, MF e CGU nº 127, de 29.05.2008 (item 9.4, TC--007.691/2009-3, Acórdão nº 1.916/2011-1ª Câmara).*

DOU de 03.04.2012, S. 1, p. 216. Ementa: determinação a uma prefeitura municipal, relativamente ao repasse de recursos via convênio, para ***que submeta previamente à FUNASA as compensações dos valores correspondentes a serviços não executados ou executados de forma diversa da especificada****, com outros serviços de utilidade para as obras de saneamento do município e, caso aprovado, formalize as compensações mediante termo aditivo ao contrato com a empresa privada construtora, observadas as regras da Lei nº 8.666/1993 (item 9.2, TC-010.734/2011-2, Acórdão nº 711/2012-Plenário).*

DOU de 07.02.2011, S. 1, p. 153. Ementa: determinação a uma administração municipal para que, no trato de verba federal recebida por meio de convênio ou, ainda, de qualquer outro ajuste ou instrumento congênere, atente para o exato cumprimento do Plano de Trabalho pactuado com a União Federal, ***abstendo-se de efetuar alterações no objeto conveniado sem a prévia anuência do órgão ou da entidade concedente*** *(item 9.2, TC-022.892/2009-6, Acórdão nº 495/2011-1ª Câmara).*

DOU de 19.04.2011, S. 1, p. 141. Ementa: recomendação a uma prefeitura municipal no sentido de ***que, na hipótese de execução de serviço que implique alteração do plano de trabalho, o correspondente ajuste deverá ser submetido e aprovado previamente pelo concedente dos recursos conveniados****, à luz do disposto no art. 22, § 3º, da Portaria Interministerial/MP, MF e CGU nº 127, de 29.05.2008 (item 1.5.1, TC-022.491/2009-7, Acórdão nº 2.180/2011-2ª Câmara).*

DOU de 14.12.2010, S. 1, p. 122. Ementa: alerta ao 6º Batalhão de Engenharia e Construção (6º BE Cnst.) para a necessidade de que aquela Organização Militar, nas ***situações em que participar de convênios na qualidade de executor, utilize os recursos em estrita consonância com o Plano de Trabalho, cuidando para que, nas hipóteses em que identificada a conveniência de proceder de forma diversa, se busque previamente, junto ao concedente, a correspondente alteração do Plano de Trabalho*** *(item 9.2.1, TC-008.206/2007-9, Acórdão nº 3.261/2010-Plenário).*

DOU de 23.06.2010, S. 1, p. 141. Ementa: alerta a uma prefeitura municipal no sentido de ***que, sempre que necessário empreender qualquer alteração na execução do objeto de instrumentos de transferência celebrados com a União, solicite previamente a anuência do órgão concedente, a quem compete autorizar eventual modificação*** *(item 1.5.1, TC-019.526/2009-2, Acórdão nº 3.478/2010-1ª Câmara).*

DOU de 13.05.2010, S. 1, ps. 106 e 107. Ementa: determinação à CEF para que, por ocasião da celebração de contratos de repasse ou durante o acompanhamento dos contratos de repasse que celebrar, exija dos beneficiários que, ***em caso de quaisquer alterações no projeto ou no orçamento aprovado por ocasião da celebração do contrato de repasse, seja por necessidade de modificação de especificações, seja para complementar o que excepcionalmente deixou-se de prever, procedam à comunicação desse fato à instituição financeira, bem como à apresentação do projeto modificado, ainda que não implique custos adicionais à instituição, pois sem ele se torna mais difícil a fiscalização de sua execução*** *(item 9.3.2, TC-015.059/2001-2, Acórdão nº 941/2010-Plenário).*

DOU de 06.04.2009, S. 1, p. 162. Ementa: determinação a uma prefeitura municipal para ***que, na aplicação de recursos descentralizados pela União, submeta ao órgão ou à entidade concedente as justificativas e a proposta de alteração dos convênios celebrados sempre que haja necessidade de modificação do plano de trabalho****, em conformidade com o art. 15 da IN/STN-MF nº 1/1997 c/c o art. 37 da Portaria Interministerial/MP, MF e CGU nº 127/2008 (item 1.5.1, TC-026.693/2008-2, Acórdão nº 1.427/2009-2ª Câmara).*

DOU de 21.11.2008, S. 1, p. 235. Ementa: determinação ao Instituto Brasileiro do Meio Ambiente e dos Recursos Naturais Renováveis no sentido da adoção de providências que evitem a reiteração de práticas indevidas na gestão de convênios celebrados pelo órgão, como as que foram identificadas num convênio firmado com a Fundação Estadual do Meio Ambiente de Goiás: ***alteração extemporânea do plano de trabalho, ocorrida três anos após a celebração do termo de convênio, quando o exigível seria a rescisão do pacto e a devolução dos recursos transferidos; e ausência de formalização expressa das modificações introduzidas no plano de trabalho, quando o exigível seria a definição precisa do objeto alterado, por meio do correspondente termo aditivo*** *(item 1.6.1.1, TC-016.054/2005-3, Acórdão nº 5.133/2008-2ª Câmara).*

DOU de 29.05.2008, S. 1, p. 115. Ementa: o TCU determinou a um município que, ao aplicar recursos federais transferidos mediante convênio, se constatada a impossibilidade de dar cumprimento integral ao objeto acordado, ***solicitasse previamente a anuência e a aprovação do órgão transferidor dos recursos para reformulação do plano de trabalho originalmente pactuado****, em atendimento ao disposto no art. 15, § 2º, da IN/STN-MF nº 01/1997 (item 9.2, TC-016.007/2005-3, Acórdão nº 1.398/2008-2ª Câmara).*

DOU de 16.05.2008, S. 1, p. 101. Ementa: o TCU ***considerou como irregularidade****, no âmbito da SFA/PB, a fiscalização inadequada dos fiscais de convênios e* ***a autorização de modificação dos itens de aplicação de despesa de convênio sem a devida competência*** *(item 1.6.10, TC-015.341/2006-5, Acórdão nº 863/2008-Plenário).*

DOU de 15.06.2007, S. 1, p. 66. Ementa: o TCU determinou ao Ministério das Cidades ***que adotasse medidas com vistas a garantir que as alterações nos Planos de Trabalho, a serem aprovadas pela Caixa Econômica Federal, somente fossem permitidas nos casos necessários, devidamente justificados tecnicamente e de modo tempestivo pelo ente beneficiado****, ou ante a ocorrência de fato imprevisível, desde que mantida a finalidade original da obra ou serviço e observados os limites da ação prevista na Lei Orçamentária Anual (nova redação dada ao item 9.1.5 do Acórdão nº 347/2007-Plenário, TC-017.387/2006-3, Acórdão nº 1.126/2007-Plenário).*

DOU de 07.07.2006, S. 1, p. 81. Ementa: o TCU determinou a um município ***que, diante da impossibilidade de cumprir as metas ajustadas nos convênios federais celebrados com a União e suas Entidades, submetesse eventual mudança de metas à análise do órgão repassador dos recursos****, em momento anterior à prestação de contas (item 1.1, TC-010.333/2006-0, Acórdão nº 1.756/2006-2ª Câmara).*

DOU de 03.11.2006, S. 1, p. 74. Ementa: o TCU determinou a uma prefeitura municipal ***que, diante da necessidade de ajustes nos planos de trabalho dos convênios federais que viesse a firmar, aqueles fossem submetidos à apreciação do*** *__órgão federal concedente__ e, caso aprovadas as alterações, fossem formalizadas pelo gestor municipal nas ordens de serviço, planilhas e nos termos originais ou aditivos, conforme o caso, dos contratos firmados localmente (item 9.3, TC-015.272/2000-7, Acórdão nº 3.049/2006-2ª Câmara).*

DOU de 07.02.2006, S. 1, p. 57. Ementa: o TCU determinou à CODEVASF que exigisse a exata e embasada justificativa prevista no art. 15 da IN/STN-MF n° 01/97, __abstendo-se de aprovar alterações de convênios sem fundamentar-se nos pareceres das unidades técnicas e de assessoria jurídica__ que confiram a consistência das justificativas (item 6.4, TC-017.928/2005-7, Acórdão nº 46/2006-2ª Câmara).

ANULAÇÃO, DENÚNCIA OU RESCISÃO DE CONVÊNIOS

Apelação n° 179.517-1/5, de 02/03/93, RDP, 7/1994, TJ/SP, p. 274 – "__rompimento de convênio não ocorre por rescisão, mas sim por denúncia__, por livremente acordada."

DOU de 11.12.2009, S. 1, p. 117. Ementa: comunicação à Comissão Mista de Planos, Orçamentos Públicos e Fiscalização do Congresso Nacional no sentido de que um convênio da obra de Reforma e Construção do Campus de Ciências Agrárias da UFPel/RS apresenta indícios de irregularidades graves que se enquadram no conceito dado pelo art. 94, § 1º, inc. IV da Lei nº 12.017/2009 (LDO/2010); __e que uma medida corretiva que, se adotada pelo gestor, sanearia de imediato as irregularidades graves apontadas seria a anulação do referido convênio__ (item 9.1, TC-020.506/2009-2, Acórdão nº 3.019/2009-Plenário).

DOU de 10.07.2008, S. 1, p. 64. Ementa: o TCU determinou ao Fundo Nacional de Saúde (FNS) que se abstivesse de prorrogar de ofício a vigência de convênios nos quais tivesse havido interrupção de repasses financeiros em razão da não apresentação de prestação de contas parciais, __promovendo-se, em caso de insucesso na obtenção dessa prestação de contas, a imediata rescisão do convênio__, com a consequente instauração da devida tomada de contas especial (item 9.5, TC-018.627/2007-4, Acórdão nº 2.020/2008-2ª Câmara).

DOU de 10.07.2006, S. 1, p. 76. Ementa: o TCU determinou ao Fundo Nacional de Saúde que fizesse invariavelmente constar, __nos processos de convênios e outros instrumentos correlatos celebrados com outros órgãos e entidades que não resultassem no repasse ou na transferência de recursos previstos, por cancelamento, suspensão ou encerramento do ajuste em virtude de motivo diverso do avençado, o correspondente termo de distrato ou rescisão, devidamente justificado__, segundo os termos e as hipóteses previstas nos arts. 76 a 80 da Lei n° 8.666/1993 e nos arts. 36 e 37 da IN/STN-MF n° 01/1997 (item 9.4.1, TC-002.880/2006-3, Acórdão nº 1.816/2006-1ª Câmara).

APLICAÇÃO DOS RECURSOS NO MERCADO FINANCEIRO

DOU de 01.07.2011, S. 1, p. 121. Ementa: determinação à Secretaria Nacional de Segurança Pública (SENASP) e à Secretaria Executiva do PRONASCI do Ministério da Justiça para ***que, na análise das prestações de contas apresentadas pelos órgãos e entidades convenentes, observem irregularidades e impropriedades relativas a não aplicação dos recursos no mercado financeiro enquanto não empregados na sua finalidade****, em desacordo com o § 1º do art. 42 da Portaria Interministerial/MP, MF e CGU nº 127/2008 (item 9.3, TC-023.312/2010-6, Acórdão nº 1.672/2011-Plenário).*

DOU de 30.05.2011, S. 1, p. 153. Ementa: ***a aplicação financeira dos recursos federais repassados mediante convênios, acordos, ajustes ou outros instrumentos congêneres, com previsão de utilização superior a um mês, dar-se-á em caderneta de poupança****, conforme estipulam o art. 116, § 4º, da Lei nº 8666/1993 e o art. 42, § 1º, inc. I, da Portaria Interministerial/MP, MF e CGU nº 127/2008, sendo indevida a aplicação em fundos de investimentos (item 1.5.2.1, TC-027.645/2009-8, Acórdão nº 3.123/2011-2ª Câmara).*

DOU de 13.04.2011, S. 1, ps. 76 e 77. Ementa: alerta à FURG para ***que oriente suas fundações de apoio no sentido de que, nos convênios celebrados com recursos orçamentários, é obrigatória a aplicação em cadernetas de poupança se a previsão de seu uso for igual ou superior a um mês, possibilitada a aplicação em fundos financeiros de curto prazo ou operação de mercado aberto lastreada em títulos da dívida pública, quando estiver prevista a utilização desses recursos em prazo menor que um mês****, consoante dispõe o § 4º do art. 10 do Decreto nº 6.170/2007 (item 1.6.4, TC-027.439/2010-0, Acórdão nº 826/2011-Plenário).*

DOU de 02.03.2011, S. 1, p. 104. Ementa: alerta à FUNASA no sentido de que é da competência do órgão ou entidade concedente, na fase interna de análise da prestação de contas, decidir sobre a regularidade, ou não, da aplicação dos recursos transferidos. ***Cabe, assim, à FUNASA analisar conclusivamente a questão do uso indevido, ou não, dos valores oriundos da aplicação financeira, e decidir, após a obrigatória notificação do responsável pela gestão do respectivo convênio, se esses recursos foram, de fato, aplicados na obra objeto do convênio – o que caracterizaria apenas uma irregularidade formal, sem macular as contas*** *do responsável* - *ou se houve prejuízo ao erário, instaurando-se, nesse caso, a competente tomada de contas especial observada a IN/TCU nº 56/2007 (item 1.5, TC-015.741/2010-9, Acórdão nº 1.028/2011-2ª Câmara).*

DOU de 11.02.2011, S. 1, p. 185. Ementa: alerta a uma prefeitura municipal no sentido de que, ***em repasses destinados ao Programa do Serviço de Ação Continuada - Programa de Apoio à Criança Carente em Creche e Programa de Apoio à Pessoa Idosa, dever-se-ia evitar a não aplicação dos recursos no mercado financeiro*** *(item 9.4.4, TC-025.262/2007-1, Acórdão nº 679/2011-1ª Câmara).*

DOU de 07.02.2011, S. 1, p. 151. Ementa: ***arquivamento de uma tomada de contas especial, a título de racionalização administrativa e economia processual, relativamente ao débito remanescente de responsabilidade de um município, decorrente da falta de aplicação da contrapartida de convênio*** *(item 9.3, TC-006.607/2007-9, Acórdão nº 483/2011-1ª Câmara).*

DOU de 31.03.2009, S. 1, p. 83. Ementa: determinação à Caixa Econômica Federal para ***que providencie a escorreita aplicação dos recursos movimentados em conta específica de contratos de repasses, enquanto não empregados na sua finalidade, em caderneta de poupança, se a previsão de seu uso for igual ou superior a um mês, ou em fundo de aplicação financeira de curto prazo, quando sua utilização estiver prevista para prazos menores****, conforme estabelecem os arts. 20, §§ 1º e 2º, da Instrução Normativa/STN-MF nº 1/1997, e 116, "caput" e § 4º, da Lei nº 8.666/1993 (item 1.6.1, TC-000.796/2007-7, Acórdão nº 492/2009-Plenário).*

DOU de 09.10.2008, S. 1, p. 90. Ementa: determinação a uma prefeitura municipal para ***que, quando da aplicação de recursos de origem federal, transferidos por meio de convênios ou instrumentos similares, aplique os recursos públicos recebidos no mercado financeiro sempre que sua utilização não for imediata****, conforme prevê o §1º, art. 20 da IN/STN-MF nº 01/1997 e o art. 42 da Portaria Interministerial nº 127/2008 (item 9.7.4, TC-021.587/2006-0, Acórdão nº 4.084/2008-2ª Câmara).*

DOU de 28.11.2007, S. 1, p. 180. Ementa: o TCU determinou ao MMA que ***se abstivesse de aprovar prestações de contas de convênios em que não estivesse comprovada a regular aplicação dos recursos públicos transferidos, inclusive dos rendimentos obtidos pela obrigatória aplicação no mercado financeiro****, bem como comprovada a regular contabilização da contrapartida,* ***não sendo permitido computar os rendimentos de aplicação no mercado financeiro como contrapartida****, conforme art. 20, §§ 2º e 3º, da IN/STNMF nº 01/1997, sob pena de responsabilização (item 10.2.3, TC-004.694/2007-5, Acórdão nº 2.419/2007-Plenário).*

DOU de 12.07.2007, S. 1, p. 173. Ementa: o TCU determinou a um município ***que não utilizasse os rendimentos de aplicação financeira dos recursos recebidos como redutor do montante da contrapartida municipal****, uma vez que contraria o disposto no art. 20, § 3º, da IN/STN-MF nº 01/1997 (item 9.4.2, TC-021.798/2005-7, Acórdão nº 1.870/2007-2ª Câmara).*

DOU de 08.12.2006, S. 1, p. 159. Ementa: o TCU determinou a uma prefeitura municipal ***que, na execução de convênios em que houvesse repasse de recursos federais, se abstivesse de utilizar o saldo de aplicação financeira, remanescente na conta-corrente específica, para deduções nos valores a serem empregados a título de contrapartida*** *(item 9.2, TC-009.590/2005-7, Acórdão nº 3.567/2006-1ª Câmara).*

DOU de 23.02.2006, S. 1, p. 113. Ementa: o TCU determinou ao Ministério da Educação ***que verificasse****, por ocasião da análise das prestações de contas de seus convênios,* ***o cumprimento, por parte dos convenentes, do estabelecido no art. 20 da IN/STN nº 01/97 c/c § 4º do art. 116 da Lei nº 8.666/1993 (aplicação dos recursos financeiros, enquanto não utilizados)*** *e no § 6º do art. 21 da IN/STN-MF nº 01/97 c/c o § 6º do art. 116 da Lei nº 8.666/1993 (necessidade de devolução dos recursos remanescentes), exigindo-lhes, se necessário, a adoção das medidas corretivas (item 9.2, TC-021.162/2005-1, Acórdão nº 399/2006-1ª Câmara).*

DOU de 08.02.2006, S. 1, p. 67. Ementa: o TCU determinou ao Ministério do Turismo ***que adotasse providências junto ao convenente, no sentido de obter a devolução da quantia correspondente aos rendimentos de aplicação no mercado financeiro****, referente ao período compreendido entre a liberação do recurso e seu ressarcimento aos cofres do Tesouro Nacional, em observância ao disposto no instrumento de convênio (item 9.2, TC-015.247/2005-5, Acórdão nº 87/2006-Plenário).*

APROVEITAMENTO DE LICITAÇÕES

DOU de 08.08.2011, S. 1, p. 167. Ementa: alerta a um município ***que, por ocasião da execução de contratos de repasse de recursos federais, abstenha-se de permitir o aproveitamento de licitações já realizadas sem a estrita observância da Lei nº 8.666/1993****, tendo em vista o previsto na Cláusula Terceira, item 3.2, alínea "i" do texto padrão dos contratos de repasse da CEF (item 9.4.2, TC-020.930/2009-0, Acórdão nº 2.026/2011-Plenário).*

DOU de 14.12.2010, S. 1, p. 123. Ementa: alerta à SANEAGO para ***que, por ocasião da execução de contratos de repasse de recursos federais, na condição de interveniente*** *executora, abstenha-se de permitir o aproveitamento de licitações já realizadas por municípios beneficiários das obras que tenham sido realizadas sem a estrita observância da Lei nº 8.666/1993*, tendo em vista o previsto na Cláusula Terceira, item 3.3, alínea "f" do texto padrão dos contratos de repasse da CEF (item 9.3, TC--009.812/2009-0, Acórdão nº 3.263/2010-Plenário).

DOU de 08.12.2010, S. 1, p. 147. Ementa: alerta à FUNASA/CORE/GO para **que se certifique e oriente as convenentes para que não se utilizem de licitação anterior à formalização de convênios**, em cumprimento ao disposto no inciso III, § 2º, art. 7º da Lei nº 8.666/1993, bem como de contratos com objetos amplos e genéricos, conforme art. 23, § 1º da mesma Lei (item 1.5.3, TC-020.578/2008-3, Acórdão nº 7.129/2010-2ª Câmara).

DOU de 19.07.2010, S. 1, p. 88. Ementa: alerta à SANEAGO no sentido de **que, por ocasião da execução de contratos de repasse de recursos federais, na condição de interveniente executora, abstenha-se de permitir o aproveitamento de licitações já realizadas por municípios beneficiários das obras que tenham sido realizadas sem a estrita observância da Lei nº 8.666/1993**, tendo em vista o previsto na Cláusula Terceira, item 3.3, alínea 'f' do texto padrão dos contratos de repasse da CEF (item 9.3, TC-009.807/2009-0, Acórdão nº 1.645/2010-Plenário).

DOU de 13.11.2009, S. 1, p. 127. Ementa: determinação ao DNOCS – Administração Central para **que oriente as prefeituras no sentido de que somente serão autorizadas, pelo DNOCS, liberações de recursos financeiros para a execução de objeto de convênios cujos processos de licitação, realizados pela prefeitura, tenham ocorrido dentro do período de vigência dos convênios** (item 1.6.104, TC-024.395/2007-3, Acórdão nº 6.371/2009-1ª Câmara)

DOU de 30.01.2009, S. 1, p. 165. Ementa: determinação a uma prefeitura municipal para que atente **para a impossibilidade da utilização de licitações anteriores para a execução de objetos de contratos de repasse e convênios federais, quando celebrados posteriormente ao certame**, haja vista o disposto nos arts. 7º, § 2º, inc. III, e 38, "caput", da Lei nº 8.666/1993 (item 1.5.1, TC-014.277/2006-8, Acórdão nº 74/2009-2ª Câmara).

DOU de 17.10.2008, S. 1, p. 106. Ementa: determinação a uma prefeitura municipal para **que atente para a impossibilidade da utilização de licitações anteriores para a execução de objetos de contratos de repasse e convênios federais, quando celebrados posteriormente ao certame**, haja vista o disposto nos arts. 7º, § 2º, inc. III e 38, "caput", da Lei nº 8.666/1993 (item 1.4.1.1, TC-016.176/2008-0, Acórdão nº 4.134/2008-2ª Câmara).

DOU de 10.05.2007, S. 1, p. 84. Ementa: o TCU determinou a um município ***que se abstivesse de firmar convênios ou contratos de repasse para a utilização de recursos públicos federais em objetos já licitados ou contratados****, observando estritamente o previsto nos arts. 1º, 2º e 7º, § 2º, inc. III, da Lei nº 8.666/1993, e no art. 37, inc. XXI, da Constituição Federal, sob pena de aplicação da multa prevista no art. 58, inc. II, da Lei nº 8.443/92 e de outras sanções administrativas, a exemplo do impedimento da utilização de recursos públicos federais (item 9.1, TC-010.918/2005-9, Acórdão nº 1.128/2007-1ª Câmara).*

DOU de 06.12.2006, S. 1, p. 105. Ementa: o TCU posicionou-se no sentido de ***que fosse informado o Tribunal de Contas do Estado da Paraíba acerca do aproveitamento de uma concorrência pública municipal realizada em 1991, para a execução de um convênio firmado em 1996****, pela Prefeitura Municipal de João Pessoa – PB (item 2.9.1, TC-017.111/2006-4, Acórdão nº 3.405/2006-1ª Câmara).*

BENS REMANESCENTES

DOU de 06.12.2012, S. 1, p. 139. Ementa: o TCU considerou como ***falha/impropriedade na execução de convênio firmado por um município a ausência de registro de tombamento, por meio de plaquetas de identificação, do mobiliário escolar adquirido com recursos de convênio*** *com o FNDE/MEC, em descumprimento ao previsto no art. 94 da Lei nº 4.320/1964 (item 1.6.1.5, TC-037.310/2011-9, Acórdão nº 3.202/2012-Plenário).*

DOU de 19.06.2012, S. 1, p. 119. Ementa: determinação à Secretaria Nacional de Economia Solidária (SENAES) para ***que encaminhe ao TCU cópia de termo aditivo a um convênio, incluindo cláusula com a previsão da destinação dos bens remanescentes do convênio****, em atendimento ao art. 28, "caput", da Portaria Interministerial nº 127/2008 (atualmente substituído pelo art. 41, "caput", da Portaria Interministerial nº 507/2011), bem como as cópias dos termos aditivos de duas parcerias, incluindo a necessidade de realização de auditoria independente da aplicação dos recursos objeto do termo de parceria, em atendimento ao art. 19 do Decreto nº 3.100/1999 (item 1.6, TC--021.636/2010-9, Acórdão nº 3.173/2012-1ª Câmara).*

DOU de 10.04.2012, S. 1, p. 108. Ementa: determinação ao Governo do Estado do Tocantins para ***que se abstenha de utilizar bem remanescente de convênio federal em finalidade não compatível com a continuidade do programa ou projeto governamental motivador do ajuste****, haja vista que tal prática caracteriza desvio de finalidade, e contraria o art. 28, § 2º, da Portaria Interministerial/MP, MF e CGU nº*

127/2008, o art. 15 do Decreto nº 99.658/1990 e o art. 17 da Lei nº 8.666/1993 (item 1.6.1, TC-021.095/2011-6, Acórdão nº 2.133/2012-2ª Câmara).

DOU de 25.02.2011, S. 1, p. 140. Ementa: determinação a um município para ***que adote as medidas necessárias para que seja devidamente instalado o aparelho de Raios X, adquirido no âmbito da execução de um convênio*** *firmado com o Ministério da Saúde (item 9.6, TC-011.722/2006-3, Acórdão nº 1.158/2011-1ª Câmara).*

DOU de 24.11.2010, S. 1, p. 128. Ementa: alerta a uma secretaria municipal de saúde no sentido de ***que coíba o uso de materiais adquiridos com recursos do Fundo Nacional da Saúde em benefício dos próprios servidores, nos casos em que objeto do convênio não contemple tal destinação, da forma como está ocorrendo com fogões, geladeiras, "rack" para televisão e micro-ondas, adquiridos com valores de um convênio federal*** *(item 9.6.2, TC-023.844/2006-9, Acórdão nº 3.056/2010-Plenário).*

DOU de 27.08.2010, S. 1, p. 180. Ementa: determinação a uma prefeitura municipal para ***que adote medidas no sentido de colocar à disposição da população os equipamentos médico-hospitalares adquiridos com recursos de um convênio federal*** *(item 9.19.3, TC-008.135/2009-1, Acórdão nº 4.856/2010-2ª Câmara).*

DOU de 06.08.2010, S. 1, p. 111. Ementa: alerta a uma secretaria municipal de saúde para ***que coíba o uso de materiais adquiridos com recursos do Fundo Nacional da Saúde em benefício dos próprios servidores, nos casos em que objeto do convênio não contemple tal destinação, da forma como está ocorrendo com os fogões, três geladeiras, um rack para televisão e um micro-ondas, adquiridos com valores de um convênio*** *(item 9.6.2, TC-023.844/2006-9, Acórdão nº 1.822/2010-Plenário).*

DOU de 06.08.2010, S. 1, p. 111. Ementa: determinação ao Ministério da Saúde para ***que redistribua a outros municípios equipamentos que se encontram acondicionados em uma sala de um hospital municipal****, sem utilização desde sua aquisição em 2002 (item 9.5.2, TC-023.844/2006-9, Acórdão nº 1.822/2010-Plenário).*

DOU de 06.08.2010, S. 1, p. 111. Ementa: determinação ao Ministério da Saúde para ***que redistribua no âmbito do Projeto Serviço de Atendimento Móvel de Urgência (SAMU) a incubadora adquirida por um município****, tendo em vista a sua não utilização, por limitações técnicas (item 9.5.1, TC-023.844/2006-9, Acórdão nº 1.822/2010-Plenário).*

DOU de 09.07.2010, S. 1, p. 81. Ementa: determinação ao INCRA/RN ***para que tome posse imediatamente da bomba, respectivos canos e caixa d'água, de sua***

propriedade, adquiridos com recursos de um convênio de 2004, firmado com uma entidade privada, que se encontram estocados na casa da presidente de uma associação, e proceda à correta estocagem e controle patrimonial, juntamente com os demais materiais que se encontram armazenados no depósito da Secretaria Estadual de Agricultura*, conforme estabelece o art. 94 da Lei nº 4.320/1964 (item 9.4.12, TC-027.424/2006-2, Acórdão nº 1.512/2010-Plenário).*

DOU de 12.03.2010, S. 1, p. 121. Ementa: o TCU fixou prazo para que a Secretaria Nacional de Defesa Civil do Ministério da Integração Nacional adotasse providências necessárias para o exame das contas relativas a um convênio do MI de 2006 - MI, atentando para o fato de que as eventuais despesas acrescidas, em decorrência de fiscalização ineficaz por parte da prefeitura, permitindo ***a depredação das casas e furto de melhorias, deverão ser suportadas pela municipalidade, exigindo-se a restituição dos valores indevidamente despendidos*** *ou instaurando-se a competente Tomada de Contas Especial (item 9.2.3, TC-012.823/2009-5, Acórdão nº 411/2010-Plenário).*

DOU de 04.09.2009, S. 1, p. 345. Ementa: determinação a uma prefeitura municipal para ***que promova a identificação e tombamento dos bens permanentes adquiridos com recursos federais, bem como sua distribuição por meio de Termo de Responsabilidade****, em atendimento ao artigo 94 da Lei nº 4.320/1964 (item 9.4.4, TC-017.190/2007-6, Acórdão nº 4.568/2009-2ª Câmara).*

DOU de 29.05.2009, S. 1, p. 142. Ementa: determinação à SENASP-MJ para que avalie a possibilidade de condicionar o recebimento de recursos federais do FNSP pelos estados e municípios, ***mediante convênios ou doação de bens, à comprovação do cumprimento de determinado período de vida útil preestabelecido e da regular utilização dos bens anteriormente fornecidos****, estabelecendo os critérios para tal aferição, bem como à contratação de empresa especializada para realizar manutenção preventiva e corretiva quando aplicável, em especial no caso de viaturas, de modo a garantir a adequada e eficiente operação dos veículos e equipamentos (item 9.1.2, TC-019.269/2007-7, Acórdão nº 1.142/2009-Plenário).*

DOU de 14.05.2009, S. 1, p. 106. Ementa: recomendação a uma prefeitura municipal para ***que se abstenha de utilizar veículos e outros bens, adquiridos por meio de convênios que envolvam repasse de recursos pela União, com fins divergentes daqueles definidos no objeto dos referidos convênios*** *(item 1.5.1, TC-027.136/2008-3, Acórdão nº 2.385/2009-2ª Câmara).*

DOU de 02.02.2009, S. 1, p. 73. Ementa: determinação ao Tribunal de Justiça do Estado do Acre (TJ/AC) para ***que utilize os bens adquiridos pelo órgão com recursos*** *provenientes de convênios, ajustes ou instrumentos congêneres celebrados com a União, em consonância com os objetivos pactuados (item 9.2.2, TC-019.173/2006-6, Acórdão nº 66/2009-Plenário).*

DOU de 07.03.2008, S. 1, p. 98. Ementa: o TCU recomendou à Secretaria de Saúde do Estado da Bahia (SESAB) ***que, como medida necessária à conservação de máquinas e equipamentos, fizesse constar expressamente no Termo de Cessão ou Nota de Transferência de quem seria a responsabilidade pela manutenção do bem a ser cedido, se do cedente ou cessionário*** *(item 1.2, alínea "a", TC-023.538/2006-5, Acórdão nº 464/2008-1ª Câmara).*

DOU de 05.12.2007, S. 1, p. 119. Ementa: o TCU determinou ao Ministério da Saúde ***que providenciasse o adequado controle, por parte de convenentes, dos bens adquiridos com recursos federais, com a devida fixação de plaquetas nos bens, bem como a manutenção de registros com identificação precisa da localização dos bens, inclusive com termos de controle relativos à saída dos bens para conserto, empréstimos, etc.****, nos termos dos arts. 37 e 70 da Constituição Federal (item 1.1, alínea "a", TC--024.130/2006-0, Acórdão nº 3.664/2007-1ª Câmara).*

DOU de 29.11.2007, S. 1, p. 165. Ementa: o TCU determinou a uma prefeitura municipal ***que atentasse para a necessidade de providenciar, imediatamente após a emissão da nota fiscal, o registro no órgão estadual de trânsito de veículos que viessem a ser adquiridos com recursos de convênio federal*** *(item 1.2.2, TC-023.125/2006-5, Acórdão nº 3.344/2007-2ª Câmara).*

DOU de 21.06.2007, S. 1, p. 179. Ementa: o TCU determinou a uma prefeitura municipal ***que, quando da gestão de recursos oriundos da União, promovesse registros analíticos de todos os bens de caráter permanente adquiridos, com indicação dos elementos necessários para a perfeita caracterização de cada um deles e dos agentes responsáveis pela sua guarda e administração****, conforme arts. 94 e 95 da Lei nº 4.320/1964 (item 7.2.4, TC-006.387/2007-3, Acórdão nº 1.563/2007-2ª Câmara).*

DOU de 01.06.2007, S. 1, p. 114. Ementa: o TCU determinou a uma prefeitura municipal ***que utilizasse os bens adquiridos, as obras construídas e os serviços contratados com recursos federais conveniados exclusivamente para a finalidade a que se destinassem, assegurando-lhes adequada manutenção, conservação e segurança*** *(item 2.1.1.5, TC-023.327/2006-0, Acórdão nº 1.446/2007- TCU-1ª Câmara).*

DOU de 01.06.2007, S. 1, p. 114. Ementa: o TCU determinou a uma prefeitura municipal ***que efetuasse o registro e o controle patrimoniais dos bens de natureza permanente***

adquiridos com recursos federais conveniados, identificando o concedente e o convênio *(item 2.1.1.4, TC-023.327/2006-0, Acórdão nº 1.446/2007-1ª Câmara).*

DOU de 25.05.2007, S. 1, p. 83. Ementa: o TCU recomendou ao MDIC providências com vistas a ***evitar que bens adquiridos para implantação de projetos*** *(que, por força de cláusula convenial, pertencessem ao Ministério)* ***permanecessem por longos períodos em poder dos estados ou dos municípios sem que tivessem sido incorporados ao acervo de bens destes, de forma a prevenir o extravio de equipamentos, assegurar a utilização dos mesmos na continuidade do programa, bem como evitar pendência em processo de contas respectivo*** *(item 9.2, TC-000.494/2005-0, Acórdão nº 1.404/2007-1ª Câmara).*

DOU de 02.03.2007, S. 1, p. 85. Ementa: o TCU determinou a uma prefeitura municipal ***que envidasse esforços no sentido de dar manutenção periódica no sistema de esgotamento sanitário do município****, construído com recursos de convênio (item 1.2, Acórdão nº 241/2007-Plenário).*

DOU de 16.02.2007, S. 1, p. 308. Ementa: o TCU recomendou à Secretaria de Estado da Saúde do Tocantins ***que, ao gerir recursos públicos federais oriundos de convênio, acordo ou ajuste, realizasse, de forma adequada, a identificação dos bens adquiridos, não deixando de afixar placas de identificação com o número do convênio em todos os equipamentos*** *(item 2, TC-023.495/2006-6, Acórdão nº 185/2007-1ª Câmara).*

DOU de 27.07.2006, S. 1, p. 116. Ementa: o TCU determinou à Prefeitura Municipal de Iracema-RR ***que se abstivesse da utilização de quaisquer bens públicos para a satisfação de interesse pessoal****, sob pena de infringir os princípios da supremacia do interesse público, da finalidade e da moralidade administrativa (item 9.2.2, TC--010.232/2004-1, Acórdão nº 1.995/2006-2ª Câmara).*

DOU de 20.07.2006, S. 1, p. 58. Ementa: o TCU determinou à FUNASA ***que adotasse medidas tendentes a obter de um convenente local a devolução de um veículo marca Toyota*** *(item 2, TC-018.308/2005-6, Acórdão nº 1.852/2006-2ª Câmara).*

DOU de 20.07.2006, S. 1, p. 58. Ementa: o TCU determinou à FUNASA ***que realizasse inventário e tombamento dos bens que um convenente local adquirira com recursos financeiros repassados à conta de convênios federais*** *(item 1.17, TC-018.308/2005-6, Acórdão nº 1.852/2006-2ª Câmara).*

DOU de 18.04.2006, S. 1, p. 142. Ementa: o TCU determinou ao Observatório Nacional ***que, nos casos de extravio de bens públicos, promovesse medidas preliminares para*** *o ressarcimento ao erário a partir da identificação do responsável, a cobrança do débito apurado, inclusive, no caso de servidor público, o desconto em folha de pagamento*; *esgotadas as medidas cabíveis no âmbito administrativo interno, a autoridade administrativa competente deverá providenciar a instauração da tomada de contas especial, em cumprimento aos arts. 94 e 96 da Lei n° 4.320/96, com o objetivo de apurar os fatos, identificar os responsáveis e quantificar o débito, pois que a TCE se trata de medida de exceção (IN 13/96, art. 1 °, § 2°) (item 2.1.12, TC-007.665/2005-0, Acórdão nº 822/2006-2ª Câmara).*

BLOQUEIO E DESBLOQUEIO DA CONTA ESPECÍFICA

DOU de 23.02.2011, S. 1, p. 97. Ementa: determinação à Caixa Econômica Federal (CAIXA) para ***que autorize o desbloqueio da conta-corrente vinculada e consequente saque dos recursos financeiros somente após comprovação do ateste da aquisição/execução da etapa e depósito da contrapartida****, devendo ser juntados ainda ao processo os documentos comprobatórios, de acordo com o preconizado nos normativos internos da CAIXA, mais especificamente no item 3.2 da norma MNSA 012.024 (item 9.2.1.7, TC--031.356/2007-5, Acórdão nº 393/2011-Plenário).*

DOU de 23.02.2011, S. 1, p. 97. Ementa: recomendação à Caixa Econômica Federal no sentido de ***que anexe*** *à pasta principal de cada contrato de repasse os documentos comprobatórios de* ***toda movimentação da conta-corrente vinculada, inclusive desbloqueio*** *(item 9.1.1.10, TC-031.356/2007-5, Acórdão nº 393/2011-Plenário).*

DOU de 31.05.2007, S. 1, p. 107. Ementa: o TCU entendeu ***que recursos federais transferidos pela via dos convênios, movimentados em conta bancária específica, não estão sujeitos a bloqueio judicial*** *(item 9.2.11.2, TC-015.441/2005-2, Acórdão nº 1.320/2007-2ª Câmara).*

CAPACITAÇÃO

DOU de 26.02.2010, S. 1, p. 182. Ementa: recomendação ao INCRA/SP para que, quando da celebração dos convênios, adote procedimentos pedagógicos para orientar os convenentes sobre a aplicação de recursos e a respectiva prestação de contas (item 9.3, TC-007.781/2009-2, Acórdão nº 739/2010-1ª Câmara).

DOU de 13.04.2007, S. 1, p. 290. Ementa: o TCU determinou a uma prefeitura municipal, na condição de convenente, ***que promovesse treinamento dos membros da***

Comissão de Licitação, visando auferir conhecimentos sobre o processo licitatório, suas técnicas e suas normas, *evitando assim que o município viesse a sofrer punições futuras pelos órgãos de controle, especialmente no tocante aos convênios federais (item 9.3.2, TC-023.264/2006-9, Acórdão nº 582/2007-Plenário).*

DOU de 13.11.2006, S. 1, p. 139. Ementa: o TCU recomendou ao Ministério do Planejamento, Orçamento e Gestão ***que estimulasse os demais órgãos e entidades da Administração Direta e Indireta*** *(que, costumeiramente, celebram convênios, contratos de repasse e outros ajustes congêneres)* ***a realizarem seminários e a distribuírem material de orientação aos dirigentes de entidades privadas e entes federados que participam dos ajustes ou que estejam interessados em apresentar projetos, com o objetivo de capacitá-los para a elaboração dos projetos e para a correta utilização dos recursos públicos repassados*** *(item 9.5.1, TC-015.568/2005-1, Acórdão nº 2.066/2006-Plenário).*

CLÁUSULA DE LIVRE ACESSO EM CONTRATOS ADMINISTRATIVOS

DOU de 18.11.2011, S. 1, p. 136. Ementa: determinação ao CISMEL (Consórcio Intermunicipal de Segurança Pública e Cidadania de Londrina e Região) para que, em atenção ao estabelecido no art. 44 da Portaria Interministerial/MP, MF e CGU nº 127/2008, ***faça constar, em contratos com recursos oriundos de convênios, cláusula que obrigue o contratado a conceder livre acesso aos documentos e registros contábeis da empresa referentes ao objeto contratado aos servidores dos órgãos e entidades públicas concedentes e dos órgãos de controle interno e externo*** *(item 1.8.1, TC--004.681/2011-8, Acórdão nº 2.902/2011-Plenário).*

DOU de 11.04.2011, S. 1, p. 169. Ementa: alerta a um município quanto à ***impropriedade caracterizada pela ausência, nos contratos celebrados para a execução de um convênio, de cláusula que obrigue o contratado a conceder livre acesso aos documentos e registros contábeis da empresa, referentes ao objeto contratado, para os servidores dos órgãos ou de entidades públicas concedentes e dos órgãos de controle interno e externo****, configurando-se descumprimento do art. 44 da Portaria Interministerial/MP, MF e CGU nº 127/2008 (item 1.5, TC-032.051/2010-7, Acórdão nº 2.029/2011-2ª Câmara).*

DOU de 18.09.2009, S. 1, p. 111. Ementa: determinação para que fosse promovida a oitiva de uma empresa privada de engenharia para ***que se manifestasse acerca da ausência de cláusula em contrato de 2009 permitindo o livre acesso dos servidores dos órgãos ou entidades públicas concedentes ou contratantes, bem como dos órgãos de controle, aos documentos e registros contábeis da empresa,*** *nos termos da Portaria Interministerial/MP, MF e CGU nº 127/2008 (item 9.5.5.3, TC-011.135/2009-3, Acórdão nº 2.140/2009-Plenário).*

COMISSÃO DE LICITAÇÃO

DOU de 11.03.2011, S. 1, p. 86. Ementa: alerta a um município ***para a necessidade de observar, quando da execução de convênios que envolvam recursos federais, a condução dos processos licitatórios por comissão regularmente investida na função,*** *nos termos do artigo 38, inc. III, da Lei nº 8.666/1993 (item 9.6.1, TC-018.715/2005-2, Acórdão nº 1.404/2011-1ª Câmara).*

DOU de 13.04.2007, S. 1, p. 290. Ementa: o TCU determinou a uma prefeitura municipal, na condição de convenente, ***que promovesse treinamento dos membros da Comissão de Licitação, visando auferir conhecimentos sobre o processo licitatório, suas técnicas e suas normas,*** *evitando assim que o município viesse a sofrer punições futuras pelos órgãos de controle, especialmente no tocante aos convênios federais (item 9.3.2, TC-023.264/2006-9, Acórdão nº 582/2007-Plenário).*

COMUNICAÇÕES AO MINISTÉRIO PÚBLICO

DOU de 02.02.2011, S. 1, p. 198. Ementa: ***encaminhamento de cópia da nota fiscal fria emitida por uma empresa privada, no âmbito de convênio, para o Ministério Público do Estado do Amapá,*** *a fim de eventual responsabilização penal dos proprietários da empresa por irregularidade (item 1.5, TC-004.715/2007-7, Acórdão nº 173/2011-1ª Câmara).*

DOU de 21.09.2010, S. 1, p. 87. Ementa: comunicação ao DNOCS no sentido de que incumbe ao órgão ou entidade concedente decidir sobre a regularidade, ou não, da aplicação dos recursos transferidos, cabendo-lhe, em caso de não aprovação da prestação de contas de um convênio federal celebrado com uma associação, e depois de exauridas todas as providências cabíveis, a instauração de tomada de contas especial e demais medidas de sua competência, sob pena de responsabilidade; competindo-lhe, ainda, ***comunicar ao Ministério Público Federal em caso de ocorrência de ações fraudulentas que ensejem a sua atuação*** *(item 1.5.1, TC-003.484/2010-6, Acórdão nº 5.132/2010-2ª Câmara).*

DOU de 09.09.2010, S. 1, p. 91. Ementa: determinação à SECEX/CE para que comunique à Coordenação Regional da FUNASA no Ceará que incumbe ao órgão ou entidade concedente decidir sobre a regularidade, ou não, da aplicação dos recursos transferidos, cabendo-lhe, em caso de não aprovação da prestação de contas de um convênio celebrado entre a FUNASA e uma prefeitura municipal, e após exauridas todas as providências cabíveis, a instauração de tomada de contas especial e demais medidas de sua competência, sob pena de responsabilidade; ***competindo-lhe, ainda, comunicar ao Ministério Público Federal em caso de ocorrência de ações fraudulentas que ensejem a sua atuação*** *(item 1.5.1, TC-008.950/2010-5, Acórdão nº 4.995/2010-2ª Câmara).*

CONTRATOS ADMINISTRATIVOS SOB RESPONSABILIDADE DO CONVENENTE

*SÚMULA TCU nº 191 – "****Torna-se, em princípio, indispensável a fixação dos limites de vigência dos contratos administrativos, de forma que o tempo não comprometa as condições originais da avença, não havendo, entretanto, obstáculo jurídico à devolução de prazo, quando a Administração mesma concorre, em virtude da própria natureza do avençado, para interrupção da sua execução pelo contratante.****"*

DOU de 20.06.2012, S. 1, p. 149. Ementa: o TCU deu ciência a um ***município que a utilização dos contratos firmados com uma construtora privada, decorrentes dos editais das duas concorrências públicas de 2001 e de 2008 (contratos vigentes), não podem ser utilizados para execução de obras decorrentes de novos contratos de repasses ou qualquer outro novo instrumento de repasse firmado com a União****, uma vez que esses certames licitatórios foram realizados sem a respectiva fonte de recursos, em afronta ao disposto no art. 7º, § 2º, inc. III da Lei nº 8.666/1993 (item 9.3, TC--004.033/2011-6, Acórdão nº 1.464/2012-Plenário).*

DOU de 09.02.2012, S. 1, p. 134. Ementa: determinação a um município ***para que se abstenha de utilizar um contrato de 2001, celebrado entre o município e uma empresa privada de empreendimentos técnicos, caso ainda vigente, para a execução de convênios e contratos de repasse celebrados com a União****, tendo em vista que tal prática configura infração aos arts. 7º, § 2º, inc. III, 8º, "caput", e 38, "caput", da Lei nº 8.666/1993 (item 9.1, TC-011.660/2011-2, Acórdão nº 186/2012-Plenário).*

DOU de 10.06.2011, S. 1, p. 142. Ementa: determinação à Universidade Federal do Rio de Janeiro e à Fundação Universitária José Bonifácio (FUJB) ***para que, ao participar de convênios e contratos, com emprego de recursos públicos federais, não celebre termo aditivo a contrato cujo prazo de vigência tenha expirado****, por ausência de previsão legal, observando-se o disposto no art. 65 da Lei nº 8.666/1993 (item 9.8.3, TC--013.727/2005-0, Acórdão nº 3.863/2011-2ª Câmara).*

DOU de 23.02.2011, S. 1, p. 97. Ementa: recomendação à Caixa Econômica Federal ***no sentido de que cobre do beneficiário o envio correto e tempestivo da proposta de alteração contratual****, bem como dos documentos de medição da obra, apensando--os devidamente ao processo (itens 9.1.1.3, TC-031.356/2007-5, Acórdão nº 393/2011-Plenário).*

DOU de 08.12.2010, S. 1, p. 147. Ementa: alerta à FUNASA/CORE/GO ***para que se certifique e oriente as convenentes para que não se utilizem de*** *licitação anterior à formalização de convênios, em cumprimento ao disposto no inciso III, § 2º, art. 7º da Lei nº 8.666/1993, bem como* ***de contratos com objetos amplos e genéricos****, conforme art. 23, § 1º da mesma Lei (item 1.5.3, TC-020.578/2008-3, Acórdão nº 7.129/2010-2ª Câmara).*

DOU de 12.03.2010, S. 1, p. 117. Ementa: determinação a uma prefeitura municipal para ***que publique na imprensa oficial os extratos de dois contratos, bem como promova, nas próximas contratações, nos casos em que houver a previsão de utilização de recursos públicos federais, a publicação tempestiva dos resumos dos contratos e de seus respectivos aditivos, no Diário Oficial da União e em órgão de imprensa oficial eleito pelo município****, ante o disposto no art. 61, parágrafo único, da Lei nº 8.666/1993, uma vez que tal procedimento é condição indispensável para sua eficácia (item 9.3, TC--013.271/2008-6, Acórdão nº 400/2010-Plenário).*

DOU de 12.03.2010, S. 1, p. 135. Ementa: determinação ao MAPA para ***que adote as providências necessárias à cobrança dos valores devidos por uma empresa, em virtude da subtração de parte dos transformadores instalados numa localidade do Ceará****, objeto de contrato firmado à conta de recursos de um convênio que teve como objeto o desenvolvimento e a modernização da agricultura municipal por intermédio da implantação de rede de eletrificação rural (item 1.6, TC-012.376/1999-0, Acórdão nº 1.006/2010-1ª Câmara).*

DOU de 28.08.2009, S. 1, p. 141. Ementa: determinação à COMPESA para ***que, em contratos de supervisão, fiscalização e gerenciamento de obras financiadas total ou parcialmente com recursos federais, faça inserir cláusula que preveja a diminuição ou supressão da remuneração da contratada, nos casos, ainda que imprevistos, de enfraquecimento do ritmo das obras ou de paralisação total****, de forma a se manter o equilíbrio econômico-financeiro dos referidos contratos durante todo o período de execução do empreendimento (item 9.5.2, TC-012.188/2009-1, Acórdão nº 1.906/2009-Plenário).*

DOU de 28.08.2009, S. 1, p. 141. Ementa: determinação à COMPESA ***para que, em licitações e contratos que envolvam total ou parcialmente recursos públicos federais, abstenha-se de fazer constar dos orçamentos básicos****, assim como dos formulários para* *proposta de preços constantes dos editais e das justificativas de preço a que se refere o art. 26, inc. III, da Lei nº 8.666/1993, inclusive para os casos de dispensa e inexigibilidade de licitação,* ***parcelas relativas a gastos com os tributos IRPJ e CSLL,*** *não podendo ser aceitas também propostas de preços contendo custos relativos aos tributos citados, seja na composição do BDI, seja como item específico da planilha ou orçamento (item 9.5.1, TC-012.188/2009-1, Acórdão nº 1.906/2009-Plenário).*

DOU de 29.05.2009, S.1, ps. 184 e 185. Ementa: determinação ao Governo do Estado do Acre para ***que, na execução de convênios, ajustes ou outros instrumentos congêneres, que contem com aporte de recursos federais, observe, na lavratura de contratos originados a partir do regular procedimento licitatório, os valores homologados e adjudicados na licitação e, quando achar mais conveniente firmar instrumentos contratuais em montante inferior ao licitado,*** *abstenha-se de formalizar posteriores termo(s) aditivo(s) em valores superiores ao percentual previsto no art. 65, §§ 1º e 2º, da Lei nº 8.666/1993, mesmo que o montante total (contrato + aditivo) guarde relação com os valores inicialmente licitados (item 1.5.1.1, TC-005.883/2002-6, Acórdão nº 2.586/2009-2ª Câmara).*

DOU de 24.10.2008, S. 1, p. 141. Ementa: determinação a uma prefeitura municipal para ***que, na gestão de recursos federais transferidos ao município, abstenha-se de designar parentes de fornecedores da prefeitura para as funções de requisição, recebimento, guarda, controle e distribuição dos produtos adquiridos*** *(item 9.2.2, TC-012.967/2005-2, Acórdão nº 3.538/2008-1ª Câmara).*

DOU de 07.07.2008, S. 1, p. 132. Ementa: o TCU determinou a um município ***que, quando da execução de obras custeadas com recursos de convênios celebrados com a União, observasse, rigorosamente, o disposto no art. 61, parágrafo único, da Lei nº 8.666/1993, providenciando tempestivamente a publicação resumida do instrumento de contrato ou de seus aditivos no Diário Oficial da União*** *(item 9.2, TC-009.507/2006-9, Acórdão nº 2.122/2008-1ª Câmara).*

DOU de 03.04.2008, S. 1, p. 85. Ementa: o TCU determinou a uma prefeitura municipal ***que, na aplicação de recursos federais, se abstivesse de adquirir bens e contratar serviços junto a empresas com situação irregular junto aos fiscos federal, estadual e municipal, bem como junto ao INSS e FGTS*** *(item 9.4.3, TC-004.865/2000-7, Acórdão nº 820/2008-2ª Câmara).*

DOU de 01.02.2008, S. 1, p. 118. Ementa: o TCU determinou ao Ministério do Turismo ***que, quando da contratação (na execução de recursos descentralizados pela via dos convênios federais) de artistas consagrados, enquadrados na hipótese de***

inexigibilidade prevista no inc. III, art. 25 da Lei nº 8.666/1992, por meio de intermediários ou representantes, o contrato deveria ser publicado no Diário Oficial da União, no prazo de cinco dias, *previsto no art. 26 da Lei nº 8.666/1993 (itens 9.5.1.1 e 9.5.1.2, TC-003.233/2007-3, Acórdão nº 96/2008-Plenário).*

DOU de 11.10.2007, S. 1, p. 118. Ementa: o TCU determinou a um município ***que se abstivesse de utilizar um contrato administrativo celebrado em 1998 entre o município e uma empresa privada de construção, para a execução de convênios e contratos de repasse celebrados com a União,*** *tendo em vista que tal prática configuraria infração aos arts. 7º, § 2º, inc. III, 8º, "caput", e 54, § 1º, da Lei nº 8.666/1993 (item 2.2, TC--008.104/2006-0, Acórdão nº 3.098/2007-1ª Câmara).*

DOU de 25.05.2007, S. 1, p. 77. Ementa: o TCU ***não aceitou o descompasso entre as datas de assinatura do contrato com uma empresa construtora (30.09.1988) e da celebração do instrumento de convênio que o amparava*** *(22.12.1998) (item 1.1.2.1, TC-025.553/2006-0, Acórdão nº 1.364/2007-1ª Câmara).*

DOU de 10.11.2006, S. 1, p. 87. Ementa: o TCU determinou a uma prefeitura municipal ***que, na condição de convenente, se abstivesse de aproveitar contratos com objeto amplo, genérico e diverso, sem adequada previsão de recursos orçamentários*** *(TC--010.830/2006-6, Acórdão nº 3.052/2006-1ª Câmara).*

DOU de 26.06.2006, S. 1, p. 112. Ementa: o TCU, ***relativamente a um contrato de repasse celebrado em 2000, não aceitou a utilização de contrato administrativo decorrente de uma concorrência pública efetuada em 1998, para a execução das obras previstas no contrato de repasse em questão*** *(item 9.4.1.2.4, TC-012.708/2004-2, Acórdão nº 984/2006-Plenário).*

DOU de 15.05.2006, S. 1, p. 68. Ementa: o TCU determinou a uma prefeitura municipal ***que, quando da utilização de recursos federais repassados mediante convênio ou instrumento assemelhado, especificasse, nos contratos assinados, o crédito pelo qual correrá a despesa, com a indicação da classificação funcional programática e da categoria econômica,*** *conforme previsto no inc. V, art. 55 da Lei n° 8.666/1993 (item 9.10.8, TC-800.106/1998-9, Acórdão nº 683/2006-Plenário).*

DOU de 19.04.2006, S. 1, p. 77. Ementa: o TCU determinou à FUNASA que alertasse uma prefeitura municipal que, na execução de convênios com recursos federais, observasse a Decisão nº 420/2002-Plenário e o Acórdão nº 1.282/2005-Plenário, no sentido de que ***é ilegal e inconstitucional a sub-rogação de contratos administrativos, por contrariar os princípios constitucionais da moralidade, da eficiência, da supremacia do***

interesse público e do dever geral de licitar, *bem como os arts. 2º, 72 e 78, inciso VI, da Lei nº8.666/1993 (item 1.3, TC-021.300/2005-0, Acórdão nº 839/2006-1ª Câmara).*

DOU de 07.04.2006, S. 1, p. 255. Ementa: o TCU determinou ao Governo do Estado do Rio Grande do Norte ***que, por ocasião de modificações de projetos e especificações referentes às obras de engenharia civil futuramente pactuadas mediante convênios federais, ajustasse-as, previamente, mediante termo de comum acordo com o respectivo órgão federal repassador, promovendo a revisão do(s) correspondente(s) contrato(s)*** *(item 9.6, TC-003.087/2001-4, Acórdão nº 490/2006-Plenário).*

DOU de 23.02.2006, S. 1, p. 114. Ementa: o TCU ***determinou a uma prefeitura municipal que***, *doravante, ao aplicar recursos federais repassados por força de convênios, ajustes ou instrumentos congêneres,* ***observasse fielmente o disposto no art. 71, § 2º, da Lei 8.666/1993, de modo a exigir, dos contratados, a apresentação da Guia de Recolhimento da Previdência Social***, *bem como designasse, tempestivamente, representante da administração para acompanhamento e fiscalização da execução das obras ou serviços, nos termos do art. 67, "caput", e § 1º, da mesma lei (item 9.2, TC--019.723/2005-9, Acórdão nº 403/2006-1ª Câmara).*

CONVITE

*SÚMULA TCU nº 248 – "****Não se obtendo o número legal mínimo de três propostas aptas à seleção, na licitação sob a modalidade Convite, impõe-se a repetição do ato, com a convocação de outros possíveis interessados, ressalvadas as hipóteses previstas no parágrafo 7º, do art. 22, da Lei nº 8.666/1993.****"*

DOU de 10.06.2011, S. 1, p. 142. Ementa: determinação à Universidade Federal do Rio de Janeiro e à Fundação Universitária José Bonifácio (FUJB) ***para que, ao participarem de convênios e contratos com emprego de recursos públicos federais, passem a efetuar a repetição do ato de convocação de outros possíveis interessados, na realização de processo licitatório na modalidade convite, quando não obtiverem o número mínimo de três propostas válidas***, *ressalvada a hipótese prevista no § 7° do art. 22 da Lei nº 8.666/1993 (item 9.8.2, TC-013.727/2005-0, Acórdão nº 3.863/2011-2ª Câmara).*

COTAÇÃO PRÉVIA

DOU de 06.09.2012, S. 1, p. 752. Ementa: o TCU deu ciência à Themis Assessoria Jurídica e Estudos de Gênero sobre impropriedade verificada na gestão dos recursos de um convênio firmado com a Secretaria Especial de Políticas para as Mulheres (SPM/PR) ***quanto a não realização de, no mínimo, cotação prévia de preços, identificada nos documentos referentes à contratação de bens e serviços*** *(item 1.7.1.2, TC-011.497/2012-2, Acórdão nº 2.278/2012-Plenário).*

DOU de 22.11.2010, S. 1, p. 151. Ementa: recomendação à Presidência da República, ***tendo em vista a competência prevista no art. 84, inc. IV, da Constituição Federal, que altere o art. 11 do Decreto nº 6.170, de 25.07.2007*** *["Art. 11. Para efeito do disposto no art. 116 da Lei nº 8.666, de 21 de junho de 1993, a aquisição de produtos e a contratação de serviços com recursos da União transferidos a entidades privadas sem fins lucrativos deverão observar os princípios da impessoalidade, moralidade e economicidade, sendo necessária, no mínimo, a realização de cotação prévia de preços no mercado antes da celebração do contrato"],* ***no sentido de exigir a realização de licitação antes da celebração de contrato para a aquisição de produtos e a contratação de serviços com recursos da União transferidos a entidades privadas sem fins lucrativos, para efeito do disposto no art. 116 da Lei nº 8.666, de 21.06.1993*** *(item 1.7, TC-021.309/2007-1, Acórdão nº 6.620/2010-2ª Câmara).*

DOU de 19.08.2010, S. 1, p. 108. Ementa: alerta a um município no sentido de ***que, quando da utilização de recursos federais, observe a necessidade de fazer constar dos processos licitatórios pesquisa prévia de preços de mercado, de forma a demonstrar a compatibilidade dos preços propostos pelos licitantes com os preços praticados no mercado****, conforme previsto no art. 43, IV, da Lei nº 8.666/1993,* ***e encaminhe as minutas dos editais de licitação, bem como as dos contratos, à assessoria jurídica para análise e aprovação prévias****, como exige o artigo 38, parágrafo único, da Lei nº 8.666/1993 (itens 1.4.1.2 a 1.4.1.3, TC-010.280/2007-3, Acórdão nº 4.298/2010-2ª Câmara).*

DOU de 23.10.2009, S. 1, p. 160. Ementa: determinação ao SEBRAE/SP para ***que aprimore o acompanhamento de convênios, exigindo, na elaboração dos Planos de Trabalho, o detalhamento dos serviços prestados por empresas de consultoria contratadas, bem como evitando que haja, entre as empresas consultadas, os mesmos sócios e possível conluio nas cotações de preços*** *(item 1.7.1, TC-016.347/2009-8, Acórdão nº 5.459/2009-2ª Câmara).*

DOU de 04.09.2009, S. 1, p. 345. Ementa: determinação ao Instituto Nacional de Colonização e Reforma Agrária – Superintendência Regional/PE que acompanhe, no exercício da função gerencial, ***a execução dos convênios celebrados, de modo a assegurar a legalidade dos atos praticados e a plena execução do objeto****, com base no Decreto nº 6.170/2007 e no Capítulo V da Portaria Interministerial nº 127/2008,* ***alertando para o fato de o convenente, quando entidade privada, subordinar-***

-se às ***normas de movimentação bancária específica, bem como à cotação prévia de preços no mercado, observados os princípios da impessoalidade, moralidade e economicidade****, por força dos arts. 10 e 11 do Decreto nº 6.170/2007 e dos arts. 42, 45 e 50 da Portaria Interministerial nº 127/2008 (item 1.5.1.8, TC-017.190/2007-6, Acórdão nº 4.568/2009-2ª Câmara).*

DOU de 28.08.2009, S. 1, p. 148. Ementa: determinação à EMBRATUR para ***que, na execução de convênios, exija do convenente****, em razão dos valores envolvidos, a utilização da modalidade licitatória adequada para cada caso, fazendo constar dos autos documento assinado pelo responsável por essa verificação e,* ***no caso da convenente ser entidade privada sem fins lucrativos, verifique o cumprimento do disposto no art. 11 do Decreto nº 6.170/2007 c/c os art. 45 e 46 da Portaria Interministerial/MP, MF e CGU nº 127/2008, que dispõem sobre a realização, no mínimo, de cotação prévia de preços no mercado****, observados os princípios da impessoalidade, moralidade e economicidade (item 9.7.6, TC-014.392/2004-3, Acórdão nº 1.934/2009-Plenário).*

DOU de 28.08.2009, S. 1, p. 148. Ementa: determinação à EMBRATUR para ***que exija que as convenentes diversifiquem as empresas que participam de processos licitatórios ou de cotação prévia de preços****, a fim de obter preços e condições mais vantajosos para a Administração Pública, e que planejem esses certames de forma a evitar a realização, em um curto período de tempo, de diversas licitações envolvendo objetos semelhantes (item 9.7.2, TC-014.392/2004-3, Acórdão nº 1.934/2009-Plenário).*

DOU de 30.01.2009, S. 1, p. 139. Ementa: determinação ao DNOCS para ***que exija das entidades privadas sem fins lucrativos que celebrarem convênios com a Autarquia a fiel observância do art. 37, "caput", da Constituição Federal c/c os arts. 3º da Lei nº 8.666/1993, 11 do Decreto nº 6.170/2007 e 45 a 48 da Portaria Interministerial/MP, MF e CGU nº 127, de 29.05.2008, nas aquisições de bens e contratações de serviços*** *(item 1.6.1.1, TC-029.570/2006-0, Acórdão nº 44/2009-1ª Câmara).*

DOU de 19.06.2008, S. 1, p. 120. Ementa: o TCU determinou à Associação de Colonos de Pau dos Ferros/RN (ACOPAF) ***que atentasse para a obrigatoriedade de realização de prévia pesquisa de preços****, quando das aquisições de bens e contratações de serviços, possibilitando a elaboração de orçamento e o conhecimento antecipado dos preços de mercado, com vistas a selecionar a proposta mais vantajosa para a ACOPAF e a compatibilidade de preços com o mercado, consoante estabelecido nos arts. 3º, 15, incisos III e V, e 43, inc. IV, da Lei nº 8.666/1993, e parágrafo único, art. 27 da IN/STNMF nº 01/1997, bem como na jurisprudência da Corte de Contas, a exemplo dos Acórdãos nºs 1.182/2004-Plenário, 1.172/2004-1ª Câmara, 583/2005-2ª Câmara e 301/2005-Plenário (item 9.3.7, TC-017.353/2005-7, Acórdão nº 1.740/2008-2ª Câmara).*

DOU de 16.02.2007, S. 1, p. 308. Ementa: o TCU recomendou, no âmbito do Núcleo Estadual do Ministério da Saúde no Rio de Janeiro/NERJ, ***que houvesse um processo de acompanhamento da execução física e econômico-financeira dos convênios firmados entre o Ministério da Saúde e uma OSCIP, monitorando os procedimentos licitatórios adotados para a aquisição de materiais permanentes e serviços em geral, observados os princípios básicos da licitação contidos na Lei nº 8.666/1993,*** *em conformidade com o Acórdão nº 353/2005-Plenário (item 1, TC-025.314/2006-1, Acórdão nº 188/2007-1ª Câmara).*

DOU de 01.11.2007, S. 1, p. 100. Ementa: o TCU determinou ao Ministério do Planejamento, Orçamento e Gestão ***que orientasse os órgãos e entidades da Administração Federal a, por ocasião da primeira celebração de convênios com entidades privadas, esclarecer os novos convenentes acerca dos procedimentos previstos na Lei nº 8.666/1993, especialmente acerca do estrito procedimento formal que caracteriza o processo licitatório e da necessidade de que todos os atos praticados estivessem devidamente motivados e fundamentados, devendo o processo conter prova documental eficaz de todos os fatos alegados na motivação*** *(item 9.4, TC-011.431/2002-3, Acórdão nº 3.404/2007-1ª Câmara).*

DOU de 08.12.2006, S. 1, p. 156. Ementa: o TCU determinou ao Ministério do Meio Ambiente ***que estipulasse cláusulas nos convênios firmados com instituições privadas que proibissem a subcontratação de empresas nas quais o convenente ou seus sócios/acionistas/proprietários tivessem participação societária, em observância ao disposto na IN/STN-MF nº 1/1997 e ao princípio da moralidade*** *previsto no art. 37 da Constituição Federal (item 9.3.10, TC-010.631/2003-8, Acórdão nº 3.559/2006-1ª Câmara).*

DOU de 10.02.2006, S. 1, p. 100. Ementa: o TCU determinou à EMBRATUR que ***orientasse a convenente no sentido de que a compra de mobiliário e bens de informática ou a contratação da prestação de serviços em geral, utilizando recursos do convênio, ainda que sob o título de caixa rotativo, devesse ser precedida de pesquisa de preço,*** *devendo ser comprovada mediante apresentação de pelo menos três propostas, consoante dispõe o art. 27 da IN/STN n° 01/97 (item 1.1.2.9, TC-019.651/2004-0, Acórdão n° 84/2006-2ª Câmara).*

DEPRECIAÇÃO

DOU de 23.06.2010, S. 1, p. 126. Ementa: o TCU conheceu de consulta formulada pelo Comandante do Exército tendo respondido que é permitido ao Exército ***recolher os valores correspondentes à depreciação ao fundo de reequipamento criado pela***

Lei nº 4.617/1965, contanto que seja providenciado gerenciamento, por meio de fonte específica, *que garanta a aplicação dos referidos recursos exclusivamente na manutenção e aquisição de equipamentos para execução de obras (item 9.1.2, TC-019.281/2009-8, Acórdão nº 1.399/2010-Plenário).*

DOU de 06.11.2006, S. 1, p. 88. Ementa: o TCU determinou ao Ministério da Defesa (relativamente a obras delegadas pelo Ministério da Integração Nacional, mediante Portarias, Convênios e/ou Planos de Trabalho), que ***incluísse o quantitativo de recursos decorrentes de depreciação de equipamentos, contendo as memórias de cálculo utilizadas para definição dos quantitativos e valores.*** *Para a previsão dos custos de depreciação, o TCU recomendou a utilização da sistemática constante do Manual de Custos Rodoviários do DNIT - SICRO II. Segundo o TCU, o limite de gastos com reforma/conserto dos equipamentos próprios e a aquisição de novos equipamentos deverá ser o valor dos recursos decorrentes da depreciação de equipamentos (item 9.2.6.2, TC-007.690/2006-1, Acórdão nº 2.020/2006-Plenário).*

DESCENTRALIZAÇÃO DE CRÉDITO

DOU de 23.02.2011, S. 1, p. 97. Ementa: recomendação ao Ministério do Planejamento, Orçamento e Gestão (MP) no sentido de ***que realize estudos com o intuito de examinar a viabilidade de implementação de algumas das sugestões apresentadas por Ministérios consultados, com o intuito de não atrasar a descentralização orçamentária para a CAIXA Econômica Federal, bem como diminuir a ocorrência de cláusulas suspensivas nos contratos de repasse*** *(item 9.1.3.2, TC-031.356/2007-5, Acórdão nº 393/2011-Plenário).*

DOU de 23.02.2011, S. 1, p. 97. Ementa: recomendação à Caixa Econômica Federal no sentido ***de que abstenha-se de solicitar recursos para contratos com cláusula suspensiva pendente ou fora do prazo de vigência*** *(item 9.1.1.2, TC-031.356/2007-5, Acórdão nº 393/2011-Plenário).*

DOU de 19.07.2010, S. 1, p. 116. Ementa: recomendação ao FNDE para que ***abstenha-se de realizar descentralização de créditos orçamentários nos casos em que o órgão/entidade recebedor do destaque não seja o responsável pela execução direta do objeto pactuado,*** *ressalvado apenas o repasse para terceiros de atividades acessórias à realização daquelas acordadas (item 1.6.1, TC-019.721/2008-9, Acórdão nº 3.665/2010-2ª Câmara).*

DOU de 30.05.2008, S. 1, p. 145. Ementa: o TCU determinou à Secretaria Executiva do Ministério da Educação ***que promovesse,*** *em conjunto com o Ministério do Planejamento,*

Orçamento e Gestão, ***ajustes no cronograma de descentralização de créditos orçamentários, de maneira a evitar a concentração de liberações no último mês do exercício financeiro****, procedimento esse que, além de causar transtornos administrativos, favorece a prática de irregularidades tais como a celebração de convênios entre instituições federais de ensino superior e fundações de apoio à pesquisa apenas para tornar possível o uso dessas dotações (item 3.1, TC-014.687/2006-6, Acórdão nº 1.654/2008-1ª Câmara).*

DOU de 06.11.2006, S. 1, p. 88. Ementa: o TCU determinou ao Ministério da Integração Nacional ***que, na execução de Portarias/Convênios e Planos de Trabalho, se abstivesse de realizar transferências financeiras em desacordo com o previsto no cronograma de desembolso constante dos documentos celebrados*** *(item 9.1.2, TC--007.690/2006-1, Acórdão nº 2.020/2006-Plenário).*

DISPENSA E INEXIGIBILIDADE

SÚMULA TCU nº 264 – ***"A inexigibilidade de licitação para a contratação de serviços técnicos com pessoas físicas ou jurídicas de notória especialização somente é cabível quando se tratar de serviço de natureza singular, capaz de exigir, na seleção do executor de confiança, grau de subjetividade insuscetível de ser medido pelos critérios objetivos de qualificação inerentes ao processo de licitação, nos termos do art. 25, inciso II, da Lei nº 8.666/1993."***

SÚMULA TCU nº 250 – ***"A contratação de instituição sem fins lucrativos, com dispensa de licitação, com fulcro no art. 24, inciso XIII, da Lei nº 8.666/93, somente é admitida nas hipóteses em que houver nexo efetivo entre o mencionado dispositivo, a natureza da instituição e o objeto contratado, além de comprovada a compatibilidade com os preços de mercado."***

SÚMULA TCU nº 39 – ***"A dispensa de licitação para a contratação de serviços com profissionais ou firmas de notória especialização, de acordo com alínea "d" do art. 126, § 2º, do Decreto-lei nº 200, de 25/02/67, só tem lugar quando se trate de serviço inédito ou incomum, capaz de exigir, na seleção do executor de confiança, um grau de subjetividade insuscetível de ser medido pelos critérios objetivos de qualificação inerentes ao processo de licitação."***

DOU de 06.10.2011, S. 1, p. 132. Ementa: o TCU deu ciência ao INCRA/TO sobre o fato de que a ***impropriedade de inclusão, em cláusulas de convênios celebrados para execução de serviços de ATES, de cláusulas que contenham a imposição de subcontratar por inexigibilidade de licitação outras entidades*** *contraria a Lei nº 8.666/1993, art. 3º, §*

1º, inc. I, o Manual Operacional de ATES, subitem 3.2.1 – MDA/INCRA/2004 e a Lei nº 10.406/2002 (item 1.7.1.2, TC-024.516/2007-0, Acórdão nº 2.594/2011-Plenário).

DOU de 04.04.2011, S. 1, p. 78. Ementa: audiência de um presidente da Associação Sergipana de Blocos de Trio (ASBT), ***por não publicação no Diário Oficial da União dos contratos firmados no âmbito dos convênios celebrados com o Ministério do Turismo, conforme consta da determinação contida no item 9.5.1.2 do Acórdão nº 96/2008-P, que estabelece a obrigatoriedade de publicação no Diário Oficial da União, no prazo de cinco dias, previsto no art. 26 da Lei nº 8.666/1993, sob pena de glosa dos valores envolvidos, nas contratações de artistas consagrados****, enquadrados na hipótese de inexigibilidade prevista no inc. III do art. 25 da Lei nº 8.666/1993, por meio de intermediários ou representantes (item 9.4.3.9, TC-014.040/2010-7, Acórdão nº 762/2011-Plenário).*

DOU de 11.02.2011, S. 1, p. 185. Ementa: alerta a uma prefeitura municipal no sentido de que, em repasses destinados ao Programa do Serviço de Ação Continuada – Programa de Apoio à Criança Carente em Creche e Programa de Apoio à Pessoa Idosa, dever-se-ia evitar a ocorrência ***da falta de cópia autenticada da publicação do termo de reconhecimento de dispensa ou de inexigibilidade da licitação*** *(item 9.4.4, TC-025.262/2007-1, Acórdão nº 679/2011-1ª Câmara).*

DOU de 26.03.2010, S. 1, p. 152. Ementa: determinação a um município para ***que, ao aplicar recursos públicos federais, abstenha-se de lançar mão de dispensa de licitação sob a alegação de que não lhe restaria outra alternativa ante a proximidade do encerramento da vigência do convênio****, acordo, ajuste ou instrumento congênere (item 9.5, TC-017.507/2002-0, Acórdão nº 1.226/2010-2ª Câmara).*

DOU de 28.08.2009, S. 1, p. 148. Ementa: determinação à EMBRATUR para que, na execução de convênios em que ocorra ***contratação com inexigibilidade de licitação, exija a comprovação de exclusividade por meio de atestado fornecido pelo órgão de registro do comércio do local em que se realizará a licitação ou a obra/serviço, pelo sindicato, federação ou confederação patronal ou pelas entidades equivalentes, nos termos do inc. I, art. 25 da Lei nº 8.666/1993****, assim como a adoção de medidas pelo convenente com vistas a confirmar se a situação é de fato de exclusividade e se há compatibilidade dos preços ofertados com o mercado, fazendo constar do processo de prestação de contas correspondente o nome e assinatura do responsável por tais verificações (item 9.7.5, TC-014.392/2004-3, Acórdão nº 1.934/2009-Plenário).*

DOU de 30.06.2008, S. 1, p. 120. Ementa: o TCU determinou à SECTES/MG que, na utilização de recursos federais, ***nos processos de dispensa de licitação, fizesse constar*** *a justificativa do preço contratado, evidenciando a sua conformidade com os praticados no mercado*, em observância ao inc. III, parágrafo único, art. 26 da Lei nº 8.666/1993 (item 9.7.2.5, TC-023.504/2006-7, Acórdão nº 1.224/2008-Plenário).

DOU de 30.06.2008, S. 1, p. 119. Ementa: o TCU ***considerou como irregular, relativamente à SECTES/MG, a contratação de um consultor em Administração Pública, por inexigibilidade de licitação (notória especialização), para execução de serviços não incluídos no objeto de um convênio*** *relacionado com o Programa Estruturador de Inclusão Digital do Estado de Minas Gerais (item 9.1.2, TC--023.504/2006-7, Acórdão nº 1.224/2008-Plenário).*

DOU de 06.06.2008, S. 1, p. 100. Ementa: o TCU determinou a um município ***que, por ocasião da apresentação ao órgão concedente da prestação de contas de convênios e/ou contratos de repasse celebrados com órgãos e entidades federais, fizesse constar da documentação cópia*** *do despacho adjudicatório e de homologação das licitações realizadas, ou* ***justificativa para sua dispensa ou inexigibilidade, se fosse o caso, com o respectivo embasamento legal*** *(item 1, TC-025.370/2006-0, Acórdão nº 1.739/2008-1ª Câmara).*

DOU de 01.02.2008, S. 1, p. 118. Ementa: o TCU determinou ao Ministério do Turismo ***que, quando da contratação (na execução de recursos descentralizados pela via dos convênios federais) de artistas consagrados, enquadrados na hipótese de inexigibilidade prevista no inc. III, art. 25 da Lei nº 8.666/1992, por meio de intermediários ou representantes, deveria ser apresentada cópia do contrato de exclusividade dos artistas com o empresário contratado, registrado em cartório****; ressaltando-se que o contrato de exclusividade difere da autorização que confere exclusividade apenas para os dias correspondentes à apresentação dos artistas e que é restrita à localidade do evento (item 9.5.1.1, TC-003.233/2007-3, Acórdão nº 96/2008-Plenário).*

DOU de 01.02.2008, S. 1, p. 118. Ementa: o TCU determinou ao Ministério do Turismo ***que, quando da contratação (na execução de recursos descentralizados pela via dos convênios federais) de artistas consagrados, enquadrados na hipótese de inexigibilidade prevista no inc. III, art. 25 da Lei nº 8.666/1992, por meio de intermediários ou representantes, o contrato deveria ser publicado no Diário Oficial da União****, no prazo de cinco dias, previsto no art. 26 da Lei nº 8.666/1993 (item 9.5.1.2, TC-003.233/2007-3, Acórdão nº 96/2008-Plenário).*

DOU de 03.10.2007, S. 1, p. 244. Ementa: o TCU determinou a promoção de audiência de um ex-Secretário de Estado de Desenvolvimento Social, um ex-Secretário Adjunto do Trabalho e de um ex-Secretário de Estado de Desenvolvimento Social, acerca de ocorrência relativa à execução de um convênio do PLANTEQ (Plano Territorial de Qualificação), ***no tocante à contratação de entidades para ministrar cursos, mediante dispensa de licitação com supedâneo no art. 24, inc. XIII, da Lei nº 8.666/1993, sem observância dos requisitos legais, tais como comprovação da inquestionável reputação ético-profissional, justificativa do preço*** *(tomando por base o preço de mercado) e falta de pronunciamento do Conselho Estadual do Trabalho acerca das contratações, em afronta ao art. 5º, § 2º da Resolução/CODEFAT nº 333, de 14.07.2003 (item 9.7.5.1, retificação do Acórdão nº 2.013/2007-Plenário, Ata nº 40/2007, publicado originariamente no DOU de 28.09.2007, S. 1, p. 141).*

DOU de 25.05.2007, S. 1, p. 88. Ementa: o TCU determinou a um município que, quando da execução de convênio com recursos federais, observasse rigorosamente o disposto no art. 24, inc. IV, da Lei nº 8.666/1993, c/c o art. 17 do Decreto Federal nº 5.376/2005 (cujo § 3º do art. 17 ***dispõe sobre o reconhecimento federal do ato de declaração de estado de calamidade pública ou de situação de emergência), no que concerne à dispensa de licitação com base nos casos de decretação de estado de emergência ou de calamidade pública*** *(item 9.5, TC-002.902/2006-2, Acórdão nº 1.424/2007-1ª Câmara).*

DOU de 23.04.2007, S. 1, p. 63. Ementa: o TCU determinou à SESAP/RN ***que não realizasse, com verbas federais, a contratação direta, sob o fundamento de inviabilidade de competição, com base em certidões de exclusividade emitidas pelos laboratórios e tão-somente arquivadas na junta comercial local,*** *pois tal prática viola o disposto no comando contido no art. 25, inc. I, Lei nº 8.666/1993 (item 9.1.1, TC--000.125/2007-2, Acórdão nº 640/2007-Plenário).*

DOU de 16.02.2007, S. 1, p. 308. Ementa: o TCU determinou à Irmandade da Santa Casa de Misericórdia de Vitória/ES que atentasse para o disposto nos arts. 38 da Lei nº 8.666/1993 e 30, § 1º, da IN/STN-MF nº 01/1997, ***passando a autuar processos para cada aquisição, obra ou prestação de serviços oriundos de recursos repassados por meio de convênio, mesmo nas hipóteses de aquisições com base em dispensa ou inexigibilidade de licitação*** *(item 2, TC-023.244/2006-6, Acórdão nº 190/2007-1ª Câmara).*

DOU de 02.02.2006, S. 1, p. 36. Ementa: o TCU determinou à Secretaria Executiva do Ministério da Educação ***que, nos convênios firmados, não permitisse a subcontratação de atividades para fundações de apoio ligadas a universidades, por meio de dispensa de licitação,*** *visto que tais fundações somente podem ser contratadas por intermédio desse instituto (art. 1º da Lei nº 8.958/1994), quando* *desenvolverem projetos específicos para a própria universidade e deles decorram efetivo desenvolvimento institucional, caracterizado pela melhoria mensurável da eficácia e eficiência no desempenho da instituição beneficiada, consoante jurisprudência pacífica do Tribunal (Decisão nº 655/2002-Plenário e Acórdão nº 1.516/2005-Plenário) (item 1.6, TC-007.059/2004-2, Acórdão nº 21/2006-2ª Câmara).*

DOCUMENTOS FISCAIS

DOU de 21.06.2011, S. 1, p. 160. Ementa: o TCU considerou ***como irregular a existência de notas fiscais contendo especificações genéricas, ou agrupadas, de serviços e materiais,*** *impossibilitando a verificação individualizada de quantidade e preço eventualmente fornecidos (item 1.5.3.9, TC-030.419/2010-7, Acórdão nº 4.000/2011-2ª Câmara).*

DOU de 26.05.2011, S. 1, p. 122. Ementa: citação solidária de responsáveis para que apresentem alegações de defesa ou o recolhimento de recursos aos cofres do INCRA, ***em face de irregularidade concernente a um convênio celebrado com uma associação de produtores rurais, objetivando a execução do projeto de melhoramento de caminho de acesso, sem a devida comprovação de despesa mediante documento inidôneo, qual seja, nota fiscal no valor de R$ 49.850,00, de empresa privada de construções e edificações, emitida em data anterior àquela da impressão do talonário de notas fiscais*** *(item 9.6.1, TC-014.218/2006-7, Acórdão nº 1.313/2011-Plenário).*

DOU de 29.04.2011, S. 1, p. 135. Ementa: determinação à CGU/SC e à Universidade Federal de Santa Catarina (UFSC) para que informem as providências e/ou medidas adotadas ***visando a oficialização às fundações de apoio contratadas a respeito da obrigatoriedade de identificar os comprovantes das despesas realizadas, bem como de que os mesmos sejam atestados, tempestivamente, por agente responsável pelo recebimento efetivo do bem adquirido ou que acompanhe a prestação do serviço*** *(item 1.6.1.17, TC-022.878/2010-6, Acórdão nº 2.498/2011-2ª Câmara).*

DOU de 27.04.2011, S. 1, p. 165. Ementa: alerta à Secretaria de Planejamento e Desenvolvimento Energético (SPE/MME) ***quanto à irregularidade caracterizada pela aceitação, quando da prestação de contas de convênios, de notas fiscais sem a identificação do número do respectivo convênio, bem como identificadas com mais de um número,*** *em desconformidade com o art. 30 da IN/STN-MF nº 01/1997 (item 1.5.2.3, TC-018.241/2010-7, Acórdão nº 2.334/2011-1ª Câmara).*

DOU de 19.04.2011, S. 1, p. 142. Ementa: determinação à Secretaria de Estado da Saúde do Amapá no sentido de ***que somente efetue o pagamento das notas fiscais que***

contiverem o ateste realizado pelo servidor designado para fiscalização do contrato *em que seja possível identificar o responsável e a data do ateste (item 1.5.1.5, TC--022.706/2010-0, Acórdão nº 2.188/2011-2ª Câmara).*

DOU de 19.04.2011, S. 1, p. 142. Ementa: determinação à Secretaria de Estado da Saúde do Amapá no sentido de ***que somente efetue a liquidação e pagamento das notas fiscais que contiverem todos os elementos necessários à validade do documento, inclusive a data de emissão*** *(item 1.5.1.3, TC-022.706/2010-0, Acórdão nº 2.188/2011-2ª Câmara).*

DOU de 13.04.2011, S. 1, ps. 76 e 77. Ementa: alerta à FURG para que oriente as fundações de apoio para ***que identifiquem todos os documentos fiscais com o número do projeto ou do convênio/contrato a que se refere a despesa*** *(item 1.6.11, TC-027.439/2010-0, Acórdão nº 826/2011-Plenário).*

DOU de 28.03.2011, S. 1, p. 175. Ementa: determinação ao Estado de Mato Grosso do Sul para ***que não admita, como comprovante de despesas realizadas com recursos federais, recibo que inclua serviços de instrução e alimentação num único item de serviço, sem discriminar os quantitativos individuais de cada um, bem assim recibo preenchido e assinado sem a data da sua emissão*** *(item 9.7.2, TC-024.167/2007-8, Acórdão nº 688/2011-Plenário).*

DOU de 25.03.2011, S. 1, p. 169. Ementa: alerta a uma prefeitura municipal no tocante à falta de atesto do agente recebedor nas notas fiscais relativas à aquisição dos veículos, em desacordo com o artigo 63 da Lei nº 4.320/1964 (item 1.4.1.2, TC-027.074/2009-7, Acórdão nº 1.627/2011-2ª Câmara).

DOU de 11.03.2011, S. 1, p. 86. Ementa: alerta a um município ***para a necessidade de observar, quando da execução de convênios que envolvam recursos federais, a identificação do convênio nos documentos fiscais emitidos para comprovar a despesa*** *(item 9.6.7, TC-018.715/2005-2, Acórdão nº 1.404/2011-1ª Câmara).*

DOU de 11.02.2011, S. 1, p. 185. Ementa: alerta a uma prefeitura municipal no sentido de que, em repasses destinados ao Programa do Serviço de Ação Continuada - Programa de Apoio à Criança Carente em Creche e Programa de Apoio à Pessoa Idosa, ***dever-se-ia evitar a ocorrência de não identificação do objeto e do número do convênio nas notas fiscais apresentadas*** *(item 9.4.1, TC-025.262/2007-1, Acórdão nº 679/2011-1ª Câmara).*

DOU de 02.02.2011, S. 1, p. 198. Ementa: ***encaminhamento de cópia da nota fiscal fria emitida por uma empresa privada, no âmbito de convênio, para o Ministério Público do Estado do Amapá****, a fim de eventual responsabilização penal dos* *proprietários da empresa por irregularidade (item 1.5, TC-004.715/2007-7, Acórdão nº 173/2011-1ª Câmara).*

DOU de 17.11.2010, S. 1, p. 171. Ementa: determinação a um município para que atente para a necessidade de melhor formalização e documentação dos atos vinculados à execução de convênios firmados com a administração federal, especialmente no que se refere ***à comprovação adequada da execução físico-financeira, a exemplo da apresentação de boletins de medição e notas fiscais detalhadas, e quanto à identificação específica dos bens móveis e equipamentos adquiridos com os respectivos recursos*** *(item 9.2, TC-003.049/2008-0, Acórdão nº 6.479/2010-2ª Câmara).*

DOU de 09.09.2010, S. 1, p. 104. Ementa: determinação à Caixa Econômica Federal para ***que, nos contratos de repasse em que atuar como interveniente na transferência de recursos da União, não admita gastos com pernoites, refeições ou despesas afins, sem identificação do beneficiário*** *(item 9.5.2.3, TC-011.975/2007-6, Acórdão nº 5.039/2010-2ª Câmara).*

DOU de 19.07.2010, S. 1, p. 105. Ementa: determinação à ANP para ***que exija dos convenentes o cumprimento dos requisitos de formalização e apresentação das prestações de contas dos ajustes, contemplando o original ou cópia autenticada da 1ª via dos documentos comprobatórios das despesas pagas com recursos do convênio (faturas, recibos, notas fiscais), contendo nome do convenente, número do convênio, assinatura e carimbo do agente competente responsável pelo atesto de recebimento dos bens e/ou serviços adquiridos, em local que não inviabilize a leitura de dados dos documentos*** *(item 1.5.3, TC-020.510/2008-7, Acórdão nº 3.570/2010-2ª Câmara).*

DOU de 13.05.2010, S. 1, p. 126. Ementa: determinação ao Fundo Nacional de Saúde para que efetue reanálise das contas de um convênio e, caso caracterizado dano ao erário, instaure o devido processo de tomada de contas especial, observados os termos da IN/TCU nº 56/2007, atentando, em especial, para os seguintes indícios de irregularidades: a) ***a nota fiscal emitida por uma empresa privada não possibilita identificar quais produtos foram fornecidos pela empresa, em razão de encontrar-se ilegível****; b) pagamento efetuado mediante três cheques, quando deveria ter sido emitido um único cheque; c)* ***nota fiscal datada de 23.08.2004, quase 2 anos após a autorização para impressão, que se realizou em 25.10.2002, conforme consta em seu rodapé, entretanto dentro do prazo autorizado, que se encerraria em 24.10.2004****; d)* ***a empresa privada emissora da nota fiscal não possui como âmbito de atuação comercial a venda de veículos, exercendo atividade atacadista de sucatas, conforme consulta cadastral junto à Receita Federal*** *(item 1.4.1, TC-002.124/2007- 4, Acórdão nº 1.916/2010-2ª Câmara).*

DOU de 01.04.2010, S. 1, p. 114. Ementa: determinação ao Instituto Técnico de Capacitação e Pesquisa da Reforma Agrária (ITERRA) para ***que, nos convênios firmados com entidades públicas federais, adote as providências necessárias no sentido de incluir o número do convênio nos documentos fiscais comprobatórios das despesas*** *(item 1.6, TC-023.919/2009-6, Acórdão nº 1.485/2010-1ª Câmara).*

DOU de 03.07.2009, S. 1, p. 143. Ementa: determinação a um município para que, ***quando da execução de despesas envolvendo recursos federais, atente para a obrigatoriedade dos documentos comprobatórios serem atestados pelo técnico responsável pelo recebimento dos serviços, bem como identificados com o número do convênio ou instrumento similar*** *(item 1.5.1.3, TC-025.707/2007-7, Acórdão nº 3.448/2009-2ª Câmara).*

DOU de 12.06.2009, S. 1, p. 110. Ementa: determinação ao SENAR/PA para que ***se abstenha de juntar à prestação de contas documentos que carecem de valor legal, como recibos de prestação de serviços de pessoa física sem assinatura*** *(item 1.5.1.2, TC-019.703/2008-0, Acórdão nº 2.987/2009-2ª Câmara).*

DOU de 14.11.2008, S. 1, p. 107. Ementa: determinação à SECEX/TO para que diligencie junto a uma Coletoria Municipal, ***para que o responsável pelo órgão ateste a autenticidade do ato de prorrogação, para 31.12.2008, de 5 notas fiscais de serviços emitidas em 11.02.2008, 01.04.2008, 07.05.2008, 11.06.2008 e 07.07.2008, por uma empresa de materiais de construção*** *(item 1.8, TC-023.849/2008-1, Acórdão nº 2.509/2008-Plenário).*

DOU de 10.09.2007, S. 1, p. 62. Ementa: o TCU determinou a uma prefeitura municipal maranhense que, quando da aplicação de recursos federais, ***exigisse dos fornecedores notas fiscais regularmente preenchidas, na forma estabelecida pelo Regulamento do ICMS do Estado do Maranhão, quando fosse o caso, sobretudo com a identificação completa da transportadora, veículo e motorista, bem como a aposição dos devidos carimbos fiscais*** *(item 9.8.1,TC-010.566/2000-3, Acórdão nº 1.787/2007-Plenário).*

DOU de 26.07.2007, S. 1, p. 107. Ementa: o TCU determinou a uma prefeitura municipal ***que, na execução de recursos federais transferidos, avaliasse a idoneidade dos documentos fiscais, não admitindo, para comprovação de despesa, documento com prazo de validade vencido e sem o carimbo dos postos de arrecadação fiscal*** *(item 9.4.7, TC-004.666/2002-0, Acórdão nº 1.971/2007-2ª Câmara).*

DOU de 19.07.2007, S. 1, p. 68. Ementa: o TCU determinou ao MinC que, diante dos ***fortes indícios de que uma nota fiscal emitida por empresa de assessoria de eventos***

*– **integrante de prestação de contas de um convênio firmado com entidade privada sem fins lucrativos – fosse inidônea, adotasse providências no sentido de confirmar a sua validade legal e fiscal** e, caso confirmada a irregularidade, reavaliasse a prestação de contas do referido convênio, instaurando a competente Tomada de Contas Especial (TCE), conforme previsto na IN/STN-MF nº 01/1997 (item 13.1, TC-008.598/2006-9, Acórdão nº 1.895/2007-2ª Câmara).*

*DOU de 15.06.2007, S. 1, p. 69. Ementa: o TCU **recomendou a existência de cláusula expressa que tornasse obrigatório o fornecimento de notas fiscais com a devida especificação dos serviços e bens unitários fornecidos ou prestados pelas empresas contratadas pelos convenentes e, complementarmente, que tornasse obrigatório o fornecimento adicional das notas fiscais originais dos bens adquiridos por intermédio dessas empresas que, por seu valor e características, demandassem a posse da documentação original tanto para o eventual exercício da garantia contra defeitos desses bens quanto, adicionalmente, para a certificação da origem regular das mercadorias** (item 9.1.5.3, TC-025.688/2006-1, Acórdão nº 1.136/2007-Plenário).*

*DOU de 13.04.2007, S. 1, p. 291. Ementa: o TCU **preocupou-se com a emissão de notas fiscais "calçadas", nas quais o valor indicado na 2ª via difere do valor indicado na 1ª via** (item 9.1.4.3, TC-024.114/2006-6, Acórdão nº 584/2007-Plenário).*

*DOU de 13.04.2007, S. 1, p. 291. Ementa: o TCU, relativamente à execução de recursos descentralizados voluntariamente pela via dos convênios federais, **preocupou-se com a emissão de notas fiscais a partir de empresa inexistente e/ou com funcionamento irregular, vencedora de "certame"**, visto não ter sido encontrada nos endereços informados; a Receita Estadual ter comunicado que as operações das notas fiscais não foram informadas àquele órgão; e a entidade ter em seu estatuto como atividade a prestação de serviços em meio ambiente e saneamento básico, não se configurando como empresa de comercialização de veículos ou de veículos adaptados para laboratórios de informática (item 9.1.2.6, TC-024.114/2006-6, Acórdão nº 584/2007-Plenário).*

*DOU de 16.02.2007, S. 1, p. 308. Ementa: o TCU recomendou à Secretaria de Estado da Saúde do Tocantins **que, ao gerir recursos públicos federais oriundos de convênio, acordo ou ajuste, identificasse (devidamente) com o título e o número do convênio os comprovantes de despesas, compreendidos os documentos originais fiscais ou equivalentes, faturas, recibos, notas fiscais e quaisquer outros elementos comprobatórios**, de acordo com o art. 30 da IN/STN-MF nº 01/1997 (item 3, TC-023.495/2006-6, Acórdão nº 185/2007-1ª Câmara).*

DOU de 16.10.2006, S. 1, p. 104. Ementa: o TCU determinou a uma prefeitura municipal ***que consignasse nos documentos comprobatórios de despesas (faturas, recibos, notas fiscais, etc.) o título e o número do convênio firmado com recursos federais,*** *em cumprimento ao art. 30 da IN/STN-MF nº 01/97 (item 2.1, TC-017.998/2005-1, Acórdão nº 1.865/2006-Plenário).*

EDITAIS DE LICITAÇÕES

DOU de 06.12.2012, S. 1, p. 142. Ementa: determinação a uma prefeitura municipal para ***que, em licitações para a contratação de execução de obras com previsão de utilização de recursos federais, evite inserir exigência no edital de que a visita técnica ao local das obras seja realizada por um responsável técnico pertencente ao quadro da empresa ou proprietário*** *(item 1.8.1, TC-015.980/2012-0, Acórdão nº 3.216/2012-Plenário).*

DOU de 11.03.2011, S. 1, p. 86. Ementa: alerta a um município para a necessidade ***de observar, quando da execução de convênios que envolvam recursos federais, não inclusão de cláusula, em edital de licitação e em contrato, que contemple antecipação de pagamento sem que estejam cabalmente demonstradas a necessidade e a conveniência dessa medida para a Administração e sem que sejam exigidas garantias suficientes,*** *conforme preveem os artigos 62 e 63 da Lei nº 4.320/1964 e os Acórdãos de nºs 317/2001-P e 96/2002-P e as Decisões de nºs 444/1993-P e 9/2002-P (itens 9.6.5, TC-018.715/2005-2, Acórdão nº 1.404/2011-1ª Câmara).*

DOU de 18.02.2011, S. 1, p. 190. Ementa: determinação a um município para ***que passe a indicar expressamente, em seus atos convocatórios, o critério de aceitabilidade dos preços unitários, não se limitando a prever a desclassificação em razão da excessividade do montante global,*** *exigência essa imposta pela Lei nº 8.666/1993 em seu art. 40, inc. X, cuja obrigatoriedade foi reconhecida na Decisão nº 253/2002-P e nos Acórdãos de nºs 1.387/2006-P, 3.066/2008-P, 1.693/2009-P e 2.301/2009-P (item 1.7.2.1, TC-025.999/2010-9, Acórdão nº 834/2011-1ª Câmara).*

DOU de 24.11.2010, S. 1, p. 142. Ementa: alerta à Secretaria de Recursos Hídricos do Estado do Ceará (SRH/CE) no sentido de ***que, nas licitações e contratações custeadas com recursos federais, abstenha-se de inserir item relativo à Administração Central no cômputo do BDI,*** *prevendo tais custos como diretos na planilha orçamentária da obra ou do serviço (item 9.1.4, TC-006.082/2009-7, Acórdão nº 3.105/2010-Plenário).*

DOU de 24.11.2010, S. 1, p. 142. Ementa: alerta à Secretaria de Recursos Hídricos do Estado do Ceará (SRH/CE) no sentido de ***que, nas licitações e contratações custeadas***

com recursos federais, para fins de comprovação da qualificação técnica dos licitantes, abstenha-se de estabelecer percentuais mínimos acima de 50% dos quantitativos dos itens de maior relevância da obra ou serviço, salvo em casos excepcionais, devidamente justificados no processo administrativo relativo à licitação, previamente à publicação do respectivo edital, ou no próprio edital e em seus anexos, *em observância ao disposto no art. 37, XXI, da Constituição Federal, nos arts. 3º, §1º, I e 30, II, ambos da Lei nº 8.666/1993 (item 9.1.3, TC-006.082/2009-7, Acórdão nº 3.105/2010-Plenário).*

DOU de 24.11.2010, S. 1, p. 142. Ementa: alerta à Secretaria de Recursos Hídricos do Estado do Ceará (SRH/CE) no sentido de ***que, nas licitações e contratações custeadas com recursos federais, abstenha-se de exigir vínculo empregatício do profissional de nível superior ou outro devidamente reconhecido pela entidade competente, detentor de anotação de responsabilidade técnica por execução de obra ou serviço de características semelhantes, com antecedência mínima em relação à publicação do edital***, *tendo em vista o disposto no art. 30, § 1º, I, da Lei nº 8.666/1993 (item 9.1.2, TC-006.082/2009-7, Acórdão nº 3.105/2010-Plenário).*

DOU de 24.11.2010, S. 1, p. 142. Ementa: alerta à Secretaria de Recursos Hídricos do Estado do Ceará (SRH/CE) no sentido de ***que, nas licitações e contratações custeadas com recursos federais, abstenha-se de fixar número máximo de atestados a serem apresentados para fins de comprovação da aptidão técnica*** *prevista no art. 30, II, da Lei nº 8.666, de 21.06.1993 (item 9.1.1, TC-006.082/2009-7, Acórdão nº 3.105/2010-Plenário).*

DOU de 19.08.2010, S. 1, p. 108. Ementa: alerta à Secretaria de Estado da Saúde em São Paulo – Coordenadoria de Controle de Doenças para ***que, na gestão de convênios e outros repasses federais, observe o disposto no art. 3º, § 1º, inc. I, da Lei nº 8.666/1993, abstendo-se de exigir declaração de que a licitante é distribuidora ou revendedora autorizada do produto ofertado, como condição de habilitação ou de classificação***, *por falta de amparo legal e por constituir restrição ao caráter competitivo (item 1.4.1, TC-011.797/2010-0, Acórdão nº 4.301/2010-2ª Câmara).*

DOU de 28.08.2009, S. 1, p. 141. Ementa: determinação à COMPESA ***para que em licitações e contratos que envolvam total ou parcialmente recursos públicos federais, abstenha-se de fazer constar dos orçamentos básicos***, *assim como dos formulários para proposta de preços constantes dos editais e das justificativas de preço a que se refere o art. 26, inc. III, da Lei nº 8.666/1993, inclusive para os casos de dispensa e inexigibilidade de licitação,* ***parcelas relativas a gastos com os tributos IRPJ e CSLL, não podendo ser aceitas também propostas de preços contendo custos relativos aos tributos citados,***

***seja na composição do BDI**, seja como item específico da planilha ou orçamento (item 9.5.1, TC-012.188/2009-1, Acórdão nº 1.906/2009-Plenário).*

*DOU de 20.02.2009, S. 1, ps. 125 e 126. Ementa: determinação a uma prefeitura municipal para que, ao aplicar recursos de origem federal, recebidos mediante convênio ou instrumento similar, diretamente ou por meio dos órgãos e entidades estaduais: a) **abstenha-se de incluir em edital de licitação exigências de apresentação de certificação PBQP-H (Programa Brasileiro de Qualidade e Produtividade do Habitat) e certificação ISO como critérios de habilitação técnica dos licitantes**, por afronta ao art. 3º da Lei nº 8.666/1993; b) **observe o que dispõe a norma regulamentadora do Ministério do Trabalho – NR-04, especialmente quanto ao número de profissionais em relação ao número total de empregados trabalhando no estabelecimento, quando exigir dos licitantes a existência de profissionais de segurança do trabalho como critério de habilitação técnica**; c) observe **que os serviços, para os quais seja exigido atestado de execução como critério de habilitação técnica dos licitantes, devem se referir à parcela relevante da obra, conforme previsto no inc. I, § 1º, do art. 30 da Lei nº 8.666/1993, bem assim que, além disso, as parcelas de maior relevância têm de estar previamente definidas no instrumento convocatório**, consoante o disposto no § 2º do art. 30 da mesma lei; d) observe, em atenção ao art. 7º, § 2º, inc. II, da Lei nº 8.666/1993, **que as obras e os serviços somente poderão ser licitados quando existir orçamento detalhado em planilhas que expressem a composição de todos os seus custos unitários, devendo essa exigência ser feita aos licitantes para que apresentem, em sua proposta, as composições detalhadas de todos os custos unitários, incluída aí a composição analítica do BDI utilizado** (item 9.2, TC-028.737/2007-0, Acórdão nº 374/2009-2ª Câmara).*

*DOU de 07.07.2008, S. 1, p. 132. Ementa: o TCU determinou a um município **que, quando da execução de obras custeadas com recursos de convênios celebrados com a União, se abstivesse de incluir, no instrumento convocatório, exigências não previstas na Lei nº 8.666/1993**, restritivas ao caráter competitivo da licitação (item 9.2, TC-009.507/2006-9, Acórdão nº 2.122/2008-1ª Câmara).*

*DOU de 07.07.2008, S. 1, p. 132. Ementa: o TCU determinou a um município **que, quando da execução de obras custeadas com recursos de convênios celebrados com a União, observasse o disposto no art. 41, § 1º, da Lei nº 8.666/1993, analisando tempestivamente os pedidos de impugnação ao edital**, apresentados pelos interessados (item 9.2, TC-009.507/2006-9, Acórdão nº 2.122/2008-1ª Câmara).*

*DOU de 15.10.2007, S. 1, p. 97. Ementa: o TCU determinou a uma prefeitura municipal **que, em futuras licitações cujo objeto fosse financiado com recursos da União, se***

abstivesse de incluir exigência de habilitação consistente na inscrição prévia dos licitantes nos cadastros ambientais do IBAMA*, por desconformidade com o requisito de indispensabilidade a que se refere o art. 37, inc. XXI, da Constituição Federal, e por ser estranha ao rol exaustivo de exigências previsto no art. 30 da Lei nº 8.666/1993 (item 9.2, TC-004.665/2007-3, Acórdão nº 2.151/2007-Plenário).*

DOU de 08.05.2006, S. 1, p. 59. Ementa: o TCU determinou ao Ministério dos Transportes ***que promovesse a análise e a aprovação prévias dos editais de licitação e dos contratos dos convenentes****, segundo estabelece o Acórdão nº 67/2002-Plenário e a Decisão nº 508/2002-Plenário (item 9.12.3, TC-008.623/2003-9, Acórdão nº 636/2006-Plenário).*

FRACIONAMENTO DE LICITAÇÕES

DOU de 22.11.2010, S. 1, p. 151. Ementa: determinação ao Ministério do Turismo para ***que fiscalize a execução de convênios ou ajustes similares, para que os receptores de tais recursos não fracionem despesas, com o objetivo de fugir à realização de modalidades corretas de licitações****, cumprindo o disposto no art. 23, "caput", §§ 1º e 5º, da Lei nº 8.666/1993 (item 1.6.8, TC-021.309/2007-1, Acórdão nº 6.620/2010-2ª Câmara).*

DOU de 13.03.2009, S. 1, p. 170. Ementa: determinação ao DERACRE para ***que se abstenha de fracionar despesa em processo licitatório, com fuga da correta modalidade de licitação, buscando realizar um único procedimento licitatório para objetos idênticos, mesmo que a fonte de recursos seja de diferentes convênios****, de acordo com o preceituado pelo art. 23, §§ 1º, 2º e 5º da Lei nº 8.666/1993 (item 1.5.1.1, TC-001.644/2007-0, Acórdão nº 836/2009-1ª Câmara).*

DOU de 09.10.2008, S. 1, p. 90. Ementa: determinação a uma prefeitura municipal para ***que, quando da aplicação de recursos de origem federal, transferidos por meio de convênios ou instrumentos similares****, obedeça às disposições contidas no § 5º do art. 23 da Lei nº 8.666/1993,* ***evitando-se o fracionamento indevido de despesas na aquisição de bens e serviços*** *(item 9.7.5, TC-021.587/2006- 0, Acórdão nº 4.084/2008-2ª Câmara).*

DOU de 23.02.2006, S. 1, p. 101. Ementa: o TCU determinou a um município que, na gestão de recursos federais, ***evitasse o fracionamento de despesas por dispensa de licitação e observasse o disposto no art. 3º da Lei nº 8.666/1993, de modo a aproveitar as potencialidades e a dinâmica do mercado*** *(item 1.1.2, TC-012.096/2002-0, Acórdão nº 335/2006-1ª Câmara).*

DOU de 06.04.2011, S. 1, p. 176. Ementa: ***alerta a uma prefeitura municipal quanto à necessidade de promover, de forma adequada, a guarda e o arquivamento da documentação comprobatória das despesas incorridas à conta de recursos federais,*** *fornecendo, de pronto (quando requisitados), aos órgãos federais de controle externo e interno (item 9.8, TC-009.526/2008-0, Acórdão nº 1.928/2011-2ª Câmara).*

DOU de 15.02.2011, S. 1, p. 124. Ementa: alerta a uma prefeitura municipal quanto à impropriedade caracterizada ***pela não disponibilização da documentação comprobatória da aplicação de recursos públicos federais, no qual se incluem os extratos bancários, devendo ficar em arquivo à disposição dos órgãos de fiscalização*** *por um prazo de 5 (cinco) anos após a aprovação da prestação de contas, consoante art. 30, § 1º, da IN/STN-MF nº 1/1997, então vigente, bem como o disposto atualmente na Portaria Interministerial/MP, MF e CGU nº 127/2008 (item 1.6.2, TC-004.723/2009-5, Acórdão nº 701/2011-2ª Câmara).*

DOU de 09.11.2010, S. 1, p. 71. Ementa: ***alerta a uma prefeitura municipal quanto à inexistência de rotina para guarda e administração eficiente do acervo documental da aplicação de recursos federais,*** *como numeração em ordem cronológica da documentação acostada e a rubrica de suas folhas, consoante preconizam os arts. 38 e 40, § 1º, da Lei nº 8.666/1993, e 22, § 4º, da Lei nº 9.784/1999 (item 9.2.3, TC--020.523/2008-5, Acórdão nº 2.948/2010-Plenário).*

DOU de 19.03.2010, S. 1, p. 94. Ementa: ***determinação a uma entidade (cooperativa) para que mantenha, em boa ordem, os documentos referentes a convênios executados com recursos públicos federais,*** *pelo prazo de dez anos, contado da data em que foi aprovada a prestação de contas, nos termos do art. 3º, § 3º, da Portaria Interministerial/MP, MF e CGU nº 127/2008 (item 1.6, TC-023.923/2009-9, Acórdão nº 1.163/2010-1ª Câmara).*

DOU de 17.07.2009, S. 1, p. 106. Ementa: recomendação ao Ministério do Planejamento, Orçamento e Gestão, ao Ministério da Fazenda e à Controladoria--Geral da União ***para que adotem providências junto ao Banco Central do Brasil e às instituições financeiras que custodiam recursos federais, com vistas a tornar obrigatório às instituições financeiras de que trata o § 1º do art. 42 da Portaria Interministerial nº 127, de 29.05.2008, que mantenham, pelo prazo mínimo de dez anos, em arquivo ou microfilme, a documentação relativa às contas bancárias que movimentem recursos oriundos de convênios, contratos de repasse e congêneres celebrados pelos órgãos e entidades da Administração Pública Federal*** *(item 9.6, TC-014.008/2006-0, Acórdão nº 1.565/2009-Plenário).*

DOU de 21.06.2007, S. 1, p. 179. Ementa: ***o TCU determinou a uma prefeitura municipal que****, quando da gestão de recursos oriundos da União,* ***conservasse os originais dos documentos fiscais ou equivalentes, comprobatórios de despesas no âmbito de convênios e dos programas federais, em arquivo em boa ordem, no próprio local em que forem contabilizados****, à disposição dos órgãos de controle interno e externo, pelo prazo de cinco anos, contados da aprovação da prestação ou tomada de contas, conforme art. 30, §1º, da IN/STN-MF nº 01/1997 (item 7.2.3, TC--006.387/2007-3, Acórdão nº 1.563/2007-2ª Câmara).*

DOU de 10.07.2006, S. 1, p. 59. Ementa: o TCU ***determinou a uma prefeitura municipal que mantivesse em arquivo os documentos referentes a prestação de contas de recursos federais****, pelo prazo de 5 (cinco) anos, contados da aprovação da prestação de contas, do gestor do órgão ou entidade concedente, relativa ao exercício da concessão, conforme prevê o § 1º, art. 30 da IN/STN-MF nº 01/1997 (item 9.4.3, TC--001.082/2004-3, Acórdão nº 1.108/2006-Plenário).*

DOU de 17.02.2006, S. 1, p. 84. Ementa: o TCU determinou a uma prefeitura municipal ***que, na execução de convênios federais, guardasse em boa ordem e segurança os documentos pertencentes à respectiva licitação e exigidos legalmente****, nos termos do artigo 7º, inciso II, c/c o art. 38, incisos IV e XII, da Lei nº 8.666/1993, devendo compreender necessariamente o projeto executivo da obra licitada e os originais de todas as propostas de preços das empresas participantes (item 9.4.2, TC-002.065/2004-7, Acórdão nº 289/2006-1ª Câmara).*

HOMOLOGAÇÃO DE LICITAÇÃO

DOU de 18.02.2011, S. 1, p. 190. Ementa: determinação a um município ***para que publique no Diário Oficial da União os atos de homologação de licitações custeadas com recursos públicos federais****, bem assim os extratos de contratos delas decorrentes (itens 1.7.2.1 e 1.7.2.2, TC-025.999/2010-9, Acórdão nº 834/2011-1ª Câmara).*

DOU de 04.12.2009, S. 1, p. 242. Ementa: informação no sentido de ***que cabe à Caixa Econômica Federal o acompanhamento da execução operacional*** *do convênio e a liberação de parcelas, aí incluídos, por exemplo,* ***a verificação da compatibilidade do projeto aprovado com o projeto licitado****, no que se refere ao objeto e aos custos praticados; a verificação no processo licitatório da documentação* ***referente à adjudicação, à ata de homologação****, à comprovação da realização da publicidade do certame, bem como o respectivo enquadramento do objeto contratado com o efetivamente licitado, mas não a análise da integral legalidade do procedimento licitatório (item 9.2, TC-015.316/2006-2, Acórdão nº 6.564/2009-2ª Câmara).*

DOU de 06.06.2008, S. 1, p. 100. Ementa: o TCU determinou a um município ***que, por ocasião da apresentação ao órgão concedente da prestação de contas de convênios e/ou contratos de repasse celebrados com órgãos e entidades federais, fizesse constar da documentação cópia do despacho adjudicatório e de homologação das licitações realizadas****, ou justificativa para sua dispensa ou inexigibilidade, se fosse o caso, com o respectivo embasamento legal (item 1, TC-025.370/2006-0, Acórdão nº 1.739/2008-1ª Câmara).*

INADIMPLÊNCIA

DOU de 23.10.2009, S. 1, p. 156. Ementa: informação a uma Prefeitura ***que as medidas visando à suspensão da inadimplência e à liberação de município para receber novos recursos federais devem ser tomadas junto ao órgão repassador****, em conformidade com o previsto no art. 5º da Instrução Normativa/STN-MF nº 01/1997 (item 1.5.2, TC-015.314/2009-2, Acórdão nº 5.413/2009-2ª Câmara).*

INTERVENIENTE

DOU de 14.12.2010, S. 1, p. 123. Ementa: alerta à SANEAGO para ***que, por ocasião da execução de contratos de repasse de recursos federais, na condição de interveniente executora, abstenha-se de permitir o aproveitamento de licitações já realizadas por municípios beneficiários das obras que tenham sido realizadas sem a estrita observância da Lei nº 8.666/1993****, tendo em vista o previsto na Cláusula Terceira, item 3.3, alínea "f" do texto padrão dos contratos de repasse da CEF (item 9.3, TC--009.812/2009-0, Acórdão nº 3.263/2010-Plenário).*

DOU de 19.07.2010, S. 1, p. 88. Ementa: alerta à SANEAGO no sentido de que, por ocasião da execução de contratos de repasse de recursos federais, ***na condição de interveniente executora, abstenha-se de permitir o aproveitamento de licitações já realizadas por municípios beneficiários das obras que tenham sido realizadas sem a estrita observância da Lei nº 8.666/1993****, tendo em vista o previsto na Cláusula Terceira, item 3.3, alínea "f" do texto padrão dos contratos de repasse da CEF (item 9.3, TC-009.807/2009-0, Acórdão nº 1.645/2010-Plenário).*

LICITAÇÕES

SÚMULA TCU nº 263 – ***"Para a comprovação da capacidade técnico-operacional das licitantes, e desde que limitada, simultaneamente, às parcelas de maior relevância*** *e valor significativo do objeto a ser contratado, é legal a exigência de comprovação da execução de quantitativos mínimos em obras ou serviços com características semelhantes, devendo essa exigência guardar proporção com a dimensão e a complexidade do objeto a ser executado."*

*SÚMULA TCU nº 222 – "**As Decisões do Tribunal de Contas da União, relativas à aplicação de normas gerais de licitação, sobre as quais cabe privativamente à União legislar, devem ser acatadas pelos administradores dos Poderes da União, dos Estados, do Distrito Federal e dos Municípios.**"*

*SÚMULA TCU nº 177 – "**A definição precisa e suficiente do objeto licitado constitui regra indispensável da competição, até mesmo como pressuposto do postulado de igualdade entre os licitantes, do qual é subsidiário o princípio da publicidade, que envolve o conhecimento, pelos concorrentes potenciais das condições básicas da licitação, constituindo, na hipótese particular da licitação para compra, a quantidade demandada uma das especificações mínimas e essenciais à definição do objeto do pregão.**"*

*SÚMULA TCU nº 158 – "**As Fundações instituídas ou mantidas pelo Poder Público, as empresas públicas, sociedades de economia mista e as demais entidades previstas no art. 7º da Lei nº 6.223, de 14/07/75 (Lei nº 6.525, de 11/04/78), não estão adstritas às regras de licitação para compras, obras e serviços, previstas expressamente nos arts. 125 a 144 do Decreto-lei nº 200, de 25/02/67, para os órgãos da Administração Direta e das Autarquias, mas devem prestar obediência aos ditames básicos da competição licitatória, sobretudo no que diz respeito ao tratamento isonômico dos eventuais concorrentes, como princípio universal e indesligável do procedimento ético e jurídico da administração da coisa pública, sem embargo da adoção de normas mais flexíveis e compatíveis com as peculiaridades de funcionamento e objetivos de cada entidade.**"*

*SÚMULA TCU nº 157 - "**A elaboração de projeto de engenharia e arquitetura está sujeita, em princípio, ao concurso ou ao procedimento licitatório adequado e obediente a critério seletivo de melhor qualidade ou de melhor técnica, que é o escopo do julgamento, independentemente da consideração de preço, que há de vir balizado no Edital.**"*

*DOU de 29.08.2012, S. 1, p. 109. Ementa: o TCU deu ciência à Secretaria de Estado da Segurança Pública e da Defesa Social (SESED/RN) no sentido de **que, nos convênios atuais, no que couber, e nos vindouros, deve abster-se de considerar a participação de empresas declaradas inidôneas pelo Tribunal de Contas da União,** nos termos* *do art. 46 da Lei nº 8.443/1992, inclusive em estimativa de preços, quando contratar por meio da utilização de recursos públicos federais (item 1.6.2, TC-034.259/2011-2, Acórdão nº 2.204/2012-Plenário).*

DOU de 20.06.2012, S. 1, p. 149. Ementa: o TCU deu ciência à Caixa Econômica Federal para ***que se abstenha de firmar novos contratos de repasses ou qualquer outro instrumento que se destine à execução de obras e serviços de engenharia advindos dos editais de duas concorrências de 2001 e de 2008 (contratos vigentes), conduzidos por uma prefeitura municipal, uma vez que esses certames licitatórios foram realizados sem a respectiva fonte de recursos****, em afronta ao disposto no art. 7º, § 2º, inc. III da Lei nº 8.666/1993 (itens 9.2, TC-004.033/2011-6, Acórdão nº 1.464/2012-Plenário).*

DOU de 13.03.2012, S. 1, p. 116. Ementa: o TCU deu ciência à Secretaria de Estado da Segurança Pública e da Defesa Social (SESED/RN) no sentido de que, nos convênios, ***deve abster-se de considerar a participação de empresas consideradas inidôneas para licitar com a administração pública federal****, inclusive em estimativa de preços, quando contratar por meio da utilização de recursos públicos federais (item 1.5.2.1, TC-034.259/2011-2, Acórdão nº 461/2012-Plenário).*

DOU de 06.07.2011, S. 1, p. 293. Ementa: alerta ao SEBRAE/MS ***para observar, em convênios, a necessidade de realização de licitação, nos casos em que o concedente dos recursos estiver sujeito a tal ônus****, com vistas a evitar a situação observada na execução do Convênio nº 8.454, pactuado junto à Fundação Banco do Brasil (FBB) (item 1.6.2, TC-028.376/2010-2, Acórdão nº 4.291/2011-2ª Câmara).*

DOU de 11.05.2011, S. 1, p. 220. Ementa: recomendação ao Ministério da Saúde para ***que crie cadastro de informações sobre as licitações realizadas pelos convenentes****, utilizando, se necessário, o Sistema de Gestão de Convênios (SICONV),* ***com o objetivo de subsidiar o acompanhamento e a análise das prestações de contas dos recursos transferidos, contemplando, por exemplo, a identificação das empresas vencedoras dos certames, os tipos de objetos licitados, os locais de execução dos convênios e os valores das adjudicações, entre outros critérios que facilitem a identificação de eventuais irregularidades na execução dos planos de trabalho*** *(item 9.6.2, TC-018.701/2004-9, Acórdão nº 1.147/2011-Plenário).*

DOU de 29.04.2011, S. 1, p. 135. Ementa: determinação à CGU/SC e à Universidade Federal de Santa Catarina (UFSC) para ***que informem as providências e/ou medidas adotadas visando a orientação às fundações de apoio acerca da necessidade de observância da legislação federal relativa às normas para licitações e contratos da administração pública*** *(item 1.6.1.17, TC-022.878/2010-6, Acórdão nº 2.498/2011-2ª Câmara).*

DOU de 25.03.2011, S. 1, p. 168. Ementa: determinação à Caixa Econômica Federal para ***que, na fiscalização de convênios ou contratos de repasse, exija do convenente a obrigatoriedade de instruir o processo licitatório com a composição unitária de todos os itens que componham o empreendimento****, em atendimento ao art. 7, § 2º, I, da Lei nº 8.666/1993, sob pena de impossibilitar por completo a análise de custos (item 1.3.4, TC-018.065/2010-4, Acórdão nº 1.622/2011-2ª Câmara).*

DOU de 23.02.2011, S. 1, p. 97. Ementa: recomendação ao Ministério do Planejamento, Orçamento e Gestão (MP), Ministério da Fazenda (MF) e à Controladoria-Geral da União (CGU) para ***que, em conjunto, realizem estudos com vistas a alterar a citada IN/STN-MF e a Portaria Conjunta/MP, MF e CGU nº 127/2008, de modo a incluir dispositivos que permitam a melhoria dos controles da legalidade dos procedimentos de licitação*** *e execução dos contratos de repasse, convênios ou qualquer outra modalidade de transferência voluntária que for adotada (item 9.1.4.2, TC-031.356/2007-5, Acórdão nº 393/2011-Plenário).*

DOU de 26.03.2010, S. 1, p. 116. Ementa: determinação ao MTur para que ***regulamente a competência do MTur no que se refere ao exame dos procedimentos licitatórios*** *no âmbito dos contratos de repasse, em especial quanto à análise de documentos e declarações comprobatórios da regular realização do certame, e à emissão de pronunciamento do Ministério mediante parecer (item 1.5.1, TC-025.134/2008-0, Acórdão nº 1.393/2010--1ª Câmara).*

DOU de 04.12.2009, S. 1, p. 242. Ementa: informação no sentido de ***que cabe aos órgãos de controle interno e externo, ou seja, à Secretaria Federal de Controle Interno e ao Tribunal de Contas da União a apuração de irregularidades porventura ocorridas no procedimento licitatório*** *relativo a um contrato de repasse (item 9.2, TC--015.316/2006-2, Acórdão nº 6.564/2009-2ª Câmara).*

DOU de 09.10.2009, S. 1, p. 181. Ementa: determinação à EMBRATUR para ***que oriente os convenentes sobre a proibição, ínsita no art. 9º, III, da Lei nº 8.666/1993, de participação em licitação de empresas de servidores e de dirigentes do ente convenente*** *(itens 9.1.5 e 9.1.6, TC-004.575/2008-2, Acórdão nº 2.352/2009-Plenário).*

DOU de 09.10.2009, S. 1, p. 177. Ementa: determinação à Superintendência da Caixa Econômica Federal/Escritório de Negócios em Goiás para ***que, quando da análise das licitações realizadas pelos entes beneficiados com os Contratos de Repasse por ela fiscalizados, decorrentes dos mandatos a ela conferidos através dos contratos de prestação de serviços firmados com os Ministérios, observe os requisitos mínimos exigidos****, consoante já disciplinado em diversos assentados do TCU, em especial os*

Acórdãos nºs 892/2003-P, 347/2007-P e 1.126/2007-P (item 1.5.2, TC-004.861/2009-1, Acórdão nº 2.333/2009-Plenário).

*DOU de 12.12.2008, S. 1, p. 134. Ementa: processo licitatório irregular para aquisição de ambulância, objeto de convênio, denotando **direcionamento da licitação para determinada empresa, dentre as quais se destacam: o envio de cartas convite somente para empresas concessionárias da marca Volkswagen, configurando direcionamento do objeto da licitação; o objeto de convite, bem como os registros constantes de seu anexo, desprovidos de elementos que permitam a caracterização de forma clara e precisa do objeto licitado** (item 1.6.1.4, TC-029.462/2007-0, Acórdão nº 2.956/2008-Plenário).*

*DOU de 12.12.2008, S. 1, p. 134. Ementa: execução irregular de convênio firmado com a Diretoria Executiva do Fundo Nacional de Saúde, para reforma de unidade de saúde, caracterizada por **irregularidades em procedimento licitatório, tais como: ausência da data do protocolo de recebimento da carta convite; data de informação de certidão posterior à abertura do convite; datas das propostas posteriores a da abertura dos convites; celebração de contrato verbal; e empresa contratada com endereço fictício** (item 1.6.1.3, TC-029.462/2007-0, Acórdão nº 2.956/2008-Plenário).*

*DOU de 31.10.2008, S. 1, p. 149. Ementa: determinação à Gerência de Desenvolvimento Urbano de Palmas/TO/CEF para **que envide esforços no sentido de realizar a fiscalização e controle tempestivos dos futuros processos licitatórios levados a cabo por entes públicos beneficiados com recursos públicos federais**, com vistas a evitar que esses processos sejam eivados de irregularidades irreversíveis que possam trazer dano ao Erário (item 1.5.3, TC-027.432/2006-4, Acórdão nº 2.406/2008-Plenário).*

*DOU de 09.10.2008, S. 1, p. 73. Ementa: determinação a uma prefeitura municipal para **que observe, nos procedimentos para contratação que envolvam recursos do FUNDEB e de convênios com a União, as regras pertinentes às licitações, quando aplicáveis, de modo a contratar a proposta mais vantajosa para a Administração**, em respeito ao art. 37, "caput", e inc. XXI, da CF/88 (item 1.8, TC-028.972/2007-0, Acórdão nº 3.956/2008-2ª Câmara).*

*DOU de 24.06.2008, S. 1, p. 147. Ementa: o TCU posicionou-se pela audiência de responsáveis por indícios de irregularidades praticados à conta de convênio federal, caracterizada pela **omissão relativa à formalização de instrumento regulador das ações voltadas à licitação e ao acompanhamento de obra, haja vista que os procedimentos licitatórios foram inaugurados em 18.06.2001; o contrato fora celebrado em 22.09.2001; e o Termo de Gerenciamento e Controle fora firmado***

em 29.11.2001, apenas*; a despeito do que dispõe o art. 60, parágrafo único, da Lei n° 8.666/1993 (item 9.1.1.2, TC-005.018/2003-2, Acórdão nº 1.158/2008-Plenário).*

DOU de 22.06.2007, S. 1, p. 97. Ementa: o TCU determinou à Prefeitura Municipal de Ariquemes/RO ***que se abstivesse, nos procedimentos licitatórios envolvendo recursos federais, de adotar medidas que, por excessiva formalidade, resultassem na redução da competitividade nos certames*** *(item 1, TC-011.998/2007-0, Acórdão nº 1.720/2007--1ª Câmara).*

DOU de 24.07.2006, S. 1, p. 87. Ementa: o TCU determinou ao FNDE que orientasse ***os convenentes*** *sobre as modalidades de licitação a serem adotadas, segundo os limites previstos na Lei nº 8.666/1993,* ***quando da contratação de serviços e/ou aquisição de bens, com vistas a não incorrerem em fracionamento de despesas e na consequente fuga à adequada modalidade de licitação, práticas essas entendidas como irregulares pelo TCU*** *(item 1.5, TC-016.605/2003-5, Acórdão nº 1.174/2006-Plenário).*

DOU de 18.04.2006, S. 1, p. 149. Ementa: o TCU determinou ao Município de Independência/RS ***que autuasse, protocolasse e numerasse as páginas dos processos licitatórios realizados para aplicação de recursos provenientes de convênios, acordos, ajustes ou outros instrumentos congêneres****, firmados com órgãos ou entidades da Administração Pública Federal, em cumprimento, especialmente, às disposições dos arts. 38, 40, 41 e 61 da Lei nº 8.666/1993 (item 9.2, TC-014.568/2004-7, Acórdão nº 846/2006-2ª Câmara).*

DOU de 07.04.2006, S. 1, p. 253. Ementa: o TCU determinou à Superintendência de Recursos Hídricos do Governo do Estado da Bahia (SRH) e à Companhia de Engenharia Rural da Bahia (CERB) ***que adotassem providências no sentido de que, nas licitações e contratos que decorressem da descentralização de verbas federais, atentassem, preliminarmente, para os ditames do artigo 6°, inciso IX, da Lei n° 8.666/1993, de forma a evitar a contratação de projetos básicos/executivos deficientes, ensejando alterações posteriores, quantitativa e qualitativamente****, gerando ônus aos cofres públicos (item 9.2.1.1, TC-004.277/2004-8, Acórdão nº 480/2006-Plenário).*

DOU de 24.02.2006, S. 1, p. 225. Ementa: o TCU determinou a uma prefeitura municipal ***que, na aplicação de recursos públicos federais transferidos por convênios ou outros instrumentos congêneres, observasse as normas de administração financeira e orçamentária****, em especial a Lei nº 4.320/64, a Lei nº 8.666/1993, o Decreto nº 93.872/86 e a Instrução Normativa/STN-MF nº 01/1997 (item 9.4, TC-002.837/2004-6, Acórdão nº 323/2006-2ª Câmara).*

DOU de 17.02.2006, S. 1, p. 84. Ementa: o TCU determinou a uma prefeitura municipal ***que, na execução de convênios federais, guardasse em boa ordem e segurança os documentos pertencentes à respectiva licitação e exigidos legalmente****, nos termos do artigo 7º, inciso II, c/c o art. 38, incisos IV e XII, da Lei nº 8.666/1993,* ***devendo compreender necessariamente o projeto executivo da obra licitada e os originais de todas as propostas de preços das empresas participantes*** *(item 9.4.2, TC-002.065/2004-7, Acórdão nº 289/2006-1ª Câmara).*

LICITAÇÕES GUARDA-CHUVA

DOU de 05.11.2012, S. 1, p. 178. Ementa: determinação a um município para ***que passe a informar, no processo administrativo pertinente (no caso de licitações que reúnam o objeto de mais de um convênio, ajuste ou instrumento congênere firmado com órgão ou entidade federal), as razões que justificam a licitação conjunta, atentando para a necessidade de parcelamento****, se for o caso, prevista no art. 23, §§ 1º e 2º, da Lei nº 8.666/1993 e na Súmula/TCU nº 247 (item 9.3.5, TC-026.801/2007-3, Acórdão nº 8.140/2012-2ª Câmara).*

DOU de 19.03.2010, S. 1, p. 141. Ementa: determinação a uma prefeitura municipal para ***que, nos certames objetivando a contratação de obras e serviços de engenharia a serem contemplados com recursos federais, não aproveite a sobreposição de recursos para um mesmo objeto, como o ocorrido com um contrato decorrente de uma concorrência que recebeu recursos de convênios e de contratos de repasse para um mesmo fim*** *(item 1.6.3, TC-001.166/2009-6, Acórdão nº 1.017/2010-2ª Câmara).*

LIQUIDAÇÃO DE DESPESA

DOU de 01.06.2011, S. 1, p. 243. Ementa: o TCU deu ciência a quatro prefeituras municipais no sentido de que, nos termos do art. 38 do Decreto nº 93.872/1986, ***não é permitido o pagamento antecipado de fornecimento de materiais, execução de obra ou prestação de serviço, devendo os procedimentos de liquidação de despesas observar os ditames dos arts. 62 e 63 da Lei nº 4.320/1964****, admitindo-se, justificadamente, em caráter excepcional e mediante as indispensáveis cautelas ou garantias, o pagamento antecipado de parcela contratual na vigência do respectivo contrato, convênio, acordo ou ajuste, segundo a forma de pagamento nele estabelecida, desde que prevista no edital de licitação ou nos instrumentos formais de adjudicação direta (item 9.4.2, TC-009.854/2010-0, Acórdão nº 1.383/2011-Plenário).*

DOU de 29.04.2011, S. 1, p. 135. Ementa: determinação à CGU/SC e à Universidade Federal de Santa Catarina (UFSC) para que informem as providências e/ou medidas adotadas visando a oficialização às fundações de apoio contratadas a respeito da obrigatoriedade de identificar os comprovantes das despesas realizadas, ***bem como de que os mesmos sejam atestados, tempestivamente, por agente responsável pelo recebimento efetivo do bem adquirido ou que acompanhe a prestação do serviço*** *(item 1.6.1.17, TC-022.878/2010-6, Acórdão nº 2.498/2011-2ª Câmara).*

DOU de 25.03.2011, S. 1, p. 169. Ementa: ***alerta a uma prefeitura municipal no tocante à falta de atesto do agente recebedor nas notas fiscais*** *relativas à aquisição dos veículos, em desacordo com o artigo 63 da Lei nº 4.320/1964 (item 1.4.1.2, TC-027.074/2009-7, Acórdão nº 1.627/2011-2ª Câmara).*

DOU de 11.03.2011, S. 1, p. 86. Ementa: alerta a um município para a necessidade de ***observar, quando da execução de convênios que envolvam recursos federais, as disposições dos artigos 15 e 73 da Lei nº 8.666/1993****, quanto aos procedimentos de recebimento de bens e equipamentos (item 9.6.6, TC-018.715/2005-2, Acórdão nº 1.404/2011-1ª Câmara).*

DOU de 03.07.2009, S. 1, p. 143. Ementa: determinação a um município para que, quando da execução de despesas envolvendo recursos federais, ***atente para a obrigatoriedade dos documentos comprobatórios serem atestados pelo técnico responsável pelo recebimento dos serviços****, bem como identificados com o número do convênio ou instrumento similar (item 1.5.1.3, TC-025.707/2007-7, Acórdão nº 3.448/2009-2ª Câmara).*

DOU de 17.03.2006, S. 1, p. 90. Ementa: o TCU não aceitou o fato de que, na execução de um convênio, não se contasse com um fiscal responsável pelo acompanhamento da obra, contrariando o disposto nos art. 67, "caput", e art. 116, § 3º, inc. I, da Lei nº 8.666/1993, bem como o art. 63, § 2º, inc. III, da Lei nº 4.320/64. Na ocasião, ***constatou-se que a liquidação da despesa fora realizada "pro forma" pelo setor de contabilidade da prefeitura municipal, a qual não registrara em livro próprio (diário de obras), também, as ocorrências relacionadas à execução do contrato****, como determina o art. 67, § 1º da Lei de Licitações (item 1.1.1.4, TC-018.879/2005-5, Acórdão nº 498/2006-2ª Câmara).*

LOGOMARCA E PLACAS

DOU de 10.10.2011, S. 1, ps. 102 e 103. Ementa: determinação à EMBRATUR para que, em cumprimento ao disposto em cláusula convenial, promova gestões junto ao

Instituto de Promoção Turística do Iguaçu, ***para que providencie o registro, nos termos do art. 136, inc. I, da Lei nº 9.279/1996, da cessão perpétua dos direitos de uso da logomarca do Festival Internacional de Humor de Foz do Iguaçu****, adquiridos por meio de contrato. Na eventualidade da não obtenção do registro perpétuo da logomarca, adote medidas judiciais cabíveis com vistas a assegurar o direito à propriedade da logomarca, consoante estabelecido no respectivo convênio (itens 9.6.1 e 9.6.2, TC-008.882/2009-0, Acórdão nº 2.676/2011-Plenário).*

DOU de 29.11.2006, S. 1, p. 101. Ementa: o TCU determinou à Prefeitura Municipal de Nova Brasilândia D'Oeste/RO que observasse fielmente as cláusulas dos Termos de Convênio assinados com órgãos e entidades federais, especialmente no que se refere à ***obrigatoriedade de mencionar, nos atos de promoção e divulgação do objeto do convênio, a participação do concedente mediante afixação de placa provisória em destaque no local das obras*** *(quando do início e durante elas) e, após a conclusão, mediante placas definitivas contendo a assinatura do órgão ou entidade concedente e do Governo Federal (item 1.4, TC-012.389/2005-7, Acórdão nº 3.257/2006-1ª Câmara).*

DOU de 10.07.2006, S. 1, p. 56. Ementa: o TCU determinou ao Governo do Estado de Sergipe ***que, quando do recebimento de recursos federais, confeccionasse placas de publicidade de obras ou serviços custeados, no todo ou em parte, com recursos federais****, de acordo com o modelo adotado pelo concedente, abstendo-se de conceder destaque indevido a órgãos e entidades estaduais, em detrimento das demais entidades participantes (item 9.5.1, TC-005.269/2004-0, Acórdão nº 1.097/2006-Plenário).*

DOU de 27.10.2005, S. 1, p. 248. Ementa: o TCU determinou à Secretaria de Estado da Educação em SE ***que identificasse os bens e materiais adquiridos com recursos federais com uma logomarca do órgão federal concedente****, conforme obrigação do convenente constante dos convênios celebrados (item 3.2, TC-015.439/2005-4, Acórdão n° 1.639/2005-Plenário).*

MEDIÇÃO DE OBRA

DOU de 23.02.2011, S. 1, p. 97. Ementa: recomendação à Caixa Econômica Federal ***no sentido de que cobre do beneficiário o envio*** *correto e tempestivo da proposta de alteração contratual, bem como* ***dos documentos de medição da obra****, apensando-os devidamente ao processo (item 9.1.1.3, TC-031.356/2007-5, Acórdão nº 393/2011-Plenário).*

DOU de 17.11.2010, S. 1, p. 171. Ementa: determinação a um município para que ***atente para a necessidade de melhor formalização e documentação dos atos vinculados à***

execução de convênios firmados com a administração federal*, especialmente no que se refere à comprovação adequada da execução físico-financeira,* ***a exemplo da apresentação de boletins de medição e notas fiscais detalhadas****, e quanto à identificação específica dos bens móveis e equipamentos adquiridos com os respectivos recursos (item 9.2, TC-003.049/2008-0, Acórdão nº 6.479/2010-2ª Câmara).*

DOU de 05.06.2008, S. 1, p. 119. Ementa: o TCU determinou a uma prefeitura municipal ***que, à época da execução de convênios firmados com órgão ou entidade da administração pública federal, observasse a exigência de recebimento da obra****, nos termos do inc. I, art. 73 da Lei nº 8.666/1993 (item 1.3, TC-003.647/2006-2, Acórdão nº 1.488/2008-2ª Câmara).*

DOU de 05.06.2008, S. 1, p. 119. Ementa: o TCU determinou a uma prefeitura municipal que, à época da execução de convênios firmados com órgão ou entidade da administração pública federal, ***observasse a exigência de prévia medição dos serviços executados em relação aos pagamentos parciais, quando se tratasse da execução de obra*** *(item 1.2, TC-003.647/2006-2, Acórdão nº 1.488/2008-2ª Câmara).*

DOU de 26.07.2007, S. 1, p. 107. Ementa: o TCU determinou a uma prefeitura municipal ***que, na execução de recursos federais transferidos, emitisse boletins de medição de obras e serviços correspondentes aos pagamentos a serem efetuados****, em atenção ao disposto pelo art. 63 da Lei nº 4.320/1964 (item 9.4.5, TC-004.666/2002-0, Acórdão nº 1.971/2007-2ª Câmara).*

MEDIDAS JUDICIAIS

DOU de 30.03.2007, S. 1, p. 139. Ementa: o TCU determinou ao Município de Aracaju--SE e à Empresa Municipal de Obras e Urbanização (EMURB) ***que, em caso de prolação de sentenças judiciais, ainda que em caráter liminar, que comprometessem o cumprimento integral ou parcial de cláusulas de convênio, contrato de repasse ou instrumento congênere celebrado com a União, adotassem todas as medidas judiciais cabíveis*** *com vistas à modificação ou cassação daquelas medidas, conforme o caso, comunicando o fato imediatamente ao órgão concedente dos recursos (item 9.1, TC-006.281/2006-6, Acórdão nº 471/2007-Plenário).*

MOVIMENTAÇÃO DA CONTA ESPECÍFICA

DOU de 24.05.2011, S. 1, p. 87. Ementa: determinação a uma administração municipal para ***que se abstenha de proceder a transferências de recursos de contas específicas***

***de convênios federais para outras contas do município**, ante a vedação contida no inc. I, do art. 39 c/c o art. 50 da Portaria Interministerial/MP, MF e CGU nº 127, de 29.05.2008 (item 9.3, TC-017.337/2007-0, Acórdão nº 3.058/2011-2ª Câmara).*

*DOU de 11.03.2011, S. 1, p. 86. Ementa: alerta a um município **para a necessidade de, quando da execução de convênios que envolvam recursos federais,** depósito em conta específica dos recursos federais transferidos mediante convênio e da contrapartida do município e **movimentação exclusivamente de acordo com o plano de trabalho aprovado** (item 9.6.8, TC-018.715/2005-2, Acórdão nº 1.404/2011-1ª Câmara).*

*DOU de 23.02.2011, S. 1, p. 97. Ementa: recomendação à Caixa Econômica Federal no sentido de **que anexe** à pasta principal de cada contrato de repasse os documentos comprobatórios de **toda movimentação da conta-corrente vinculada**, inclusive desbloqueio (item 9.1.1.10, TC-031.356/2007-5, Acórdão nº 393/2011-Plenário).*

*DOU de 15.02.2011, S. 1, p. 133. Ementa: determinação ao SENAI/GO no sentido de que somente efetue transferências financeiras ao IEL/GO, ou a outro ente integrante do sistema liderado pela Federação das Indústrias do Estado de Goiás (FIEG), quando configurada a correlação entre a atividade a ser executada e as competências institucionais do SENAI/GO, sempre mediante a celebração de convênio que observe os princípios gerais relativos à Administração Pública, utilizando como referencial normativo, na falta de norma própria, a Portaria Interministerial/MP, MF e CGU nº 127, de 29.05.2008, ora vigente, **fazendo constar desses instrumentos o compromisso do convenente de movimentar os recursos do convênio em conta bancária específica** (item 9.4.1, TC-018.693/2008-8, Acórdão nº 741/2011-2ª Câmara).*

*DOU de 17.07.2009, S. 1, p. 106. Ementa: recomendação ao Ministério do Planejamento, Orçamento e Gestão, ao Ministério da Fazenda e à Controladoria-Geral da União para **que adotem providências junto ao Banco Central do Brasil e às instituições financeiras que custodiam recursos federais, com vistas a tornar obrigatório às instituições financeiras de que trata o § 1º do art. 42 da Portaria Interministerial nº 127, de 29.05.2008, que mantenham, pelo prazo mínimo de dez anos, em arquivo ou microfilme, a documentação relativa às contas bancárias que movimentem recursos oriundos de convênios, contratos de repasse e congêneres celebrados pelos órgãos e entidades da Administração Pública Federal** (item 9.6, TC-014.008/2006-0, Acórdão nº 1.565/2009-Plenário).*

*DOU de 03.07.2009, S. 1, p. 106. Ementa: diretriz à Universidade Federal do Rio Grande do Sul para **que determine às Unidades e às Fundações de Apoio que atentem que as contas específicas, bancária e contábil, dos convênios celebrados para a execução dos***

projetos de desenvolvimento institucional não deverão receber recursos outros que não sejam os das transferências orçamentárias efetuadas pela Universidade *(item 1.5.1.15, TC-029.464/2008-3, Acórdão nº 1.408/2009-Plenário).*

DOU de 13.04.2007, S. 1, p. 293. Ementa: o TCU manifestou-se ***pela necessidade de movimentação de recursos da contrapartida na conta bancária específica do convênio federal****, consoante o disposto no art. 20, da IN/STN-MF nº 01/1997 e alterações posteriores (item 9.12.1, TC-017.219/2006-8, Acórdão nº 589/2007-Plenário).*

DOU de 13.04.2007, S. 1, p. 291. Ementa: o TCU manifestou-se ***pela necessidade de movimentação de recursos da contrapartida na conta bancária específica do convênio*** *federal (item 9.1.1.4.3, TC-024.114/2006-6, Acórdão nº 584/2007-Plenário).*

DOU de 07.08.2006, S. 1, p. 122. Ementa: o TCU determinou a uma prefeitura municipal ***que mantivesse em conta bancária específica os recursos oriundos dos convênios que firmasse com a União****, inclusive aqueles referentes ao valor da contrapartida a que se obrigou perante o concedente (item 3.2, TC-006.874/2006-4, Acórdão nº 1.999/2006-2ª Câmara).*

DOU de 20.06.2006, S. 1, p. 72. Ementa: o TCU determinou ao Ministério da Saúde que - ***quando a movimentação da conta específica do convênio não se realizasse, exclusivamente, mediante cheque nominativo, ordem bancária, transferência eletrônica disponível ou outra modalidade de saque autorizada pelo Banco Central do Brasil, em que ficassem identificados sua destinação e, no caso de pagamento, o credor - se abstivesse de emitir parecer de aprovação de convênios****, de forma a atentar para o art. 20 da IN/STN-MF nº 01/97 (item 3.4, TC-015.104/2004-4, Acórdão nº 1.432/2006-2ª Câmara).*

DOU de 17.02.2006, S. 1, p. 76. Ementa: o TCU determinou a uma prefeitura municipal, com relação aos convênios celebrados com a União, ***que alertasse aos gestores dos convênios que a ocorrência de novas movimentações de recursos entre as contas específicas dos convênios e a conta-movimento da prefeitura poderia ensejar a aplicação de multa pelo TCU****, de acordo com o art. 58 da Lei nº 8.443/92 (item 1.4, TC-014.705/2004-0, Acórdão nº 250/2006-1ª Câmara).*

NOTIFICAÇÕES

DOU de 29.06.2012, S. 1, p. 108. Ementa: ***recomendação à Caixa Econômica Federal no sentido de que*** *adote medidas necessárias para que, nos contratos de repasse de* *recursos federais a municípios, em que atue como mandatária da União,* ***exija dos tomadores de recursos do Orçamento Geral da União cópias das notificações enviadas por estes beneficiários quanto à liberação dos aludidos montantes aos partidos políticos, sindicatos de trabalhadores e entidades empresariais, com sede no município*** *(ao invés de simplesmente exigir sua declaração nesse sentido), de forma a cumprir o disposto no art. 2º da Lei nº 9.452/1997 e no "caput" do art. 37 da Constituição Federal (item 1.7, TC-000.774/2012-0, Acórdão nº 1.647/2012-Plenário).*

DOU de 06.09.2011, S. 1, p. 150. Ementa: ***alerta a uma prefeitura municipal quanto à obrigatoriedade da expedição de comunicações específicas de notificação de recebimento de recursos federais pelo município****, endereçadas aos partidos políticos, aos sindicatos de trabalhadores e às entidades empresariais locais, nos termos do art. 2º da Lei nº 9.452/1997 (item 1.6.1, TC-029.539/2009-4, Acórdão nº 7.382/2011-1ª Câmara).*

DOU de 09.03.2011, S. 1, p. 129. Ementa: ***em todas as transferências voluntárias firmadas com a União devem ser observadas as regras de publicidade*** *esculpidas na Lei nº 9.452, de 20.03.1997, art. 2º ("Art. 2º A Prefeitura do Município beneficiário da liberação de recursos, de que trata o art. 1° desta Lei, notificará os partidos políticos, os sindicatos de trabalhadores e as entidades empresariais, com sede no Município, da respectiva liberação, no prazo de dois dias úteis, contado da data de recebimento dos recursos") (item 1.5, TC-022.083/2010-3, Acórdão nº 1.239/2011-2ª Câmara).*

DOU de 08.02.2011, S. 1, p. 114. Ementa: ***alerta a uma prefeitura municipal quanto à ausência de comprovação da notificação*** *aos partidos políticos, aos sindicatos de trabalhadores e às entidades empresariais quanto ao recebimento de recursos federais, em descumprimento ao art. 2º da Lei nº 9.452/1997 (item 1.5, TC-015.098/2009-6, Acórdão nº 460/2011-2ª Câmara).*

DOU de 09.06.2010, S. 1, p. 95. Ementa: determinação a um município para ***que notifique os partidos políticos, sindicatos de trabalhadores e as entidades empresariais, com sede na localidade, da liberação de recursos públicos por órgãos e entidades da administração pública federal em benefício da municipalidade****, a qualquer título, nos termos do art. 2º da Lei nº 9.452/1997 (item 1.4.1, TC-011.745/2010-0, Acórdão nº 2.706/2010-2ª Câmara).*

DOU de 05.02.2010, S. 1, p. 137. Ementa: determinação a uma prefeitura municipal para que cumpra o disposto no art. 2º da Lei nº 9.452/1997, ***notificando os partidos políticos, os sindicatos de trabalhadores e as entidades empresariais com sede no município, do recebimento de recursos federais pelo Município, no prazo de dois dias úteis contados da data do recebimento dos recursos****, fazendo constar nas* *notificações a identificação de cada convênio/contrato de repasse/ajuste que originou os repasses e seus respectivos valores e datas (item 1.3.1, TC-028.407/2009-0, Acórdão nº 262/2010-2ª Câmara).*

DOU de 06.03.2009, S. 1, p. 147. Ementa: determinação a uma prefeitura municipal para ***que observe o disposto no art. 2º da Lei nº 9.452/1997, notificando, por meio apropriado, os partidos políticos, os sindicatos de trabalhadores e as entidades empresariais, com sede no município, do recebimento de recursos financeiros federais repassados a qualquer título (inclusive convênios e contratos de repasse), no prazo de 2 dias úteis, contados da data do seu recebimento*** *(item 1.5.1, TC-019.673/2007-1, Acórdão nº 419/2009-2ª Câmara).*

DOU de 06.03.2009, S. 1, p. 147. Ementa: determinação a uma prefeitura municipal para ***que notificasse os partidos políticos, os sindicatos de trabalhadores e as entidades empresariais, com sede no município, do recebimento de recursos financeiros federais repassados a qualquer título através de divulgação no espaço próprio do "site" da prefeitura ou por "e-mail" encaminhado às citadas entidades*** *(itens 1.5.1 e 1.5.2, TC--019.673/2007-1, Acórdão nº 419/2009-2ª Câmara).*

DOU de 21.11.2008, S. 1, p. 265. Ementa: determinação a uma prefeitura municipal para ***que cumpra, sob pena de aplicação da multa prevista no art. 58, § 1º, da Lei nº 8.443/1992, o disposto no art. 2º da Lei nº 9.452, de 20.03.1997, notificando, quando do recebimento de recursos federais, os partidos políticos, os sindicatos de trabalhadores e as entidades empresariais com sede no Município da respectiva liberação, no prazo de dois dias úteis****, contados da data do recebimento dos recursos (item 9.6, TC-018.505/2007-1, Acórdão nº 5.331/2008-2ª Câmara).*

DOU de 21.08.2008, S. 1, p. 83. Ementa: o TCU determinou a uma prefeitura municipal ***que informasse aos partidos políticos, sindicatos de trabalhadores e às entidades empresariais sobre os recursos federais recebidos pelo Município****, com fundamento no artigo 2º da Lei nº 9.452/1997 (item 1.1.1, TC-026.966/2007-3, Acórdão nº 3.030/2008--2ª Câmara).*

DOU de 08.08.2008, S. 1, p. 122. Ementa: o TCU recomendou a uma prefeitura municipal ***que, em atendimento ao princípio constitucional da publicidade, divulgasse, no âmbito de sua coletividade, informação dando conta de que os recursos federais repassados ao município poderiam ser identificados por intermédio de portais eletrônicos, a exemplo dos que se seguem: http://www.tesouro.fazenda.gov.br/, http://www.portaltransparencia.gov.br/ e http://www.contaspublicas.gov.br/*** *(item 9.3, TC-012.622/2008-9, Acórdão nº 1.527/2008-Plenário).*

DOU de 08.08.2008, S. 1, p. 122. Ementa: o TCU determinou a uma prefeitura ***municipal maior acurácia no cumprimento da Lei nº 9.452/1997, notificando os partidos políticos, os sindicatos de trabalhadores e as entidades empresariais, regularmente constituídos e com sede no município, acerca do recebimento de recursos federais*** *(item 9.2, TC-012.622/2008-9, Acórdão nº 1.527/2008-Plenário).*

DOU de 27.06.2008, S. 1, p. 75. Ementa: o TCU determinou a um prefeito municipal ***que cumprisse, sob pena de aplicação da multa prevista no art. 58, § 1º, da Lei nº 8443/1992, o disposto no art. 2º da Lei nº 9.452/1997, notificando, quando do recebimento de recursos federais, os partidos políticos, os sindicatos de trabalhadores e as entidades empresariais com sede no município da respectiva liberação, no prazo de 2 (dois) dias úteis****, contados da data do recebimento dos recursos (item 1.1, TC-011.946/2008-2, Acórdão nº 2.020/2008-1ª Câmara).*

DOU de 25.10.2007, S. 1, p. 119. Ementa: o TCU determinou a uma prefeitura municipal ***que cumprisse o disposto no art. 2º da Lei nº 9.452/1997, a qual obriga a prefeitura a notificar os partidos políticos, sindicatos de trabalhadores e entidades empresariais, com sede no município, da liberação, para a prefeitura, de recursos dos órgãos e entidades da administração federal direta, autarquias, fundações públicas, empresas públicas e sociedades de economia mista*** *(item 3.2.2.1, TC-018.478/2006-4, Acórdão nº 3.273/2007-1ª Câmara).*

DOU de 04.10.2007, S. 1, p. 69. Ementa: o TCU determinou a uma prefeitura municipal ***que cumprisse o estabelecido no art. 2º da Lei nº 9.452/1997, no atinente à notificação dos partidos políticos, sindicatos de trabalhadores e entidades empresariais, com sede no município, sobre a liberação de recursos financeiros dos órgãos e entidades da administração federal direta e autarquias, fundações públicas, empresas públicas e sociedades de economia mista*** *(item 1.3.2, TC-020.335/2006-9, Acórdão nº 2.988/2007-1ª Câmara).*

DOU de 23.08.2007, S. 1, p. 113. Ementa: o TCU determinou a uma prefeitura municipal ***que cumprisse as disposições constantes do art. 2º da Lei nº 9.452/1997, no sentido da obrigatoriedade de notificar, no prazo de 2 (dois) dias úteis, os partidos políticos, os sindicatos de trabalhadores e as entidades empresariais locais acerca do recebimento de quaisquer recursos financeiros provenientes de órgãos e entidades da administração federal direta e das autarquias, fundações públicas, empresas públicas e sociedades de economia federais*** *(item 1.1, TC-017.431/2007-1, Acórdão nº 2.171/2007-2ª Câmara).*

DOU de 05.07.2007, S. 1, p. 116. Ementa: ***o TCU firmou o entendimento de que cabe aos órgãos e entidades da administração federal a notificação às Câmaras Municipais*** *da liberação de recursos transferidos a qualquer título aos municípios, nos termos do artigo 1º da Lei nº 9.452/1997, e que, à prefeitura, cabe cientificar aos sindicatos, partidos políticos e as entidades empresariais com sede no município sobre tais liberações, nos termos do artigo 2º da mesma lei (item 2.1, TC-018.910/2006-5, Acórdão nº1.768/2007-2ª Câmara).*

*DOU de 21.06.2007, S. 1, p. 179. Ementa: o TCU determinou a uma prefeitura municipal **que, quando da gestão de recursos oriundos da União, notificasse os partidos políticos, os sindicatos de trabalhadores e as entidades empresariais, com sede no município, da respectiva liberação, no prazo de dois dias úteis**, contados da data de recebimento dos recursos federais, consoante arts. 1º e 2º da Lei nº 9.452/1997 (item 7.2.6, TC-006.387/2007-3, Acórdão nº 1.563/2007-2ª Câmara).*

*DOU de 14.06.2007, S. 1, p. 72. Ementa: o TCU determinou a uma prefeitura municipal **que cumprisse, sob pena de aplicação da multa prevista no art. 58, § 1º, da Lei nº 8.443/1992, o disposto no art. 2º da Lei nº 9.452/1997, notificando, quando do recebimento dos recursos federais, os partidos políticos, os sindicatos de trabalhadores e as entidades empresariais com sede no município, da respectiva liberação, no prazo de dois dias úteis**, contados da data do recebimento do recurso (item 1.1, TC-009.099/2007-1, Acórdão nº 1.625/2007-1ª Câmara).*

*DOU de 20.04.2007, S. 1, p. 109. Ementa: o TCU determinou a uma prefeitura municipal **que cumprisse as disposições constantes do art. 2º da Lei nº 9.452/1997, no sentido da obrigatoriedade de notificar, no prazo de 2 (dois) dias úteis, os partidos políticos, os sindicatos de trabalhadores e as entidades empresariais locais acerca do recebimento de quaisquer recursos financeiros provenientes de órgãos e entidades da administração federal direta e das autarquias, fundações públicas, empresas públicas e sociedades de economia federais**, sob pena de aplicação da multa prevista no art. 58, inc. IV, da Lei nº 8.443/1992, c/c o art. 268, inc. VII, do Regimento Interno do TCU, em caso de não atendimento, sem causa justificada (item 1.1, TC-001.637/2007-5, Acórdão nº 939/2007-1ª Câmara).*

*DOU de 13.04.2007, p. 337. Ementa: o TCU determinou a uma prefeitura municipal **que observasse rigorosamente as disposições constantes do art. 2º da Lei nº 9.452/97, notificando da respectiva liberação, quando do recebimento de recursos federais, os partidos políticos, os sindicatos de trabalhadores e as entidades empresariais locais, no prazo de dois dias úteis, contados do recebimento dos recursos**, sob pena de aplicação da multa prevista no art. 58, § 1º, da Lei nº 8.443/92 (item 9.2, TC-014.817/2005-4, Acórdão nº 932/2007-1ª Câmara).*

*DOU de 02.03.2007, S. 1, p. 70. Ementa: o TCU determinou a uma prefeitura municipal **que cumprisse a Lei nº 9.452, de 20.03.1997, notificando os partidos políticos, os***

sindicatos de trabalhadores e as entidades empresariais, com sede no município, do recebimento de recursos financeiros transferidos, a qualquer título, por órgãos e entidades da administração federal direta e as autarquias, fundações públicas, empresas públicas e sociedades de economia mista federais, no prazo de dois dias úteis*, contados da data de recebimento dos recursos (item 1.2, TC-002.517/2007-1, Acórdão nº 187/2007-Plenário).*

DOU de 08.12.2006, S. 1, p. 148. Ementa: o TCU determinou a uma prefeitura municipal ***que atentasse para o disposto no art. 2º da Lei nº 9.452/1997, quanto à obrigatoriedade de notificar os partidos políticos, sindicatos de trabalhadores e entidades empresariais, com sede no município, da liberação (para a prefeitura) de recursos por parte dos órgãos da administração federal direta, autarquias, fundações públicas e sociedades de economia mista*** *(item 3, TC-020.260/2006-6, Acórdão nº 3.519/2006-1ª Câmara).*

OPERAÇÕES DE CÂMBIO

DOU de 28.08.2009, S. 1, p. 148. Ementa: determinação à EMBRATUR para ***que, ao celebrar convênio cuja execução envolva despesas realizadas no exterior, faça constar, no termo respectivo, indicação expressa dos critérios de escolha da data da taxa cambial de conversão que será utilizada no dia do efetivo repasse****, anexando tabela de memória de todos os cálculos pertinentes no processo de prestação de contas correspondente (item 9.7.23, TC-014.392/2004-3, Acórdão nº 1.934/2009-Plenário).*

PAGAMENTO A FORNECEDORES

DOU de 01.06.2011, S. 1, p. 243. Ementa: o TCU deu ciência a quatro prefeituras municipais no sentido de ***que, nos termos do art. 38 do Decreto nº 93.872/1986, não é permitido o pagamento antecipado de fornecimento de materiais, execução de obra ou prestação de serviço, devendo os procedimentos de liquidação de despesas observar os ditames dos arts. 62 e 63 da Lei nº 4.320/1964, admitindo-se, justificadamente, em caráter excepcional e mediante as indispensáveis cautelas ou garantias, o pagamento antecipado de parcela contratual na vigência do respectivo contrato, convênio, acordo ou ajuste, segundo a forma de pagamento nele estabelecida, desde que prevista no edital de licitação ou nos instrumentos formais de adjudicação direta*** *(item 9.4.2, TC-009.854/2010-0, Acórdão nº 1.383/2011-Plenário).*

DOU de 26.05.2011, S. 1, p. 122. Ementa: ***citação solidária de responsáveis para que apresentem alegações de defesa ou o recolhimento de recursos aos cofres do INCRA, em face de irregularidade concernente a um convênio celebrado com uma associação de produtores rurais, objetivando a execução do projeto de melhoramento de caminho de acesso – consulta ao CNPJ declarado da gráfica que pretensamente foi responsável pela confecção da nota fiscal*** *(embora o CNPJ esteja pouco legível)* ***apresentou resultado inexistente, o de uma empresa sediada em Brasília e de uma associação de proprietários e trabalhadores em carro de boi*** *(item 9.6.2, TC-014.218/2006-7, Acórdão nº 1.313/2011-Plenário).*

DOU de 18.05.2011, S. 1, p. 136. Ementa: determinação ao 1º Distrito Regional de Polícia Rodoviária Federal para ***que se abstenha de realizar pagamentos sem prévio empenho,*** *tendo em vista a vedação prevista no art. 60 da Lei nº 4.320/1964 e no art. 24 do Decreto nº 93.872/1986 (item 1.4.1, TC-020.611/2010-2, Acórdão nº 2.816/2011-2ª Câmara).*

DOU de 11.05.2011, S. 1, p. 227. Ementa: alerta a um município a ***abster-se de realizar pagamento antecipado,*** *em face do que estabelece o art. 62 da Lei nº 4.320/1964,* ***admitindo-se, contudo, em caráter excepcional, mediante as indispensáveis cautelas ou garantias, o pagamento de parcela contratual, nas hipóteses previstas no art. 38 do Decreto nº 93.872/1986*** *(item 9.1, TC-014.299/2007-3, Acórdão nº 1.168/2011-Plenário).*

DOU de 06.04.2011, S. 1, p. 170. Ementa: determinação à Caixa Econômica Federal para ***que, no acompanhamento da execução de contratos de repasse, evite a realização de movimentação financeira que não permita identificação dos beneficiários dos pagamentos realizados,*** *nos termos do art. 20 da IN/STN-MF nº 1/1997, do art. 50, § 2º, II, da Portaria Interministerial/ MP, MF e CGU nº 127/2008 e do art. 10, § 2º, II, do Decreto nº 6.170/2007 (item 9.2, TC-008.389/2009-3, Acórdão nº 1.906/2011-2ª Câmara).*

DOU de 18.03.2011, S. 1, p. 179. Ementa: determinação à UFSM para ***que, nos projetos desenvolvidos em conjunto com fundação de apoio, não permita que seja autorizado o pagamento de despesas não previstas em Plano de Trabalho,*** *bem como, na hipótese de conduta inadequada, causadora de dano ao patrimônio público, adote as medidas legais para apurar responsabilidades e, se for o caso, efetue a cobrança dos valores indevidamente despendidos (item 1.5.1.1, TC-023.226/2010-2, Acórdão nº 1.361/2011-2ª Câmara).*

DOU de 11.03.2011, S. 1, p. 86. Ementa: alerta a um município para ***a necessidade de observar, quando da execução de convênios que envolvam recursos federais, a observância das fases da despesa pública, de modo que o empenho seja prévio ou contemporâneo à contratação,*** *consoante artigos 58 a 70 da Lei nº4.320/1964 (item 9.6.3, TC-018.715/2005-2, Acórdão nº 1.404/2011-1ª Câmara).*

DOU de 15.02.2011, S. 1, p. 133. Ementa: determinação ao SENAI/GO no sentido de que somente efetue transferências financeiras ao IEL/GO, ou a outro ente integrante do sistema liderado pela Federação das Indústrias do Estado de Goiás (FIEG), quando configurada a correlação entre a atividade a ser executada e as competências institucionais do SENAI/GO, sempre mediante a celebração de convênio que ***observe os princípios gerais relativos à Administração Pública, utilizando como referencial normativo, na falta de norma própria, a Portaria Interministerial/MP, MF e CGU nº 127, de 29.05.2008, ora vigente, fazendo constar desses instrumentos a obrigatoriedade de que a movimentação de recursos somente ocorra por meio de cheque nominativo ao efetivo credor, comprovando-se o pagamento com documentação idônea*** *(item 9.4.1, TC-018.693/2008-8, Acórdão nº 741/2011-2ª Câmara).*

DOU de 09.09.2010, S. 1, p. 104. Ementa: determinação à Caixa Econômica Federal para que, nos contratos de repasse em que atuar como interveniente na transferência de recursos da União, ***não admita gastos com pernoites, refeições ou despesas afins sem identificação do beneficiário*** *(item 9.5.2.3, TC-011.975/2007-6, Acórdão nº 5.039/2010-2ª Câmara).*

DOU de 20.05.2010, S. 1, p. 90. Ementa: informação à Companhia de Transportes de Salvador (CTS) no sentido de que o TCU ***não vê óbices a que os serviços de orçamentação conveniados com o Departamento de Engenharia de Construção do Exército (DEC) sejam pagos com recursos oriundos do convênio celebrado com a União para as obras de construção do Metrô de Salvador, nos limites consignados para pagamento de consultorias, desde que prévia e expressamente autorizado pelo concedente*** *(item 9.2.1, TC-007.162/2006-0, Acórdão nº 1.046/2010-Plenário).*

DOU de 09.10.2008, S. 1, p. 90. Ementa: determinação a uma prefeitura municipal para que observe com rigor o disposto no art. 20 da IN/STN nº 01/1997 e no §1º do art. 42 da Portaria Interministerial 127/2008, mantendo os recursos em conta bancária específica e somente sendo permitidos saques para ***pagamento de despesas constantes do Programa de Trabalho*** *ou para aplicação no mercado financeiro, nas hipóteses previstas em lei ou nesta Instrução Normativa,* ***devendo sua movimentação realizar-se, exclusivamente, mediante (...) ordem bancária, transferência eletrônica disponível ou outra modalidade de saque autorizada pelo Banco Central do Brasil, em que fiquem identificados sua destinação e, no caso de pagamento, o credor; e que não efetue pagamento a título de despesas não contempladas no Plano de Trabalho*** *conforme reza o art. 21 da IN/STN 01/1997 e o art. 50 da Portaria Interministerial 127/2008 (itens 9.7.2, a 9.7.3 TC-021.587/2006-0, Acórdão nº 4.084/2008-2ª Câmara).*

DOU de 07.07.2008, S. 1, p. 132. Ementa: o TCU determinou a um município ***que, quando da execução de obras custeadas com recursos de convênios celebrados com***

***a União, se abstivesse de realizar pagamentos sem prévio empenho**, em observância ao disposto no art. 60 da Lei nº 4.320/1964 (item 9.2, TC-009.507/2006-9, Acórdão nº 2.122/2008-1ª Câmara).*

*DOU de 07.07.2008, S. 1, p. 132. Ementa: o TCU determinou a um município **que, quando da execução de obras custeadas com recursos de convênios celebrados com a União evitasse a realização de pagamento antecipado**, tendo em vista o disposto nos arts. 62 e 63 da Lei nº 4.320/1964 (item 9.2, TC-009.507/2006-9, Acórdão nº 2.122/2008--1ª Câmara).*

*DOU de 05.06.2008, S. 1, p. 119. Ementa: o TCU determinou a uma prefeitura municipal que, à época da execução de convênios firmados com órgão ou entidade da administração pública federal, **observasse a exigência de prévia medição dos serviços executados em relação aos pagamentos parciais**, quando se tratasse da execução de obra (item 1.2, TC-003.647/2006-2, Acórdão nº 1.488/2008-2ª Câmara).*

*DOU de 07.12.2007, S. 1, p. 154. Ementa: o TCU determinou a uma prefeitura municipal **que evitasse a prática da assinatura antecipada de cheques em branco de conta bancária específica de recursos financeiros oriundos de convênios e programas federais** (item 1.1.1.2, TC-023.509/2006-3, Acórdão nº 3.813/2007-1ª Câmara).*

*DOU de 26.07.2007, S. 1, p. 107. Ementa: o TCU determinou a uma prefeitura municipal **que, na execução de recursos federais transferidos, emitisse boletins de medição de obras e serviços correspondentes aos pagamentos a serem efetuados**, em atenção ao disposto pelo art. 63 da Lei nº 4.320/1964 (item 9.4.5, TC-004.666/2002-0, Acórdão nº 1.971/2007-2ª Câmara).*

*DOU de 15.06.2007, S. 1, p. 65. Ementa: o TCU determinou à SEMAR/PI **que, quando da apresentação das próximas faturas relativas aos serviços de execução das obras de um sistema adutor, fosse exigida a apresentação, por parte do consórcio executor, de certidões negativas de débito expedidas pelas Fazendas municipais dos municípios beneficiados, como pré-condição para a efetivação dos pagamentos** (item 1.1, TC--018.835/2005-0, Acórdão nº 1.117/2007-Plenário).*

*DOU de 28.05.2007, S. 1, p. 94. Ementa: o TCU determinou ao Ministério do Meio Ambiente **que verificasse, no Cadastro Nacional de Pessoa Jurídica (CNPJ), a descrição da atividade econômica principal dos prestadores de serviços contratados pelas convenentes, cujo serviço prestado divergisse do nome da empresa, exigindo justificativa quando isso fosse comprovado**, observando o art. 1º, § 2º, da IN/STN-MF nº 01/1997 (item 9.3.11, TC-007.379/2005-0, Acórdão nº 936/2007-Plenário).*

DOU de 23.04.2007, S. 1, p. 64. Ementa: o TCU recomendou à STN-MF ***que adotasse providências junto ao Banco do Brasil e à Caixa Econômica Federal no sentido de agilizar a implementação de sistemática que permita identificar o CNPJ e o CPF dos recebedores dos pagamentos realizados com recursos provenientes de transferências voluntárias*** *(item 9.1.1, TC-015.670/2005- 5, Acórdão nº 641/2007-Plenário).*

DOU de 20.06.2006, S. 1, p. 72. Ementa: o TCU determinou ao Ministério da Saúde ***que - quando a movimentação da conta específica do convênio não se realizasse, exclusivamente, mediante cheque nominativo, ordem bancária, transferência eletrônica disponível ou outra modalidade de saque autorizada pelo Banco Central do Brasil, em que ficassem identificados sua destinação e, no caso de pagamento, o credor - se abstivesse de emitir parecer de aprovação de convênios****, de forma a atentar para o art. 20 da IN/STN-MF nº 01/97 (item 3.4, TC-015.104/2004-4, Acórdão nº 1.432/2006-2ª Câmara).*

DOU de 17.03.2006, S. 1, p. 90. Ementa: o TCU ***não aceitou o fato de uma prefeitura municipal ter e efetuado pagamento à empresa contratada, no dia seguinte à liberação dos recursos federais, de quase a totalidade do valor da obra*** *(cerca de 95% do valor contratado),* ***sem que a mesma estivesse fisicamente concluída****, contrariando os arts. 62 e 63 da Lei nº 4.320/64 e o art. 38 do Decreto nº 93.872/86 (item 4.1.1.9, TC--018.879/2005-5, Acórdão nº 498/2006-2ª Câmara).*

PREGÃO

*SÚMULA TCU nº 257 – "****O uso do pregão nas contratações de serviços comuns de engenharia encontra amparo na Lei nº 10.520/2002****".*

*SÚMULA TCU nº 177 – "****A definição precisa e suficiente do objeto licitado constitui regra indispensável da competição, até mesmo como pressuposto do postulado de igualdade entre os licitantes, do qual é subsidiário o princípio da publicidade, que envolve o conhecimento, pelos concorrentes potenciais, das condições básicas da licitação, constituindo, na hipótese particular da licitação para compra, a quantidade demandada uma das especificações mínimas e essenciais à definição do objeto do pregão.****"*

DOU de 06.03.2009, S. 1, p. 130. Ementa: determinação ao Museu Imperial para que atente para o contido no art. 49 da Portaria Interministerial/MP, MF e CGU nº 127, de 29.05.2008, quanto ao fato de que o convenente se sujeita, quando da execução de despesas com os recursos transferidos, às disposições da Lei nº 8.666/1993, especialmente em relação à licitação e ao contrato, ***admitida a modalidade de licitação prevista na Lei nº 10.520/2002, nos casos em que especifica, para as disposições do Decreto nº 2.271/1997, no que se refere à execução indireta das atividades atinentes aos órgãos e entidades integrantes da administração pública*** *(item 1.9.2, TC-014.273/2005-0, Acórdão nº 198/2009-Plenário).*

DOU de 30.06.2008, S. 1, p. 120. Ementa: o TCU determinou à SECTES/MG que, na utilização de recursos federais, ***não incluísse, em seus editais de licitação, cláusulas que restringissem a competitividade do certame licitatório, em atendimento ao art. 3º da Lei nº 8.666/1993, entre as quais a exigência de Certificado ISO 9001/2000, como ocorrido em alguns pregões****, contrariando a jurisprudência do TCU e o disposto no art. 3º, § 1º, inc. I, da Lei nº 8.666/1993 e Decisão nº 20/1998-Plenário (item 9.7.2.2, TC-023.504/2006-7, Acórdão nº 1.224/2008-Plenário).*

PROCESSO ADMINISTRATIVO

DOU de 11.03.2011, S. 1, p. 86. Ementa: alerta a um município ***para a necessidade, quando da execução de convênios que envolvam recursos federais, de montagem e composição de processo administrativo, referente à licitação, contratação ou ao pagamento de despesas****, de forma que assegure a confiabilidade das informações e dos documentos juntados aos autos, em cumprimento aos artigos 38, "caput" e seus incisos, e 40, § 1º, da Lei nº 8.666/1993 (item 9.6.2, TC-018.715/2005-2, Acórdão nº 1.404/2011-1ª Câmara).*

DOU de 23.02.2011, S. 1, p. 97. Ementa: recomendação à Caixa Econômica Federal no sentido de ***que anexe à pasta principal de cada contrato de repasse os documentos comprobatórios de toda movimentação da conta-corrente vinculada****, inclusive desbloqueio (item 9.1.1.10, TC-031.356/2007-5, Acórdão nº 393/2011-Plenário).*

DOU de 23.02.2011, S. 1, p. 97. Ementa: recomendação à Caixa Econômica Federal no sentido de ***que observe rigorosamente a cronologia dos documentos na organização da pasta principal de cada contrato de repasse*** *(itens 9.1.1.9, TC-031.356/2007-5, Acórdão nº 393/2011-Plenário).*

DOU de 23.02.2011, S. 1, p. 97. Ementa: recomendação à Caixa Econômica Federal no sentido de ***que faça constar no volume principal de cada contrato de repasse cópias dos documentos necessários ao entendimento/acompanhamento do processo****, como Laudo de Análise Técnica de Engenharia e Análise da Licitação, de modo a facilitar o* *entendimento do processo por pessoas que não façam parte dos quadros da Empresa (itens 9.1.1.8, TC-031.356/2007-5, Acórdão nº 393/2011-Plenário).*

*DOU de 01.12.2010, S. 1, p. 123. Ementa: alerta à ELETRONUCLEAR quanto **à necessidade de compor os processos de convênios, que possuam condicionantes de licenças ambientais impostas pelo IBAMA, com a inclusão de parecer técnico circunstanciado da Superintendência de Licenciamento e Meio Ambiente, atestando a adequação dos projetos apresentados às exigências da autarquia ambiental**, em conformidade com o disposto no art. 31 da Portaria Interministerial/MP, MF e CGU nº 127/2008 (item 9.2.4, TC 021.520/2010-0, Acórdão nº 7.817/2010-1ª Câmara).*

*DOU de 01.12.2010, S. 1, p. 123. Ementa: alerta à ELETRONUCLEAR quanto à **necessidade de incluir de forma tempestiva, nos processos administrativos correspondentes, toda a documentação necessária à comprovação da boa e regular execução de seus convênios**, em observância ao art. 58 da Portaria Interministerial/MP, MF e CGU nº 127/2008 (item 9.2.3, TC 021.520/2010-0, Acórdão nº 7.817/2010-1ª Câmara).*

*DOU de 01.12.2010, S. 1, p. 123. Ementa: alerta à ELETRONUCLEAR quanto à **necessidade de, ao celebrar convênios, formalizar e arquivar adequadamente os respectivos processos, rubricando e numerando sequencialmente todas as folhas**, conforme estabelece o § 4º do art. 22 da Lei nº 9.784/1999 (item 9.2.1, TC 021.520/2010-0, Acórdão nº 7.817/2010-1ª Câmara).*

*DOU de 02.10.2008, S. 1, p. 99. Ementa: determinação ao FUNGETUR **para que, em caso de impossibilidade de localização do processo de prestação de contas de um convênio, envide esforços para reconstituição da respectiva prestação de contas**, manifestando-se, em seguida, quanto à boa e regular aplicação desses recursos, **sem prejuízo de que seja instaurado processo administrativo para apuração de responsabilidades pelo seu extravio** (item 1.9, TC-018.875/2007-2, Acórdão nº 3.646/2008-2ª Câmara).*

*DOU de 19.06.2008, S. 1, p. 120. Ementa: o TCU determinou à Associação de Colonos de Pau dos Ferros/RN (ACOPAF) **que observasse que os processos licitatórios e de dispensa de licitação, realizados com recursos federais, devem ter suas folhas numeradas sequencialmente e rubricadas**, conforme determina o § 4º, art. 22 c/c o art. 69, da Lei nº 9.784/1999 (item 9.3.8, TC-017.353/2005-7, Acórdão nº 1.740/2008-2ª Câmara).*

DOU de 22.03.2007, S. 1, p. 102. Ementa: o TCU determinou à Fundação de Articulação e Desenvolvimento de Políticas Públicas para Pessoas Portadoras de

Deficiência e de Altas Habilidades no RS (FADERS) ***que, ao executar convênios cujos recursos fossem provenientes da União, protocolasse e numerasse sequencialmente todos os documentos que dessem entrada na Fundação, de modo a demonstrar, inequivocamente, a data de ingresso e a integralidade dos documentos apresentados, constituindo um processo administrativo no qual constassem, inclusive, os comprovantes da publicidade dada aos atos*** *(item 9.1, TC-024.729/2006-1, Acórdão nº 403/2007-2ª Câmara).*

DOU de 16.02.2007, S. 1, p. 308. Ementa: o TCU determinou à Irmandade da Santa Casa de Misericórdia de Vitória/ES ***que atentasse para o disposto nos art. 38 da Lei nº 8.666/1993 e 30, § 1º, da IN/STN-MF nº 01/1997, passando a autuar processos para cada aquisição, obra ou prestação de serviços oriundos de recursos repassados por meio de convênio****, mesmo nas hipóteses de aquisições com base em dispensa ou inexigibilidade de licitação (item 2, TC-023.244/2006-6, Acórdão nº 190/2007-1ª Câmara).*

*DOU de 18.04.2006, S. 1, p. 149. Ementa: o TCU determinou ao Município de Independência/***RS que autuasse, protocolasse e numerasse as páginas dos processos licitatórios realizados para aplicação de recursos provenientes de convênios, acordos, ajustes ou outros instrumentos congêneres***, firmados com órgãos ou entidades da Administração Pública Federal, em cumprimento, especialmente, às disposições dos arts. 38, 40, 41 e 61 da Lei nº 8.666/1993 (item 9.2, TC-014.568/2004-7, Acórdão nº 846/2006-2ª Câmara).*

PROGRAMAÇÃO ORÇAMENTÁRIA DA ENTIDADE CONVENENTE

DOU de 26.03.2007, S. 1, p. 75. Ementa: o TCU determinou a um município que, no trato de verba federal recebida por meio de convênio ou, ainda, de qualquer outro ajuste ou instrumento congênere, atentasse para o disposto no art. 167, inc. VI, da Constituição Federal, que ***veda o remanejamento ou a transferência de recursos de uma categoria de programação para outra ou de um órgão para outro, sem prévia autorização legislativa****, bem como procedesse à aplicação dos recursos em estrita consonância com o pactuado no respectivo ajuste firmado com a União (item 9.2, TC-014.553/2004-6, Acórdão nº 618/2007-1ª Câmara).*

DOU de 09.02.2007, S. 1, p. 96. Ementa: o TCU determinou à administração de um município que, no trato de verba federal recebida por meio de convênio, atentasse para o disposto no art. 167, inc. VI, da Constituição Federal, ***que veda o remanejamento ou a transferência de recursos de uma categoria de programação para outra ou de um***

órgão para outro, sem prévia autorização legislativa, *bem como para que procedesse à aplicação da verba em estrita consonância com o pactuado no respectivo ajuste firmado com a União (item 9.2, TC-014.832/2004-2, Acórdão nº 148/2007-1ª Câmara).*

PRORROGAÇÃO EX-OFÍCIO

DOU de 30.03.2012, S. 1, p. 209. Ementa: o TCU deu ciência à Caixa Econômica Federal, por intermédio da sua Gerência de Filial de Desenvolvimento Urbano em Natal (GIDUR/NA), ***quanto às prorrogações sucessivas e alongadas dos prazos originalmente fixados de três contratos de repasses,*** *com possíveis prejuízos para a integralidade dos respectivos objetos contratados, resultantes da majoração de preços dos insumos ao longo do tempo e por sujeição dos serviços então executados a intempéries, ressaltando que* ***a reincidência injustificada nessa ocorrência poderá ensejar a imposição de sanção aos agentes responsáveis em futuras ações de controle a serem empreendidas pelo TCU*** *(item 1.4.1, TC-021.051/2011-9, Acórdão nº 1.871/2012-2ª Câmara).*

DOU de 22.02.2012, S. 1, p. 109. Ementa: determinação à CODEVASF ***para que nas prorrogações "de ofício"*** *cumpra o art. 7º, inc. IV, da IN/STN-MF nº 01/1997, e o art. 30, inc. VI, da Portaria Interministerial/MP, MF e CGU nº 127/2008,* ***limitando-as ao exato período do atraso verificado*** *(item 9.2.1.4, TC-011.098/2008-0, Acórdão nº 278/2012-Plenário).*

DOU de 04.08.2010, S. 1, p. 89. Ementa: determinação à Caixa Econômica Federal para ***que cumpra os prazos de vigência dos contratos de repasse firmados, de modo a evitar prorrogações sucessivas e alongadas dos prazos originalmente fixados,*** *com possíveis prejuízos para a integralidade do objeto contratado, haja vista a provável majoração de preços dos insumos ao longo do tempo decorrido (item 1.5.2, TC-026.176/2008-4, Acórdão nº 3.918/2010-2ª Câmara).*

DOU de 07.07.2010, S. 1, p. 103. Ementa: alerta à SUDENE no sentido de ***que confira tratamento adequado às demandas de alocação de recursos para atender situação de emergência, já confirmadas pelas esferas estadual e federal, de modo a prevenir atraso injustificável entre o pleito e a liberação de recursos, a exemplo de uma demora de quase 10 meses*** *(item 9.4.3, TC-001.923/2008-4, Acórdão nº 3.971/2010-1ª Câmara).*

DOU de 10.07.2008, S. 1, p. 64. Ementa: o TCU determinou ao Fundo Nacional de Saúde (FNS) ***que se abstivesse de prorrogar de ofício a vigência de convênios nos quais***

***tivesse havido interrupção de repasses financeiros em razão da não apresentação de prestação de contas parciais**, promovendo-se, em caso de insucesso na obtenção dessa prestação de contas, a imediata rescisão do convênio, com a consequente instauração da devida tomada de contas especial (item 9.5, TC-018.627/2007-4, Acórdão nº 2.020/2008-2ª Câmara).*

*DOU de 03.04.2008, S. 1, p. 78. Ementa: o TCU determinou à Controladoria-Geral da União (CGU) **para, na condição de órgão central do Sistema de Controle Interno, disseminar a boa prática de fixação da vigência de convênios e outros instrumentos congêneres a partir da liberação dos recursos, a fim de evitar aditivos de prorrogação de prazo decorrentes de atraso no repasse efetuado pelo concedente federal** (item 9.3.3, TC-006.570/2005-0, Acórdão nº 793/2008-2ª Câmara)*

*DOU de 22.02.2008, S. 1, p. 99. Ementa: o TCU determinou à SETEC/MEC **que se abstivesse de alterar a vigência dos convênios após a expiração do seu prazo**, em cumprimento ao disposto no art. 15 da IN/STN-MF nº 01/1997 (item 1.7, TC-019.491/2006-0, Acórdão nº 220/2008-1ª Câmara).*

*DOU de 06.12.2006, S. 1, p. 104. Ementa: o TCU determinou à Fundação Nacional de Saúde **que prorrogasse, "de ofício", no caso de atraso no repasse dos recursos, a vigência do convênio, antes de sua expiração**, em conformidade com as prescrições do art. 7°, inc. IV, da IN/STN-MF n° 1/1997 (item 1.2.2, TC-017.111/2006-4, Acórdão nº 3.405/2006-1ª Câmara).*

*DOU de 20.07.2006, S. 1, p. 58. Ementa: o TCU determinou à FUNASA **que se abstivesse de tomar a iniciativa de propor a prorrogação da vigência de convênio, nos casos em que a formulação do pleito estiver adstrita a interesse peculiar do convenente local** (item 1.3, TC-018.308/2005-6, Acórdão nº 1.852/2006-2ª Câmara).*

*DOU de 05.10.2005, S. 1, p. 95. Ementa: o TCU recomendou que a Caixa Econômica Federal **não efetuasse a prorrogação da vigência dos contratos de repasse para os quais tivessem sido instauradas tomadas de contas especiais** (item 2.2, TC-007.111/2004-4, Acórdão n° 2.203/2005-1ª Câmara).*

PUBLICAÇÃO DE EXTRATOS DE EDITAIS DE LICITAÇÃO

*DOU de 30.04.2012, S. 1, p. 207. Ementa: determinação a um município **para que, quando da aplicação de recursos públicos federais, publique os editais de licitação em jornal de grande circulação no estado e no município**, se houver, nos termos* *do art. 21, III, da Lei nº 8.666/1993 (item 9.4.2, TC-010.878/2007-8, Acórdão nº 2.726/2012-2ª Câmara).*

DOU de 07.10.2011, S. 1, p. 139. Ementa: o TCU ***considerou como imprópria, numa gestão municipal de recursos federais recebidos mediante convênios ou instrumento congêneres, a não publicação do extrato de instrumento convocatório do certame em jornal diário de grande circulação no estado****, contrariando o disposto no art. 21, inc. III, da Lei nº 8.666/1993 (item 9.4.1.2, TC-005.527/2007-1, Acórdão nº 8.891/2011-1ª Câmara).*

DOU de 19.08.2010, S. 1, p. 107. Ementa: alerta a um município para ***que, na execução de convênios federais - nos casos das concorrências, das tomadas de preços, dos concursos e dos leilões - publique o resumo do edital****, em jornal diário de grande circulação, conforme dispõe o art. 21, inc. III, da Lei nº 8.666/1993, como forma de garantir o princípio da publicidade da licitação (item 1.5.1.3, TC-002.471/2008-9, Acórdão nº 4.293/2010-2ª Câmara).*

DOU de 13.07.2010, S. 1, p. 135. Ementa: alerta a uma prefeitura no sentido de ***que é obrigatória a publicação do edital de licitações com recursos federais, em jornais de grande circulação de âmbito regional, bem como no Diário Oficial da União****, sob pena de nulidade, conforme dispõe o art. 21 da Lei nº 8.666/1993 (item 1.4.1.2, TC--010.656/2010-3, Acórdão nº 3.354/2010-2ª Câmara).*

DOU de 21.08.2009, S. 1, p. 130. Ementa: determinação à Caixa Econômica Federal para ***que exija das prefeituras beneficiárias de contratos de repasses a comprovação da realização da publicidade dos certames, com a indicação do jornal e da data em que foi feita a publicação, juntando a página inteira no respectivo processo****, de modo a permitir a verificação do disposto no art. 21 da Lei nº 8.666/1993 e a verificar o cumprimento das exigências correlatas à modalidade licitatória correspondente (item 1.5.2, TC-020.208/2004-0, Acórdão nº 4.203/2009-2ª Câmara).*

DOU de 29.05.2009, S. 1, p. 138. Ementa: recomendação à Caixa Econômica Federal para ***que promova ajustes nos normativos e oriente as suas Unidades Regionais de forma que****, quando da apreciação das prestações de contas dos contratos de repasse,* ***haja manifestação expressa sobre o aspecto da legalidade dos certames licitatórios lançados pelas administrações municipais, dando-se especial atenção para a juntada de cópia dos comprovantes de publicação dos resumos dos Editais e dos resultados das licitações realizadas pela municipalidade****, que comprovem o cumprimento dos dispostos na Lei nº 8.666/1993, art. 3º, § 3º c/c arts. 21 e 26 (item 9.3, TC-025.047/2006-6, Acórdão nº 1.124/2009-Plenário).*

DOU de 07.03.2008, S. 1, p. 99. Ementa: o TCU determinou a uma prefeitura municipal ***que, quando da realização de licitação que envolvesse recursos federais, observasse os dispositivos legais constantes do art. 21 da Lei nº 8.666/1993, no sentido de proceder à publicação do edital no Diário Oficial da União*** *(item 1.1, TC-002.424/2007-0, Acórdão nº 467/2008-1ª Câmara).*

DOU de 04.10.2007, S. 1, p. 68. Ementa: o TCU determinou a uma prefeitura municipal ***que, doravante, quando da realização de licitações que envolvessem recursos federais, observasse as disposições legais pertinentes, particularmente as constantes do art. 21 da Lei nº 8.666/1993, no sentido de proceder à publicação do edital no Diário Oficial da União*** *(item 4.1, TC-014.909/2006-6, Acórdão nº 2.980/2007-1ª Câmara).*

DOU de 27.07.2007, S. 1, p. 93. Ementa: o TCU determinou à CIGÁS ***que publicasse os avisos contendo o resumo dos editais de licitação no Diário Oficial da União, quando se tratasse de obras financiadas parcial ou totalmente com recursos federais ou garantidas por instituições federais, bem como em jornal diário de grande circulação no Estado****, nos termos do art. 21, incisos I e III, da Lei nº 8.666/1993 (item 9.1.6, TC-009.528/2007-7, Acórdão nº 1.429/2007-Plenário).*

DOU de 13.07.2007, S. 1, p. 135. Ementa: o TCU determinou a uma prefeitura municipal ***que, ao realizar licitações na modalidade prevista no art. 23, inc. I, da Lei nº 8.666/1993 (para obras e serviços de engenharia), quando envolvesse recursos federais, atentasse para o disposto no art. 21, inc. I, dessa norma legal, com relação à necessidade de publicação do aviso contendo o resumo do edital do certame no Diário Oficial da União*** *(item 9.2.2, TC-002.681/2007-8, Acórdão nº 1.351/2007-Plenário).*

DOU de 22.06.2006, S. 1, p. 107. Ementa: o TCU determinou a uma prefeitura municipal ***que, quando da gestão de recursos federais descentralizados mediante convênios (na condição de convenente), observasse a necessidade de publicar os editais das concorrências e tomadas de preços****, durante três dias consecutivos, obrigatória e contemporaneamente, no Diário Oficial da União, quando se tratar de licitação para obras, compras e serviços financiados parcial ou totalmente com recursos federais (item 1.1.2, TC-011.169/2006-7, Acórdão nº 1.529/2006-1ª Câmara).*

DOU de 26.10.2005, S. 1, p. 73. Ementa: o TCU determinou ao gestor do Município de Ceará-Mirim/RN ***que, na condição de convenente, publicasse os avisos de licitação contendo os resumos dos editais em jornal diário de grande circulação no Estado****, e também, se houver, no Município ou na região onde será realizada* *a obra, prestação de serviço ou adquirido o bem (item 1.1, TC-012.454/2004-9, Acórdão n° 2.453/2005-1ª Câmara).*

REPASSES DE PARCELAS

DOU de 22.11.2010, S. 1, p. 118. Ementa: alerta à SUDAM ***quanto à necessidade de, nos convênios, atentar que,*** *nos termos do art. 42, "caput", da Portaria Interministerial/ MP, MF e CGU nº 127/2008,* ***a liberação de recursos deve obedecer ao cronograma de desembolso previsto no Plano de Trabalho e guardar consonância com as metas e fases ou etapas de execução do objeto do convênio, de modo a evitar o repasse em parcela única*** *(item 1.5.3.2, TC-018.920/2007-0, Acórdão nº 7.551/2010-1ª Câmara).*

DOU de 07.07.2010, S. 1, p. 103. Ementa: alerta à SUDENE no sentido de que confira tratamento adequado às demandas de alocação de recursos para atender situação de emergência, já confirmadas pelas esferas estadual e federal, ***de modo a prevenir atraso injustificável entre o pleito e a liberação de recursos****, a exemplo de uma demora de quase 10 meses (item 9.4.3, TC-001.923/2008-4, Acórdão nº 3.971/2010-1ª Câmara).*

DOU de 04.12.2009, S. 1, p. 242. Ementa: informação no sentido ***de que cabe à Caixa Econômica Federal o acompanhamento da execução operacional do convênio e a liberação de parcelas, aí incluídos, por exemplo, a verificação da compatibilidade do projeto aprovado com o projeto licitado, no que se refere ao objeto e aos custos praticados; a verificação no processo licitatório da documentação referente à adjudicação, à ata de homologação, à comprovação da realização da publicidade do certame, bem como o respectivo enquadramento do objeto contratado com o efetivamente licitado, mas não a análise da integral legalidade do procedimento licitatório*** *(item 9.2, TC-015.316/2006-2, Acórdão nº 6.564/2009-2ª Câmara).*

DOU de 04.12.2009, S. 1, p. 233. Ementa: determinação à EMBRATUR para que observe o disposto no art. 42 da Portaria Interministerial nº 127/2008, ***abstendo-se de liberar recursos de convênios em uma única parcela, quando o cronograma de execução estabelecer mais de uma etapa para a consecução do objeto*** *(item 1.5.1.4, TC--020.255/2009-0, Acórdão nº 6.527/2009-2ª Câmara).*

DOU de 28.08.2009, S. 1, p. 148. Ementa: determinação à EMBRATUR para ***que, ao liberar recursos em valores inferiores ao acordado inicialmente em instrumento de convênio, não autorize a redução da contrapartida*** *com o propósito único de ajustamento ao novo valor total (item 9.7.13, TC-014.392/2004-3, Acórdão nº 1.934/2009-Plenário).*

DOU de 10.07.2009, S. 1, p. 126. Ementa: determinação à Superintendência Regional Recife, da Caixa Econômica Federal, para ***que mantenha rigoroso controle da liberação de recursos oriundos de contratos de repasse, para que esta somente ocorra mediante autorização prévia, após atestada a execução física referente à parcela a ser retirada*** *(item 9.3, TC-011.495/2004-7, Acórdão nº 3.651/2009-2ª Câmara).*

DOU de 20.03.2009, S. 1, p. 111. Ementa: recomendação ao FNS para ***que evite repassar aos municípios valor inferior ao pactuado no plano de trabalho constante dos convênios celebrados****, de modo que não sejam inviabilizados os objetos originalmente pactuados com os destinatários dos recursos federais (item 9.3, TC-013.321/2007-1, Acórdão nº 1.064/2009-2ª Câmara).*

DOU de 14.08.2008, S. 1, p. 89. Ementa: o TCU determinou à Secretaria de Políticas Públicas de Emprego ***que celebrasse aditamento de convênios, para que a liberação de recursos fosse realizada de acordo com os cronogramas dos planos de trabalho, quando houvesse exiguidade de tempo para a definição do limite orçamentário em face de contingenciamento de recursos*** *(item 1.1.6, TC-019.990/2005-2, Acórdão nº 2.526/2008-1ª Câmara).*

DOU de 12.06.2008, S. 1, p. 122. Ementa: o TCU determinou à Caixa Econômica Federal que, quando a descentralização de recursos federais estivesse condicionada ao ateste da execução física de cada etapa do empreendimento, atentasse a essa necessidade, de modo a ***evitar a liberação de recursos em valores superiores aos efetivamente devidos****, a exemplo do ocorrido num contrato de repasse firmado com um município mineiro (item 9.5, TC-000.484/2005-3, Acórdão nº 1.619/2008-2ª Câmara).*

DOU de 06.06.2008, S. 1, p. 91. Ementa: o TCU determinou ao Ministério do Esporte ***que, em atenção ao princípio da prudência administrativa, dividisse, sempre que possível, a liberação dos recursos do programa Segundo Tempo em mais de duas parcelas****, de modo a intercalar as liberações com a apresentação de prestação de contas parciais (item 9.1.4, TC-013.016/2007-5, Acórdão nº 1.036/2008-Plenário).*

DOU de 16.05.2008, S. 1, p. 100. Ementa: o TCU determinou à Caixa Econômica Federal ***que alterasse as suas normas internas, de forma a não mais permitir repasses ou liberações de recursos em período eleitoral****, relativos a contratos de repasse, cujos objetos compreendessem a aquisição de bens, a exemplo da aquisição de patrulhas mecanizadas, de interesse do Ministério da Agricultura, Pecuária e Abastecimento (item 1, TC-020.129/2006-0, Acórdão nº 862/2008-Plenário).*

DOU de 18.04.2008, S. 1, p. 111. Ementa: o TCU determinou à Caixa Econômica Federal e ao MDA que adotassem providências para ***que recursos não fossem liberados***

para execução de projetos cuja viabilidade estivesse condicionada a fatores infraestruturais *(instalação de energia elétrica, via de acesso/escoamento, entre outros), sem que antes fosse adequadamente demonstrada a superação do entrave, a fim de assegurar a efetividade da aplicação dos recursos e evitar situações como a verificada num contrato de repasse, em relação à viabilidade de atendimento por concessionária de energia elétrica (item 1.2.2, TC-006.205/2005-6, Acórdão nº 645/2008-Plenário).*

DOU de 10.04.2008, S. 1, p. 87. Ementa: o TCU determinou ao FNDE ***que evitasse repassar aos municípios valor inferior ao pactuado no plano de trabalho*** *constante dos convênios celebrados, de modo que não fossem inviabilizados os objetos originalmente pactuados com os destinatários dos recursos federais (item 9.2, processo nº 003.522/2003--3, Acórdão nº 923/2008-2ª Câmara).*

DOU de 05.06.2007, S. 1, p. 82. Ementa: o TCU determinou ao DNIT ***que se abstivesse de efetuar transferências, pagamentos e assinar aditivos relativos a instrumentos cujas prestações de contas parciais não tenham sido apresentadas e/ou aprovadas*** *(item 9.13.3, TC-005.454/2001-4, Acórdão nº 1.019/2007-Plenário).*

DOU de 06.11.2006, S. 1, p. 88. Ementa: o TCU determinou ao Ministério da Integração Nacional ***que, na execução de Portarias/Convênios e Planos de Trabalho, se abstivesse de realizar transferências financeiras em desacordo com o previsto no cronograma de desembolso*** *constante dos documentos celebrados (item 9.1.2, TC--007.690/2006-1, Acórdão nº 2.020/2006-Plenário).*

DOU de 10.07.2006, S. 1, p. 76. Ementa: o TCU determinou ao Fundo Nacional de Saúde ***que se abstivesse de autorizar a continuidade da liberação de recursos financeiros concedidos no âmbito de convênios e ajustes similares quando presentes indícios ou evidências, devidamente noticiados pelo setor competente de análise de contas****, do descumprimento de medidas assinaladas como essenciais à aprovação de prestação de contas parcial e, nesse sentido, prévias à liberação dos recursos, nos termos dos arts. 32 e 35 da IN/STN-MF n° 01/1997 (item 9.4.2, TC-002.880/2006-3, Acórdão nº 1.816/2006-1ª Câmara).*

DOU de 10.07.2006, S. 1, p. 66. Ementa: o TCU determinou à EMBRATUR ***que envidasse esforços operacionais para que os repasses de recursos oriundos de convênios ocorressem em datas compatíveis à realização do objeto****, em especial àqueles com datas predefinidas e inadiáveis (item 2.1, TC-000.525/2006- 6, Acórdão nº 1.766/2006-1ª Câmara).*

DOU de 27.03.2006, S. 1, p. 104. Ementa: o TCU determinou ao Ministério da Saúde ***que somente celebrasse convênios federais com os convenentes após a devida***

***disponibilização financeira, no intuito de cumprir, com rigor, os cronogramas de desembolso aprovados**, objetivando a execução contínua dos objetos conveniados (item 6.1.2, TC-017.935/2005-1, Acórdão nº 608/2006-2ª Câmara).*

*DOU de 10.02.2006, S. 1, p. 112. Ementa: o TCU determinou à Capitania dos Portos do Ceará **que, em se tratando de convênios, não efetivasse a apropriação de retenções de impostos e contribuições sociais diversas a título de pagamentos a terceiros sem o indispensável amparo legal, de forma a assegurar ao convenente o repasse dos recursos financeiros pactuados na forma prevista nos normativos legais** (item 9.2.1, TC-017.214/2001-0, Acórdão n° 128/2006-2ª Câmara).*

*DOU de 02.02.2006, S. 1, p. 34. Ementa: o TCU determinou à FUNASA que, **em atenção ao princípio da prudência administrativa e sempre que a execução física permitir e a materialidade do convênio indicar a conveniência, dividisse a liberação dos recursos em três ou mais parcelas**, de modo a intercalar as liberações com apresentação de prestações de contas parciais (caput art. 21, c/c § 2º do mesmo artigo, da IN/STN-MF nº 01/97) (item 1.9, TC-018.120/2005-0, Acórdão nº 11/2006-2ª Câmara).*

*DOU de 13.10.2005, S. 1, p. 95. Ementa: o TCU determinou à Secretaria Especial de Políticas para as Mulheres **que se abstivesse de liberar recursos financeiros aos convenentes em desacordo com o cronograma de desembolso do respectivo convênio** (item 2, TC-007.045/2004-7, Acórdão n° 2.285/2005-1ª Câmara).*

RETENÇÕES TRIBUTÁRIAS

*DOU de 06.12.2012, S. 1, ps. 140 e 141. Ementa: o TCU deu ciência a um município **sobre falha/impropriedade, na execução de convênio, caracterizada pela falta de retenção e recolhimento de tributos (INSS e ISS) em pagamentos de faturas referentes a medições efetuadas pela prefeitura municipal em favor de empresa privada do ramo de construções**, relativamente à construção de escola de educação infantil do Programa Proinfância (item 1.6.1.7, TC-037.310/2011-9, Acórdão nº 3.202/2012-Plenário).*

*DOU de 25.09.2009, S. 1, p. 74. Ementa: determinação à Secretaria de Recursos Hídricos e do Meio Ambiente do Estado do Tocantins para **que, quando da realização de despesas que envolvam recursos federais, exija que os documentos comprobatórios de despesas contenham a devida especificação dos tributos incidentes/retidos/recolhidos sobre os valores ali indicados, assim como que a empresa apresente documentação comprobatória do recolhimento de tais tributos** (item 9.2.3, TC-012.690/2009-7, Acórdão nº 2.222/2009-Plenário).*

DOU de 10.07.2009, S. 1, p. 121. Ementa: determinação à FUNASA para que exerça rigorosa fiscalização ***na execução dos contratos/convênios que envolvam prestações de serviços afetos às suas atribuições institucionais, especialmente no que tange à obrigatoriedade da entidade contratada/conveniada arcar com todas as despesas, diretas e indiretas, decorrentes de obrigações trabalhistas dos empregados terceirizados****, de forma a evitar a responsabilização subsidiária preconizada pelo inciso IV da Súmula/TST nº 331 (item 1.5.2.2, TC-007.897/2007-1, Acórdão nº 3.619/2009-2ª Câmara).*

DOU de 18.09.2008, S. 1, p. 120. Ementa: determinação à ELETRONORTE, relativamente a um convênio celebrado com a Associação Programa São Marcos (APSM), para ***que exija da APSM o recolhimento das retenções legais (INSS, ISS, IRRF, entre outros) pertinentes a serviços prestados/bens adquiridos desde 2004, com o objetivo de regularizar a situação fiscal da entidade****, de forma a garantir a continuidade dos repasses e evitar responsabilidade solidária da ELETRONORTE, em consonância com o Parecer Jurídico/PCJD Nº 0040/2007 (item 1.3.2, TC-018.222/2007-6, Acórdão nº 3.367/2008-2ª Câmara).*

DOU de 07.07.2008, S. 1, p. 132. Ementa: o TCU determinou a um município ***que, quando da execução de obras custeadas com recursos de convênios celebrados com a União, adotasse as providências cabíveis com vistas à retenção, quando do pagamento dos serviços executados, dos encargos previdenciários devidos pelas empresas contratadas****, conforme previsto no art. 31 da Lei nº 8.212/1991 e ante o disposto no art. 71, § 2º, da Lei nº 8.666/1993 (item 9.2, TC-009.507/2006-9, Acórdão nº 2.122/2008-1ª Câmara).*

DOU de 20.06.2008, S. 1, p. 118. Ementa: o TCU determinou ao Governo do Estado do Acre ***que providenciasse a retenção e repasse do ISSQN, na qualidade de responsável tributário****, nos casos previstos nos incisos I e II, § 2º, art. 6º da Lei Complementar Federal nº 116/2003,* ***quando os recursos utilizados para o pagamento de contratos envolvessem recursos decorrentes de convênios celebrados junto ao Governo Federal*** *(item 1.1, TC-006.114/2008-4, Acórdão nº 1.911/2008-1ª Câmara).*

DOU de 04.10.2007, S. 1, p. 69. Ementa: o TCU optou por comunicar à Secretaria da Receita Federal do Brasil, criada pela Lei nº 11.457/2007, ***que, no bojo de um relatório de fiscalização, restou evidenciado que uma prefeitura municipal não efetuara a retenção nem tampouco recolhera ao Instituto Nacional do Seguro Social (INSS) o percentual de 11% sobre o valor bruto das notas fiscais ou recibos emitidos por pessoas jurídicas pela prestação de serviços de construção civil, custeados com recursos federais,*** *em desobediência às prescrições contidas nos seguintes normativos:*

Lei nº 8.212/1991, Portaria Interministerial MF/MPAS nº 5.402/1999 e Portaria MPAS nº 727/2003 (item 1.2, TC-020.335/2006-9, Acórdão nº 2.988/2007-1ª Câmara).

SEGREGAÇÃO DE FUNÇÕES

DOU de 11.03.2011, S. 1, p. 86. Ementa: alerta a um município para a necessidade de observar, quando da execução de convênios que envolvam recursos federais, a adoção de providências que resguardem a segurança do processo, evitando a ocorrência de situações como a verificada pelo TCU, em ***que o então Secretário de Finanças exerceu múltiplas atividades, inclusive como membro de comissão de licitação, em desrespeito ao princípio da segregação de funções*** *(item 9.6.4, TC-018.715/2005-2, Acórdão nº 1.404/2011-1ª Câmara).*

SIGILO BANCÁRIO

DOU de 18.05.2007, S. 1, p. 75. Ementa: ***o TCU firmou entendimento de que o sigilo bancário de que trata a Lei Complementar nº 105/2001 não se aplica às informações referentes a contas específicas, abertas exclusivamente para movimentação de recursos descentralizados pela União****, mediante convênios, acordos, ajustes, termos de parceria ou outros instrumentos congêneres federais (item 9.3, TC-023.232/2006-5, Acórdão nº 877/2007-Plenário).*

DOU de 05.04.2007, S. 1, p. 112. Ementa: o TCU determinou à Caixa Econômica Federal que orientasse suas superintendências regionais e suas unidades jurídicas quanto à necessidade do pronto atendimento às diligências e fiscalizações do TCU relacionadas aos contratos de repasse celebrados com estados e municípios, em que a instituição financeira atuasse na condição de mandatária da União, com fundamento no Decreto n° 1.819, de 16.02.1996, ***salientando que essas operações não estão protegidas pelo sigilo bancário previsto na Lei Complementar n° 105/2001****, e que observassem a competência constitucional e legal daquela Corte de Contas, previstas no art. 71, incisos II e VI, da Constituição Federal, e no art. 5°, incisos I, VI e VII, da Lei n° 8.443/92 (item 6.1, TC-006.755/2004-7, Acórdão nº 582/2007-2ª Câmara).*

SUBCONVÊNIOS

DOU de 12.04.2012, S. 1, p. 113. Ementa: alerta ao Departamento Nacional do SEBRAE que, quando da análise da prestação de contas final do convênio celebrado com uma associação hoteleira, ***atente para o fato de que, para a execução de atividades no âmbito do acordo, a entidade celebrou convênio com a ANFUP, substabelecendo grande parte das obrigações do acordo firmado com o SEBRAE, o que configura afronta ao princípio da razoabilidade*** *e ao art. 28 do Regulamento de Licitações e Contratos do SEBRAE (item 9.9.2, TC-031.863/2008-5, Acórdão nº 793/2012-Plenário).*

DOU de 30.03.2012, S. 1, p. 192. Ementa: determinação à Diretoria Executiva do Fundo Nacional de Saúde para que, com auxílio do Departamento Nacional de Auditoria do SUS (DENASUS), ***promova estudos com vistas a verificar a possibilidade de formular e implantar mecanismos aplicáveis às fases de análise de propostas e acompanhamento da execução de convênios e instrumentos congêneres, destinados a obstar o beneficiamento de entes e entidades impedidos de receber recursos federais mediante a transferência indireta de recursos federais do SUS, na forma dos chamados "subconvênios"*** *(item 9.2, TC 014.753/2011-1, Acórdão nº 1.508/2012-1ª Câmara).*

DOU de 15.12.2010, S. 1, p. 189. Ementa: alerta a uma prefeitura municipal quanto a impropriedade constatada em procedimentos, com recursos provenientes da União Federal, ***quanto a necessidade de inserção de comandos, em convênios celebrados com organizações não governamentais, destinados a conferir ao município a coordenação e supervisão da execução do objeto desses ajustes, funções que devem ser exercidas pelos convenentes, descumprindo os princípios constitucionais da legalidade, impessoalidade e moralidade,*** *previstos no "caput" do art. 37 da CF/1988 (item 1.6.2, TC-012.245/2009-0, Acórdão nº 7.360/2010-2ª Câmara).*

DOU de 15.12.2010, S. 1, p. 189. Ementa: alerta a uma prefeitura municipal quanto ***a impropriedade constatada em procedimentos, com recursos provenientes da União Federal, relativos a pagamentos de prestações de serviço decorrentes de subconvênios celebrados com organizações não governamentais sem que haja comprovações efetivas quanto a sua realização*** *(os pagamentos referentes a cursos devem conter elementos como conteúdo programático, "curriculum vitae" do instrutor, lista de presença dos participantes), descumprindo os arts. 62 e 63, § 2º, inc. III, da Lei nº 4.320/1964 (item 1.6.1, TC-012.245/2009-0, Acórdão nº 7.360/2010-2ª Câmara).*

DOU de 14.08.2009, S. 1, p. 154. Ementa: informação ao Estado de Pernambuco no sentido de ***que poderá ressarcir-se dos valores devidos à União adotando as providências cabíveis junto aos então titulares dos municípios inadimplentes, com os quais celebrou subconvênios*** *(item 9.7, TC-000.625/2005-3, Acórdão nº 4.135/2009-1ª Câmara).*

DOU de 30.01.2009, S. 1, p. 146. Ementa: determinação à FUNASA para que efetue, nas análises das prestações de contas dos convênios realizados no âmbito do Projeto Vigisus, ***acompanhamento de cada um dos subconvênios que a Secretaria de Saúde celebra com os municípios*** *e apresente os resultados do referido acompanhamento nas contas anuais (item 1.5.2, TC-009.660/2008-8, Acórdão nº 104/2009-1ª Câmara).*

DOU de 05.12.2008, S. 1, p. 140. Ementa: determinação ao Governo do Estado da Bahia para ***que, quando do repasse a municípios ou outras entidades, de verbas federais oriundas de convênio, inclua cláusulas vedando o pagamento de taxas de administração em termos que porventura venham a ser firmados por esses com terceiros****, de acordo com o art. 8º, inc. I, da IN/STN-MF nº 01/1997 (item 1.5.2, TC--024.201/2008-0, Acórdão nº 5.243/2008-1ª Câmara).*

DOU de 20.06.2008, S. 1, p. 118. Ementa: o TCU determinou à Secretaria do Estado de Saúde do Acre (SESACRE) ***que, nos próximos convênios que viesse a celebrar com entidades ou órgãos federais, cuja aplicação dos recursos se fizesse por meio de subconvênios com outros órgãos ou entidades, adotasse providências no sentido de****: a)* ***acompanhar a aplicação dos recursos repassados a outros órgãos ou entidades, de forma a garantir a fiel execução do ajuste****, em obediência ao art. 23 da IN/STN--MF nº 01/1997; b)* ***exigir, dos convenentes, a abertura de conta bancária específica para a movimentação dos recursos federais****, conforme estabelece o art. 20 da IN/STN-MF nº 01/1997; c)* ***orientar os convenentes a realizarem as devidas licitações nas hipóteses exigidas pela Lei nº 8.666/1993****, em consonância com o disposto no art. 27, da IN/STN-MF nº 01/1997; d)* ***orientar os convenentes a identificar os documentos comprobatórios das despesas com o número e título do convênio****, em conformidade com o art. 30 da IN/STN-MF nº 01/1997 (item 1, TC-011.589/2007-0, Acórdão nº 1.912/2008-1ª Câmara).*

DOU de 06.06.2008, S. 1, p. 93. Ementa: o TCU determinou a uma prefeitura municipal ***que, ao lançar concursos para seleção de projetos, com vistas à assinatura de termo de parceria com organização da sociedade civil de interesse público*** *(OSCIP), nos termos do art. 23 do Decreto n° 3.100/1999,* ***para execução do Serviço de Atendimento de Urgência (SAMU)****, de que trata o Decreto n° 5.055/2004,* ***observasse o disposto no art. 30 daquele decreto, bem como o art. 10, § 1º, da Lei n° 9.790/1999*** *(item 9.3, TC-021.035/2005-9, Acórdão nº 1.039/2008-Plenário).*

DOU de 16.02.2007, S. 1, p. 308. Ementa: o TCU recomendou à Secretaria de Estado da Saúde do Tocantins ***que, ao gerir recursos públicos federais oriundos de convênio, acordo ou ajuste, observasse, dentre outras, a necessidade de justificar a transferência de recursos para entidades beneficentes sem fins lucrativos****, sempre* *que fosse firmado entre estas e a Secretaria de Estado da Saúde um contrato para que estas executassem, no lugar do convenente, parte do objeto do convênio federal (item 4, TC-023.495/2006-6, Acórdão nº 185/2007-1ª Câmara).*

SUPRIMENTO DE FUNDOS

DOU de 17.04.2008, S. 1, p. 75. Ementa: o TCU determinou à FUNASA ***que não admitisse a utilização de suprimento de fundos (saques em espécie) na execução de seus convênios****, por expressa afronta ao disposto no art. 20, "caput", da IN/STN-MF nº 01/1997, sob pena de responsabilização (item 3.1.10, TC-018.011/2005-5, Acórdão nº 958/2008-2ª Câmara).*

DOU de 17.03.2006, S. 1, p. 89. Ementa: o TCU determinou ao Centro de Estudos de Cultura Negra/ES ***que, doravante, quando do trato de recursos públicos federais, fizesse constar dos recibos, em se tratando de concessão de recursos a título de adiantamento, o nome do suprido, cargo, data da concessão, período em que devem ser prestadas contas, número do cheque emitido para saque do valor, documentos probatórios das despesas, entre outros*** *(item 3.7, TC-000.798/2006-3, Acórdão nº 497/2006-2ª Câmara).*

TERMO ADITIVO A CONTRATOS ADMINISTRATIVOS SOB RESPONSABILIDADE DO CONVENENTE

DOU de 11.10.2010, S. 1, p. 130. Ementa: determinação à Companhia de Transportes de Salvador (CTS), com fundamento no art. 61, parágrafo único, da Lei nº 8.666/1993, ***para que publique no Diário Oficial da União os termos aditivos aos contratos custeados com recursos federais de um convênio de 2007 firmados com dois consórcios e com uma empresa de engenharia*** *(item 9.1.4, TC-007.523/2010-6, Acórdão nº 2.681/2010-Plenário).*

DOU de 29.05.2009, S.1, ps. 184 e 185. Ementa: determinação ao Governo do Estado do Acre para ***que, na execução de convênios, ajustes ou outros instrumentos congêneres, que contem com aporte de recursos federais,*** *observe, na lavratura de contratos originados a partir do regular procedimento licitatório, os valores homologados e adjudicados na licitação e, quando achar mais conveniente firmar instrumentos contratuais em montante inferior ao licitado,* ***abstenha-se de formalizar posteriores termo(s) aditivo(s) em valores superiores ao percentual previsto no art. 65, §§ 1º e 2º, da Lei nº 8.666/1993****, mesmo que o montante total (contrato + aditivo) guarde relação com os valores inicialmente licitados (item 1.5.1.1, TC-005.883/2002-6, Acórdão nº 2.586/2009-2ª Câmara).*

TERMO ADITIVO AO CONVÊNIO

DOU de 10.12.2012, S. 1, p. 194. Ementa: determinação a um município para que, na gestão de verba federal recebida por meio de transferências voluntárias, cumpra os termos do plano de trabalho avençado, ***abstendo-se de promover alterações no objeto pactuado sem obter prévia anuência do órgão ou da entidade concedente*** *(item 1.7.1, TC-009.917/2012-8, Acórdão nº 9.184/2012-2ª Câmara).*

DOU de 13.04.2011, S. 1, ps. 76 e 77. Ementa: alerta à FURG para ***que formalize um único convênio/contrato por projeto, alterando o plano de trabalho e celebrando termos aditivos ao longo de sua execução, se necessário, evitando a formalização de instrumentos específicos para o repasse dos recursos às fundações de apoio por elemento de despesa*** *(item 1.6.10, TC-027.439/2010-0, Acórdão nº826/2011--Plenário).*

DOU de 05.04.2011, S. 1, p. 111. Ementa: determinação a um município ***para que se abstenha de promover alterações em convênios sem a apresentação de proposta, devidamente formalizada e justificada, ao concedente****, nos termos do art. 37 da Portaria Interministerial/MP, MF e CGU nº 127, de 29.05.2008 (item 9.4, TC--007.691/2009-3, Acórdão nº 1.916/2011-1ª Câmara).*

DOU de 15.02.2011, S. 1, p. 119. Ementa: recomendação à FUNASA no sentido de ***que exija dos convenentes a apresentação de justificativa para prorrogação dos prazos de vigência dos convênios****, tendo em vista o disposto no art. 37 da Portaria Interministerial/MP, MF e CGU nº 127/2008 (item 1.6, TC-028.976/2009-5, Acórdão nº 676/2011-2ª Câmara).*

DOU de 02.12.2010, S. 1, p. 172. Ementa: alerta ao Fundo Nacional de Saúde no sentido ***de que a sucessiva prorrogação de vigência de convênio que esteja com execução de seu objeto ignorada e não documentada, caracteriza inobservância do dever de cautela e dos princípios da razoabilidade e legitimidade na sua ação gerencial e de controle****, o que sujeita seus responsáveis às penalidades previstas na Lei nº 8.443/1992 (item 9.6, TC-012.453/2009- 2, Acórdão nº 7.057/2010-2ª Câmara).*

DOU de 02.12.2010, S. 1, p. 164. Ementa: determinação à Secretaria de Qualidade Ambiental nos Assentamentos Humanos do MMA para ***que realize análise criteriosa dos Planos de Trabalho e respectivos Projetos Básicos/Executivos constantes dos convênios em que atue como concedente, de forma a garantir a inclusão de todos os serviços/itens necessários ao regular funcionamento do objeto, e alcance dos objetivos propostos, atentando para a retirada e/ou inclusão de serviços/itens em***

caso de aditivação do ajuste firmado *(item 9.7, TC-022.700/2007-2, Acórdão nº 7.025/2010-2ª Câmara).*

DOU de 25.08.2010, S. 1, p. 117. Ementa: determinação a um município para ***que, na hipótese de se verificar a necessidade da implementação de alterações no objeto de convênios ou ajustes congêneres, custeados com recursos federais, busque autorização prévia do concedente para implementação da respectiva modificação****, em respeito à legislação vigente e aos termos do instrumento pactuado (item 9.2, TC-007.698/2009-4, Acórdão nº 4.624/2010-2ª Câmara).*

DOU de 09.06.2010, S. 1, p. 111. Ementa: determinação ao Gabinete do Ministro (GM/MTE) para ***que, quando da celebração de termos aditivos com modificação do plano de trabalho, abstenha-se de alterar o plano de aplicação e cronograma de desembolso concernentes a exercícios pretéritos*** *a fim de possibilitar a análise quanto à eficiência e à eficácia do planejamento originalmente proposto (item 9.5.7, TC-009.864/2004-5, Acórdão nº 2.797/2010-2ª Câmara).*

DOU de 13.05.2010, S. 1, ps. 106 e 107. Ementa: determinação à CEF para que, por ocasião da celebração de contratos de repasse ou durante o acompanhamento dos contratos de repasse que celebrar, exija dos beneficiários ***que, em caso de quaisquer alterações no projeto ou no orçamento aprovado por ocasião da celebração do contrato de repasse, seja por necessidade de modificação de especificações, seja para complementar o que excepcionalmente deixou-se de prever, procedam à comunicação desse fato à instituição financeira, bem como à apresentação do projeto modificado, ainda que não implique custos adicionais à instituição, pois sem ele se torna mais difícil a fiscalização de sua execução*** *(item 9.3.2, TC-015.059/2001-2, Acórdão nº 941/2010-Plenário).*

DOU de 01.04.2010, S. 1, p. 160. Ementa: determinação à Fundação Cultural Palmares para ***que se abstenha de celebrar termos aditivos de convênios sem prévia apresentação, análise e aprovação da reformulação do Plano de Trabalho****, bem como observe as prescrições contidas no Decreto nº 6.170/2008 e Portaria Interministerial/MP, MF e CGU nº 127/2008, com especial atenção aos arts. 21, 22, 37 e 42 da referida portaria, os quais tratam do Plano de Trabalho, devendo atentar para as disposições contidas no art. 1º, § 1º, XVII, e vedações contidas no art. 39 do referido normativo (item 9.4.5, TC-014.545/2006-0, Acórdão nº 1.372/2010-2ª Câmara).*

DOU de 26.02.2010, S. 1, p. 143. Ementa: recomendação ao Fundo Nacional de Saúde (FNS) para que, ao examinar as solicitações de recursos mediante convênios para a aquisição de mamógrafos, avalie a situação concreta de cada candidato a beneficiário,

levando em conta a possibilidade de ampliar o objeto do convênio de modo a contemplar a execução de toda a infraestrutura e aquisição dos equipamentos complementares necessários à efetiva operacionalização do mamógrafo *(item 9.3.1, TC-033.176/2008-4, Acórdão nº 247/2010-Plenário).*

DOU de 21.11.2008, S. 1, p. 235. Ementa: determinação ao Instituto Brasileiro do Meio Ambiente e dos Recursos Naturais Renováveis no sentido da adoção de providências ***que evitem a reiteração de práticas indevidas na gestão de convênios celebrados pelo órgão****, como as que foram identificadas num convênio firmado com a Fundação Estadual do Meio Ambiente de Goiás:* ***alteração extemporânea do plano de trabalho, ocorrida três anos após a celebração do termo de convênio, quando o exigível seria a rescisão do pacto e a devolução dos recursos transferidos; e ausência de formalização expressa das modificações introduzidas no plano de trabalho, quando o exigível seria a definição precisa do objeto alterado, por meio do correspondente termo aditivo*** *(item 1.6.1.1, TC-016.054/2005-3, Acórdão nº 5.133/2008-2ª Câmara).*

DOU de 18.09.2008, S. 1, p. 120. Ementa: determinação à ELETRONORTE, relativamente a um convênio celebrado com a Associação Programa São Marcos (APSM), ***para que proceda à repactuação dos termos do convênio, mediante termo aditivo, de modo a formalizar a cobrança da taxa pelo transporte no micro-ônibus adquirido com recursos do convênio, fazendo excluir do Plano de Trabalho a previsão de recursos destinados à manutenção do veículo*** *(manutenção, combustível, tributos e taxas), visto que tais despesas serão financiadas com os valores decorrentes da cobrança da referida taxa (item 1.3.1, TC-018.222/2007-6, Acórdão nº 3.367/2008-2ª Câmara).*

DOU de 14.08.2008, S. 1, p. 89. Ementa: o TCU determinou à Secretaria de Políticas Públicas de Emprego ***que celebrasse aditamento de convênios, para que a liberação de recursos fosse realizada de acordo com os cronogramas dos planos de trabalho, quando houvesse exiguidade de tempo para a definição do limite orçamentário em face de contingenciamento de recursos*** *(item 1.1.6, TC-019.990/2005-2, Acórdão nº 2.526/2008-1ª Câmara).*

DOU de 20.07.2006, S. 1, p. 58. Ementa: o TCU determinou à FUNASA ***que evitasse a utilização de parecer técnico com caráter de polivalência para o embasamento da formalização de mais de um termo aditivo****, apresentando grande defasagem de tempo em relação à data da celebração do ajuste, de sorte a que cada proposta tivesse sua avaliação própria e contemporânea às circunstâncias presentes, refletindo com segurança as reais condições de viabilidade do objeto proposto, ainda que este guardasse similitude com o de outro aditivo (item 1.19, TC-018.308/2005-6, Acórdão nº 1.852/2006-2ª Câmara).*

DOU de 15.06.2007, S. 1, p. 66. Ementa: o TCU posicionou-se no sentido de ***que só poderão ser efetuadas prorrogações de vigência em contratos de repasse mediante justificativa expressa e aceitável, que indicasse a superveniência de fato imprevisível ou tecnicamente justificável, impeditivo da continuidade da obra nos termos do cronograma originalmente aprovado*** *(nova redação dada ao item 9.1.12.2 do Acórdão nº 347/2007-Plenário, TC-017.387/2006-3, Acórdão nº 1.126/2007-Plenário).*

DOU de 03.11.2006, S. 1, p. 74. Ementa: o TCU determinou a uma prefeitura municipal ***que, diante da necessidade de ajustes nos planos de trabalho dos convênios federais que viesse a firmar, aqueles fossem submetidos à apreciação do órgão federal concedente*** *e, caso aprovadas as alterações, fossem formalizadas pelo gestor municipal nas ordens de serviço, planilhas e nos termos originais ou aditivos, conforme o caso, dos contratos firmados localmente (item 9.3, TC-015.272/2000-7, Acórdão nº 3.049/2006-2ª Câmara).*

DOU de 07.04.2006, S. 1, p. 255. Ementa: o TCU determinou ao Governo do Estado do Rio Grande do Norte que, por ocasião de modificações de projetos e especificações referentes às obras de engenharia civil futuramente pactuadas mediante convênios federais, ***ajustasse-as, previamente, mediante termo de comum acordo com o respectivo órgão federal repassador****, promovendo a revisão do(s) correspondente(s) contrato(s) (item 9.6, TC-003.087/2001-4, Acórdão nº 490/2006-Plenário).*

VEDAÇÃO DE PAGAMENTO A SERVIDOR OU EMPREGADO PÚBLICO

SÚMULA TCU Nº 097 – ***"Ressalvada a hipótese prevista no parágrafo único do art. 3º da Lei nº 5.645, de 10/12/70 (Decreto-lei nº 200, de 25/02/67, art. 10, §§ 7º e 8º), não se admite, a partir da data da publicação do ato de implantação do novo Plano de Classificação e Retribuição de Cargos do Serviço Civil da União e das autarquias, a utilização de serviços de pessoal, mediante convênios, contratos ou outros instrumentos, celebrados com Fundações ou quaisquer entidades públicas ou privadas, para o desempenho de atividades inerentes às categorias funcionais abrangidas pelo referido Plano."***

DOU de 29.04.2011, S. 1, p. 135. Ementa: determinação à CGU/SC e à Universidade Federal de Santa Catarina (UFSC), ***para que informem as providências e/ou medidas adotadas visando o implemento de controles que possibilitem identificar os docentes que estão prestando atividades por meio de fundações, discriminando, entre outros, período de prestação dos serviços, atividades desenvolvidas e valores percebidos e a busca de orientação formal junto ao Ministério da Educação para***

implementar o pagamento de bolsas aos docentes que ministrem aulas nos cursos de pós-graduação, gerenciados por fundações de apoio, através da Gratificação de Cursos e Concursos instituída pela Lei nº 11.314/2006, regulamentada pelo Decreto nº 6.114/2007, por meio do Sistema SIAPE *(item 1.6.1.16, TC-022.878/2010-6, Acórdão nº 2.498/2011-2ª Câmara).*

DOU 27.04.2011, S. 1, p. 162. Ementa: alerta ao Centro Federal de Educação Tecnológica de Minas Gerais (CEFET/MG) ***para que se abstenha de efetuar pagamentos a servidor público com recursos de convênio*** *(item 1.9.1, TC-021.059/2010-1, Acórdão nº 2.308/2011-1ª Câmara).*

DOU de 09.09.2010, S. 1, p. 77. Ementa: determinação à CGU ***para que adote providências com vistas à instauração, pela autoridade administrativa competente, da respectiva tomada de contas especial, especialmente em relação à contratação de servidor municipal com recursos de convênio federal****, no âmbito do programa de Assistência Técnica e Extensão Rural voltada para o desenvolvimento de práticas sustentáveis agroflorestais e florestais de um município para a qualidade dos agricultores familiares em assentamentos (item 1.4.2.8, TC-010.657/2010-0, Acórdão nº 4.894/2010--2ª Câmara).*

DOU de 09.10.2008, S. 1, p. 90. Ementa: determinação a uma prefeitura municipal para ***que, quando da aplicação de recursos de origem federal, transferidos por meio de convênios ou instrumentos similares, não efetue pagamento a prestadores de serviço que pertencem ao quadro de servidores da prefeitura****, conforme prevê o art. 8º, inciso II, da IN/STN-MF nº 01/1997 e o art. 39, inc. II, da Portaria Interministerial nº 127/2008 (item 9.7.1, TC-021.587/2006-0, Acórdão nº 4.084/2008-2ª Câmara).*

DOU de 27.09.2007, S. 1, p. 108. Ementa: o TCU determinou à FUFS ***que se abstivesse de celebrar contratos/convênios nos quais estivessem envolvidos pagamentos, com recursos do Orçamento Geral da União, a servidores públicos a título de serviços de consultoria ou assistência técnica, quando houvesse vedação nesse sentido nas Leis de Diretrizes Orçamentárias*** *(item 9.2.2, TC-005.602/2005-1, Acórdão nº 2.677/2007-TCU-2ª Câmara).*

DOU de 02.08.2007, S. 1, p. 77. Ementa: o TCU ***determinou à STN-MF que avaliasse a pertinência e a juridicidade de proibir, no âmbito da vedação de*** *que trata o inc. II, art. 8º da IN/STN-MF nº 01/1997 ("****pagamento, a qualquer título, a servidor ou empregado público, integrante de quadro de pessoal de órgão ou entidade pública da administração direta ou indireta, por serviços de consultoria ou assistência técnica****"), igualmente o pagamento de remuneração a pessoal diretamente vinculado* *à entidade privada convenente (itens 9.2.1, TC-010.190/2000-7, Acórdão nº 2.161/2007-1ª Câmara).*

DOU de 05.07.2007, S. 1, p. 111. Ementa: o TCU determinou à Secretaria de Saúde do Estado do Piauí ***que, quando da contratação de consultores, observasse a proibição contida nas Leis de Diretrizes Orçamentárias, relativamente ao pagamento a servidor da administração pública, a qualquer título, por serviços de consultoria ou assistência técnica, inclusive custeados com recursos provenientes de convênios, acordos, ajustes ou instrumentos congêneres, firmados com órgãos ou entidades de direito público ou privado, nacionais ou internacionais*** *(itens 1.1 e 1.2, TC--002.117/2004-5, Acórdão nº 1.738/2007-2ª Câmara).*

DOU de 28.05.2007, S. 1, p. 94. Ementa: o TCU ***não aceitou o pagamento a uma pessoa física X e a uma determinada empresa Y, cujo representante é um homônimo de X, que também é o Secretário de Infraestrutura Urbana e Ambiental do município sob exame, ou seja, é servidor público e não poderia receber, portanto, pagamentos à conta de recursos transferidos voluntariamente pela via de convênio federal firmado pela União****, no âmbito da Secretaria de Recursos Hídricos do MMA (item 9.4.3, TC--007.379/2005-0, Acórdão nº 936/2007-Plenário).*

DOU de 08.02.2006, S. 1, p. 65. Ementa: o TCU determinou ao CEFET/Pelotas ***que observasse, na contratação dos serviços de consultoria, o disposto na Lei de Diretrizes Orçamentárias do respectivo exercício quanto à vedação do pagamento de serviços de consultoria a servidor da Administração Pública, inclusive custeados por recursos provenientes de convênios, acordos, ajustes ou instrumentos congêneres*** *(item 9.4.2, TC-011.697/2003-4, Acórdão nº 79/2006-Plenário).*

VEDAÇÃO DE REALIZAÇÃO DE DESPESAS COM TAXAS BANCÁRIAS, MULTAS, JUROS OU CORREÇÃO MONETÁRIA

DOU de 23.08.2011, S. 1, p. 94. Ementa: o TCU deu ciência a uma prefeitura municipal no sentido ***de que o pagamento indevido de tarifas bancárias, identificado na conta específica de um convênio (no Banco do Brasil), afronta o disposto na Portaria Interministerial/MP, MF e CGU nº 127/2008, art. 42, § 5º, o qual estabelece que as contas específicas estão isentas de tais cobranças*** *(item 9.4.2, TC-003.260/2011-9, Acórdão nº 6.438/2011-1ª Câmara).*

DOU de 13.11.2009, S. 1, p. 126. Ementa: determinação ao DNOCS – Administração Central para ***que alerte o Banco do Brasil para não realizar débitos em contas***

***bancárias específicas de convênios referentes à cobrança de taxas bancárias de qualquer natureza**, por contrariar o disposto no art. 8º, inc. VII, da IN/STN-MF nº 01/1997, **solicitando, inclusive, providências daquela instituição visando aos estornos de todos os débitos desta natureza nas contas vinculadas a três convênios** (item 1.6.100, TC-024.395/2007-3, Acórdão nº 6.371/2009-1ª Câmara).*

*DOU de 30.05.2008, S. 1, p. 145. Ementa: o TCU determinou ao Ministério do Planejamento, Orçamento e Gestão **que, ao elaborar o ato conjunto de que trata o art. 18 do Decreto nº 6.170, de 25.07.2007** (DOU de 26.07.2007, S. 1, ps. 1 e 2, retificado no DOU de 14.09.2007, S. 1, p. 2; alterado pelo Decreto nº 6.428, de 14.04.2008, DOU de 15.04.2008, S. 1, ps. 1 e 2), **estudasse a hipótese de não penalizar o gestor de recursos transferidos por convênios e contratos de repasse quando da cobrança de taxas bancárias por instituições financeiras oficiais ou, alternativamente, fizesse gestões junto a essas entidades para que tais taxas não fossem cobradas de nenhum convenente** (item 2.1, TC-014.687/2006-6, Acórdão nº 1.654/2008-1ª Câmara).*

*DOU de 12.12.2012, S. 1, p. 111. Ementa: o TCU determinou à SPDM que, nos casos de convênios e contratos de gestão que envolvam, ainda que parcialmente, utilização de recursos oriundos da União, repassados diretamente por órgãos federais ou por intermédio de órgãos estaduais e municipais, tendo em consideração os princípios da isonomia, impessoalidade, moralidade, publicidade, economicidade e eficiência, bem como os preceitos gerais da Lei de Licitações, **que não utilize recursos de convênios/contratos de gestão em que haja aporte de recursos da União, para pagamentos de despesas de responsabilidade da própria entidade, a exemplo de multas de trânsito, multas por descumprimento de normas dos conselhos profissionais e de atrasos no pagamento de suas anuidades, dentre outras** (itens 9.4.10, TC-021.606/2010-2, Acórdão nº 3.373/2012-Plenário).*

*DOU de 12.12.2008, S. 1, p. 140. Ementa: determinação a uma prefeitura municipal para **que, no cumprimento de termos de convênio pactuados com a União, observe as formalidades necessárias, além daquelas que se referem à isenção de tributos na conta destinada à movimentação dos recursos recebidos** (item 1.4.1, TC-002.618/2008-2, Acórdão nº 3.008/2008-Plenário).*

*DOU de 07.04.2006, S. 1, p. 253. Ementa: o TCU determinou ao Governo do Estado da Bahia que orientasse suas Secretarias e demais entidades públicas a ele vinculadas, no sentido de observarem, com rigor, o disposto no art. 7º, inciso XIX, da IN/STN-MF nº 01/97, bem como o estabelecido nos termos específicos dos instrumentos de convênio, **movimentando os recursos repassados, sejam de origem federal ou provenientes de acordos firmados com instituições internacionais (BID, BIRD, etc.), exclusivamente***

em conta bancária específica pactuada, sem permitir a ocorrência de pagamentos estranhos ao objeto firmado, a exemplo de despesas bancárias e CPMF *(item 9.2.4, TC-004.277/2004-8, Acórdão nº 480/2006-Plenário).*

VEDAÇÃO DE REALIZAÇÃO DE DESPESAS EM DATA ANTERIOR OU POSTERIOR À VIGÊNCIA

DOU de 06.03.2008, S. 1, p. 79. Ementa: o TCU determinou à Secretaria de Direito Econômico/MJ ***que não acolhesse despesa realizada em data anterior ou posterior à vigência do convênio****, sob pena de nulidade do ato e de responsabilidade do agente, ante o disposto no art. 8º, inc. V, da IN/STN-MF nº 01/1997 (item 1.1.6, TC-013.615/2006-2, Acórdão nº 374/2008-2ª Câmara).*

DOU de 22.11.2010, S. 1, p. 151. Ementa: determinação ao Ministério do Turismo para que ***não permita que entes que recebem transferências voluntárias de recursos públicos da União, decorrentes de convênios ou instrumentos congêneres, realizem despesas em data anterior à vigência do convênio****, por descumprir o disposto no art. 39, V, da Portaria Interministerial/MP, MF e CGU nº 127/2008 (item 1.6.1.3, TC--021.309/2007-1, Acórdão nº 6.620/2010-2ª Câmara).*

DOU de 07.07.2010, S. 1, p. 109. Ementa: determinação ao SENAR/SP para ***que inclua, nos convênios e ajustes congêneres, cláusulas que vedem expressamente a realização de despesas em data anterior ou posterior à vigência do convênio****, por tal procedimento caracterizar ausência de vínculo das despesas realizadas nessas datas com os recursos públicos transferidos por meio do convênio (item 9.5.2, TC-016.604/2006-2, Acórdão nº 3.994/2010-1ª Câmara).*

DOU de 29.05.2006, S. 1, p. 95. Ementa: o TCU determinou à ***UnB que evitasse o pagamento, com recursos de convênios federais, de despesas anteriores à vigência dos ajustes*** *e daquelas que não guardassem relação com a finalidade prevista no Plano de Trabalho firmado com o órgão concedente, em vista do disposto no art. 7º, inciso XII, letra "c", 8º, incisos IV e V, e 38, inciso II, letras "c" e "d", da Instrução Normativa/STN--MF nº 01/1997 (item 1.3, TC-010.650/2004-1, Acórdão nº 1.286/2006-1ª Câmara).*

DOU de 22.10.2010, S. 1, p. 159. Ementa: alerta à Secretaria de Segurança Pública do Estado do Amazonas para a necessária observância dos incs. V e VI do art. 39 da Portaria Interministerial/MP, MF e CGU nº 127/2008, no sentido de, quando for o caso, sempre envidar esforços com vistas a obter, tempestivamente, a necessária prorrogação da vigência do convênio, contrato de repasse ou instrumento congênere, ***tendo em vista***

***as disposições expressas a respeito da vedação de despesas anteriores ou posteriores à vigência de tais instrumentos** (item 9.5.1, TC-029.501/2008-9, Acórdão nº 6.072/2010--2ª Câmara).*

*DOU de 23.03.2009, S. 1, p. 87. Ementa: determinação ao Ministério da Integração Nacional para que atente quanto ao fiel comprimento do art. 39, inc. VI, da Portaria Interministerial/MP, MF e CGU nº 127/2008, **de modo a não permitir a execução de despesas após o fim da vigência estipulada no convênio** (item 1.5.1, TC-015.765/2005-0, Acórdão nº 437/2009-Plenário).*

*DOU de 03.04.2008, S. 1, p. 78. Ementa: o TCU determinou a uma prefeitura municipal **que evitasse utilizar recursos de convênios para pagamento de despesas efetuadas antes ou depois da respectiva vigência**, e para pagamento de taxas bancárias (item 9.2.4, TC-006.570/2005-0, Acórdão nº 793/2008-2ª Câmara).*

*DOU de 16.02.2007, S. 1, p. 226. Ementa: o TCU determinou a um município **que, quando da execução de convênios com órgãos e entidades federais, evitasse a realização de despesas fora da vigência do convênio**, ainda que de recursos da contrapartida financeira, em observância ao art. 8º, inc. V, da IN/STN-MF nº 01/1997 e alterações posteriores (item 1.1, TC-016.962/2004-6, Acórdão nº 135/2007-Plenário).*

VEDAÇÃO QUANTO A REALIZAR DESPESAS COM PUBLICIDADE, SALVO A DE CARÁTER EDUCATIVO, INFORMATIVO OU DE ORIENTAÇÃO SOCIAL, DA QUAL NÃO CONSTEM NOMES, SÍMBOLOS OU IMAGENS QUE CARACTERIZEM PROMOÇÃO PESSOAL

*DOU de 25.03.2011, S. 1, p. 169. Ementa: alerta a uma prefeitura municipal **quanto à promoção social da administração municipal, por meio da afixação de propaganda nos veículos adquiridos com recursos do convênio, e ausência de informação de que os bens foram adquiridos com recursos do Governo Federal**, descumprindo o disposto no § 1º do art. 37 da Constituição Federal e na Norma de Cooperação Técnica e Financeira aprovada pela Portaria 453/ GM-MS, de 24.03.2005 (item 1.4.1.3, TC--027.074/2009-7, Acórdão nº 1.627/2011-2ª Câmara).*

*DOU de 24.10.2008, S. 1, p. 171. Ementa: determinação a uma prefeitura municipal para **que, ao gerir recursos de origem federal, atente para o fato de que a publicidade dos programas custeados deve ter caráter educativo, informativo ou de orientação social, dela não podendo constar nomes, símbolos ou imagens que caracterizem promoção pessoal de autoridades ou servidores públicos**, em* *obediência ao art. 37, § 1º, da Constituição Federal (item 1.5.1, TC-023.134/2008-0, Acórdão nº 4.420/2008-2ª Câmara).*

DOU de 10.07.2006, S. 1, p. 56. Ementa: o TCU determinou ao Governo do Estado de Sergipe ***que, quando do recebimento de recursos federais, confeccionasse placas de publicidade de obras ou serviços custeados, no todo ou em parte, com recursos federais, de acordo com o modelo adotado pelo concedente, abstendo-se de conceder destaque indevido a órgãos e entidades estaduais, em detrimento das demais entidades participantes*** *(item 9.5.1, TC-005.269/2004-0, Acórdão nº 1.097/2006-Plenário).*

DOU de 29.11.2006, S. 1, p. 101. Ementa: o TCU determinou à Prefeitura Municipal de Nova Brasilândia D'Oeste/RO que observasse fielmente as cláusulas dos Termos de Convênio assinados com órgãos e entidades federais, especialmente ***no que se refere à obrigatoriedade de mencionar, nos atos de promoção e divulgação do objeto do convênio, a participação do concedente mediante afixação de placa provisória em destaque no local das obras (quando do início e durante elas) e , após a conclusão, mediante placas definitivas contendo a assinatura do órgão ou entidade concedente e do Governo Federal*** *(item 1.4, TC-012.389/2005-7, Acórdão nº 3.257/2006-1ª Câmara).*

DOU de 12.06.2006, S. 1, p. 47. Ementa: o TCU determinou à Secretaria Estadual de Educação do MT ***que se abstivesse, doravante, de atribuir nome de pessoa viva às unidades escolares estaduais beneficiárias de verbas federais****, em observância ao disposto na Lei nº 6.454/77, notadamente os artigos 1º, 3º e 4º, e aos princípios da legalidade, da impessoalidade e da moralidade (item 1.2, TC-009.083/2006-3, Acórdão nº 1.441/2006-1ª Câmara).*

APOIO DE TERCEIROS

DOU de 26.03.2010, S. 1, ps. 95 e 96. Ementa: determinação à SECEX-TCU/AM para ***que requisite****, caso se revele mais apropriado ao alcance dos objetivos pretendidos,* ***a emissão de laudo pericial de mesma abrangência junto ao Conselho Regional de Engenharia, Arquitetura e Agronomia*** *do Amazonas (CREA/AM), ou a outro órgão/entidade federal da área de engenharia (item 1.6.1.5, TC-032.914/2008-0, Acórdão nº 533/2010-Plenário).*

DOU de 26.03.2010, S. 1, ps. 95 e 96. Ementa: determinação à SECEX-TCU/AM para ***que requisite****, caso seja necessário à realização dos trabalhos referidos na alínea "a",* ***o auxílio técnico profissional junto ao Conselho Regional de Engenharia, Arquitetura e Agronomia*** *do Amazonas (CREA/AM), ou a outro órgão/entidade federal que possua profissionais capacitados na área de engenharia aptos à consecução dos trabalhos (item 1.6.1.4, TC-032.914/2008-0, Acórdão nº 533/2010-Plenário).*

DOU de 08.11.2007, S. 1, p. 99. Ementa: o TCU determinou ao Ministério da Integração Nacional ***que, na linha do que dispõe o parágrafo único do art. 8º do novel Decreto nº 6.170/2007 (que dispõe sobre a transferência de recursos federais mediante convênios), adotasse as providências administrativas necessárias ao aprimoramento do sistema de acompanhamento das ações/empreendimentos financiados por meio de convênios****, se possível mediante aproveitamento da experiência e atuação capilarizada de que dispõe a Caixa Econômica Federal, de forma a evitar o emprego irregular dos recursos e a instauração de procedimentos de tomadas de contas especiais (TCE), como ocorrido em um convênio federal,* ***cuja primeira e única inspeção "in loco" fora realizada três anos após a transferência dos recursos a uma prefeitura municipal*** *(item 9.4, TC-021.866/2006-7, Acórdão nº 3.465/2007-1ª Câmara).*

DOU de 07.04.2006, S. 1, p. 269. Ementa: o TCU determinou ao Ministério do Turismo ***que fiscalizasse e fizesse cumprir****, fielmente, os contratos daquele Ministério com a Caixa Econômica Federal, quando da realização de obras conveniadas, atentando para a efetividade das ações a cargo de empresas terceirizadas da Caixa Econômica Federal (item 1, TC-017.875/2005-1, Acórdão nº 738/2006-2ª Câmara).*

AVALIAÇÃO DOS OBJETIVOS

DOU de 19.06.2012, S. 1, p. 119. Ementa: recomendação à Secretaria Nacional de Economia Solidária (SENAES) no sentido ***de que acompanhe, sistematicamente, e ao*** *longo das diversas fases dos convênios e parcerias, as informações relativas aos empreendimentos apoiados e aos beneficiários alcançados, de modo a viabilizar melhor conhecimento e avaliação quanto ao alcance das metas e dos objetivos nessas avenças* (item 1.8.2, TC-021.636/2010-9, Acórdão nº 3.173/2012-1ª Câmara).

DOU de 19.07.2010, S. 1, p. 105. Ementa: determinação à ANP para ***que atue de forma sistemática e efetiva no planejamento, acompanhamento e fiscalização da execução dos convênios que vier a celebrar,*** *observando o art. 51 e seguintes da Portaria Interministerial/MP, MF e CGU nº 127/2008 e o Decreto n° 6.170/2007, em especial atentando para* ***a natureza e conformidade das despesas realizadas de acordo com o Plano de Trabalho aprovado, o qual deve contemplar as metas quantitativas e qualitativas, especialmente a estimativa dos recursos financeiros e a especificação dos bens, serviços e obras necessários à execução do objeto conveniado*** *(item 1.5.1, TC-020.510/2008-7, Acórdão nº 3.570/2010-2ª Câmara).*

DOU de 04.12.2009, S. 1, p. 233. Ementa: determinação à EMBRATUR para ***que elabore, por ocasião da realização de fiscalização "in loco" de convênios firmados, relatórios sobre a conformidade da execução dos objetos, analisando e se posicionando conclusivamente quanto às ações e etapas fixadas nos Planos de Trabalho*** *(item 1.5.1.8, TC-020.255/2009-0, Acórdão nº 6.527/2009-2ª Câmara).*

DOU de 22.05.2006, S. 1, p. 64. Ementa: o TCU determinou ao Ministério das Cidades ***que fiscalizasse a entrega dos bens aos corretos beneficiários,*** *como determinado pelo art. 31, § 1º, inc. I da IN/STN-MF nº 01/1997, de modo a garantir o alcance dos objetivos governamentais, e verificasse a ocorrência de cobrança por tais benefícios, informando ainda às assembleias legislativas e câmaras municipais sobre as assinaturas de contratos de repasse, diretamente ou por intermédio da Caixa Econômica Federal (item 2.5, TC--008.743/2004- 5, Acórdão nº 1.206/2006-1ª Câmara).*

AVALIAÇÃO DE PROCESSOS

DOU de 25.03.2011, S. 1, p. 168. Ementa: determinação à Caixa Econômica Federal para ***que, na fiscalização de convênios ou contratos de repasse, exija do convenente a obrigatoriedade de instruir o processo licitatório com a composição unitária de todos os itens que componham o empreendimento,*** *em atendimento ao art. 7, § 2º, I, da Lei nº 8.666/1993, sob pena de impossibilitar por completo a análise de custos (item 1.3.4, TC-018.065/2010-4, Acórdão nº 1.622/2011-2ª Câmara).*

DOU de 02.12.2010, S. 1, p. 154. Ementa: determinação ao Ministério da Agricultura, Pecuária e Abastecimento, ao Ministério das Cidades e ao Ministério do Esporte no sentido de que, após a verificação da relação custo x benefício, ***adotem providências para que o acompanhamento e a fiscalização da execução dos contratos de repasse firmados pela Caixa Econômica Federal sejam executados de forma mais completa, abrangendo, inclusive, os aspectos relativos à legalidade e à lisura das licitações e à publicidade, tanto destes certames, quanto dos repasses de recursos*** *(item 1.6, TC--015.668/2006-5, Acórdão nº 6.978/2010-2ª Câmara).*

DOU de 22.11.2010, S. 1, p. 151. Ementa: determinação ao Ministério do Turismo para ***que fiscalize a execução de convênios ou ajustes similares, para que os receptores de tais recursos não fracionem despesas, com o objetivo de fugir à realização de modalidades corretas de licitações****, cumprindo o disposto no art. 23, "caput", §§ 1º e 5º, da Lei nº 8.666/1993 (item 1.6.8, TC-021.309/2007-1, Acórdão nº 6.620/2010-2ª Câmara).*

DOU de 26.03.2010, S. 1, p. 116. Ementa: determinação ao MTur para que ***regulamente a competência do MTur no que se refere ao exame dos procedimentos licitatórios*** *no âmbito dos contratos de repasse,* ***em especial quanto à análise de documentos e declarações comprobatórios da regular realização do certame****, e à emissão de pronunciamento do Ministério mediante parecer (item 1.5.1, TC-025.134/2008-0, Acórdão nº 1.393/2010-1ª Câmara).*

DOU de 04.12.2009, S. 1, p. 242. Ementa: informação no sentido de ***que cabe ao gestor de um contrato de repasse, o Ministério das Cidades, o acompanhamento do procedimento licitatório realizado para a execução da correspondente obra****, à vista do art. 10, § 6º do Decreto-lei 200/1967 (item 9.2, TC-015.316/2006-2, Acórdão nº 6.564/2009-2ª Câmara).*

DOU de 04.12.2009, S. 1, p. 242. Ementa: informação no sentido de que ***cabe à Caixa Econômica Federal o acompanhamento da execução operacional do convênio e a liberação de parcelas, aí incluídos, por exemplo, a verificação da compatibilidade do projeto aprovado com o projeto licitado, no que se refere ao objeto e aos custos praticados; a verificação no processo licitatório da documentação referente à adjudicação, à ata de homologação, à comprovação da realização da publicidade do certame, bem como o respectivo enquadramento do objeto contratado com o efetivamente licitado, mas não a análise da integral legalidade do procedimento licitatório*** *(item 9.2, TC-015.316/2006-2, Acórdão nº 6.564/2009-2ª Câmara).*

DOU de 20.03.2009, S. 1, p. 97. Ementa: determinação ao INCRA/RS ***para que avalie a conveniência de utilizar a prerrogativa de controle e fiscalização, requerendo cópia das notas fiscais, faturas e recibos que demonstrem a realização de despesas***

executadas no âmbito do convênio *ou, quando possível, realizando a análise de prestação de contas nas dependências do convenente (item 1.5.1.4, TC-021.100/2007-5, Acórdão nº 988/2009-2ª Câmara).*

DOU de 15.08.2008, S. 1, p. 96. Ementa: o TCU determinou à Diretoria Executiva do Fundo Nacional de Saúde ***que estabelecesse rotina de modo a contemplar investigações amostrais periódicas destinadas a atestar a regularidade das contratações dos objetos dos convênios****, inclusive para detectar eventuais concentrações das adjudicações em favor de uma determinada empresa, ou de um grupo de empresas, em detrimento da livre competição (alínea "b", item 1.5.2, TC-024.845/2007-9, Acórdão nº 1.660/2008-Plenário).*

DOU de 28.05.2007, S. 1, p. 94. Ementa: o TCU determinou ao Ministério do Meio Ambiente ***que verificasse, no Cadastro Nacional de Pessoa Jurídica (CNPJ), a descrição da atividade econômica principal dos prestadores de serviços contratados pelas convenentes, cujo serviço prestado divergisse do nome da empresa, exigindo justificativa quando isso fosse comprovado****, observando o art. 1º, § 2º, da IN/STN-MF nº 01/1997 (item 9.3.11, TC-007.379/2005-0, Acórdão nº 936/2007-Plenário).*

DOU de 24.02.2006, S. 1, p. 216. Ementa: o TCU determinou ao Ministério do Desenvolvimento Social e Combate à Fome ***que, doravante, ao acompanhar a execução de convênios ou termos de ajustes similares em que tenham sido transferidos recursos da União a outras instituições, atentasse para o cumprimento do comando contido na definição da ação orçamentária a que estiver vinculado o recurso transferido, sem deixar de atentar para o que consta no Plano de Trabalho e no Projeto previamente aprovados*** *(item 1.1.2.4, TC-017.865/2005-5, Acórdão nº 264/2006-2ª Câmara).*

CAPACIDADE TÉCNICA E OPERACIONAL DA CONVENENTE

DOU de 12.03.2010, S. 1, p. 121. Ementa: o TCU fixou prazo para que a Secretaria Nacional de Defesa Civil do Ministério da Integração Nacional adotasse providências necessárias para o exame das contas relativas a um convênio do MI de 2006 – MI, atentando para o fato de que as eventuais despesas acrescidas, ***em decorrência de fiscalização ineficaz por parte da prefeitura****, permitindo a depredação das casas e furto de melhorias, deverão ser suportadas pela municipalidade, exigindo-se a restituição dos valores indevidamente despendidos ou instaurando-se a competente Tomada de Contas Especial (item 9.2.3, TC-012.823/2009-5, Acórdão nº 411/2010-Plenário).*

DOU de 07.12.2011, S. 1, p. 96. Ementa: o TCU deu ciência à SUEST/SP/FUNASA ***quanto à necessidade de envidar esforços para a autorização e realização de concurso público com vistas à contratação de engenheiro para atuar na área de fiscalização dos convênios****, de forma a reduzir o estoque de processos com prazos vencidos pendentes de análise técnica (item 1.7.3, TC-020.273/2011-8, Acórdão nº 9.975/2011-1ª Câmara).*

DOU de 06.10.2011, S. 1, p. 132. Ementa: o TCU deu ciência ao INCRA/TO sobre o fato de que ***a deficiência na fiscalização*** *a cargo do INCRA/TO, especialmente dos serviços de articulação e de prestação de serviços de ATES (ref. Programa de Assistência Técnica, Social e Ambiental à Reforma Agrária), afronta o art. 23 da IN/STN-MF nº 1/1997 e a Norma de Execução/INCRA nº 39/2004 (item 1.7.1.1, TC-024.516/2007-0, Acórdão nº 2.594/2011-Plenário).*

DOU de 17.03.2011, S. 1, p. 129. Ementa: determinação à Secretaria Executiva do Ministério do Esporte para ***que somente formalize convênios na medida em que disponha de condições técnico-operacionais de acompanhar e orientar a concretização dos objetivos previstos nas avenças****, bem como de analisar, em prazo oportuno, todas as respectivas prestações de contas, de acordo com os normativos que disciplinam a matéria, em especial a IN/STN-MF nº 1/97, a Portaria Interministerial/ MP, MF e CGU nº 127/2008 e o Decreto nº 6.170/2007, bem como em atenção ao item 9.6.1 do Acórdão nº 1.562/2009- P (item 9.6.1, TC-019.135/2006-5, Acórdão nº 510/2011-Plenário).*

DOU de 23.02.2011, S. 1, p. 97. Ementa: recomendação à Caixa Econômica Federal no sentido de que realize estudos para identificar a lotação ideal das Gidur/Redur e apresente os resultados ao Ministério do Planejamento, Orçamento e Gestão com vistas a ***autorizar novos concursos públicos*** *(item 9.1.1.6, TC-031.356/2007-5, Acórdão nº 393/2011-Plenário).*

DOU de 24.09.2010, S. 1, p. 723. Ementa: determinação à Secretaria Executiva do Ministério do Esporte para ***que somente formalize convênios na medida em que disponha de condições técnico-operacionais de acompanhar e orientar a concretização dos objetivos previstos nas avenças****, bem como de analisar, em prazo oportuno, todas as respectivas prestações de contas, de acordo com os normativos que disciplinam a matéria, em especial a IN/STN-MF nº 01/1997, a Portaria Interministerial/MP, MF e CGU nº 127/2008 e o Decreto nº 6.170/2007, bem como em atenção ao item 9.6.1 do Acórdão nº 1.562/2009-P (item 9.6.2, TC-019.135/2006-5, Acórdão nº 2.485/2010-Plenário).*

DOU de 13.11.2009, S. 1, p. 127. Ementa: determinação ao DNOCS – Administração Central para ***que proporcione melhores condições de trabalho aos servidores encarregados da fiscalização dos convênios, através de um planejamento das visitas de fiscalização técnica para acompanhamento das obras conveniadas****, com suporte do pagamento de diárias e disponibilização de viaturas oficiais para os deslocamentos (item 1.6.105, TC-024.395/2007- 3, Acórdão nº 6.371/2009-1ª Câmara).*

DOU de 03.07.2009, S. 1, p. 133. Ementa: recomendação ao Ministério da Saúde para ***que dote suas unidades responsáveis pelos acompanhamentos atinentes à aplicação de recursos federais repassados, dos instrumentos e meios necessários ao desempenho de sua função****, uma vez que a insuficiência de dotação orçamentária no exercício de 2008, destinada à licitação para contratação de veículos voltados à realização de auditorias, inviabilizou a apuração de denúncias sobre malversação de recursos públicos pelo Ministério da Saúde ao Estado do Maranhão (item 1.4.1, TC--009.107/2009-1, Acórdão nº 3.350/2009-2ª Câmara).*

DOU de 20.03.2009, S. 1, p. 75. Ementa: determinação ao DNOCS ***para que proporcione melhores condições de trabalho aos servidores encarregados da fiscalização****, acompanhamento e análise de prestação de contas de convênios,* ***seja por meio de um planejamento das visitas de fiscalização técnica para acompanhamento das obras conveniadas****, com suporte do pagamento de diárias e disponibilização de viaturas oficiais para os deslocamentos, seja com maior abrangência de solicitação e análise de documentos, tais como: Anotações de Responsabilidade Técnica e Cadastro Específico do INSS, Licenças Ambientais, Boletins de Medição e outros, com base na discricionariedade de sua função gerencial fiscalizadora (item 1.6.1.43, TC--021.447/2006-0, Acórdão nº 832/2009-2ª Câmara).*

DOU de 23.04.2007, S. 1, p. 64. Ementa: o TCU recomendou ao Ministério do Planejamento, Orçamento e Gestão ***que viabilizasse a disponibilização de informações contendo a relação dos fiscais ("agentes 23") existentes no quadro de servidores do órgão concedente ou por ele contratados, disponíveis para a fiscalização "in loco" da execução de objetos de convênios ou contratos de repasse*** *(item 9.1.3.4, TC--015.670/2005-5, Acórdão nº 641/2007-Plenário).*

DOU de 20.07.2006, S. 1, p. 59. Ementa: o TCU determinou à ADA ***que planejasse suas fiscalizações de execução de convênios de modo que somente fossem enviadas equipes compostas de técnicos qualificados*** *(item 1.5, TC-007.288/2006-1, Acórdão nº 1.861/2006-2ª Câmara).*

DOU de 20.06.2006, S. 1, p. 72. Ementa: o TCU recomendou ao Ministério da Saúde ***que dotasse seu quadro de pessoal de profissionais tecnicamente qualificados***

***com vistas a desempenhar as funções de acompanhamento de convênios federais referentes a obras**, de forma a garantir a fiscalização da boa e regular aplicação descentralizada dos recursos públicos (item 1.2, TC-015.104/2004-4, Acórdão nº 1.432/2006-2ª Câmara).*

*DOU de 02.06.2006, S. 1, p. 109. Ementa: o TCU recomendou ao Ministério da Integração Nacional **que fizesse gestões junto ao Ministério do Planejamento, Orçamento e Gestão, com o objetivo de suprir as carências de recursos humanos e materiais necessários ao exercício das atividades de acompanhamento e fiscalização sobre a execução dos convênios** celebrados pelo Ministério (item 9.4.1, TC-007.454/2003-5, Acórdão nº 826/2006-Plenário).*

CONFLITO DE INTERESSES

*DOU de 31.01.2011, S. 1, p. 206. Ementa: alerta à Gerência de Filial de Apoio ao Desenvolvimento Urbano (GIDUR/SA) de Salvador/BA no sentido de **que oriente suas unidades de apoio localizadas no interior do Estado da Bahia (REDUR) quanto ao impedimento de empresas contratadas como prestadoras de serviços técnicos de engenharia, arquitetura e agronomia, mais especificamente para o acompanhamento de obras públicas (vistorias) advindas de contratos de repasse firmados com o Governo Federal, de participarem do mesmo empreendimento (negócio), ainda que em momentos distintos, na qualidade de executora do objeto pactuado, ou parte dele**, e de representante dessa instituição financeira (item 9.5, TC-024.962/2007-5, Acórdão nº 138/2011-Plenário).*

*DOU de 17.03.2006, S. 1, p. 90. Ementa: o TCU **não aceitou fiscalização insatisfatória por parte de prefeitura municipal, executada por engenheiro ligado à empresa privada contratada**, o qual assinou como fiscal da prefeitura, todavia trabalhando para a empresa vencedora da licitação (item 5.1.1.9, TC-018.879/2005-5, Acórdão nº 498/2006-2ª Câmara).*

CONTROLE PREVENTIVO

*DOU de 20.11.2009, S. 1, p. 195. Ementa: determinação ao DNIT para que, em relação aos convênios, adote as **medidas preventivas de promoção da aplicação rigorosa dos procedimentos de análise de celebração, acompanhamento e fiscalização da execução pelos órgãos concedentes de convênios** (item 9.4.3, TC-017.177/2007-4, Acórdão nº 2.708/2009-Plenário).*

DOU de 03.04.2008, S. 1, p. 80. Ementa: o TCU determinou à SUFRAMA ***que, como entidade concedente de recursos federais, exercesse controle preventivo****, na fase de análise técnica das proposições e celebração dos instrumentos que disciplinam a transferência dos recursos, para atender Plano de Trabalho objeto do convênio, atentando especialmente para os valores orçados pelo solicitante, para evitar concessão de recursos além dos preços praticados no mercado (item 9.5, TC-004.943/2002-1, Acórdão nº 800/2008-2ª Câmara).*

DOU de 21.09.2007, S. 1, p. 82. Ementa: o TCU determinou ao Ministério do Planejamento, Orçamento e Gestão (MPOG) ***que informasse aos órgãos e entidades repassadores de recursos federais a título de transferência voluntária que o descumprimento do adequado controle preventivo, por parte do órgão repassador****, disposto na IN/STN-MF nº 01/1997,* ***ensejaria a responsabilização dos gestores e(ou) responsáveis****, consoante o disposto nos Acórdãos nºs 2.066/2006-TCU-Plenário e 641/2007-Plenário (item 9.1, TC-025.376/2006-4, Acórdão nº 1.933/2007-Plenário).*

DOU de 23.04.2007, S. 1, p. 64. Ementa: o Plenário do TCU determinou aos seus profissionais auditores ***que, ao realizarem auditorias em convênios e contratos de repasse, acordos, ajustes e outros instrumentos utilizados para transferir recursos federais a prefeituras municipais, concentrassem esforços na avaliação do controle preventivo que deve ser exercido pelo órgão/entidade concedente****, na fase de análise técnica das proposições e celebração dos instrumentos, atentando quanto a eventuais desvios de conduta e/ou negligência funcional de agentes e gestores públicos, caracterizados pela falta ou insuficiência de análises técnicas, especialmente no que se refere à avaliação da capacidade da entidade convenente para a consecução do objeto proposto e para realizar atribuições legalmente exigidas na gestão de recursos públicos e para prestar contas, propondo, entre outras medidas ao seu alcance, a responsabilização pessoal por ato de gestão temerária, instauração de processo disciplinar, inabilitação para o exercício de cargo em comissão ou função de confiança, multas e solidariedade no débito quando a conexão dos fatos assim permitir, especialmente quando não presentes os pressupostos basilares para a celebração: a legitimidade da parceria e a existência de interesse público convergente entre os entes concedentes e convenentes (item 9.2.1, TC-015.670/2005-5, Acórdão nº 641/2007-Plenário).*

DOU de 13.11.2006, S. 1, p. 139. Ementa: o TCU expediu orientação interna ao seu corpo técnico no sentido de ***que, ao realizar auditorias em convênios, termos de parceria, acordos, ajustes e outros instrumentos utilizados para transferir recursos federais a Organizações Não Governamentais, concentrasse esforços na avaliação do controle preventivo que deve ser exercido pelo órgão/entidade concedente****, na fase de análise técnica das proposições e celebração dos instrumentos, atentando* *quanto a eventuais desvios de conduta e/ou negligência funcional de agentes e gestores públicos, caracterizados pela falta ou insuficiência de análises técnicas, especialmente a avaliação da capacidade da entidade convenente para a consecução do objeto proposto e para realizar atribuições legalmente exigidas na gestão de recursos públicos e para prestar contas, propondo, entre outras medidas ao seu alcance, a responsabilização pessoal por ato de gestão temerária, instauração de processo disciplinar, inabilitação para o exercício de cargo em comissão ou função de confiança, multas e solidariedade no débito quando a conexão dos fatos assim permitir, especialmente quando não presentes os pressupostos basilares para a celebração: a legitimidade da parceria e a existência de interesse público convergente entre os entes concedentes e convenentes (item 9.6.1, TC-015.568/2005-1, Acórdão nº 2.066/2006-Plenário).*

FISCAL DO CONCEDENTE

DOU de 24.02.2011, S. 1, p. 182. Ementa: alerta a um município quanto à ***necessidade de designar-se servidor para realizar o efetivo acompanhamento, com emissão de relatórios periódicos, da execução dos convênios celebrados com a União*** *e dos eventuais contratos firmados, em conformidade com o art. 67 da Lei nº 8.666/1993 e o art. 51, § 1º, da Portaria Interministerial/MP, MF e CGU nº 127/2008 (item 9.1.4, TC--022.538/2010-0, Acórdão nº 944/2011-2ª Câmara).*

DOU de 19.07.2010, S. 1, p. 105. Ementa: determinação à ANP para ***que atue de forma sistemática e efetiva no planejamento, acompanhamento e fiscalização da execução dos convênios que vier a celebrar****, observando o art. 51 e seguintes da Portaria Interministerial/MP, MF e CGU nº 127/2008 e o Decreto n° 6.170/2007, em especial atentando para* ***a designação de servidor responsável pelo acompanhamento do convênio*** *(item 1.5.1, TC-020.510/2008-7, Acórdão nº 3.570/2010-2ª Câmara).*

DOU de 14.08.2009, S. 1, p. 169. Ementa: determinação ao INCRA/SP ***para que, ao celebrar convênios, promova o efetivo acompanhamento e fiscalização de sua execução, designando profissional tecnicamente capacitado a fiscalizar os projetos****, nos termos do art. 23 da IN/STN-MF nº 01/1997 e da Portaria Interministerial/MP, MF e CGU nº 127, de 29.05.2008, arts. 51 a 54 (item 1.5.1.2.1, TC-018.871/2008-1, Acórdão nº 4.067/2009-2ª Câmara).*

DOU de 30.05.2008, S. 1, p. 145. Ementa: o TCU determinou ao CEFET/PB ***que procedesse à expedição dos atos formais de designação dos servidores responsáveis pelo acompanhamento e fiscalização dos convênios*** *celebrados pelo CEFET/PB na* *qualidade de concedente, em atendimento às disposições do art. 23 da IN/STN-MF nº 01/1997 (item 1.19, TC-014.687/2006-6, Acórdão nº 1.654/2008-1ª Câmara).*

DOU de 25.10.2007, S. 1, p. 143. Ementa: o TCU determinou à SFA/SE ***que, ao realizar o acompanhamento efetivo dos convênios dos quais fosse concedente e dos convênios celebrados por unidade do MAPA sediada em outra unidade da federação*** *(cujo objeto estivesse sendo executado na sua área de jurisdição),* ***observasse as obrigações estipuladas nos respectivos ajustes, bem como agisse tempestivamente nos casos de necessidade de substituição dos responsáveis pela fiscalização de convênios*** *(item 1.13, TC-011.035/2006-3, Acórdão nº 2.970/2007-2ª Câmara).*

DOU de 20.06.2006, S. 1, p. 68. Ementa: o TCU determinou ao Ministério das Comunicações ***que fossem definidos, nos termos dos convênios celebrados, critérios para avaliação dos resultados, bem assim a unidade responsável pelo acompanhamento da execução físico-financeira dos convênios*** *(item 1.10, TC-016.804/2005- 5, Acórdão nº 1.394/2006-2ª Câmara).*

DOU de 20.06.2006, S. 1, p. 67. Ementa: o TCU determinou ao Ministério das Comunicações ***que promovesse a reformulação do Manual de Convênios, notadamente quanto à definição das competências para o controle e o acompanhamento da execução físico-financeira dos convênios****, de sorte a subsidiar a análise das prestações de contas pela unidade técnica responsável (item 1.3.1, TC-016.804/2005-5, Acórdão nº 1.394/2006-2ª Câmara).*

DOU de 19.05.2006, S. 1, p. 138. Ementa: o TCU determinou ao DNIT ***que designasse, formalmente, um representante do DNIT ("agente 23") para acompanhar e fiscalizar a execução de um convênio e dos contratos respectivos*** *(item 9.5.6, TC-008.530/2005-4, Acórdão nº 739/2006-Plenário).*

FISCAL DO CONVENENTE

DOU de 24.11.2010, S. 1, p. 137. Ementa: alerta à FUNASA, no tocante a convênios, sobre a necessidade de orientar os órgãos e entidades convenentes ***para que exijam do fiscal designado para acompanhamento da obra a elaboração de relatórios descritivos e fotográficos sobre a execução dos serviços****, uma vez que é responsabilidade do referido profissional relatar, no diário de obras, todas as ocorrências julgadas relevantes, mormente aquelas que possam futuramente comprometer o recebimento da obra pelo órgão financiador (item 9.2.2, TC-019.402/2009-5, Acórdão nº 3.089/2010-Plenário).*

DOU de 03.10.2007, S. 1, p. 244. Ementa: o TCU ***determinou a promoção de audiência*** *de um ex-Secretário de Estado de Desenvolvimento Social, um ex-Secretário Adjunto do Trabalho e de um ex-Secretário de Estado de Desenvolvimento Social, acerca de ocorrência relativa à execução de um convênio do PLANTEQ (Plano Territorial de Qualificação),* ***no tocante à ausência de cumprimento de atribuições fiscalizatórias por parte do convenente****, tendo o executor deixado de contratar empresa para fiscalizar a execução do plano de qualificação e visitado apenas 8 dos 186 cursos ministrados (item 9.7.5.3, retificação do Acórdão nº 2.013/2007-Plenário, Ata nº 40/2007, publicado originariamente no DOU de 28.09.2007, S. 1, p. 141).*

DOU de 24.07.2006, S. 1, p. 103. Ementa: o TCU ***determinou a uma prefeitura municipal que passasse a exercer****, nos termos do art. 67 da Lei nº 8.666/1993,* ***efetiva fiscalização sobre as obras realizadas com recursos públicos federais transferidos mediante convênios ou acordos congêneres*** *(item 9.2, TC-006.963/2003- 1, Acórdão nº 1.900/2006-1ª Câmara).*

DOU de 17.03.2006, S. 1, p. 91. Ementa: o TCU determinou a um município ***que, ao utilizar recursos federais, evitasse que funcionário da empresa contratada atuasse, também, como fiscal da prefeitura****, contrariando os princípios constitucionais da legalidade e da legitimidade, os arts. 62 e 63 da Lei nº 4.320/64 e o art. 67 da Lei nº 8.666/1993 (item 6.1.3, TC-018.879/2005-5, Acórdão nº 498/2006-2ª Câmara).*

DOU de 17.03.2006, S. 1, p. 90. Ementa: o TCU ***não aceitou o fato de que, na execução de um convênio, não se contasse com um fiscal responsável pelo acompanhamento da obra****, contrariando o disposto nos art. 67, "caput", e art. 116, § 3º, inc. I, da Lei nº 8.666/1993, bem como o art. 63, § 2º, inc. III, da Lei nº 4.320/64. Na ocasião, constatou-se que a liquidação da despesa fora realizada "pro forma" pelo setor de contabilidade da prefeitura municipal, a qual não registrara em livro próprio (diário de obras), também, as ocorrências relacionadas à execução do contrato, como determina o art. 67, § 1º da Lei de Licitações (item 1.1.1.4, TC-018.879/2005-5, Acórdão nº 498/2006-2ª Câmara).*

DOU de 23.02.2006, S. 1, p. 114. Ementa: o TCU ***determinou a uma prefeitura municipal que****, doravante, ao aplicar recursos federais repassados por força de convênios, ajustes ou instrumentos congêneres, observasse fielmente o disposto no art. 71, § 2º, da Lei nº 8.666/1993, de modo a exigir, dos contratados, a apresentação da Guia de Recolhimento da Previdência Social, bem como* ***designasse, tempestivamente, representante da administração para acompanhamento e fiscalização da execução das obras ou serviços****, nos termos do art. 67, "caput", e § 1º, da mesma lei (item 9.2, TC--019.723/2005-9, Acórdão nº 403/2006-1ª Câmara).*

FISCALIZAÇÃO "IN LOCO"

*SÚMULA TCU nº 54 – "**Sem prejuízo das providências imediatas no sentido de impor sanções, sanar as irregularidades verificadas ou resguardar o interesse público, serão oportunamente examinados, em confronto com a tomada de contas do ordenador das despesas ou a prestação de contas do administrador responsável, os resultados das inspeções "in loco" que forem realizadas.**"*

*DOU de 19.06.2012, S. 1, p. 127. Ementa: recomendação à Secretaria de Políticas para as Mulheres da Presidência da República (SPM/PR) **para que implemente sistemática de fiscalização "in loco" dos convênios firmados pela Secretaria**, nos termos do art. 53, § 2º, da Portaria Interministerial nº 127/2008, objetivando aferir a prevista aplicação dos recursos em seus objetos (item 9.3.2, TC-021.646/2010-4, Acórdão nº 3.227/2012-1ª Câmara).*

*DOU de 02.09.2011, S. 1, p. 195. Ementa: o TCU deu ciência ao Ministério do Turismo para **que observe o disposto no Acórdão nº 5.078/2009-2ª Câmara, quanto ao estabelecimento de critérios para verificação "in loco" da execução física dos ajustes firmados** (item 9.2.2, TC-004.018/2011-7, Acórdão nº 2.236/2011-Plenário).*

*DOU de 05.04.2011, S. 1, p. 99. Ementa: alerta à SESU **para a necessidade de se programar visitas aos locais de execução dos convênios, a fim de verificar se as informações registradas pelo convenente no SICONV correspondem à realidade, utilizando, se necessário, o apoio de terceiros ou firmando parcerias com órgãos ou entidades que se situem próximo aos locais de execução do convênio**, conforme dispõem os arts. 52, "caput", 53, incisos I e II, e 54, inc. III, da Portaria Interministerial/MP, MF e CGU nº 127, de 29.05.2008 (item 1.8.2, TC-015.204/2009-0, Acórdão nº 1.829/2011-1ª Câmara).*

*DOU de 10.02.2006, S. 1, p. 113. Ementa: o TCU determinou à CODEVASF **que**, nos processos envolvendo transferências voluntárias de recursos federais, principalmente mediante convênios, **procedesse à fiscalização "in loco" da execução do objeto pactuado**, conforme previsto no Decreto-lei n° 200/67, art. 10, § 6º; na Lei n° 8.666/1993, art. 116, § 3º, I; no Decreto n° 93.872/86, art. 54; e na IN/STN-MF n° 01/97, art. 24 (item 9.4, TC-016.886/2004-2, Acórdão n° 134/2006-2ª Câmara).*

FUNÇÃO GERENCIAL FISCALIZADORA

*DOU de 22.02.2012, S. 1, p. 109. Ementa: determinação à CODEVASF para que, na celebração ou aditamento de convênios, **adote tempestivamente as providências*** *__necessárias à execução da função gerencial fiscalizadora__ prevista no art. 23 da IN/STN-MF nº 01/1997 (item 9.2.1.5, TC-011.098/2008-0, Acórdão nº 278/2012-Plenário).*

DOU de 22.02.2012, S. 1, p. 109. Ementa: determinação à CODEVASF para __que, na celebração ou aditamento de convênios, adote tempestivamente as providências necessárias à execução da função gerencial fiscalizadora__ previstas no art. 23 da IN/STN-MF nº 01/1997 (item 9.2.1.5, TC-011.098/2008-0, Acórdão nº 278/2012-Plenário).

DOU de 11.03.2011, S. 1, p. 87. Ementa: alerta à Secretaria de Políticas de Emprego do Ministério do Trabalho e Emprego quanto __à necessidade de fiscalizar a aplicação de recursos repassados a ONGs__ (item 9.3, TC-021.484/2007-1, Acórdão nº 1.406/2011-1ª Câmara).

DOU de 27.11.2009, S. 1, p. 247. Ementa: cientificação a um representante de que __a execução dos convênios__ firmados entre a Fundação Nacional de Saúde e um município __é acompanhada, sob os aspectos técnico e financeiro, pelo concedente__ (item 1.5.2, TC-017.915/2009-1, Acórdão nº 6.200/2009-2ª Câmara).

DOU de 20.11.2009, S. 1, p. 270. Ementa: determinação à Assessoria Especial de Controle Interno do Ministério da Cultura (AECI/GM/MinC) __para que promova o efetivo acompanhamento da aplicação dos recursos de convênios firmados pela Pasta__, efetuando levantamento de situação das prestações de contas, de modo a evitar que repasses sejam feitos para obras que não foram concluídas, como o ocorrido com um convênio de 2005, que direcionou recursos para sonorização e iluminação de um suposto centro cultural, cuja obra se encontra com sua estrutura condenada tecnicamente (item 1.6.1.1, TC-012.655/2009-8, Acórdão nº 6.091/2009-2ª Câmara).

DOU de 10.07.2009, S. 1, p. 121. Ementa: determinação à FUNASA __para que fiscalize a execução dos convênios/contratos de repasse que vier a realizar__, nos termos dos artigos 51 a 55, da Portaria Interministerial/MP, MF e CGU nº 127/2008, bem como adote as medidas cabíveis para sanear eventuais falhas e desvios incorridos pelos convenentes/executantes dentro do prazo regulamentar previsto no art. 60 (item 1.5.2.1, TC-007.897/2007-1, Acórdão nº 3.619/2009-2ª Câmara).

DOU de 29.08.2008, S. 1, p. 133. Ementa: determinação/recomendação ao Ministério do Desenvolvimento Agrário (MDA) em Rondônia para __que passe a exercer efetiva fiscalização sobre as obras realizadas com recursos públicos federais descentralizados mediante convênios ou acordos congêneres__, nos quais figure como entidade concedente (item 1, TC-002.064/2004-0, Acórdão nº 1.787/2008-Plenário).

DOU de 27.09.2007, S. 1, p. 81. Ementa: o TCU alertou a Secretaria de Recursos Hídricos e Ambiente Urbano do MMA ***que é de responsabilidade do concedente, no exercício da função fiscalizadora*** *atribuída pelo art. 23 da IN/STN-MF nº 01/1997,* ***adotar as medidas saneadoras cabíveis nos casos em que forem encontradas irregularidades formais nos processos de prestação de contas de convênios, anteriormente ao pronunciamento do mérito das mesmas,*** *sob pena de responder, em cada caso concreto, pela sua omissão na apuração dos fatos (item 3.1, TC-020.258/2007-6, Acórdão nº 2.513/2007-2ª Câmara).*

DOU de 27.09.2007, S. 1, p. 76. Ementa: o TCU determinou ao FNDE ***que adotasse as providências necessárias ao exato cumprimento do art. 10, § 6°, do Decreto-lei nº 200/1967 e do art. 23 da IN/STN-MF nº 01/1997, no sentido de orientar, acompanhar e fiscalizar a aplicação dos recursos descentralizados mediante convênios, ajustes ou instrumentos congêneres,*** *adotando, no prazo regulamentar estabelecido na referida instrução normativa, as providências necessárias para o registro das inadimplências nos sistemas de controle (item 9.5.1, TC-004.990/2005-6, Acórdão nº 2.924/2007-1ª Câmara).*

DOU de 05.06.2007, S. 1, p. 82. Ementa: o TCU determinou ao Ministério dos Transportes ***que exercesse mais efetivamente a atividade de controle e fiscalização*** *prevista no art. 23 da IN/STN-MF nº 01/1997,* ***corrigindo tempestivamente as falhas observadas, tendo em vista que,*** *de acordo com o normativo legal mencionado,* ***a ação gerencial fiscalizadora será exercida pelos órgãos/entidades concedentes dos recursos, ficando assegurado aos seus agentes qualificados o poder discricionário de reorientar ações e de acatar ou não justificativas com relação às eventuais disfunções havidas na execução,*** *sem prejuízo da ação das unidades de controle interno e externo (item 9.12.2, TC-005.454/2001-4, Acórdão nº 1.019/2007-Plenário).*

DOU de 16.02.2007, S. 1, p. 322. Ementa: o TCU determinou à Caixa Econômica Federal ***que adotasse providências, dentro do seu papel orientador e fiscalizador de um contrato de repasse*** *(relacionado com o Ministério do Esporte), conforme o disposto no art. 23 da IN/STN-MF nº 01/1997, no sentido de garantir a efetiva conclusão da obra, adotando, em caso de paralisação injustificada, as medidas necessárias para a identificação dos responsáveis e o ressarcimento dos eventuais danos verificados (item 9.2.3, TC-018.103/2005-9, Acórdão nº 271/2007-1ª Câmara).*

DOU de 16.02.2007, S. 1, p. 230. Ementa: o TCU informou à Comissão Parlamentar Mista de Inquérito do Congresso Nacional ("CPMI das Ambulâncias") que ***a responsabilidade pela fiscalização dos recursos repassados por meio de convênios,***

***bem como pela análise e aprovação de prestações de contas, é primariamente do órgão concedente**, conforme estipulado pelo Decreto-lei nº 200/67, pela Lei nº 8.666/1993 e pela IN/STN-MF nº 01/97 (item 9.2.2, TC-021.835/2006-0, Acórdão nº 158/2007-Plenário).*

*DOU de 11.12.2006, S. 1, p. 105. Ementa: o TCU informou ao MMA que **é da responsabilidade do concedente (SRH/MMA), no exercício da função fiscalizadora** atribuída pelo art. 23 da IN/STN-MF n° 01/97, adotar as medidas saneadoras cabíveis nos casos em que forem encontradas irregularidades formais nos processos de prestação de contas de convênios, anteriormente ao pronunciamento do mérito das mesmas, sob pena de responder, em cada caso concreto, pela sua omissão na apuração dos fatos (item 2.1, TC-025.075/2006-0, Acórdão nº 3.464/2006-2ª Câmara).*

*DOU de 06.12.2006, S. 1, p. 104. Ementa: o TCU informou ao Ministério da Integração Nacional **que**, conforme disposto na Lei nº 4.320/64, arts. 87 e 93, no Decreto nº 93.872/86, art. 54 e § 1º, e na IN/STN-MF nº 1/97, arts. 23 e 42, é dever do concedente zelar pela correta e regular aplicação de recursos transferidos mediante convênios, acordos ou instrumentos congêneres, inclusive quanto ao aspecto contábil e financeiro (item 2, TC-018.759/2005-7, Acórdão nº 3.403/2006-1ª Câmara).*

*DOU de 08.02.2006, S. 1, p. 74. Ementa: o TCU determinou ao CNPq **que exercesse, na qualidade de concedente, a sua função fiscalizadora sobre os convênios firmados, efetuando as cobranças devidas sempre que houver disfunções na execução**, como, por exemplo, concessão de diárias e passagens a pessoas não constantes dos planos de trabalho apresentados (item 1.1.6, TC-010.660/2004-8, Acórdão nº 126/2006-1ª Câmara).*

*DOU de 07.02.2006, S. 1, p. 57. Ementa: o TCU determinou ao Ministério da Integração Nacional **que executasse a fiscalização e o acompanhamento sobre a execução local dos objetos conveniados**, de modo a dar fiel cumprimento às disposições contidas no art. 23 da IN/STN-MF n° 01/97; no art. 10, § 6º, do Decreto-lei n° 200/67; no art. 54 do Decreto n° 93.872/86; no § 3º, inciso I, do art. 116 da Lei n° 8.666/1993, bem como às disposições no mesmo sentido constantes nas Leis de Diretrizes Orçamentárias aprovadas para cada exercício (item 5.10, TC-017.928/2005-7, Acórdão nº 46/2006-2ª Câmara).*

*DOU de 01.02.2006, S. 1, p. 78. Ementa: o TCU determinou ao Fundo Nacional de Saúde **que, quando necessário, efetuasse fiscalização para verificar o cumprimento do objeto** (art. 23) (item 1.1.7, TC-012.472/2005-5, Acórdão nº 1/2006-1ª Câmara).*

JURISDIÇÃO DO TCU

*DOU de 26.03.2010, S. 1, ps. 95 e 96. Ementa: determinação à SECEX-TCU/AM para **que realize inspeção técnica com o objetivo de comprovar o que foi efetivamente executado em relação à construção de um porto fluvial**, objeto de contrato de 2006, firmado com recursos de um convênio de 2005 (itens 1.6.1.3, TC-032.914/2008-0, Acórdão nº 533/2010-Plenário).*

*DOU de 16.05.2008, S. 1, p. 111. Ementa: o TCU determinou a uma prefeitura municipal que **não se furtasse de fornecer informações e/ou documentos porventura requeridos pelo Tribunal de Contas do Estado da Paraíba quando no exercício de fiscalizações envolvendo recursos federais**, haja vista que o acordo de cooperação técnica celebrado entre a Corte de Contas Estadual e o Tribunal de Contas da União prevê o exercício de tal competência e sua obstrução ensejaria a aplicação da multa prevista no art. 58, inc. V, da Lei nº 8.443, de 16.07.1992 (item 1.1, TC-004.476/2008-4, Acórdão nº 1.442/2008-1ª Câmara).*

*DOU de 05.04.2007, S. 1, p. 112. Ementa: o TCU determinou à Caixa Econômica Federal **que orientasse suas superintendências regionais e suas unidades jurídicas quanto à necessidade do pronto atendimento às diligências e fiscalizações do TCU relacionadas aos contratos de repasse celebrados com estados e municípios**, em que a instituição financeira atuasse na condição de mandatária da União, com fundamento no Decreto n° 1.819, de 16.02.1996, salientando que essas operações não estão protegidas pelo sigilo bancário previsto na Lei Complementar n° 105/2001, e que observassem a competência constitucional e legal daquela Corte de Contas, previstas no art. 71, incisos II e VI, da Constituição Federal, e no art. 5°, incisos I, VI e VII, da Lei n° 8.443/92 (item 6.1, TC-006.755/2004-7, Acórdão nº 582/2007-2ª Câmara).*

METODOLOGIA

*DOU de 02.09.2011, S. 1, p. 195. Ementa: o TCU deu ciência ao Ministério do Turismo para **que observe o disposto no Acórdão nº 5.078/2009-2ª Câmara, quanto ao estabelecimento de critérios para verificação "in loco" da execução física dos ajustes firmados** (item 9.2.2, TC-004.018/2011-7, Acórdão nº 2.236/2011-Plenário).*

*DOU de 27.06.2011, S. 1, p. 159. Ementa: determinação ao Núcleo Estadual do Ministério da Saúde no Estado do Maranhão para **que procure aperfeiçoar a sistemática de acompanhamento e avaliação dos convênios**, realizando gestões junto ao Ministério da Saúde com o fim de solucionar o problema das verificações "in* *loco" realizadas tardiamente (itens 1.4, 1.4.1 e 1.4.1.2, TC-026.982/2010-2, Acórdão nº 4075/2011-2ª Câmara).*

DOU de 26.05.2011, S. 1, p. 126. Ementa: recomendação à SENAES/MTE para que ***institua, a partir de valor a ser definido conforme Acórdão nº 1.331/2008-P para realização de visita "in loco" nos convênios,*** *Comitê/Comissão responsável pela gestão dos ajustes (item 1.5.4.1, TC-013.155/2009-5, Acórdão nº 1.242/2011-Plenário).*

DOU de 22.03.2011, S. 1, p. 132. Ementa: alerta ao Ministério do Turismo sobre a ***necessidade de regulamentar o procedimento de visitas técnicas,*** *e o exame e manifestação, pelo MTur, dos relatórios produzidos pela Caixa Econômica Federal sobre as prestações de contas analisadas,* ***a fim de conferir efetividade ao acompanhamento e à fiscalização da atuação*** *daquela instituição nos contratos de repasse, nos termos dos itens 1.5.2, 1.5.2.1 e 1.5.2.2 do Acórdão nº 1.393/2010-1ªC (item 1.5.1, TC--025.134/2008-0, Acórdão nº 1.495/2011-1ª Câmara).*

DOU de 11.03.2011, S. 1, p. 76. Ementa: alerta ao DNOCS no ***sentido de que fiscalize a execução de convênios de forma "pari passu"*** *às etapas previstas no Plano de Trabalho, como forma de garantir a boa aplicação dos recursos (itens 1.7.9, TC--021.066/2008-0, Acórdão nº 1.333/2011-TCU-1ª Câmara).*

DOU de 23.02.2011, S. 1, p. 97. Ementa: determinação à Caixa Econômica Federal (CAIXA) para ***que realize estudos propondo alterar a sistemática de fiscalização, no sentido de intensificar as vistorias de obras, independentemente de apresentação do boletim de medição,*** *com vistas a garantir que as especificações do projeto sejam cumpridas (item 9.2.1.5, TC-031.356/2007-5, Acórdão nº 393/2011-Plenário).*

DOU de 24.09.2010, S. 1, p. 731. Ementa: determinação ao INCRA para que, em todos os convênios que firmar, inclua cláusula que indique, de forma clara e precisa, o ***modo pelo qual a execução do objeto será acompanhada,*** *de modo a garantir a plena execução física do objeto, conforme determina expressamente o art. 6º do Decreto nº 6.170/2007 (item 9.1.2, TC-021.081/2009-4, Acórdão nº 2.508/2010-Plenário).*

DOU de 04.08.2010, S. 1, p. 104. Ementa: recomendação à Coordenação Regional da FUNASA no Paraná para ***que, quanto ao dever de fiscalização por meio de visitas técnicas visando a acompanhar a execução de convênios, considere os fatores complexidade da obra, magnitude dos recursos envolvidos e eventuais problemas e falhas detectados, de modo a incrementar a efetividade da fiscalização pelos fatores de risco e materialidade*** *(item 9.4, TC-015.713/2007-0, Acórdão nº 4.008/2010-2ª Câmara).*

DOU de 20.07.2010, S. 1, p. 78. Ementa: determinação à Coordenação Geral de Convênios do Ministério da Integração Nacional para ***que adote as medidas pertinentes no sentido de assegurar tempestividade e eficiência nas fiscalizações que realizar, com o intuito de verificar o cumprimento do objeto pactuado nos convênios que celebra*** *(item 9.3, TC--007.928/2009-6, Acórdão nº 4.220/2010-1ª Câmara).*

DOU de 26.03.2010, S. 1, p. 116. Ementa: determinação ao MTur para ***que regulamente a forma de acompanhamento e fiscalização****, pelo MTur, sobre a atuação da Caixa Econômica Federal nos contratos de repasse, em especial quanto ao procedimento de visitas técnicas pelo MTur, estabelecendo periodicidade mínima das visitas e registro em ata de seus resultados e ao exame e manifestação, pelo MTur, em relação aos relatórios produzidos pela Caixa Econômica Federal sobre as prestações de contas analisadas (item 1.5.2, TC-025.134/2008-0, Acórdão nº 1.393/2010-1ª Câmara).*

DOU de 04.12.2009, S. 1, p. 233. Ementa: determinação à EMBRATUR para ***que estabeleça critérios formais para a seleção dos convênios a serem fiscalizados localmente, tendo em vista a orientação do MPOG para que os órgãos e entidades estabeleçam um valor a partir do qual seja obrigatória a verificação "in loco" da execução física dos ajustes firmados com entidades não governamentais*** *(item 1.5.1.7, TC-020.255/2009-0, Acórdão nº6.527/2009-2ª Câmara).*

DOU de 06.11.2009, S. 1, p. 97. Ementa: recomendação ao FNDE para ***que implemente plano para minimizar o tempo de resposta da Autarquia ante a comunicação de irregularidades verificadas na execução dos recursos repassados****, em especial as que caracterizem dano ao erário, assim compreendido como o tempo decorrido entre a ciência da irregularidade e o encaminhamento da tomada de contas especial à Controladoria--Geral da União ou o saneamento da irregularidade (item 9.2.2, TC-019.162/2008-9, Acórdão nº 2.576/2009-Plenário).*

DOU de 06.11.2009, S. 1, p. 97. Ementa: determinação ao FNDE para ***que estabeleça sistemática de acompanhamento regular dos recursos repassados mediante visitas in loco, contemplando planejamento anual; estabelecimento de metas quantitativas de ações de controle e volume de recursos abrangidos; registro da evolução em relação ao realizado em exercícios anteriores; quantidade de servidores envolvidos e duração dos trabalhos proporcionais à dimensão do objeto fiscalizado; prazos para conclusão de relatórios; proposta de encaminhamento para sanar as falhas constatadas; avaliação, para cada ação de controle, da conveniência da realização da visita in loco em parceria com a Auditoria Interna a fim de racionalizar recursos e oportunizar verificação completa dos aspectos legais, financeiros e operacionais*** *(item 9.2.1, TC-019.162/2008-9, Acórdão nº 2.576/2009-Plenário).*

DOU de 02.10.2009, S. 1, p. 150. Ementa: determinação à Secretaria Executiva do Ministério do Turismo para ***que sejam estabelecidos, não obstante eventuais restrições que impeçam a realização de fiscalização local da execução de todos os convênios celebrados, critérios formais para a seleção daqueles a serem fiscalizados localmente, especialmente nos convênios relacionados a apoio de eventos****, tendo em vista a orientação do MP no sentido de que os órgãos e entidades estabelecessem um valor a partir do qual seja obrigatória a verificação "in loco" da execução física dos ajustes firmados com entidades não governamentais (item 1.5.1.7, TC-013.105/2009-3, Acórdão nº 5.078/2009-2ª Câmara).*

DOU de 08.06.2009, S. 1, p. 106. Ementa: determinação à FUNASA ***para desenvolver atividades de fiscalização da aplicação de recursos de convênios de sua responsabilidade durante a execução do objeto conveniado, exercendo-se o controle concomitante****, de modo a se permitir a tomada de decisão preventiva sobre possíveis desvios de recursos que poderiam estar ocorrendo (item 9.5.2, TC-012.740/2004-0, Acórdão nº 1.190/2009-Plenário).*

DOU de 27.03.2009, S. 1, p. 122. Ementa: determinação ao Ministério do Turismo para ***que, quando da fiscalização de convênios, contratos de repasse e outros instrumentos congêneres, utilize viagens proporcionalmente à quantidade de ajustes celebrados e ao volume de recursos transferidos a cada unidade da federação****, não realizando despesa com deslocamento no interesse dos beneficiários das transferências, tais como negociação/aprovação de Plano de Trabalho e ações relativas à inadimplência de convenente, tampouco em proveito de gestores ou servidores que tenham residência ou outros interesses em locais diversos da sege do Órgão (item 1.5.1.2, TC-025.134/2008-0, Acórdão nº 1.105/2009-1ª Câmara).*

DOU de 31.10.2008, S. 1, p. 149. Ementa: determinação à Gerência de Desenvolvimento Urbano de Palmas/TO/CEF para ***que envide esforços no sentido de realizar a fiscalização e controle tempestivos*** *dos futuros processos licitatórios levados a cabo por entes públicos beneficiados com recursos públicos federais, com vistas a evitar que esses processos sejam eivados de irregularidades irreversíveis que possam trazer dano ao Erário (item 1.5.3, TC-027.432/2006-4, Acórdão nº 2.406/2008-Plenário).*

DOU de 02.10.2008, S. 1, p. 125. Ementa: determinação ao Ministério do Desenvolvimento Agrário para que adote, sob pena de responsabilização do gestor, em relação à aplicação de recursos destinados a cursos de capacitação, repassados mediante convênios ou ajustes afins, procedimentos de fiscalização e acompanhamento específicos, ***fazendo com que a fiscalização se realize de modo a comprovar a efetiva realização dos cursos****; os relatórios sejam consubstanciados em evidências, as quais devem ser demonstradas* *pelo responsável pela fiscalização;* ***seja averiguado se o número de participantes e o conteúdo dos cursos estão em conformidade com o Plano de*** *Trabalho; a fiscalização seja realizada durante a execução de cada curso e que não se limite a uma única visita; faça constar, nos termos de ajustes que vierem a ser firmados com entes particulares, obrigações relacionadas à prestação de contas, estabelecendo, de forma expressa, que: 1) cabe ao convenente/contratante o ônus de demonstrar, de forma inequívoca, a boa e regular aplicação dos recursos; 2) a documentação apresentada nas prestações de contas* ***deve contemplar os elementos necessários à formação do devido nexo causal entre os valores transferidos e o objeto do convênio, e deve conter, dentre outros, a relação dos participantes dos eventos realizados, com informações que possibilitem localizá-los, como: endereço residencial e comercial, telefones, endereço eletrônico; e relatório fotográfico contemplando momentos diversos da realização do evento*** *(item 1.5, TC-011.981/2007-3, Acórdão nº 3.874/2008-2ª Câmara).*

DOU de 11.07.2008, S. 1, p. 85. Ementa: o TCU ***recomendou ao Ministério do Planejamento, Orçamento e Gestão que avaliasse a oportunidade e a conveniência de, visando ao melhor cumprimento do disposto no artigo 6º do Decreto nº 6.170/2007 e a assegurar ações concomitantes de controle, orientar os órgãos e entidades da Administração Pública para que estabelecessem um valor, nos ajustes de maior materialidade, a partir do qual fosse obrigatória a verificação "in loco" da execução física dos ajustes firmados com entidades não governamentais*** *(item 9.2.3, TC-027.206/2006-3, Acórdão nº 1.331/2008-Plenário).*

DOU de 28.03.2008, S. 1, p. 152. Ementa: o TCU recomendou à SEAP/PR que, quanto ao planejamento das ações do Programa Desenvolvimento Sustentável da Aquicultura, ***elaborasse plano de supervisão hierárquica que definisse instrumentos de verificação, para intensificar o monitoramento dos convênios firmados, e que considerasse a ampliação dessas atribuições para os escritórios estaduais*** *(item 9.4.1.2, TC--017.237/2006-6, Acórdão nº 489/2008-Plenário).*

DOU de 22.06.2007, S. 1, p. 89. Ementa: o TCU recomendou à Secretaria do Tesouro Nacional ***que acrescentasse dispositivos na IN/STN-MF nº 01, de 15.01.1997, com o fito de estabelecer a sistemática a ser utilizada pelos órgãos repassadores para o acompanhamento das obras realizadas por transferências de recursos, mediante a implantação de metodologia padronizada e a utilização de sistema de dados das obras públicas executadas com recursos federais****, consubstanciado no Cadastro Geral de Obras de que trata o item 9.1.1 do Acórdão nº 1.188/2007-Plenário (item 9.3.1, TC--012.667/2006-4, Acórdão nº 1.188/2007-Plenário).*

DOU de 23.04.2007, S. 1, p. 64. Ementa: o TCU determinou à Fundação Nacional de Saúde ***que desenvolvesse atividades de fiscalização da aplicação de recursos***

de convênios de sua responsabilidade durante a execução do objeto conveniado, *exercendo-se o controle concomitante, de modo a se permitir a tomada de decisão preventiva sobre possíveis desvios de recursos que poderiam estar ocorrendo (item 9.1.4, TC-015.670/2005- 5, Acórdão nº 641/2007-Plenário).*

DOU de 10.04.2007, S. 1, p. 70. Ementa: o TCU determinou ao MDA ***que, previamente à celebração de novos contratos de repasses ou de convênios federais, implementasse sistemática com vistas a estabelecer uma efetiva fiscalização da aplicação dos recursos****, não se detendo apenas aos aspectos formais/contábeis ou financeiros (item 9.4.2, TC-025.735/2006-3, Acórdão nº 530/2007-Plenário).*

DOU de 17.11.2006, S. 1, p. 111. Ementa: o TCU determinou à FUNASA ***que, quando da descentralização de recursos federais mediante convênio, procedesse às fiscalizações necessárias concomitantemente à execução dos serviços e/ou obras decorrentes do objeto pactuado*** *(item 2.1, TC-005.396/2004-3, Acórdão nº 3.192/2006-1ª Câmara).*

DOU de 17.02.2006, S. 1, p. 90. Ementa: o TCU determinou ao Ministério da Educação ***que nos convênios em que figurar como concedente adotasse sistemática de fiscalização e acompanhamento da execução dos ajustes****, de modo a certificar-se sobre o cumprimento dos objetivos acordados, em cumprimento ao disposto no art. 23 da IN/STN-MF nº 01/97 (item 1.3, TC-007.036/2004-8, Acórdão nº 155/2006-2ª Câmara).*

MÓDULO DE ACOMPANHAMENTO E FISCALIZAÇÃO DO SICONV

DOU de 10.05.2011, S. 1, p. 166. Ementa: determinação à SECEX/SC para que alerte a FUNASA/PRESI no sentido de que ***a não inclusão, no SICONV, dos atos de acompanhamento da execução de um convênio****, bem como dos atos de aprovação das prestações de contas parciais apresentadas pela convenente,* ***constitui irregularidade*** *pelo descumprimento dos arts. 58, § 1º, e 60, § 1º, da Portaria Interministerial/MP, MF e CGU nº 127, de 29.05.2008 (item 1.6.2.2, TC-004.676/2010-6, Acórdão nº 2.708/2011-2ª Câmara).*

DOU de 09.11.2007, S. 1, p. 71. Ementa: o TCU recomendou ao Ministério do Planejamento, Orçamento e Gestão ***que implementasse, no âmbito do Sistema SICONV, funcionalidade que permitisse registrar falhas formais ocorridas na execução de convênios e instrumentos congêneres, de modo que fosse possível a correspondente apreciação conclusiva com ressalva, se fosse o caso, e a manutenção de histórico com relação a convenentes contumazes no desrespeito***

***a normas legais e regulamentares que regem essas espécies de ajuste, mesmo nos casos que não envolvessem débito** (item 9.6, TC-001.082/2007-8, Acórdão nº 2.355/2007-Plenário).*

RELATÓRIOS DE FISCALIZAÇÃO

*DOU de 25.05.2012, S. 1, p. 105. Ementa: o TCU comunicou à Secretaria de Política Estratégica e Assuntos Internacionais do Ministério da Defesa, dando-lhe ciência de **que**, no âmbito do Programa Calha Norte, **verificou-se que laudos de vistoria relativos a dois convênios, firmados com um município, fundamentam suas conclusões em "inspeções visuais", colhidas "pontualmente, em um único dia de vistoria, e não permitem identificar vícios com base em dados objetivos"; assim, esses pareceres tornam-se deficientes e contraditórios ao imputar responsabilidade a gestores com fundamento em indícios de irregularidades tênues, sem a necessária base técnica para se firmar convicção** acerca do débito imputado aos responsáveis (item 9.2.2, TC--014.124/2010-6, Acórdão nº 2.894/2012-1ª Câmara).*

*DOU de 15.05.2012, S. 1, p. 114. Ementa: o TCU deu ciência à EMBRATUR sobre **impropriedade relativa à ausência nos relatórios de fiscalização "in loco" das ações executadas mediante convênios, de forma geral, de explicitação da metodologia de verificação dos itens do plano de trabalho** (se por itens, por amostragem, por análise documental), utilizando-se abordagens genéricas e superficiais, em dissonância com o item 1.5.1.8 do Acórdão nº 6.527/2009-2ªC (item 1.6.1.9, TC-011.774/2011-8, Acórdão nº 3.145/2012-2ª Câmara).*

*DOU de 11.07.2011, S. 1, p. 157. Ementa: o TCU deu ciência ao Ministério da Integração Nacional **acerca da necessidade de que haja o acompanhamento da execução física das obras e a elaboração de relatórios que apontem os percentuais da evolução de cada operação** e sua conformidade com os planos de trabalho apresentados (item 9.5.2, TC-000.741/2011-6, Acórdão nº 1.781/2011-Plenário).*

*DOU de 11.04.2011, S. 1, p. 154. Ementa: recomendação ao Ministério da Integração Nacional e à Caixa Econômica Federal, para **que avaliem a possibilidade de incluir nos contratos de prestação de serviço que celebram entre si para a realização de vistorias "in loco" e emissão de Relatório de Avaliação Final (RAF) mecanismos que permitam assegurar a veracidade das informações nele registradas**, de forma a coibir a falha consistente na afirmação de execução total do objeto pactuado quando fiscalização por órgão de controle verificou a inexecução parcial das obras ajustadas (item 9.4.2, TC--005.357/2010-1, Acórdão nº 2.079/2011-1ª Câmara).*

*DOU de 01.12.2010, S. 1, p. 123. Ementa: alerta à ELETRONUCLEAR quanto à **necessidade de fazer acompanhar as inspeções de vistorias, definidas nos termos de seus convênios, dos correspondentes pareceres técnicos quanto à regularidade dos atos praticados**, em consonância com o art. 51 da Portaria Interministerial/MP, MF e CGU nº 127/2008 (itens 9.2.5, TC 021.520/2010-0, Acórdão nº 7.817/2010-1ª Câmara).*

*DOU de 19.07.2010, S. 1, p. 105. Ementa: determinação à ANP para **que atue de forma sistemática e efetiva no planejamento, acompanhamento e fiscalização da execução dos convênios que vier a celebrar**, observando o art. 51 e seguintes da Portaria Interministerial/MP, MF e CGU nº 127/2008 e o Decreto n° 6.170/2007, em especial atentando para **o registro de todas as ocorrências relacionadas à sua execução** (item 1.5.1, TC-020.510/2008-7, Acórdão nº 3.570/2010-2ª Câmara).*

*DOU de 20.05.2010, S. 1, p. 105. Ementa: recomendação à Caixa Econômica Federal **no sentido de que, quando da celebração de contratos de repasse, identifique melhor seus relatórios de acompanhamento de obras, identificando-os com o número do contrato de repasse respectivo, descrevendo o objeto de maneira clara** e não de forma genérica, indicando/especificando o local das obras a serem financiadas (ruas, bairros, metragem), além de registrar a conclusão da obra no SIAFI (item 1.5.2.1, TC--004.861/2009-1, Acórdão nº 2.235/2010-2ª Câmara).*

*DOU de 16.05.2008, S. 1, p. 101. Ementa: o TCU **considerou como irregularidade**, no âmbito da SFA/PB, **a fiscalização inadequada dos fiscais de convênios** e a autorização de modificação dos itens de aplicação de despesa de convênio sem a devida competência (item 1.6.10, TC-015.341/2006-5, Acórdão nº 863/2008-Plenário).*

*DOU de 30.08.2007, S. 1, p. 153. Ementa: o TCU determinou à Divisão de Convênios e Gestão do Ministério da Saúde – Núcleo Estadual do Pará **que notificasse ao concedente dos recursos federais transferidos as impropriedades e irregularidades encontradas quando da realização de fiscalizações "in loco"**, destinadas a verificar a execução de convênios celebrados pelo Ministério da Saúde, **manifestando-se quanto à repercussão negativa que os fatos possam ter sobre o alcance do objeto pactuado** (item 8.1.2, TC--027.796/2006-8, Acórdão nº 2.261/2007-2ª Câmara).*

RESPONSABILIZAÇÃO

DOU de 25.05.2012, S. 1, p. 105. Ementa: o TCU comunicou à Secretaria de Política Estratégica e Assuntos Internacionais do Ministério da Defesa, dando-lhe ciência de que, no âmbito do Programa Calha Norte, verificou-se que laudos de vistoria relativos a dois convênios, firmados com um município, fundamentam suas conclusões em "inspeções visuais", colhidas "pontualmente, em um único dia de vistoria, e não permitem identificar vícios com base em dados objetivos"; assim, ***esses pareceres tornam-se deficientes e contraditórios ao imputar responsabilidade a gestores com fundamento em indícios de irregularidades tênues, sem a necessária base técnica para se firmar convicção acerca do débito imputado aos responsáveis*** *(item 9.2.2, TC-014.124/2010-6, Acórdão nº 2.894/2012-1ª Câmara).*

DOU de 25.03.2011, S. 1, p. 152. Ementa: determinação à Secretaria de Recursos Hídricos do Ministério do Meio Ambiente para ***que oriente sua área de fiscalização no sentido de procurar, nas vistorias de projetos conveniados, ser o mais precisa possível na definição de responsabilidades****, em especial quando houver mudança de gestores (item 9.4, TC-005.760/2009-3, Acórdão nº 1.754/2011-1ª Câmara).*

DOU de 23.02.2011, S. 1, p. 105. Ementa: recomendação à Caixa Econômica Federal no sentido de ***que efetue a revisão do Normativo AE 099 de modo a excluir a isenção de responsabilidade dos profissionais da Caixa em relação aos serviços terceirizados a empresas credenciadas****, constante no item 4.3.5.3.1, por se tratar de dispositivo que não encontra respaldo legal; bem como o TCU determinou à Caixa Econômica Federal que* ***se abstivesse de utilizar o dispositivo do Normativo AE 099 que prevê a isenção de responsabilidade daquela entidade quando da emissão, por empresas terceirizadas, de pareceres e/ou laudos de análise técnica relativas aos contratos de repasse para os quais fora contratada para operacionalizar*** *(itens 9.3.1 e 9.4, TC-025.536/2009-4, Acórdão nº 402/2011-Plenário).*

DOU de 23.02.2011, S. 1, p. 97. Ementa: determinação à Caixa Econômica Federal (CAIXA) para ***que inclua, quando o Laudo de Análise Técnica de Engenharia (LATE) tiver sido realizado por empresa credenciada, manifestação expressa da concordância com tal laudo emitida por engenheiro ou arquiteto empregado da Caixa Econômica Federal****, segundo o preconizado no normativo interno da CAIXA AE099 - Engenharia - Análise e Acompanhamento - Repasse e Financiamento para Entes Públicos/Privados em Intervenções Públicas (item 9.2.1.3, TC-031.356/2007-5, Acórdão nº 393/2011-Plenário).*

DOU de 24.11.2010, S. 1, p. 137. Ementa: alerta à FUNASA, ***a respeito da necessidade de avaliar, nos casos de inexecução ou má execução do objeto conveniado, a corresponsabilidade do fiscal designado pela municipalidade, cuja Anotação de Responsabilidade Técnica (ART) de fiscalização deve sempre constar do processo de convênio****, nos moldes previstos nos arts. 1º, "caput", e 4º, inc. I, da IN/TCU nº 56/2007 (item 9.2.3, TC-019.402/2009-5, Acórdão nº 3.089/2010-Plenário).*

DOU de 27.09.2010, S. 1, p. 125. Ementa: determinação à Caixa Econômica Federal para ***que instaure procedimento administrativo com o objetivo de investigar a responsabilidade de seu agente no cometimento da falha na fiscalização do objeto de um contrato de repasse*** *(item 9.3, TC-022.860/2008-4, Acórdão nº 6.076/2010-1ª Câmara).*

DOU de 11.12.2009, S. 1, p. 108. Ementa: determinação ao INCRA/SR-09 para ***que adote, sob pena de responsabilização do gestor, as determinações que constam dos itens 1.5.1.1 e 1.5.1.2 do Acórdão nº 3.874/2008-2ª Câmara, acerca dos procedimentos de fiscalização e acompanhamento em relação à aplicação de recursos destinados a cursos de capacitação repassados mediante convênios ou ajustes afins,*** *bem como às obrigações relacionadas à prestação de contas (item 9.1.1.1, TC-001.801/2009-0, Acórdão nº 2.995/2009-Plenário).*

DOU de 10.07.2009, S. 1, p. 121. Ementa: determinação à FUNASA para que exerça rigorosa fiscalização na execução dos contratos/convênios que envolvam prestações de serviços afetos às suas atribuições institucionais, especialmente no que tange à obrigatoriedade da entidade contratada/conveniada arcar com todas as despesas, diretas e indiretas, decorrentes de obrigações trabalhistas dos empregados terceirizados, ***de forma a evitar a responsabilização subsidiária preconizada pelo inciso IV da Súmula/TST nº 331*** *(item 1.5.2.2, TC-007.897/2007-1, Acórdão nº 3.619/2009-2ª Câmara).*

DOU de 02.10.2008, S. 1, p. 125. Ementa: determinação ao Ministério do Desenvolvimento Agrário ***para que adote, sob pena de responsabilização do gestor, em relação à aplicação de recursos destinados a cursos de capacitação, repassados mediante convênios ou ajustes afins, procedimentos de fiscalização e acompanhamento específicos, fazendo com que a fiscalização se realize de modo a comprovar a efetiva realização dos cursos; os relatórios sejam consubstanciados em evidências, as quais devem ser demonstradas pelo responsável pela fiscalização;*** *seja averiguado se o número de participantes e o conteúdo dos cursos estão em conformidade com o Plano de Trabalho;* ***a fiscalização seja realizada durante a execução de cada curso e que não se limite a uma única visita;*** *faça constar, nos termos de ajustes que vierem a ser firmados com entes particulares, obrigações relacionadas à prestação de contas, estabelecendo, de forma expressa, que: 1) cabe ao convenente/contratante o ônus de demonstrar, de forma inequívoca, a boa e regular aplicação dos recursos; 2) a documentação apresentada nas prestações de contas deve contemplar os elementos necessários à formação do devido nexo causal entre os valores transferidos e o objeto do convênio, e deve conter, dentre outros, a relação dos participantes dos eventos realizados, com informações que possibilitem localizá-los, como: endereço residencial* *e comercial, telefones, endereço eletrônico; e relatório fotográfico contemplando momentos diversos da realização do evento (item 1.5, TC-011.981/2007-3, Acórdão nº 3.874/2008-2ª Câmara).*

DOU de 12.06.2008, S. 1, p. 122. Ementa: o TCU comunicou ao CREA/MG sobre ***irregularidades praticadas por um engenheiro e por uma empresa de engenharia, consistentes na emissão de relatório não condizente com a realidade, relativo a um contrato de repasse, fixando prazo de 90 (noventa) dias para que aquele conselho profissional comunicasse à Corte de Contas sobre as providências adotadas*** *(item 9.6, TC-000.484/2005-3, Acórdão nº 1.619/2008-2ª Câmara).*

DOU de 27.09.2007, S. 1, p. 81. Ementa: o TCU alertou a Secretaria de Recursos Hídricos e Ambiente Urbano do MMA ***que é de responsabilidade do concedente, no exercício da função fiscalizadora*** *atribuída pelo art. 23 da IN/STN-MF nº 01/1997,* ***adotar as medidas saneadoras cabíveis nos casos em que forem encontradas irregularidades formais nos processos de prestação de contas de convênios, anteriormente ao pronunciamento do mérito das mesmas, sob pena de responder, em cada caso concreto, pela sua omissão na apuração dos fatos*** *(item 3.1, TC-020.258/2007-6, Acórdão nº 2.513/2007-2ª Câmara).*

DOU de 20.07.2007, S. 1, p. 87. Ementa: o TCU determinou à Secretaria Adjunta de Contas (ADCON/TCU) que ***alertasse as unidades técnicas da Secretaria do TCU para a necessidade da devida apuração da responsabilidade dos gestores dos órgãos e entidades concedentes, principalmente quanto à fiscalização e acompanhamento da execução dos convênios****, por ocasião da instrução de processos de Tomada de Contas Especiais (TCE) em ações de transferências voluntárias de recursos federais (item 9.2, TC-016.476/2003-6, Acórdão nº 2.054/2007-1ª Câmara).*

DOU de 09.03.2007, S. 1, p. 87. Ementa: o TCU preocupou-se, no âmbito da FUNASA, no sentido de ***que fossem implementadas medidas com vistas a providenciar o remanejamento dos seus servidores a fim de que estes fossem responsáveis****, na Coordenação-Geral de Convênios (CGCON),* ***pelos trabalhos atualmente desenvolvidos (de forma auxiliar) por profissionais terceirizados, evitando com isso que a responsabilidade recaia sobre pessoas sem vínculo com a Administração*** *(item 9.3.5, TC-005.119/2005-1, Acórdão nº 295/2007-Plenário).*

SUB-ROGAÇÃO DE CONVÊNIOS

DOU de 23.02.2011, S. 1, p. 85. Ementa: alerta à Fundação Nacional de Saúde (FUNASA/MS) para ***a sua responsabilidade originária pelas ações de saúde indígena até ao***

final do período de transição dessas ações para a Secretaria Especial de Saúde Indígena, nos termos do Decreto nº 7336, de 19.10.2010; devendo, em consequência, acompanhar e fiscalizar a execução do objeto de dois convênios*, celebrados com a Fundação de Aprimoramento e Desenvolvimento de Recursos Humanos do Amazonas (FADERH/AM), bem como analisar e avaliar as prestações de contas correspondentes (item 1.5, TC-007.439/2010-5, Acórdão nº 353/2011-Plenário).*

SUPERVISÃO MINISTERIAL

DOU de 25.03.2011, S. 1, p. 155. Ementa: alerta ao Ministério do Desenvolvimento Agrário (MDA) no sentido de que o incremento do número de convênios em situação "a aprovar", "a comprovar" e "inadimplência efetiva", sob responsabilidade da Secretaria de Agricultura Familiar, ***evidencia falha de supervisão ministerial*** *sobre a sistemática de cobrança e análise das prestações de contas dos contratos de repasse firmados entre o MDA, por intermédio da Caixa Econômica Federal, com diversos órgãos da administração pública (item 9.2, TC-020.198/2010-8, Acórdão nº 1.772/2011-1ª Câmara).*

DOU de 11.03.2011, S. 1, p. 76. Ementa: alerta ao DNOCS no sentido de ***que aprimore os mecanismos de supervisão e controle*** *sobre os convênios celebrados a partir da nomeação de comissão mista e da elaboração de relatórios de acompanhamento das atividades previstas (itens 1.7.8 e 1.7.9, TC-021.066/2008-0, Acórdão nº 1.333/2011-TCU-1ª Câmara).*

DOU de 30.06.2008, S. 1, p. 122. Ementa: o TCU decidiu-se por realizar audiência a um ex-Ministro de Estado, pela ocorrência, de forma generalizada, do seguinte fato, caracterizando ***ausência de supervisão hierárquica*** *a celebração de contratos de repasse com instituições estabelecidas em municípios localizados fora das regiões contempladas no respectivo programa de governo, ou seja, em localidades que não são consideradas como do interesse da Pasta e, predominantemente, situadas em uma única Unidade da Federação (item 9.2.1, TC-012.529/2007-6, Acórdão nº 1.232/2008-Plenário).*

DOU de 28.03.2008, S. 1, p. 152. Ementa: o TCU recomendou à SEAP/PR que, quanto ao planejamento das ações do Programa Desenvolvimento Sustentável da Aquicultura, ***elaborasse plano de supervisão hierárquica que definisse instrumentos de verificação, para intensificar o monitoramento dos convênios firmados, e que considerasse a ampliação dessas atribuições para os escritórios estaduais*** *(item 9.4.1.2, TC-017.237/2006-6, Acórdão nº 489/2008-Plenário).*

DOU de 24.07.2006, S. 1, p. 87. Ementa: o TCU ***determinou ao FNDE que orientasse os convenentes sobre as modalidades de licitação a serem adotadas****, segundo os limites previstos na Lei nº 8.666/1993, quando da contratação de serviços e/ou aquisição de bens, com vistas a não incorrerem em fracionamento de despesas e na consequente fuga à adequada modalidade de licitação, práticas essas entendidas como irregulares pelo TCU (item 1.5, TC-016.605/2003-5, Acórdão nº 1.174/2006-Plenário).*

TERCEIRIZAÇÃO

DOU de 05.05.2011, S. 1, p. 114. Ementa: resposta a um consulente no seguinte sentido de que ***as atribuições inerentes ao acompanhamento*** *e à análise técnica e financeira das prestações de contas apresentadas* ***em virtude de convênios, ajustes ou instrumentos congêneres****, que tenham por fim a transferência voluntária de recursos da União para a execução de políticas públicas,* ***constituem atividade precípua e finalística da Administração e, em consequência, não podem ser objeto de terceirização****, conforme art. 1º, § 2º, do Decreto nº 2.271/1997 e art. 9º, incisos I, II e III, da Instrução Normativa/SLTI-MP nº 2/2008 (item 9.2.1, TC-033.625/2010-7, Acórdão nº 1.069/2011-Plenário).*

DOU de 02.06.2006, S. 1, p. 109. Ementa: ***o TCU determinou ao Ministério da Integração Nacional que passasse a observar fielmente as disposições contidas no § 6º do art. 10 do Decreto-Lei nº 200/67, no art. 54 do Decreto nº 93.872/86, no § 3º do art. 116 da Lei nº 8.666/1993, e no art. 23 da IN/STN-MF nº 1/97, bem como em disposições semelhantes contidas nas Leis de Diretrizes Orçamentárias, a exemplo do § 4º, inciso II, art. 34 da Lei nº 9.811/99, do § 2º, art. 35 da Lei nº 9.995/2000, do § 2º, art. 34 da Lei nº 10.266/2001, e do art. 42 da Lei nº 10.524/2002, no que se refere aos procedimentos e responsabilidades quanto à fiscalização dos convênios, atentando para o fato de que a fiscalização é responsabilidade exclusiva do órgão/entidade descentralizador dos recursos, nos termos da Lei e, portanto, não pode ser objeto de contratação ou subcontratação de terceiros com o fito de, unicamente, substituir as atividades de fiscalização a cargo desse órgão concedente*** *(item 9.3.1, TC-007.454/2003-5, Acórdão nº 826/2006-Plenário).*

DOU de 02.06.2006, S. 1, p. 109. Ementa: ***o TCU firmou o entendimento de que a celebração do instrumento de cooperação de que trata o art. 2º, parágrafo único, do Decreto nº 1.819/96, não poderá ser utilizada para fundamentar a contratação isolada, junto a instituições financeiras oficiais, de serviços de fiscalização de convênios celebrados entre os entes federados e a União****, devendo essas fiscalizações* *se restringir aos casos em que ocorra a efetiva transferência de recursos mediante contratos de repasse, na forma prevista naquele dispositivo normativo, situação essa em que a instituição financeira atuará como mandatária da União, em consonância com os demais dispositivos legais que regem as transferências voluntárias de recursos federais, em especial, o § 6º do art. 10 do Decreto-Lei nº 200/67, o art. 54 do Decreto nº 93.872/86, o § 3º do art. 116 da Lei nº 8.666/1993, e o art. 23 da IN/STN nº 1/97 (item 9.2, TC-007.454/2003-5, Acórdão nº 826/2006-Plenário).*

PRESTAÇÃO DE CONTAS

ANÁLISE DA PRESTAÇÃO DE CONTAS

DOU de 20.06.2012, S. 1, p. 148. Ementa: resposta a um consulente no sentido de ***que a análise de prestação de contas*** *relativas a convênios celebrados pelo Ministério do Turismo* ***deve observar, quanto aos documentos que a compõem, a legislação vigente à época da celebração da avença e o prescrito no termo de ajuste, sendo sempre necessário que o cumprimento do objeto pelo convenente reste indubitavelmente comprovado*** *(item 9.2.1, TC-009.845/2012-7, Acórdão nº 1.459/2012-Plenário).*

DOU de 25.11.2011, S. 1, p. 187. Ementa: determinação à Secretaria Executiva do Ministério do Turismo para ***que conclua o exame da prestação de contas de um convênio*** *celebrado com uma associação estadual de criadores,* ***considerando na análise a ausência de publicação no Diário Oficial da União, dos contratos celebrados em decorrência da execução do objeto pactuado, com inexigibilidade de licitação,*** *conforme dispõem o Acórdão nº 96/2008-P e uma cláusula do termo de convênio (item 1.6.1.7, TC-022.099/2010-7, Acórdão nº 11.143/2011-2ª Câmara).*

DOU de 25.11.2011, S. 1, p. 187. Ementa: determinação à Secretaria Executiva do Ministério do Turismo para ***que conclua o exame da prestação de contas de um convênio*** *celebrado com uma associação estadual de criadores,* ***considerando na análise se constatada a ausência de comprovante do recebimento da mercadoria ou serviço (as notas fiscais não contêm atestado de recebimento por parte do convenente), também, a ausência de fotografias dos troféus e medalhas distribuídas e a ausência de cópia em vídeo, CD, DVD, entre outros, dos anúncios veiculados em TV*** *(item 1.6.1.6, TC-022.099/2010-7, Acórdão nº 11.143/2011-2ª Câmara).*

DOU de 25.11.2011, S. 1, p. 187. Ementa: determinação à Secretaria Executiva do Ministério do Turismo para ***que conclua o exame da prestação de contas de um convênio*** *celebrado com uma associação estadual de criadores,* ***considerando na análise que não constou da prestação de contas a receita arrecadada com a exposição de animais, cujo custo variou de R$ 160,00 a R$ 180,00 por laço*** *(item 1.6.1.5, TC--022.099/2010-7, Acórdão nº 11.143/2011-2ª Câmara).*

DOU de 25.11.2011, S. 1, p. 187. Ementa: determinação à Secretaria Executiva do Ministério do Turismo para ***que conclua o exame da prestação de contas de um convênio*** *celebrado com uma associação estadual de criadores,* ***considerando na análise que foram constatadas vendas de ingressos para acesso a camarotes durante***

os shows realizados no evento, que não constaram da prestação de contas no item venda de ingressos, conforme notícias veiculadas na imprensa *(itens 1.6.1.4, TC-022.099/2010-7, Acórdão nº 11.143/2011-2ª Câmara).*

DOU de 25.11.2011, S. 1, p. 187. Ementa: determinação à Secretaria Executiva do Ministério do Turismo para ***que conclua o exame da prestação de contas de um convênio*** *celebrado com uma associação estadual de criadores,* ***considerando na análise que, de acordo com a peça publicitária de divulgação, foram colocados à venda os seguintes espaços: 152 expositores industriais, parques de diversões, feirão de automóveis e argolas para animais em exposição, cujas receitas não foram demonstradas na prestação de contas*** *(item 1.6.1.3, TC-022.099/2010-7, Acórdão nº 11.143/2011-2ª Câmara).*

DOU de 25.11.2011, S. 1, p. 187. Ementa: determinação à Secretaria Executiva do Ministério do Turismo para ***que conclua o exame da prestação de contas de um convênio*** *celebrado com uma associação estadual de criadores,* ***considerando na análise que, de acordo com a peça publicitária de divulgação, as seguintes entidades patrocinaram o evento: Bradesco, Correios, Enersul, Famasul, Sicredi, Skol e Tortuga, sendo que os valores decorrentes de tais patrocínios também não constaram da prestação de contas*** *(item 1.6.1.2, TC-022.099/2010-7, Acórdão nº 11.143/2011-2ª Câmara).*

DOU de 25.11.2011, S. 1, p. 187. Ementa: determinação à Secretaria Executiva do Ministério do Turismo para ***que conclua o exame da prestação de contas de um convênio*** *celebrado com uma associação estadual de criadores,* ***considerando na análise que receitas auferidas em decorrência da venda de bens ou serviços produzidos ou fornecidos no âmbito do convênio, com documentos comprobatórios na ordem de R$ 580.000,00, não foram demonstradas na prestação de contas*** *(item 1.6.1.1, TC-022.099/2010-7, Acórdão nº 11.143/2011-2ª Câmara).*

DOU de 01.07.2011, S. 1, p. 121. Ementa: determinação à Secretaria Nacional de Segurança Pública (SENASP) e à Secretaria Executiva do PRONASCI do Ministério da Justiça para ***que, na análise das prestações de contas apresentadas pelos órgãos e entidades convenentes, observem irregularidades e impropriedades relativas à não aplicação dos recursos no mercado financeiro enquanto não empregados na sua finalidade,*** *em desacordo com o § 1º do art. 42 da Portaria Interministerial/MP, MF e CGU nº 127/2008,* ***e quanto ao depósito extemporâneo da contrapartida em relação à data prevista no termo da avença ou não realizada,*** *deixando de ser auferidos os rendimentos relativos à aplicação financeira dos recursos, afrontando o que estabelece o § 1º do art. 20 da Portaria Interministerial/MP, MF e CGU nº 127/2008 (item 9.3, TC-023.312/2010-6, Acórdão nº 1.672/2011-Plenário).*

DOU de 01.07.2011, S. 1, p. 121. Ementa: determinação à Secretaria Nacional de Segurança Pública (SENASP) e à Secretaria Executiva do PRONASCI do Ministério da Justiça para ***que, na análise das prestações de contas apresentadas pelos órgãos e entidades convenentes, observem irregularidades e impropriedades quanto ao depósito extemporâneo da contrapartida em relação à data prevista no termo da avença ou não realizada****, deixando de ser auferidos os rendimentos relativos à aplicação financeira dos recursos, afrontando o que estabelece o § 1º do art. 20 da Portaria Interministerial/MP, MF e CGU nº 127/2008 (item 9.3, TC-023.312/2010-6, Acórdão nº 1.672/2011-Plenário).*

DOU de 08.12.2010, S. 1, p. 147. Ementa: alerta à FUNASA/CORE/GO para ***que, quando da análise das prestações de contas de convênios firmados com recursos da entidade, proceda à glosa de despesas incorridas por convenentes que se utilizem de licitações anteriores à formalização de convênio****, em cumprimento ao disposto no inc. III, § 2º, art. 7º da Lei nº 8.666/1993, bem como das despesas advindas de contratos com objetos amplos e genéricos, em atenção ao art. 23, § 1º da referida Lei (item 1.5.1, TC--020.578/2008-3, Acórdão nº 7.129/2010-2ª Câmara).*

DOU de 09.09.2010, S. 1, p. 104. Ementa: determinação à Caixa Econômica Federal para que, nos contratos de repasse em ***que atuar como interveniente na transferência de recursos da União, examine criteriosamente os comprovantes das despesas apresentadas nas prestações de contas*** *(item 9.5.2.1 TC-011.975/2007-6, Acórdão nº 5.039/2010-2ª Câmara).*

DOU de 06.09.2010, S. 1, p. 128. Ementa: determinação à Fundação Jorge Duprat Figueiredo de Segurança e Medicina do Trabalho para ***que finalize a análise de todos os processos de convênios pendentes na Assessoria da Presidência ou nos setores de Diretoria Técnica e/ou Financeira****, de modo que sejam efetivamente apurados, caso existentes, fatos relacionados a danos à entidade, situação em que caberá a adoção de medidas para identificação dos responsáveis e quantificação de valores a serem ressarcidos, inclusive instauração de Tomada de Contas Especial, caso necessário (item 1.5.1.1, TC-012.392/2005-2, Acórdão nº 5.493/2010-1ª Câmara).*

DOU de 06.11.2009, S. 1, p. 97. Ementa: determinação ao FNDE para ***que faça constar nos expedientes que se prestem a exprimir análises das manifestações e documentações encaminhadas pelos executores com vistas a sanar indícios de dano ao erário, análise individualizada de cada documento ou argumento apresentado****, contendo a respectiva fundamentação para a proposta de rejeição ou acolhimento, em observância ao princípio da motivação estatuído no art. 2º, "caput" e inc. VII do parágrafo único, da Lei nº 9.784/1999 (item 9.1.1.2, TC-019.162/2008-9, Acórdão nº 2.576/2009-Plenário).*

APRESENTAÇÃO EXTEMPORÂNEA DA PRESTAÇÃO DE CONTAS

DOU de 06.04.2011, S. 1, p. 171. Ementa: alerta ao FNDE ***para o cumprimento do art. 38, § 2º, inc. II, da IN/STN-MF nº 1/1997 e do art. 65 da Portaria Interministerial/ MP, MF e CGU nº 127/2008, nos casos de apresentação de prestação de contas após o envio da tomada de contas especial ao TCU*** *(item 9.6, TC-011.003/2009-4, Acórdão nº 1.908/2011-2ª Câmara).*

DOU de 09.07.2010, S. 1, p. 81. Ementa: determinação ao INCRA/RN para ***que, quando a prestação de contas de convênio não for encaminhada no prazo estabelecido, fixe prazo máximo de 30 (trinta) dias para sua apresentação ou recolhimento dos recursos, incluídos os rendimentos da aplicação no mercado financeiro, atualizados monetariamente e acrescidos de juros de mora,*** *na forma da lei, e* ***se, ao término do prazo estabelecido, não for apresentada a prestação de contas nem forem devolvidos os recursos, registre a inadimplência no SICONV e comunique o fato ao órgão de contabilidade analítica a que estiver vinculado, para instauração de tomada de contas especial (TCE)*** *e adoção de outras medidas para reparação do dano ao erário, sob pena de responsabilização solidária, nos termos dos §§ 1º e 2º do art. 56 da Portaria Interministerial/MP, MF e CGU nº 127/2008 (item 9.4.1, TC-027.424/2006-2, Acórdão nº 1.512/2010-Plenário).*

DOU de 10.11.2006, S. 1, p. 96. Ementa: o TCU determinou ao FNDE ***que informasse imediatamente à Controladoria-Geral da União ou ao TCU,*** *conforme o caso,* ***sobre o recebimento de prestação de contas apresentadas intempestivamente por convenente, quando já instaurada a competente tomada de contas especial*** *(item 9.3.2, TC-000.329/2005-6, Acórdão nº 3.108/2006-1ª Câmara).*

DOU de 17.02.2006, S. 1, p. 81. Ementa: o TCU determinou à Fundação Nacional de Saúde ***que se abstivesse de aprovar prestações de contas apresentadas pelos responsáveis após o encaminhamento da TCE ao TCU, submetendo os novos documentos recebidos à Corte de Contas com manifestação conclusiva quanto à pertinência deles e suficiência para sanar as irregularidades ensejadoras da instauração da TCE*** *(item 9.2, TC-018.194/2002-9, Acórdão nº 274/2006-1ª Câmara).*

CAPACIDADE TÉCNICA E OPERACIONAL

DOU de 06.07.2012, S. 1, p. 154. Ementa: determinação ao Núcleo Estadual do Ministério da Saúde de Tocantins (NEMS/TO) para que elabore plano de ação contendo ***cronograma das medidas que irá adotar para a falta de capacitação dos servidores***

atuantes na análise de prestações de contas *e instauração de Tomada de Contas Especial (item 1.5.1.4, TC-023.708/2011-5, Acórdão nº 4.495/2012-2ª Câmara).*

DOU de 03.06.2011, S. 1, p. 187. Ementa: determinação à FINEP e ao Ministério da Ciência e Tecnologia (MCT) para ***que apresentem plano de ação contemplando as medidas a serem tomadas para dotar os setores responsáveis pela análise das prestações de contas dos recursos concedidos pela FINEP****, seja por meio de convênio ou outro ajuste congênere, dos meios necessários, em termos de recursos humanos, processos de trabalho e recursos materiais, para um efetivo cumprimento da função gerencial fiscalizadora por parte da concedente (item 9.3.1, TC-022.676/2008-3, Acórdão nº 3.643/2011-2ª Câmara).*

DOU de 26.02.2010, S. 1, p. 182. Ementa: recomendação ao INCRA/SP para que, quando da celebração dos convênios, adote procedimentos pedagógicos para orientar os convenentes sobre a aplicação de recursos e a respectiva prestação de contas (item 9.3, TC-007.781/2009-2, Acórdão nº 739/2010-1ª Câmara).

DOU de 13.11.2009. S. 1, p. 135. Ementa: determinação ao SEBRAE/MG ***para que capacite adequadamente os servidores vinculados à área de prestação de contas dos convênios*** *(item 1.5.2, TC-031.958/2008-0, Acórdão nº 6.430/2009-1ª Câmara).*

DOU de 28.09.2007, S. 1, p. 137. Ementa: o TCU recomendou ao Ministério da Saúde ***que promovesse ações de capacitação para os servidores responsáveis pela análise das prestações de contas de convênios em suas unidades****, com o objetivo de elucidar dúvidas e padronizar procedimentos, solicitando, se entendesse conveniente, a colaboração do TCU nas atividades a serem desenvolvidas (item 9.3, TC-010.827/2007-9, Acórdão nº 2.002/2007-Plenário).*

DOU de 23.04.2007, S. 1, p. 64. Ementa: o TCU recomendou ao Ministério do Planejamento, Orçamento e Gestão ***que viabilizasse a disponibilização de informações contendo a relação dos servidores do órgão concedente****, ou por ele contratados,* ***dedicados exclusivamente à análise de prestações de contas de recursos de convênios ou contratos de repasse*** *(item 9.1.3.7, TC-015.670/2005-5, Acórdão nº 641/2007-Plenário).*

DOU de 16.02.2007, S. 1, p. 308. Ementa: o TCU recomendou à Secretaria de Estado da Saúde da Paraíba ***que aperfeiçoasse a estrutura administrativa do setor de elaboração de prestação de contas de recursos federais daquela Secretaria****, dotando-o de meios técnicos e de informática e possibilitando, também, o treinamento de pessoal (item 1.1, TC-023.305/2006-3, Acórdão nº 184/2007-1ª Câmara).*

DOU de 21.09.2010, S. 1, p. 87. Ementa: comunicação ao DNOCS no sentido de que ***incumbe ao órgão ou entidade concedente decidir sobre a regularidade, ou não, da aplicação dos recursos transferidos****, cabendo-lhe, em caso de não aprovação da prestação de contas de um convênio federal celebrado com uma associação, e depois de exauridas todas as providências cabíveis, a instauração de tomada de contas especial e demais medidas de sua competência, sob pena de responsabilidade; competindo-lhe, ainda, comunicar ao Ministério Público Federal em caso de ocorrência de ações fraudulentas que ensejem a sua atuação (item 1.5.1, TC-003.484/2010-6, Acórdão nº 5.132/2010-2ª Câmara).*

DOU de 09.09.2010, S. 1, p. 91. Ementa: determinação à SECEX/CE para que comunique à Coordenação Regional da FUNASA no Ceará ***que incumbe ao órgão ou entidade concedente decidir sobre a regularidade, ou não, da aplicação dos recursos transferidos****, cabendo-lhe, em caso de não aprovação da prestação de contas de um convênio celebrado entre a FUNASA e uma prefeitura municipal, e após exauridas todas as providências cabíveis, a instauração de tomada de contas especial e demais medidas de sua competência, sob pena de responsabilidade; competindo-lhe, ainda, comunicar ao Ministério Público Federal em caso de ocorrência de ações fraudulentas que ensejem a sua atuação (item 1.5.1, TC-008.950/2010-5, Acórdão nº 4.995/2010-2ª Câmara).*

DOU de 25.08.2010, S. 1, p. 90. Ementa: o TCU informou ***a um interessado que alguns contratos de repasse tiveram como agente operador a Caixa Econômica Federal, a quem coube****, na ocasião, o acompanhamento das obras contratadas, incluindo a verificação da compatibilidade do projeto aprovado com o licitado, no que se refere ao objeto e aos custos praticados,* ***tendo sido sua competência, ainda, analisar as respectivas prestações de contas dos contratos, emitindo parecer conclusivo quanto à sua aprovação*** *(item 1.5, TC-004.957/2010-5, Acórdão nº 4.481/2010-2ª Câmara).*

DOU de 29.01.2010, S. 1, p. 177. Ementa: o TCU se posicionou no sentido de que ***cabe aos órgãos ou entidades responsáveis pelo repasse dos recursos federais transferidos em decorrência de convênios****, acordos, ajustes ou outros instrumentos congêneres,* ***verificar a regular aplicação de tais recursos, aprovando ou não as respectivas prestações de contas a eles apresentadas*** *e, somente no caso de ser apurada irregularidade insanável, é que o processo de Tomada de Contas Especial (TCE) é encaminhado ao TCU (item 1.5.1, TC-014.676/2009-7, Acórdão nº 49/2010-Plenário).*

DOU de 16.02.2007, S. 1, p. 230. Ementa: o TCU informou à Comissão Parlamentar Mista de Inquérito do Congresso Nacional ("CPMI das Ambulâncias") que ***a***

responsabilidade pela fiscalização dos recursos repassados por meio de convênios, bem como pela análise e aprovação de prestações de contas, é primariamente do órgão concedente*, conforme estipulado pelo Decreto-lei nº 200/67, pela Lei nº 8.666/1993 e pela IN/STN-MF nº 01/97 (item 9.2.2, TC-021.835/2006-0, Acórdão nº 158/2007-Plenário).*

COMPETÊNCIA PARA PRESTAÇÃO DE CONTAS

DOU de 10.05.2012, S. 1, p. 170. Ementa: o TCU deu ciência ao Ministério das Cidades de que, nos termos do art. 72 e seguintes da Portaria Interministerial/MP, MF e CGU nº 507, de 24.11.2011, ***compete à Secretaria de Obras do Estado do Rio de Janeiro prestar contas dos recursos recebidos (por intermédio de convênio) e restituir os valores não utilizados, incluídos aqueles decorrentes de aplicações financeiras, aos cofres do concedente****; devendo o Ministério, na hipótese da omissão da convenente, adotar as medidas necessárias para a prestação de contas e o recolhimento dos recursos não utilizados, na forma da lei, sob pena de responsabilidade da autoridade administrativa omissa (item 9.1, TC-004.507/2012-6, Acórdão nº 1.038/2012-Plenário).*

DOU de 30.06.2010, S. 1, p. 180. Ementa: determinação à Superintendência Federal de Agricultura, Pecuária e Abastecimento/MT para que verifique a real utilização dos recursos transferidos a um Instituto mediante convênio de 2004, exigindo do convenente, dentre outras certificações, ***que comprove se a aquisição dos móveis e equipamentos localizados em vistorias foi proveniente dos recursos do convênio citado, bem como avalie a economicidade e a pertinência dos gastos realizados****, em confronto com o Plano de Trabalho orçado pelo Ministério da Agricultura,* ***tendo em vista o dever constitucional de apresentar prestação de contas dos recursos públicos geridos****, procedendo-se a glosa das despesas sem a devida comprovação técnica e financeira, em conformidade com o artigo 8º, "caput", da Lei nº 8.443/1992 (alínea "a", item 1.6.1, TC-011.040/2008-0, Acórdão nº 3.679/2010-1ª Câmara).*

DOU de 01.06.2010, S. 1, p. 176. Ementa: determinação ao Ministério do Planejamento, Orçamento e Gestão (MP) para ***que avalie a conveniência e a oportunidade de promover alteração*** *na Portaria Interministerial/MP, MF e CGU nº 127/2008,* ***a fim de: a) exigir prévia apresentação de prestação de contas parcial do signatário de convênios e outros ajustes que houver gerido os recursos*** *quando: a.1) a data final para a apresentação da prestação de contas final ocorrer após o encerramento da sua administração; a.2) afastar-se voluntariamente (renúncia e desincompatibilização, por exemplo) do cargo sob o qual geria os recursos transferidos antes do término do prazo para apresentação da prestação de contas final; b)* ***exigir imediata apresentação de***

***prestação de contas parcial daquele que suceder ao signatário afastado antes do término do prazo para apresentação da prestação de contas final por determinação judicial ou por outra medida prevista em lei ou no estatuto da entidade** (item 9.5, TC-003.935/2009-2, Acórdão nº 2.963/2010-1ª Câmara).*

*DOU de 13.03.2006, S. 1, p. 85. Ementa: o TCU informou à Secretaria de Estado do Turismo do Amapá **que, na condição de autora de representação, a comunicação das dificuldades enfrentadas para obter parte do objeto de um convênio àquela Corte de Contas não constituía medida eficaz para salvaguardar a atual administração do Governo do Estado do Amapá, visto que a responsabilidade pela prestação de contas é dela própria**, na qualidade de Secretária de Estado de Turismo do Amapá, devendo tais contas ser apresentadas ao repassador dos recursos, consoante o princípio da continuidade do serviço público (item 12.1, TC-014.237/2005-4, Acórdão nº 403/2006-2ª Câmara).*

CONCILIAÇÃO E EXTRATOS BANCÁRIOS

*DOU de 30.07.2012, S. 1, ps. 197 e 198. Ementa: determinação ao Instituto Federal de Educação, Ciência e Tecnologia do Paraná (IFPR) para **que promova o acompanhamento e a conciliação bancária das movimentações de recursos financeiros repassados pelo Instituto para as OSCIP**, ocorridas nas contas bancárias específicas dos termos de parceria e convênios, mantendo disponíveis aos órgãos de controle o resultado desse trabalho e os extratos bancários (item 1.6.1.2.7, TC-026.739/2011-9, Acórdão nº 5.093/2012-2ª Câmara).*

*DOU de 09.04.2010, S. 1, p. 189. Ementa: determinação à SEGECEX/TCU para **que analise a repercussão da inclusão, no art. 4º da IN/TCU nº 56/2007, de exigência de envio dos extratos bancários da conta específica, quando se tratar de recurso relativo a convênio, contrato de repasse ou instrumento congênere** e, se for pertinente, apresente à Presidência do TCU minuta de projeto da instrução normativa que vise a alterar a IN/TCU nº 56/2007, nos termos dos arts. 73 e 74 do Regimento Interno (item 9.2, TC-010.565/2009-0, Acórdão nº 1.500/2010-2ª Câmara).*

CORRESPONSABILIZAÇÃO

*SÚMULA TCU Nº 230 – "**Compete ao prefeito sucessor apresentar as contas referentes aos recursos federais recebidos por seu antecessor, quando este não o tiver feito ou, na impossibilidade de fazê-lo, adotar as medidas legais visando ao resguardo do***

patrimônio público com a instauração da competente Tomada de Contas Especial, sob pena de corresponsabilidade."

*SÚMULA TCU Nº 079 – **"Sempre que possível e desde que não retarde, dificulte ou impeça a individualização da responsabilidade, poderão ser processadas, salvo quando impugnadas, em conjunto com as tomadas de contas dos ordenadores das despesas ou dirigentes de Unidades Administrativas, as tomadas de contas dos tesoureiros ou pagadores, dos almoxarifes e encarregados de material em estoque, bem como as prestações de contas de suprimentos de fundos, auxílio, contribuições e subvenções, ajustes, acordos, convênios ou contratos."***

*DOU de 04.11.2011, S. 1, p. 96. Ementa: o TCU firmou o entendimento quanto à responsabilização das pessoas que devem responder por danos ao erário ocorridos na aplicação de transferências voluntárias de recursos federais a entidades privadas, com vistas à consecução de uma finalidade pública, nos seguintes termos: **"na hipótese em que a pessoa jurídica de direito privado e seus administradores derem causa a dano ao erário na execução de avença celebrada com o poder público federal com vistas à realização de uma finalidade pública, incide sobre ambos a responsabilidade solidária pelo dano"** (item 9.2.1, TC-006.310/2006-0, Acórdão nº 2.763/2011-Plenário).*

*DOU de 11.05.2010, S. 1, p. 84. Ementa: **alerta ao atual prefeito de um município para que dê cumprimento aos termos da Súmula/TCU nº 230, que impõe ao sucessor o dever de apresentar as contas referentes aos recursos federais recebidos pelo antecessor, quando este não o tiver feito, sob pena de corresponsabilidade** (item 1.7, TC-014.357/2009-5, Acórdão nº 2.197/2010-1ª Câmara).*

*DOU de 06.11.2009, S. 1, p. 97. Ementa: determinação ao FNDE para **que se abstenha de aprovar prestações de contas de recursos a respeito dos quais a Autarquia tenha sido cientificada da ocorrência de irregularidades ainda não sanadas, sob pena de responsabilidade solidária**, nos termos do art. 16, § 2º, "a" da Lei nº 8.443/1992, nos casos em que seja apurado débito (item 9.1.1.3, TC-019.162/2008-9, Acórdão nº 2.576/2009-Plenário).*

*DOU de 21.11.2008, S. 1, p. 227. Ementa: alerta para o INCRA no sentido de que **a inércia da Administração na análise da prestação de contas de recursos repassados no âmbito de convênios e na instauração da Tomada de Contas Especial**, quando for o caso, **é passível de responsabilização solidária pelos débitos que vierem a ser identificados** (item 1.10, TC-010.493/2004-8, Acórdão nº 5.053/ 2008-2ª Câmara).*

DOU de 06.10.2011, S. 1, p. 132. Ementa: o TCU deu ciência ao INCRA/TO ***quanto ao fato de que a não comprovação sobre o cumprimento dos objetivos do programa de ATES nos convênios firmados nem do alcance detalhado dos objetos delineados para os mesmos convênios contraria o disposto no art. 116, § 3º, inc. I, da Lei nº 8.666/1993****, e no art. 31, § 1º, inc. II, e § 3º, c/c o art. 21, § 4º, inc. I, da IN/STN-MF nº 1/1997 (item 1.7.1.8, TC-024.516/2007-0, Acórdão nº 2.594/2011-Plenário).*

DOU de 01.07.2011, S. 1, p. 121. Ementa: determinação à Secretaria Nacional de Segurança Pública (SENASP) e à Secretaria Executiva do PRONASCI do Ministério da Justiça para que, na análise das prestações de contas apresentadas pelos órgãos e entidades convenentes, ***observem irregularidades e impropriedades, tais como a inexecução ou atingimento parcial dos objetivos do convênio*** *(item 9.3, TC-023.312/2010-6, Acórdão nº 1.672/2011-Plenário).*

DOU de 11.03.2011, S. 1, p. 86. Ementa: alerta a um município ***para a necessidade de observar a inclusão, no relatório de cumprimento do objeto, de informações pormenorizadas sobre as ações programadas e executadas e os benefícios alcançados com a aplicação dos recursos*** *(item 9.6.9, TC-018.715/2005-2, Acórdão nº 1.404/2011-1ª Câmara).*

DOU de 11.02.2011, S. 1, p. 185. Ementa: alerta a uma prefeitura municipal no sentido de que, em repasses destinados ao Programa do Serviço de Ação Continuada – Programa de Apoio à Criança Carente em Creche e Programa de Apoio à Pessoa Idosa ***dever-se-ia evitar a apresentação intempestiva do relatório de cumprimento do objeto****, referendado pelo Conselho Municipal de Assistência Social (itens 9.4.1 a 9.4.5, TC-025.262/2007-1, Acórdão nº 679/2011-1ª Câmara).*

DOU de 20.07.2010, S. 1, p. 78. Ementa: determinação à Coordenação-Geral de Convênios do Ministério da Integração Nacional para que adote as medidas pertinentes no sentido de assegurar tempestividade e eficiência nas fiscalizações que realizar, ***com o intuito de verificar o cumprimento do objeto pactuado nos convênios que celebra*** *(item 9.3, TC-007.928/2009-6, Acórdão nº 4.220/2010-1ª Câmara).*

DOU de 02.10.2008, S. 1, p. 99. Ementa: determinação ao FUNGETUR para que, em caso de impossibilidade de localização do processo de prestação de contas de um convênio, envide esforços para reconstituição da respectiva prestação de contas, ***manifestando-se****, em seguida,* ***quanto à boa e regular aplicação desses recursos****, sem prejuízo de que seja instaurado processo administrativo para apuração de* *responsabilidades pelo seu extravio (item 1.9, TC-018.875/2007-2, Acórdão nº 3.646/2008-2ª Câmara).*

DOU de 05.06.2008, S. 1, p. 125. Ementa: o TCU determinou ao MEC que ***se abstivesse de aprovar prestações de contas sem documentação suficiente e adequada para comprovar a boa e regular aplicação dos recursos repassados por força de convênios*** *(item 9.8.1, TC-005.741/2004-7, Acórdão nº 1.538/2008-2ª Câmara).*

DOU de 28.11.2007, S. 1, p. 180. Ementa: o TCU determinou ao MMA que ***se abstivesse de aprovar prestações de contas de convênios em que não estivesse comprovada a regular aplicação dos recursos públicos transferidos****, inclusive dos rendimentos obtidos pela obrigatória aplicação no mercado financeiro, bem como comprovada a regular contabilização da contrapartida, não sendo permitido computar os rendimentos de aplicação no mercado financeiro como contrapartida, conforme art. 20, §§ 2º e 3º, da IN/STNMF nº 01/1997, sob pena de responsabilização (item 10.2.3, TC-004.694/2007-5, Acórdão nº 2.419/2007-Plenário).*

DOU de 26.04.2006, S. 1, p. 65. Ementa: o TCU determinou ao Ministério da Saúde, com fulcro no art. 31, inciso II, da IN/TCU nº 09/95, ***que se abstivesse de aprovar as contas de dois convênios federais****, referentes à ampliação e conclusão do Hospital Municipal de Novo Horizonte do Oeste/RO,* ***enquanto não houvesse a troca do telhado atual (de fibrocimento) por telha de cerâmica****, conforme previsto inicialmente na planilha de custos apresentada pela Prefeitura daquele município à época da celebração dos convênios (item 5, TC-017.829/2005-9, Acórdão nº 881/2006-2ª Câmara).*

DESVIO DE FINALIDADE

DOU de 10.04.2012, S. 1, p. 108. Ementa: determinação ao Governo do Estado do Tocantins para ***que se abstenha de utilizar bem remanescente de convênio federal em finalidade não compatível com a continuidade do programa ou projeto governamental motivador do ajuste, haja vista que tal prática caracteriza desvio de finalidade****, e contraria o art. 28, § 2º, da Portaria Interministerial/MP, MF e CGU nº 127/2008, o art. 15 do Decreto nº 99.658/1990 e o art. 17 da Lei nº 8.666/1993 (item 1.6.1, TC-021.095/2011-6, Acórdão nº 2.133/2012-2ª Câmara).*

DOU de 13.11.2009, S. 1, p. 156. Ementa: determinação à Fundação Universidade de Brasília para ***que se abstenha de participar de convênios, contratos ou instrumentos congêneres*** *que viabilizem o fornecimento de mão de obra para suprir carências de pessoal de órgãos da Administração Pública (a exemplo do ocorrido num convênio de*

2003, celebrado com a Secretaria de Educação a Distância do MEC), ***finalidade estranha ao ensino, pesquisa e extensão que competem à universidade*** *(item 1.6.1, Acórdão nº 5.892/2009-2ª Câmara).*

DILIGÊNCIAS

DOU de 13.05.2010, S. 1, p. 142. Ementa: determinação ao DNOCS para ***que se abstenha de promover a devolução de processo de prestação de contas de convênios e similares, realizando apenas as diligências/notificações necessárias a sua complementação*** *(item 9.5, TC-018.333/2009-1, Acórdão nº 2.029/2010-2ª Câmara).*

DOU de 14.08.2008, S. 1, p. 89. Ementa: o TCU determinou à Secretaria de Políticas Públicas de Emprego ***que não reiterasse nem concedesse prazos adicionais a convenentes para apresentação de documentos referentes à prestação de contas ou para devolução de recursos quando não houvesse previsão legal*** *ou regulamentar (item 1.1.1, TC-019.990/2005-2, Acórdão nº 2.526/2008-1ª Câmara).*

DOCUMENTAÇÃO COMPROBATÓRIA

DOU de 30.07.2012, S. 1, ps. 197 e 198. Ementa: determinação ao Instituto Federal de Educação, Ciência e Tecnologia do Paraná (IFPR) para ***que exija a comprovação dos gastos mediante documentos originais ou equivalentes emitidos obrigatoriamente em nome da OSCIP e, quando for o caso, devidamente identificados com referência ao título e número dos termos de parceria*** *(item 1.6.1.2.5, TC-026.739/2011-9, Acórdão nº 5.093/2012-2ª Câmara).*

DOU de 20.06.2012, S. 1, p. 148. Ementa: resposta a um consulente no sentido de ***que para as situações anteriores a 2010, caso os documentos enumerados no art. 28 da Instrução Normativa/STN-MF nº 1/97 e no art. 58 da então vigente Portaria Interministerial nº 127/2008 não sejam suficientes para comprovar a execução do objeto do convênio, poderão ser exigidos outros elementos de prova, tais como os estabelecidos a partir daquele ano (fotografias, jornais pós-evento, CDs, DVDs, etc.)*** *(item 9.2.2, TC-009.845/2012-7, Acórdão nº 1.459/2012-Plenário).*

DOU de 11.04.2011, S. 1, p. 183. Ementa: determinação ao Ministério do Desenvolvimento Agrário para que, em relação a convênios, contratos de repasse e ajustes afins, ***realize exame criterioso das prestações de contas, com a verificação da correlação entre os comprovantes de despesas e a execução física do objeto pactuado****, de modo a que* *não sejam aceitos comprovantes relacionados a eventos não contemplados no respectivo Plano de Trabalho (item 9.2, TC-011.976/2007-3, Acórdão nº 2.137/2011-2ª Câmara).*

DOU de 23.02.2011, S. 1, p. 97. Ementa: recomendação à Caixa Econômica Federal ***no sentido de que junte ao processo dos contratos de repasse toda a documentação referente ao trâmite da prestação de contas final*** *(item 9.1.1.4, TC-031.356/2007-5, Acórdão nº 393/2011-Plenário).*

DOU de 01.12.2010, S. 1, p. 123. Ementa: alerta à ELETRONUCLEAR quanto à ***necessidade de exigir dos convenentes que as respectivas prestações de contas dos convênios contenham todos os documentos comprobatórios das despesas realizadas, a fim de atestar o cumprimento de seu objeto e de possibilitar o efetivo controle dos gastos****, em obediência ao artigo 58 da Portaria Interministerial/MP, MF e CGU nº 127/2008 (item 9.2.2, TC 021.520/2010-0, Acórdão nº 7.817/2010-1ª Câmara).*

DOU de 09.09.2010, S. 1, p. 104. Ementa: determinação à Caixa Econômica Federal para ***que****, nos contratos de repasse em que atuar como interveniente na transferência de recursos da União,* ***correlacione referidos comprovantes de despesas com as informações relacionadas à execução física do objeto pactuado, de modo a não aceitar despesas que apresentem inconsistências****, como a realização em local distante da execução do objeto pactuado, ou em período diverso (item 9.5.2.4, TC-011.975/2007-6, Acórdão nº 5.039/2010-2ª Câmara).*

DOU de 06.04.2010, S. 1, p. 111. Ementa: determinação ao Ministério do Desenvolvimento Agrário para ***que fizesse constar, nos termos de ajustes que fossem firmados com entes particulares****, contemplando a realização de assistência técnica e extensão rural,* ***obrigações relacionadas às prestações de contas, estabelecendo, de forma expressa, que a documentação a ser apresentada deveria conter, dentre outros, os comprovantes de realização de cada visita, como guia de recomendações técnicas e/ou registros fotográficos, com a correspondente identificação do produtor assistido*** *(item 9.5.2, TC-011.974/2007-9, Acórdão nº 643/2010-Plenário).*

DOU de 06.04.2010, S. 1, p. 111. Ementa: determinação ao Ministério do Desenvolvimento Agrário para ***que fizesse constar, nos termos de ajustes que fossem firmados com entes particulares****, contemplando a realização de assistência técnica e extensão rural,* ***obrigações relacionadas às prestações de contas, estabelecendo, de forma expressa, que a documentação a ser apresentada deveria conter, dentre outros, os relatórios das visitas de assistência técnica realizadas, discriminado a quilometragem atribuída a cada visita, haja vista que um percurso pode contemplar diversas visitas*** *(item 9.5.1, TC-011.974/2007-9, Acórdão nº 643/2010-Plenário).*

*DOU de 17.07.2009, S. 1, p. 105. Ementa: determinação à Saneamento de Goiás S/A (SANEAGO) para **que, ao gerir recursos públicos federais na condição de convenente, contratada ou interveniente executora de convênios ou contratos de repasse firmados com a União, faça indicação expressa do número do ajuste pactuado, em cada documento comprobatório da despesa realizada** (item 9.5, TC-004.495/2003-9, Acórdão nº 1.560/2009-Plenário).*

*DOU de 12.06.2009, S. 1, p. 110. Ementa: determinação ao SENAR/PA para **que se abstenha de juntar à prestação de contas documentos que carecem de valor legal, como recibos de prestação de serviços de pessoa física sem assinatura** (item 1.5.1.2, TC-019.703/2008-0, Acórdão nº 2.987/2009-2ª Câmara).*

*DOU de 01.02.2008, S. 1, p. 118. Ementa: o TCU determinou ao Ministério do Turismo que, em seus manuais de prestação de contas de convênios e nos termos dessas avenças, informasse **que os valores arrecadados com a cobrança de ingressos em shows e eventos ou com a venda de bens e serviços produzidos ou fornecidos em função dos projetos beneficiados com recursos dos convênios deveriam** ser revertidos para a consecução do objeto conveniado ou recolhidos à conta do Tesouro Nacional; adicionalmente, os referidos valores deveriam **integrar a prestação de contas** (item 9.5.2, TC-003.233/2007-3, Acórdão nº 96/2008-Plenário).*

*DOU de 28.05.2007, S. 1, p. 94. Ementa: o TCU determinou ao Ministério do Meio Ambiente **que proceda com rigidez na análise da prestação de contas, quanto à não apresentação de documentos ou apresentação de documentos que demonstrem indícios de irregularidades** (item 9.3.7, TC-007.379/2005-0, Acórdão nº 936/2007-Plenário).*

*DOU de 10.02.2006, S. 1, p. 100. Ementa: o TCU determinou à EMBRATUR **que observasse a exigência de comprovação das despesas mediante apresentação de nota fiscal, fatura ou recibo, bem como a necessidade de referência ao título e número do convênio nos documentos apresentados**, abstendo-se de aprovar as prestações de contas nos casos em que a documentação estivesse desconforme com o disposto no art. 30 da IN/STN n° 01/97 (item 1.1.2.7, TC-019.651/2004-0, Acórdão n° 84/2006-2ª Câmara).*

*DOU de 13.10.2005, S. 1, p. 100. Ementa: o TCU determinou ao MAPA **que levasse em consideração, quando da análise de convênios, contratos de repasse e outros instrumentos congêneres, os apontamentos da Secretaria Federal de Controle Interno (SFC/CGU), para que fossem confrontados com a prestação de contas apresentada pelos responsáveis** (item 1.1, TC-009.869/2004-1, Acórdão n° 2.307/2005-1ª Câmara).*

DOU de 12.09.2011, S. 1, p. 164. Ementa: ***não cabe ao TCU retirar o registro de inadimplência de convênio dos sistemas governamentais****, sendo da competência do órgão concedente analisar os pedidos dessa natureza, ao qual deverá ser dirigida a solicitação (item 9.3, TC-016.314/2011-5, Acórdão nº 7.890/2011-1ª Câmara).*

DOU de 25.08.2010, S. 1, p. 85. Ementa: ***a suspensão do registro de inadimplência de um município no SIAFI****, sistema gerenciado pela Secretaria do Tesouro Nacional (STN-MF),* ***é atribuição da autoridade administrativa do órgão que procedeu à inscrição inicial****, cabendo ao município interessado requerer diretamente ao concedente a adoção dessa providência (item 1.5.1.3, TC-018.927/2010-6, Acórdão nº 4.453/2010-2ª Câmara).*

DOU de 23.10.2009, S. 1, p. 156. Ementa: informação a uma Prefeitura ***que as medidas visando à suspensão da inadimplência e à liberação de município para receber novos recursos federais devem ser tomadas junto ao órgão repassador****, em conformidade com o previsto no art. 5º da Instrução Normativa/STN-MF nº 01/1997 (item 1.5.2, TC-015.314/2009- 2, Acórdão nº 5.413/2009-2ª Câmara).*

DOU de 28.09.2007, S. 1, p. 144. Ementa: o TCU determinou à Caixa Econômica Federal ***que excluísse*** *o subitem 3.7.1.1 do normativo interno SA 013 – Prestação de Contas – OGU, em razão de* ***orientação*** *nele contida* ***de que as operações firmadas no âmbito do MDA/operações com ações de custeio estariam excluídas de lançamento de inadimplência no SIAFI****, contrariando o § 2º, art. 31 da IN/STN-MF nº 01/1997 (item 9.4, TC-020.122/2006-0, Acórdão nº 2.017/2007-Plenário).*

DOU de 27.09.2007, S. 1, p. 76. Ementa: o TCU determinou ao FNDE ***que adotasse*** *as providências necessárias ao exato cumprimento do art. 10, § 6°, do Decreto-lei nº 200/1967 e do art. 23 da IN/STN-MF nº 01/1997, no sentido de orientar, acompanhar e fiscalizar a aplicação dos recursos descentralizados mediante convênios, ajustes ou instrumentos congêneres, adotando, no prazo regulamentar estabelecido na referida instrução normativa,* ***as providências necessárias para o registro das inadimplências nos sistemas de controle*** *(item 9.5.1, TC-004.990/2005-6, Acórdão nº 2.924/2007-1ª Câmara).*

DOU de 09.04.2009, S. 1, p. 150. Ementa: determinação ao MCT ***para que cumpra rigorosamente a obrigação****, prevista nos arts. 31, § 2º-A, da IN/STN-MF nº 1/1997, e 56, § 2º, da Portaria Interministerial/MP, MF e CGU nº 127/2008,* ***de registrar no SIAFI e no SICONV a inadimplência do convenente/contratado, em caso de***

descumprimento do prazo máximo fixado para apresentação da prestação de contas de convênio/contrato de repasse *(item 1.5.3, TC-024.666/2008-6, Acórdão nº 1.477/2009-1ª Câmara).*

DOU de 23.05.2008, S. 1, p. 154. Ementa: o TCU informou a um deputado federal que, nos termos do art. 5º, § 1º, da IN/STN-MF nº 01/1997, ***a inscrição de órgão ou entidade no cadastro de inadimplentes de convenentes do SIAFI é de competência do órgão concedente dos recursos, sendo que aquele Tribunal de Contas da União somente poderia determinar a respectiva baixa da responsabilidade apurada,*** *nos termos do disposto no art. 38, § 2º, inc. II, alínea "a", daquela Instrução Normativa do Tesouro Nacional, ou seja,* ***quando houvesse comprovação da regular aplicação dos recursos conveniados ou, ainda, quando comprovado o recolhimento do débito junto ao concedente, estando a devida tomada de contas especial (TCE) em apreciação no âmbito do TCU*** *(TC-031.548/2007-4, Acórdão nº 912/2008-Plenário).*

DOU de 03.11.2005, S. 1, p. 102. Ementa: o TCU determinou à FINEP ***que enquadrasse, no SIAFI, na condição de inadimplentes, os convênios com prazos vencidos para apresentação das prestações de contas*** *(item 2.1.4, TC-007.003/2004-7, Acórdão nº 2.132/2005-2ª Câmara).*

IRREGULARIDADES SEM DÉBITO

DOU de 09.11.2007, S. 1, p. 71. Ementa: o TCU orientou as Unidades Técnicas do TCU ***que as representações encaminhadas acerca da ocorrência de falhas e irregularidades, sem débito, verificadas por ocasião do exame das prestações de contas de convênios e instrumentos congêneres, por parte dos órgãos repassadores, deveriam ser recebidas como comunicações e suas ocorrências inseridas em base de dados que permitisse um exame sistêmico, possibilitando verificar a frequência dessas falhas e seus autores, o que serviria de subsídios para trabalhos futuros de auditorias ou representações, caso não indicado o trabalho de campo*** *(item 9.4, TC-001.082/2007-8, Acórdão nº 2.355/2007-Plenário).*

DOU de 09.11.2007, S. 1, p. 71. Ementa: o TCU determinou ao Ministério do Meio Ambiente e ao Ministério do Planejamento, Orçamento e Gestão, para que este ***orientasse os demais órgãos e entidades da Administração Pública federal, no sentido de que, nos casos em que os órgãos repassadores de recursos entendessem pertinente encaminhar notícias de ocorrência de falhas e irregularidades, sem débito, verificadas por ocasião do exame das prestações de contas de convênios e instrumentos congêneres, tal medida fosse efetivada por meio de simples***

comunicação ao TCU, sem prejuízo de que fosse dada ciência do procedimento à Controladoria-Geral da União *(item 9.3, TC-001.082/2007-8, Acórdão nº 2.355/2007-Plenário).*

JURISDIÇÃO DO TCU

*SÚMULA TCU Nº 088 – "**Não é da competência do Tribunal de Contas da União o julgamento ou a aprovação, prévia ou "a posteriori", de minutas ou termos de convênios, ajustes, acordos, e contratos de abertura de crédito, financiamento ou empréstimo, celebrados com a vinculação, em garantia, de quotas dos Fundos de Participação. Pode, todavia, o Tribunal, no exercício da auditoria financeira e orçamentária e com vistas ao julgamento da regularidade das contas relativas à movimentação e aplicação dos recursos provenientes daqueles Fundos, expedir Instruções sobre a matéria, ou, ainda, tomar conhecimento dos respectivos termos, para, se verificar ilegalidade ou irregularidade, adotar providências no sentido de saná-la ou evitar a sua reincidência.**"*

*DOU de 12.09.2011, S. 1, p. 164. Ementa: **não cabe ao TCU retirar o registro de inadimplência de convênio dos sistemas governamentais**, sendo da competência do órgão concedente analisar os pedidos dessa natureza, ao qual deverá ser dirigida a solicitação (item 9.3, TC-016.314/2011-5, Acórdão nº 7.890/2011-1ª Câmara).*

*DOU de 04.10.2010, S. 1, p. 101. Ementa: informação a uma prefeita municipal no sentido de **que o TCU não detém competência para retirar o município da inadimplência junto ao SIAFI**; cabendo ao TCU julgar os correspondentes processos de tomada de contas especiais instaurados e informados pela Caixa Econômica Federal (item 1.6, TC--018.416/2010-1, Acórdão nº 2.563/2010-Plenário).*

*DOU de 27.11.2009, S. 1, p. 224. Ementa: esclarecimento a um interessado no sentido de que, nos termos do art. 70, parágrafo único, da Constituição Federal, c/c o art. 93 do Decreto-lei nº 200/1967, compete ao gestor o ônus de comprovar a regularidade na aplicação dos recursos financeiros descentralizados, por meio de documentação que demonstre inequivocamente os gastos efetivados, **não cabendo ao TCU fazer prova da vinculação entre a conduta do gestor e os eventuais prejuízos advindos ao erário** (item 9.2, TC-026.893/2006-7, Acórdão nº 6.745/2009-1ª Câmara).*

*DOU de 03.04.2009, S. 1, p. 103. Ementa: determinação ao Ministério da Saúde/PA para **que se abstenha de enviar informações preliminares à Corte de Contas, exceto se as ocorrências relatadas forem de significativa gravidade, se a apuração dos fatos***

couber a autoridade superior à do órgão ou entidade concedente dos recursos ou se existir justificável necessidade de atuação imediata do TCU diante de fundado perigo de dano ao erário, devendo evitar a comunicação de fatos cuja apuração e saneamento se encontram na alçada do próprio Ministério da Saúde *(item 1.6.1.3, TC-007.797/2007- 6, Acórdão nº 1.249/2009-1ª Câmara).*

DOU de 23.05.2008, S. 1, p. 154. Ementa: o TCU informou a um deputado federal que, nos termos do art. 5º, § 1º, da IN/STN-MF nº 01/1997, a inscrição de órgão ou entidade no cadastro de inadimplentes de convenentes do SIAFI é de competência do órgão concedente dos recursos, sendo que aquele ***Tribunal de Contas da União somente poderia determinar a respectiva baixa da responsabilidade apurada, nos termos do disposto no art. 38, § 2º, inc. II, alínea "a", daquela Instrução Normativa do Tesouro Nacional, ou seja, quando houvesse comprovação da regular aplicação dos recursos conveniados ou, ainda, quando comprovado o recolhimento do débito junto ao concedente, estando a devida tomada de contas especial (TCE) em apreciação no âmbito do TCU*** *(TC-031.548/2007-4, Acórdão nº 912/2008-Plenário).*

MÓDULO DE PRESTAÇÃO DE CONTAS DO SICONV

DOU de 06.09.2012, S. 1, p. 752. Ementa: o TCU deu ciência à Themis Assessoria Jurídica e Estudos de Gênero sobre a seguinte impropriedade verificada na gestão dos recursos de um convênio firmado com a Secretaria Especial de Políticas para as Mulheres (SPM/PR): ***ausência de registro no SICONV das etapas relativas à execução e à prestação de contas do convênio, verificada em consulta ao sistema*** *(item 1.7.1.1, TC--011.497/2012-2, Acórdão nº 2.278/2012-Plenário).*

DOU de 10.05.2011, S. 1, p. 166. Ementa: determinação à SECEX/SC para que alerte a FUNASA/PRESI no sentido de que ***a não inclusão, no SICONV****, dos atos de acompanhamento da execução de um convênio, bem como dos* ***atos de aprovação das prestações de contas parciais apresentadas pela convenente, constitui irregularidade*** *pelo descumprimento dos art. 58, § 1º, e 60, § 1º, da Portaria Interministerial/MP, MF e CGU nº 127, de 29.05.2008 (item 1.6.2.2, TC-004.676/2010-6, Acórdão nº 2.708/2011--2ª Câmara).*

OMISSÃO NO DEVER DE PRESTAR CONTAS

DOU de 11.07.2011, S. 1, p. 157. Ementa: o TCU deu ciência ao Ministério da Integração Nacional acerca da ***necessidade de que seja instaurada tomada de contas***

especial quando se caracterizar malversação dos recursos da União ou omissão na prestação de contas pelos beneficiários *(item 9.5.4, TC-000.741/2011-6, Acórdão nº 1.781/2011-Plenário).*

PARECERES DE PRESTAÇÃO DE CONTAS

DOU de 15.05.2012, S. 1, p. 114. Ementa: o TCU deu ciência à EMBRATUR ***que, em dois convênios, os pareceres elaborados pela Diretoria de Marketing, na análise técnica das prestações de contas, não mencionam a adequação das ações executadas em relação aos itens especificados no Plano de Trabalho****, em dissonância com o item 1.5.1.12.1 do Acórdão nº 6.527/2009-2ª C (item 1.6.1.5, TC-011.774/2011-8, Acórdão nº 3.145/2012-2ª Câmara).*

DOU de 18.03.2011, S. 1, p. 204. Ementa: determinação ao INCRA/SP para que, na celebração de convênios, ***inclua nos pareceres técnicos e financeiros, elaborados na fase de prestação de contas de convênios, avaliações expressas, acompanhadas de anexos que as sustentem, especialmente quanto à execução física do objeto do convênio****, no que tange à compatibilidade entre o que foi efetivamente realizado e as especificações do Plano de Trabalho, as exigências contidas na Portaria Interministerial/MP, MF e CGU nº 127/2008, bem como aquelas que venham a ser fixadas em normativo interno editado pelo órgão (item 9.5.4, TC-025.476/2009-4, Acórdão nº 1.549/2011-2ª Câmara).*

DOU de 04.12.2009, S. 1, ps. 233 e 234. Ementa: determinação à EMBRATUR para ***que, ao analisar as prestações de contas de convênios, inclua, nos pareceres técnicos, avaliação expressa quanto à adequação das ações efetivamente executadas*** *em relação aos itens especificados no Plano de Trabalho e avalie os resultados efetivos obtidos com a execução do objeto do convênio,* ***demonstrando o retorno obtido ou os efeitos advindos das ações*** *(item 1.5.1.12, TC-020.255/2009-0, Acórdão nº 6.527/2009-2ª Câmara).*

DOU de 17.07.2009, S. 1, p. 105. Ementa: determinação ao MCT para ***que inclua nos pareceres técnicos e financeiros, elaborados na fase de prestação de contas de convênios, avaliações expressas, acompanhadas de anexos que as sustentem, quanto à execução física do objeto do convênio, no que tange à compatibilidade entre o que foi efetivamente realizado e as especificações do Plano de Trabalho****, as exigências contidas na Portaria Interministerial/MP, MF e CGU nº 127/2008, bem como aquelas que venham a ser fixadas em normativo interno editado pelo órgão; e a suficiência dos dados exigidos pela IN/STN-MF nº 01/97 ou pela Portaria Interministerial/MP, MF e CGU nº 127/2008, bem como daqueles que venham a ser fixados em normativo interno editado pelo órgão (item 9.1, TC-026.668/2007-1, Acórdão nº 1.562/2009-Plenário).*

DOU de 13.04.2007, S. 1, p. 333. Ementa: o TCU determinou à FUNASA ***que adotasse providências administrativas para a padronização dos pareceres relativos à execução de convênios****, possibilitando a abordagem de aspectos quantitativos e qualitativos relativos ao ajuste, de forma a minimizar a possibilidade de existência, em um mesmo processo, de opiniões divergentes (item 9.5.1, TC-021.049/2005-4, Acórdão nº 915/2007-1ª Câmara).*

DOU de 20.04.2007, S. 1, p. 119. Ementa: o TCU determinou ao Ministério do Trabalho e Emprego ***que atentasse para que o parecer emitido pela unidade técnica sobre as prestações de contas de convênios apresentasse informações detalhadas quanto à execução física****, em função do disposto no inc. I, § 1º, art. 31 da IN/STN-MF nº 01/1997 (item 1.3.5, TC-010.298/2006-0, Acórdão nº 958/2007-1ª Câmara).*

DOU de 13.11.2006, S. 1, p. 138. Ementa: o TCU recomendou à Secretaria do Tesouro Nacional ***que disciplinasse a obrigatoriedade dos órgãos e entidades concedentes consignarem em seus pareceres técnicos, quanto aos aspectos da execução física e atingimento dos objetivos pactuados****, quais foram os procedimentos e critérios adotados na realização das respectivas avaliações (item 9.4.3, TC-015.568/2005-1, Acórdão nº 2.066/2006-Plenário).*

DOU de 05.04.2006, S. 1, p. 62. Ementa: o TCU determinou ao MDS ***que adotasse medidas eficazes visando à emissão tempestiva dos pareceres técnico e financeiro sobre as prestações de contas apresentadas pelos convenentes, a fim de cumprir o prazo*** *de 60 dias* ***para pronunciamento sobre a aprovação ou não das contas****, conforme estabelecido no art. 31 da Instrução Normativa/STN-MF nº 01/97 (item 1.1, TC-016.032/2005-6, Acórdão nº 652/2006-1ª Câmara).*

PRAZO PARA ANÁLISE DE PRESTAÇÃO DE CONTAS

DOU de 05.10.2012, S. 1, p. 158. Ementa: nos convênios, deve-se ***observar o cumprimento do prazo para análise das prestações de contas, consoante exigências do art. 72 da Portaria Interministerial/MP, MF e CGU nº 507/2011, de 24.11.2011****, que revogou a Portaria Interministerial/MP, MF e CGU nº 127/2008, observando, em cada caso, a legislação aplicável à época da celebração da avença (item 1.8.6, TC-031.162/2010-0, Acórdão nº 5.872/2012-1ª Câmara).*

DOU de 15.05.2012, S. 1, p. 114. Ementa: o TCU deu ciência à EMBRATUR que, de forma geral, ***há demora na conclusão do exame das prestações de contas de convênios, fazendo-se várias diligências junto ao convenente****, o que prejudica a adoção de* *medidas tempestivas e eficazes em vista de eventuais falhas detectadas e diminui a expectativa de controle por parte do convenente, bem como dificulta a recomposição ao erário, nos casos de inexecução parcial ou total dos convênios (item 1.6.1.7, TC--011.774/2011-8, Acórdão nº 3.145/2012-2ª Câmara).*

*DOU de 15.05.2012, S. 1, p. 114. Ementa: o TCU deu ciência à EMBRATUR **que o prazo legal para análise das prestações de contas de convênios não está sendo rigorosamente cumprido pelas áreas responsáveis pela análise das prestações de contas de convênios**, em dissonância com o item 1.5.1.11 do Acórdão nº 6.527/2009-2ªC (item 1.6.1.6, TC-011.774/2011-8, Acórdão nº 3.145/2012-2ª Câmara).*

*DOU de 23.09.2011, S. 1, p. 161. Ementa: o TCU deu ciência à Fundação Universidade do Amazonas acerca da **impropriedade caracterizada pela intempestividade na análise da prestação de contas de convênios**, infringindo o art. 31 da IN/STN-MF nº 1/1997 e o art. 60 da Portaria Interministerial/MP, MF e MCT nº 127, de 29.05.2008 (item 9.6.5, TC-017.140/2009-0, Acórdão nº 8.233/2011-2ª Câmara).*

*DOU de 11.07.2011, S. 1, p. 157. Ementa: o TCU deu ciência ao Ministério da Integração Nacional acerca da **necessidade de que as prestações de contas sejam analisadas tempestivamente** (item 9.5.3, TC-000.741/2011-6, Acórdão nº 1.781/2011-Plenário).*

*DOU de 03.06.2011, S. 1, p. 187. Ementa: determinação à FINEP e ao Ministério da Ciência e Tecnologia (MCT) para **que apresentem plano de ação, contemplando a fixação de metas para redução do estoque de convênios pendentes de análise conclusiva, aumento da tempestividade em admoestar e sancionar os convenentes que se encontrem em atraso na entrega das respectivas prestações de contas e aumento da acurácia das análises no que toca à verificação da conformidade da prestação de contas frente ao estipulado na legislação aplicável à matéria** (item 9.3.2, TC-022.676/2008-3, Acórdão nº 3.643/2011-2ª Câmara).*

*DOU de 12.03.2010, S. 1, p. 121. Ementa: o TCU **fixou prazo para que** a Secretaria Nacional de Defesa Civil do Ministério da Integração Nacional **adotasse providências necessárias para o exame das contas relativas a um convênio do MI de 2006 – MI**, atentando para o fato de que as eventuais despesas acrescidas, em decorrência de fiscalização ineficaz por parte da prefeitura, permitindo a depredação das casas e furto de melhorias, deverão ser suportadas pela municipalidade, exigindo-se a restituição dos valores indevidamente despendidos ou instaurando-se a competente Tomada de Contas Especial (item 9.2.3, TC-012.823/2009-5, Acórdão nº 411/2010-Plenário).*

DOU de 29.01.2010, S. 1, p. 249. Ementa: determinação à Coordenação-Geral de Finanças e Contabilidade do Ministério da Cultura ***para que atue tempestivamente na análise das prestações de contas sob sua responsabilidade****, de forma a evitar o ocorrido relativamente a um convênio de 1999, em que a prestação de contas fora analisada mais de sete anos após sua apresentação, ocasionando a impossibilidade de saneamento das falhas/impropriedades (item 1.5, TC-020.520/2009-1, Acórdão nº 99/2010-2ª Câmara).*

DOU de 22.05.2009, S. 1, p. 177. Ementa: recomendação ao Departamento de Emprego e Salário do Ministério do Trabalho e Emprego (DES/TEM) ***para que,*** *em observância à Portaria Interministerial nº 127, de 29.05.2008,* ***examine, tempestivamente, as prestações dos convênios que celebrar*** *(item 9.3.1, TC-013.226/2002-1, Acórdão nº 2.543/2009-2ª Câmara).*

DOU de 07.08.2006, S. 1, p. 123. Ementa: o TCU determinou ao MMA ***que regularizasse o estoque de convênios em situação "a aprovar", no SIAFI****, há mais de sessenta dias,* ***cumprindo os prazos estabelecidos*** *no artigo 31 da IN/STN-MF nº 01/1997 (item 1.5, TC-012.112/2005-0, Acórdão nº 2.006/2006-2ª Câmara).*

DOU de 05.04.2006, S. 1, p. 62. Ementa: o TCU determinou ao MDS ***que adotasse medidas eficazes visando à emissão tempestiva dos pareceres técnico e financeiro sobre as prestações de contas apresentadas pelos convenentes, a fim de cumprir o prazo*** *de 60 dias* ***para pronunciamento sobre a aprovação ou não das contas****, conforme estabelecido no art. 31 da Instrução Normativa/STN-MF nº 01/97 (item 1.1, TC-016.032/2005-6, Acórdão nº 652/2006-1ª Câmara).*

DOU de 24.02.2006, S. 1, p. 216. Ementa: o TCU posicionou-se no sentido de que, ***ao receber prestações de contas de convênios federais, o concedente deve pronunciar-se sobre a aprovação ou não,*** *no prazo de sessenta dias contados a partir da apresentação pelo convenente, conforme estabelecido no art. 31 da IN/STN-MF nº 01/97, "caput" (item 1.1.2.3, TC-017.865/2005-5, Acórdão nº 264/2006-2ª Câmara).*

PRAZO PARA APRESENTAÇÃO DE PRESTAÇÃO DE CONTAS

DOU de 04.12.2009, S. 1, p. 233. Ementa: determinação à EMBRATUR para ***que edite ato normativo que estabeleça o prazo para apresentação das prestações de contas de convênios****, a fim de dar cumprimento ao art. 56, incisos I e II, da Portaria Interministerial nº 127/2008, de acordo com a alteração promovida pela Portaria Interministerial nº 342/2008 (item 1.5.1.9, TC-020.255/2009-0, Acórdão nº 6.527/2009-2ª Câmara).*

DOU de 05.06.2008, S. 1, p. 127. Ementa: o TCU ***determinou a uma prefeitura municipal que atentasse para o cumprimento dos prazos fixados*** *(em convênios ou contratos de repasse celebrados com a União)* ***para apresentação de prestação de contas****, bem como para o disposto na Súmula 230 da Jurisprudência daquele Tribunal, qual seja: "Compete ao prefeito sucessor apresentar as contas referentes aos recursos federais recebidos por seu antecessor, quando este não o tiver feito ou, na impossibilidade de fazê-lo, adotar as medidas legais visando ao resguardo do patrimônio público com a instauração da competente Tomada de Contas Especial, sob pena de corresponsabilidade" (item 9.3, TC--009.807/1999-3, Acórdão nº 1.545/2008-2ª Câmara).*

DOU de 29.06.2007, S. 1, p. 208. Ementa: o TCU determinou a uma prefeitura municipal ***que, ao firmar convênios, acordos, ajustes ou instrumentos congêneres, observasse, rigorosamente, os prazos para apresentação das correspondentes prestações de contas, devidamente acompanhadas de toda a documentação necessária à comprovação da correta aplicação dos recursos*** *(item 9.2, TC-019.059/2005-3, Acórdão nº 1.880/2007-1ª Câmara).*

DOU de 03.11.2005, S. 1, p. 102. Ementa: o TCU determinou à FINEP ***que enquadrasse, no SIAFI, na condição de inadimplentes, os convênios com prazos vencidos para apresentação das prestações de contas*** *(item 2.1.4, TC-007.003/2004-7, Acórdão nº 2.132/2005-2ª Câmara).*

PRÉ-REQUISITO PARA CELEBRAÇÃO DE NOVOS CONVÊNIOS E REALIZAÇÃO DE TRANSFERÊNCIAS

DOU de 22.06.2012, S. 1, p. 88. Ementa: o TCU deu ciência à Secretaria Executiva do Ministério do Turismo ***acerca de falhas verificadas na Coordenação Geral de Convênios quanto à celebração de novo acordo de transferência voluntária com convenentes que se encontravam em mora no dever de prestar contas de ajustes anteriores*** *(item 9.2.4, TC-019.300/2007-9, Acórdão nº 1.545/2012-Plenário).*

DOU de 06.04.2011, S. 1, p. 174. Ementa: determinação à UFRPE para que, no relacionamento com a FADURPE ou com qualquer outra fundação de apoio, abstenha--se de transferir recursos de convênio, ***sem a correspondente prestação de contas das parcelas repassadas anteriormente*** *(item 9.7.3, TC-017.930/2008-0, Acórdão nº 1.917/2011-2ª Câmara).*

DOU de 24.09.2010, S. 1, p. 723. Ementa: determinação à Secretaria Executiva do Ministério do Esporte ***para que somente formalize convênios na medida em que*** *__disponha de condições técnico-operacionais__ de acompanhar e orientar a concretização dos objetivos previstos nas avenças, bem como __de analisar, em prazo oportuno, todas as respectivas prestações de contas__, de acordo com os normativos que disciplinam a matéria, em especial a IN/STN-MF nº 01/1997, a Portaria Interministerial/MP, MF e CGU nº 127/2008 e o Decreto nº 6.170/2007, bem como em atenção ao item 9.6.1 do Acórdão nº 1.562/2009-P (item 9.6.2, TC-019.135/2006-5, Acórdão nº 2.485/2010-Plenário).*

DOU de 10.08.2010, S. 1, p. 181. Ementa: alerta à UFRS quanto à constatação da __impropriedade consistente na celebração de convênios com a FAURGS, sem a comprovação da apresentação de prestação de contas de recursos anteriormente por ela recebidos__, em dissonância com o disposto no inc. VI do art. 24 da Portaria Interministerial/MP, MF e CGU nº 127/2008 (item 1.6.1, TC-015.652/2009-0, Acórdão nº 4.641/2010-1ª Câmara).

DOU de 28.08.2009, S. 1, p. 148. Ementa: determinação à EMBRATUR para __que se abstenha de formalizar novos convênios com entidade que tenha processo de prestação de contas pendente de aprovação__, conforme ocorrência verificada no Processo nº 3645/1999 (item 9.7.11, TC-014.392/2004-3, Acórdão nº 1.934/2009-Plenário).

DOU de 22.05.2009, S. 1, p. 177. Ementa: recomendação ao Departamento de Emprego e Salário do Ministério do Trabalho e Emprego (DES/TEM) __para que__, em observância à Portaria Interministerial nº 127, de 29.05.2008, __condicione, com o objetivo de evitar a liberação de recursos a entidades inadimplentes, a assinatura de novos convênios ao prévio exame e aprovação das eventuais prestações de contas das respectivas proponentes, relativas a convênios anteriores__ e que estejam pendentes de análise (item 9.3.2, TC-013.226/2002-1, Acórdão nº 2.543/2009-2ª Câmara).

DOU de 05.06.2007, S. 1, p. 82. Ementa: o TCU determinou ao DNIT __que se abstivesse de efetuar transferências, pagamentos e assinar aditivos relativos a instrumentos cujas prestações de contas parciais não tenham sido apresentadas e/ou aprovadas__ (item 9.13.3, TC-005.454/2001-4, Acórdão nº 1.019/2007-Plenário).

DOU de 10.07.2006, S. 1, p. 76. Ementa: o TCU determinou ao Fundo Nacional de Saúde __que se abstivesse de autorizar a continuidade da liberação de recursos financeiros concedidos no âmbito de convênios e ajustes similares quando presentes indícios ou evidências, devidamente noticiados pelo setor competente de análise de contas, do descumprimento de medidas assinaladas como essenciais à aprovação de prestação de contas parcial__ e, nesse sentido, prévias à liberação dos recursos, nos termos dos arts. 32 e 35 da IN/STN-MF nº 01/1997 (item 9.4.2, TC-002.880/2006-3, Acórdão nº 1.816/2006-1ª Câmara).

PRESCRIÇÃO

*SÚMULA TCU Nº 282 – "**As ações de ressarcimento movidas pelo Estado contra os agentes causadores de danos ao erário são imprescritíveis.**"*

PROCEDIMENTOS

*DOU de 30.07.2012, S. 1, ps. 197 e 198. Ementa: determinação ao Instituto Federal de Educação, Ciência e Tecnologia do Paraná (IFPR) para **que institua rotinas e procedimentos adequados de conferência mensal e/ou periódica dos comprovantes alocados às prestações de contas parciais**, de modo a avaliar a pertinência desses à execução dos termos em atendimento às cláusulas de responsabilidades e obrigações da OSCIP constantes nos termos de parcerias (item 1.6.1.2.5, TC-026.739/2011-9, Acórdão nº 5.093/2012-2ª Câmara).*

*DOU de 30.07.2012, S. 1, ps. 197 e 198. Ementa: determinação ao Instituto Federal de Educação, Ciência e Tecnologia do Paraná (IFPR) para **que institua rotinas e procedimentos adequados de controle e cobrança das prestações de contas parciais e finais relacionadas aos termos de parceria, os quais contemplam, além da Nota Fiscal de Serviços prestados pela OSCIP, do Relatório de Avaliação e do Relatório Mensal de Atividades e Cumprimento de Metas, todos os elementos necessários à comprovação dos gastos e à pertinência dos dispêndios na execução dos termos** (item 1.6.1.2.4, TC-026.739/2011-9, Acórdão nº 5.093/2012-2ª Câmara).*

*DOU de 16.08.2011, S. 1, p. 106. Ementa: alerta ao Ministério do Desenvolvimento Agrário no sentido **de que o incremento do número de convênios em situação "a aprovar", "a comprovar" e "inadimplência efetiva"**, sob responsabilidade do Programa Nacional de Crédito Fundiário gerido pela Secretaria de Reordenamento Agrário MDA, **evidencia falha de supervisão ministerial sobre a sistemática de cobrança e análise das prestações de contas de convênios** (item 9.3, TC-015.409/2009-8, Acórdão nº 6.184/2011-1ª Câmara).*

*DOU de 25.03.2011, S. 1, p. 155. Ementa: **alerta** ao Ministério do Desenvolvimento Agrário (MDA) no sentido de que o **incremento do número de convênios em situação "a aprovar", "a comprovar" e "inadimplência efetiva"**, sob responsabilidade da*

Secretaria de Agricultura Familiar, ***evidencia falha de supervisão ministerial sobre a sistemática de cobrança e análise das prestações de contas dos contratos de repasse firmados entre o MDA****, por intermédio da Caixa Econômica Federal, com diversos órgãos da administração pública (item 9.2, TC-020.198/2010-8, Acórdão nº 1.772/2011-1ª Câmara).*

DOU de 07.02.2011, S. 1, p. 112. Ementa: alerta ao FNDE quanto ao indispensável exercício de sua função de supervisão e controle da aplicação dos recursos transferidos para estados e municípios, ***mormente quanto à criteriosa avaliação das prestações de contas apresentadas por esses entes*** *(item 1.7.6, TC-020.681/2006-8, Acórdão nº 222/2011-Plenário).*

DOU de 29.05.2009, S. 1, p. 138. Ementa: recomendação à Caixa Econômica Federal ***para que promova ajustes nos normativos e oriente as suas Unidades Regionais de forma que, quando da apreciação das prestações de contas dos contratos de repasse, haja manifestação expressa sobre o aspecto da legalidade dos certames licitatórios lançados pelas administrações municipais, dando-se especial atenção para a juntada de cópia dos comprovantes de publicação dos resumos dos Editais e dos resultados das licitações realizadas pela municipalidade****, que comprovem o cumprimento dos dispostos na Lei nº 8.666/1993, art. 3º, § 3º c/c arts. 21 e 26 (item 9.3, TC-025.047/2006-6, Acórdão nº 1.124/2009-Plenário).*

DOU de 30.01.2009, S. 1, p. 146. Ementa: determinação à FUNASA para ***que efetue, nas análises das prestações de contas dos convênios realizados no âmbito do Projeto Vigisus, acompanhamento de cada um dos subconvênios que a Secretaria de Saúde celebra com os municípios*** *e apresente os resultados do referido acompanhamento nas contas anuais (item 1.5.2, TC-009.660/2008-8, Acórdão nº 104/2009-1ª Câmara).*

REANÁLISE DE CONTAS

DOU de 13.05.2010, S. 1, p. 126. Ementa: determinação ao Fundo Nacional de Saúde para ***que efetue reanálise das contas de um convênio*** *e, caso caracterizado dano ao erário, instaure o devido processo de tomada de contas especial, observados os termos da IN/TCU nº 56/2007,* ***atentando, em especial, para os seguintes indícios de irregularidades****: a) a nota fiscal emitida por uma empresa privada não possibilita identificar quais produtos foram fornecidos pela empresa, em razão de encontrar-se ilegível; b) pagamento efetuado mediante três cheques, quando deveria ter sido emitido um único cheque; c) nota fiscal datada de 23.08.2004, quase 2 anos após a autorização para impressão, que se realizou* *em 25.10.2002, conforme consta em seu rodapé, entretanto dentro do prazo autorizado, que se encerraria em 24.10.2004; d) a empresa privada emissora da nota fiscal não possui como âmbito de atuação comercial a venda de veículos, exercendo atividade atacadista de sucatas, conforme consulta cadastral junto à Receita Federal (item 1.4.1, TC-002.124/2007- 4, Acórdão nº 1.916/2010-2ª Câmara).*

DOU de 29.05.2009, S. 1, p. 160. Ementa: determinação à Secretaria de Desenvolvimento Agropecuário e Cooperativismo do MAPA para ***que encaminhe o resultado da reanálise da prestação de contas de um convênio federal****, esclarecendo se as irregularidades apontadas pelo Tribunal de Contas do Estado de Pernambuco (TCE/PE) são suficientes para alterar o posicionamento anterior pela aprovação da prestação de contas (item 1.5.3, TC-027.100/2007-2, Acórdão nº 2.627/2009-1ª Câmara).*

DOU de 24.10.2008, S. 1, p. 126. Ementa: determinação à SECEX/PE para encaminhar à Caixa Econômica Federal cópia de um processo, ***para que, à luz da documentação elaborada pelo TCE/PE, reavalie os pareceres que aprovaram as prestações de contas de 2 contratos de repasse****, firmados com uma prefeitura municipal, informando o resultado dessa reavaliação, e esclarecendo se as irregularidades apontadas pelo TCE-PE são suficientes para alterar o posicionamento anterior pela aprovação da prestação de contas (item 1.5.1.1, TC-020.415/2008-8, Acórdão nº 3.435/2008-1ª Câmara).*

DOU de 11.12.2006, S. 1, p. 105. Ementa: o TCU determinou ao MMA ***que procedesse a nova análise da prestação de contas de um convênio celebrado com uma prefeitura municipal****, a fim de esclarecer a irregularidade atinente à ausência de Anotação de Responsabilidade Técnica (ART) da obra (item 1.1, TC-025.075/2006-0, Acórdão nº 3.464/2006-2ª Câmara).*

REGISTROS NO SIAFI E NO SICONV

DOU de 09.04.2009, S. 1, p. 151. Ementa: determinação ao Ministério da Integração Nacional para ***que registre, tempestivamente, no SIAFI e no SICONV o recebimento e a análise da prestação de contas de convênios ou contratos de repasse****, conforme determinam os arts. 31, "caput", § 2º, da IN/STN-MF nº 1/1997, e 3º, da Portaria Interministerial/MP, MF e CGU nº 127/2008 (item 1.5.12.2, TC-024.666/2008-6, Acórdão nº 1.477/2009-1ª Câmara).*

DOU de 10.11.2006, S. 1, p. 96. Ementa: o TCU determinou ao FNDE ***que implantasse controles eficazes de registro de entrada da documentação comprobatória de prestação de contas de convênios****, de forma a evitar cobranças indevidas dos* *convenentes e a consequente instauração de tomada de contas especial (item 9.3.1, TC-000.329/2005-6, Acórdão nº 3.108/2006-1ª Câmara).*

DOU de 03.11.2005, S. 1, p. 102. Ementa: o TCU determinou à FINEP ***que enquadrasse, no SIAFI, na condição de inadimplentes, os convênios com prazos vencidos para apresentação das prestações de contas*** *(item 2.1.4, TC-007.003/2004-7, Acórdão nº 2.132/2005-2ª Câmara).*

DOU de 13.10.2005, S. 1, p. 100. Ementa: o TCU determinou ao MAPA ***que atualizasse os lançamentos no SIAFI dos convênios*** *nas seguintes situações: 1) cadastrados como adimplentes, mas* ***com pendência de prestação de contas****; 2)* ***cujas prestações de contas não foram aprovadas ou foram parcialmente aprovadas*** *sem o respectivo lançamento de inadimplência no SIAFI; e 3)* ***sem a devida prestação de contas*** *(item 1.4, TC--009.869/2004-1, Acórdão nº 2.307/2005-1ª Câmara).*

RELATÓRIOS DE EXECUÇÃO

DOU de 15.02.2011, S. 1, p. 133. Ementa: determinação ao SENAI/GO no sentido de que somente efetue transferências financeiras ao IEL/GO, ou a outro ente integrante do sistema liderado pela Federação das Indústrias do Estado de Goiás (FIEG), quando configurada a correlação entre a atividade a ser executada e as competências institucionais do SENAI/GO, sempre mediante a celebração de convênio que observe os princípios gerais relativos à Administração Pública, utilizando como referencial normativo, na falta de norma própria, a Portaria Interministerial/MP, MF e CGU nº 127, de 29.05.2008, ora vigente, ***fazendo constar desses instrumentos a obrigatoriedade de o convenente apresentar relatórios de execução físico-financeira e prestação de contas dos recursos recebidos, em prazo preestabelecido*** *(item 9.4.1, TC-018.693/2008-8, Acórdão nº 741/2011-2ª Câmara).*

DOU de 17.11.2010, S. 1, p. 171. Ementa: determinação a um município para ***que atente para a necessidade de melhor formalização e documentação dos atos vinculados à execução de convênios firmados com a administração federal, especialmente no que se refere à comprovação adequada da execução físico-financeira****, a exemplo da apresentação de boletins de medição e notas fiscais detalhadas, e quanto à identificação específica dos bens móveis e equipamentos adquiridos com os respectivos recursos (item 9.2, TC-003.049/2008-0, Acórdão nº 6.479/2010-2ª Câmara).*

DOU de 17.07.2009, S. 1, p. 105. Ementa: recomendação ao MCT para ***que edite normativo próprio visando estabelecer****, com base na Portaria Interministerial/*

MP, MF e CGU nº 127/2008 e nos princípios da transparência, da isonomia, da impessoalidade e da publicidade dos atos administrativos que regem a Administração, ***os documentos que deverão ser produzidos pela convenente para a devida comprovação do alcance das metas estabelecidas e os instrumentos e indicadores que deverão ser utilizados para a avaliação dos resultados efetivamente alcançados, com exigência, nas prestações de contas, de relatório sintético informando o grau de satisfação dos participantes e/ou beneficiários de cada evento****, a ser utilizado como critério de avaliação e de comparação entre futuras propostas apresentadas por convenentes (item 9.2.1, TC-026.668/2007-1, Acórdão nº 1.562/2009-Plenário).*

DOU de 03.07.2009, S. 1, p. 143. Ementa: determinação a um município para ***que, quando da execução de despesas envolvendo recursos federais, atente para a obrigatoriedade de apresentar relação dos bens adquiridos, produzidos ou construídos*** *(item 1.5.1.1, TC-025.707/2007-7, Acórdão nº 3.448/2009-2ª Câmara).*

DOU de 11.07.2008, S. 1, ps. 84 e 85. Ementa: o TCU recomendou à Secretaria do Tesouro Nacional (STN/MF) ***que em convênios em que fossem prestados serviços de assessoria e assistência, de consultoria, de capacitação e promoção de seminários e congêneres,*** *fosse incluída, entre os elementos obrigatórios dos planos de trabalho, a especificação detalhada das horas técnicas envolvidas, discriminando a quantidade e o custo individual, bem como fosse exigida a comprovação da adequabilidade dos custos determinados, especificando a qualificação mínima requerida dos profissionais, bem como, nas prestações de contas,* ***fosse incluído o demonstrativo detalhado das horas técnicas efetivamente realizadas, indicando o profissional, sua qualificação, o evento e o local de realização, a data e o número de horas*** *(item 9.1.2, TC-027.206/2006-3, Acórdão nº 1.331/2008-Plenário).*

DOU de 03.10.2007, S. 1, p. 244. Ementa: o TCU determinou a promoção de audiência de um ex-Secretário de Estado de Desenvolvimento Social, um ex-Secretário Adjunto do Trabalho e de um ex-Secretário de Estado de Desenvolvimento Social, ***acerca de ocorrência relativa à execução de um convêni****o do PLANTEQ (Plano Territorial de Qualificação),* ***no tocante à não fundamentação e não demonstração, em planilha detalhada, da definição do custo do aluno/hora em relação aos preços de mercado prevalecentes nas localidades em que foram contratados*** *(item 9.7.5.4, retificação do Acórdão nº 2.013/2007-Plenário, Ata nº 40/2007, publicado originariamente no DOU de 28.09.2007, S. 1, p. 141).*

DOU de 21.06.2007, S. 1, p. 179. Ementa: o TCU determinou a uma prefeitura municipal ***que, quando da gestão de recursos oriundos da União, promovesse***

***registros analíticos de todos os bens de caráter permanente adquiridos**, com indicação dos elementos necessários para a perfeita caracterização de cada um deles e dos agentes responsáveis pela sua guarda e administração, conforme arts. 94 e 95 da Lei nº 4.320/1964 (item 7.2.4, TC-006.387/2007-3, Acórdão nº 1.563/ 2007-2ª Câmara).*

RESTITUIÇÃO DO SALDO REMANESCENTE

*DOU de 04.08.2010, S. 1, p. 105. Ementa: alerta a uma prefeitura municipal **quanto à impropriedade caracterizada pela ausência de restituição, ao concedente, de parte da contrapartida ajustada, de forma proporcional aos recursos federais transferidos, não obstante a não utilização parcial da mesma na consecução do objeto**, em inobservância ao disposto no art. 57 da Portaria Interministerial/MP, MF e CGU nº 127/2008 (item 9.2.3, TC-003.126/2009-0, Acórdão nº 4.012/2010--2ª Câmara).*

*DOU de 08.07.2008, S. 1, p. 66. Ementa: o TCU determinou ao FNDE **que adotasse as providências cabíveis junto a um município com vistas ao ressarcimento, aos cofres públicos, de verba remanescente de um convênio** de 1999, depositada na conta-corrente da municipalidade, em conformidade com o disposto na IN/TCU nº 56, de 05.12.2007, publicada no DOU de 07.12.2007, S. 1, ps. 145 e 146 (item 9.2, TC--001.184/2004-3, Acórdão nº 1.264/2008-Plenário).*

*DOU de 24.06.2008, S. 1, p. 142. Ementa: o TCU posicionou-se pela **conversão de um processo em tomada de contas especial (TCE), devido à não devolução do saldo remanescente das aplicações financeiras e do saldo da conta bancária utilizada para a execução de um convênio federal, diante** da ocorrência, na prestação de contas apresentada por um município, **da existência de um extrato bancário montado, indicando que tal saldo não existiria** (item 3.1, TC-015.210/2004-7, Acórdão nº 1.141/2008-Plenário).*

*DOU de 11.09.2009, S. 1, p. 72. Ementa: determinação à Secretaria do Tesouro Nacional e à Secretaria do Orçamento Federal para que comprovem junto ao TCU, em abril de 2010, quando da efetiva implantação do Sistema de Gestão de Convênios e Contratos de Repasse (SICONV), o atendimento às determinações contidas nos subitens 9.2.1 e 9.2.2 do Acórdão nº 2.707/2008-Plenário, TC-022.348/2007-4, quais sejam: a) **promovam estudos, em conjunto, e apresentem ao TCU cronograma de ações com vistas à identificação das fontes de recursos quando da execução e devolução dos saldos remanescentes dos convênios firmados com a União; b) adotem medidas com vistas***

à modificação da Portaria/SOF-MP nº 24/2006 para que os recursos devolvidos de convênios e congêneres originários de fonte vinculada sejam contabilizados na respectiva fonte*, e não na fonte 82, em cumprimento ao parágrafo único do art. 8º da Lei Complementar nº 101/2000 (item 9.2, TC-014.992/2009-7, Acórdão nº 2.074/2009-Plenário).*

DOU de 16.02.2007, S. 1, p. 308. Ementa: o TCU determinou ao Fundo Nacional de Saúde ***que adotasse o critério da proporcionalidade, estipulado anteriormente, em todos os convênios em que a contrapartida não fosse honrada ou viesse a ser executada de forma flagrantemente diversa daquela estipulada no cronograma de desembolso respectivo*** *(item 1.2.2, TC-024.590/2006-0, Acórdão nº 186/ 2007-1ª Câmara).*

DOU de 16.02.2007, S. 1, p. 308. Ementa: o TCU determinou ao Fundo Nacional de Saúde ***que, em relação a um convênio federal, quando da análise da prestação de contas, promovesse as medidas cabíveis para a devolução dos recursos remanescentes e da contrapartida não utilizada, sendo esta recalculada observando-se a necessária relação inicialmente pactuada (20%), considerando o total dos recursos repassados, inclusive os rendimentos auferidos na aplicação financeira da parcela federal****, sob pena de instauração da devida tomada de contas especial (TCE), de acordo com o que determina o art. 8º da Lei nº 8.443/92 (item 1.2.1, TC-024.590/2006-0, Acórdão nº 186/2007-1ª Câmara).*

DOU de 23.02.2006, S. 1, p. 113. Ementa: o TCU determinou ao Ministério da Educação ***que verificasse, por ocasião da análise das prestações de contas de seus convênios, o cumprimento, por parte dos convenentes, do estabelecido no art. 20 da IN/STN nº 01/97 c/c § 4º do art. 116 da Lei nº 8.666/1993 (aplicação dos recursos financeiros, enquanto não utilizados) e no § 6º do art. 21 da IN/STN-MF nº 01/97 c/c o § 6º do art. 116 da Lei nº 8.666/1993 (necessidade de devolução dos recursos remanescentes), exigindo-lhes, se necessário, a adoção das medidas corretivas*** *(item 9.2, TC-021.162/2005-1, Acórdão nº 399/2006-1ª Câmara).*

DOU de 21.02.2006, S. 1, p. 165. Ementa: o TCU determinou à Secretaria do Tesouro Nacional (STN), do Ministério da Fazenda, e à Secretaria de Orçamento Federal (SOF), do Ministério do Planejamento e Orçamento e Gestão, ***que estabelecessem (em conjunto) metodologia contábil e operacional apropriada para que, ao serem realizadas as restituições de convênios, fossem respeitadas as determinações constantes no parágrafo único, art. 8º da Lei Complementar nº 101/2000*** *(Lei de Responsabilidade Fiscal) [...] LRF, art. 8º, parágrafo único – "Os recursos legalmente vinculados a finalidade específica serão utilizados exclusivamente para atender ao* *objeto de sua vinculação, ainda que em exercício diverso daquele em que ocorrer o ingresso" (item 9.3, TC-017.099/2003-3, Acórdão nº 170/2006-Plenário).*

DOU de 08.02.2006, S. 1, p. 67. Ementa: o TCU determinou ao Ministério do Turismo ***que adotasse providências junto ao convenente, no sentido de obter a devolução da quantia correspondente aos rendimentos de aplicação no mercado financeiro, referente ao período compreendido entre a liberação do recurso e seu ressarcimento aos cofres do Tesouro Nacional****, em observância ao disposto no instrumento de convênio (item 9.2, TC-015.247/2005-5, Acórdão nº 87/2006-Plenário).*

TERCEIRIZAÇÃO

DOU de 05.05.2011, S. 1, p. 114. Ementa: resposta a um consulente no seguinte sentido que ***as atividades de apoio ao acompanhamento e à análise das referidas prestações de contas podem ser objeto de terceirização quando forem, nitidamente, acessórias ou instrumentais e não requererem qualquer juízo de valor acerca das contas, além de não estarem abrangidas pelo plano de cargos do órgão ou entidade****, salvo expressa disposição legal em contrário ou quando se tratarem de atribuições de cargo extinto, total ou parcialmente, nos termos do art. 1º, "caput" e § 2º, do Decreto nº 2.271/1997, e dos arts. 6º, 7º, § 2º, 8º e 9º da Instrução Normativa/SLTI-MP nº 2/2008 (itens 9.2.2, TC-033.625/2010-7, Acórdão nº 1.069/2011-Plenário).*

DOU de 05.05.2011, S. 1, p. 114. Ementa: resposta a um consulente no seguinte sentido de que ***as atribuições inerentes*** *ao acompanhamento e* ***à análise técnica e financeira das prestações de contas apresentadas em virtude de convênios, ajustes ou instrumentos congêneres****, que tenham por fim a transferência voluntária de recursos da União para a execução de políticas públicas,* ***constituem atividade precípua e finalística da Administração e, em consequência, não podem ser objeto de terceirização****, conforme art. 1º, § 2º, do Decreto nº 2.271/1997, e art. 9º, incisos I, II e III, da Instrução Normativa/SLTI-MP nº 2/2008 (item 9.2.1, TC-033.625/2010-7, Acórdão nº 1.069/2011-Plenário).*

TERMO DE RECEBIMENTO DA OBRA

DOU de 05.11.2012, S. 1, p. 178. Ementa: determinação a um município para que, no sentido ***de que em se tratando de obras financiadas com recursos federais, atente para*** *o recebimento provisório e definitivo do respectivo objeto, em observância ao art. 73, inciso I, da Lei nº 8.666/1993, bem como exija o devido preenchimento do diário de obras pelo contratado (itens 9.3.1 e 9.3.2, TC-026.801/2007-3, Acórdão nº 8.140/2012--2ª Câmara).*

DOU de 03.07.2009, S. 1, p. 143. Ementa: determinação a um município para que, quando da execução de despesas envolvendo recursos federais, ***atente para a obrigatoriedade de que o Termo de Aceitação Definitiva de Obra*** *seja também assinado pelo engenheiro responsável pelo empreendimento (item 1.5.1.2, TC-025.707/2007-7, Acórdão nº 3.448/2009-2ª Câmara).*

DOU de 05.06.2008, S. 1, p. 119. Ementa: o TCU determinou a uma prefeitura municipal que, à época da execução de convênios firmados com órgão ou entidade da administração pública federal, ***observasse a exigência de recebimento da obra, nos termos do inc. I, art. 73 da Lei nº 8.666/199*** *(item 1.3, TC-003.647/2006-2, Acórdão nº 1.488/2008-2ª Câmara).*

UTILIZAÇÃO DE RECURSOS EM FINALIDADE DIVERSA DA PACTUADA

DOU de 17.03.2011, S. 1, p. 133. Ementa: alerta à PETROBRAS acerca de ***impropriedade na execução de um convênio caracterizada pelo risco de utilização indevida de recursos do convênio para fim diverso daquele pactuado,*** *notadamente para pagamento de despesas com ações trabalhistas oriundas de eventuais ilicitudes praticadas pela entidade conveniada na contratação de profissionais (item 9.3.2, TC--027.266/2006-1, Acórdão nº 524/2011-Plenário).*

DOU de 17.03.2011, S. 1, p. 125. Ementa: determinação a uma prefeitura municipal para que observe, em convênios ou similares custeados no todo ou em parte com recursos públicos federais, a rigorosa vinculação dos bens adquiridos/construídos ao objeto e à meta pactuadas, que constituem elementos essenciais do ajuste, nos termos do art. 116, incisos I e II, da Lei nº 8.666/1993, bem ***como a vedação de uso para finalidade diversa da estabelecida no instrumento inscrita no art. 39, inc. IV, da Portaria Interministerial/ MP, MF e CGU nº 127/2008*** *(item 9.2.3, TC-019.459/2009-8, Acórdão nº 489/2011-Plenário).*

DOU de 24.05.2011, S. 1, p. 87. Ementa: determinação a uma administração municipal para ***que se abstenha de proceder a transferências de recursos de contas específicas de convênios federais para outras contas do município, ante a vedação contida no inc. I, do art. 39 c/c o art. 50 da Portaria Interministerial/***

MP, MF e CGU nº 127, de 29.05.2008 *(item 9.3, TC-017.337/2007-0, Acórdão nº 3.058/2011-2ª Câmara).*

DOU de 07.12.2007, S. 1, p. 151. Ementa: o TCU determinou à UFRA que observasse as normas contidas na IN/STN-MF nº 01/1997, ***evitando a utilização dos recursos conveniados em modalidade de despesa diversa do pactuado nos respectivos planos de trabalho; em data anterior à vigência do convênio; ou, ainda, em desacordo com as finalidades programadas*** *(item 1.3, TC-014.973/2005-9, Acórdão nº 3.931/2007-1ª Câmara).*

TOMADA DE CONTAS ESPECIAL

*SÚMULA TCU Nº 088 – "**Não é da competência do Tribunal de Contas da União o julgamento ou a aprovação, prévia ou "a posteriori", de minutas ou termos de convênios, ajustes, acordos, e contratos de abertura de crédito, financiamento ou empréstimo, celebrados com a vinculação, em garantia, de quotas dos Fundos de Participação. Pode, todavia, o Tribunal, no exercício da auditoria financeira e orçamentária e com vistas ao julgamento da regularidade das contas relativas à movimentação e aplicação dos recursos provenientes daqueles Fundos, expedir Instruções sobre a matéria, ou, ainda, tomar conhecimento dos respectivos termos, para, se verificar ilegalidade ou irregularidade, adotar providências no sentido de saná-la ou evitar a sua reincidência.**"*

*DOU de 12.09.2011, S. 1, p. 164. Ementa: **não cabe ao TCU retirar o registro de inadimplência de convênio dos sistemas governamentais**, sendo da competência do órgão concedente analisar os pedidos dessa natureza, ao qual deverá ser dirigida a solicitação (item 9.3, TC-016.314/2011-5, Acórdão nº 7.890/2011-1ª Câmara).*

*DOU de 06.07.2012, S. 1, p. 154. Ementa: determinação ao Núcleo Estadual do Ministério da Saúde de Tocantins (NEMS/TO) para que elabore plano de ação contendo **cronograma das medidas que irá adotar para a falta de capacitação dos servidores atuantes na** análise de prestações de contas e **instauração de Tomada de Contas Especial** (item 1.5.1.4, TC-023.708/2011-5, Acórdão nº 4.495/2012-2ª Câmara).*

*DOU de 15.05.2012, S. 1, p. 100. Ementa: o TCU deu ciência à Universidade Federal de Rondônia (UNIR) **no sentido de que é de responsabilidade da autoridade administrativa competente adotar providências para a apuração dos fatos, identificação dos responsáveis, quantificação do dano e obtenção do ressarcimento ao erário, quando se verificar que determinada conta não foi prestada, ou que ocorreu desfalque, desvio de bens ou outra irregularidade de que resulte prejuízo para a Fazenda Pública**, bem como sobre a possibilidade de responsabilização solidária da autoridade administrativa competente no caso de eventual omissão em apurar as responsabilidades inerentes ao processo de tomada de contas especial, conforme preceitua a Instrução Normativa/TCU nº 56/2007 (item 1.6, TC-034.564/2011-0, Acórdão nº 3.038/2012-2ª Câmara).*

*DOU de 30.04.2012, S. 1, p. 188. Ementa: o TCU informou a uma prefeitura municipal **que o gestor, que não o faltoso, pode adotar outras ações, como o pagamento (total ou parcelado) da dívida apurada e o ajuizamento de ação regressiva contra os responsáveis que deram causa ao dano e ao consequente registro de inadimplência,***

embora esta medida não represente orientação do TCU para o representante, *mas exemplo de iniciativa além das descritas na IN/STN-MF nº 1/1997,* ***de modo a corroborar não somente sua ausência de culpa, mas também seu interesse na reparação dos danos ao erário*** *(item 1.4.1.5, TC-000.753/2012-2, Acórdão nº 2.682/2012-2ª Câmara).*

DOU de 30.04.2012, S. 1, p. 188. Ementa: o TCU informou ***a uma prefeitura municipal que as disposições da IN/STN-MF nº 1/1997, §§ 2º e 3º do art. 5º, não são rol exaustivo de providências que, cumpridas, podem resultar na suspensão do registro de inadimplência no CAUC/SIAFI/CADIN****; antes, compreendem o conjunto básico de iniciativas a serem adotadas pelo gestor, que não o faltoso, com o objetivo de não prejudicar a municipalidade (item 1.4.1.4, TC-000.753/2012-2, Acórdão nº 2.682/2012-2ª Câmara).*

DOU de 30.04.2012, S. 1, p. 188. Ementa: o TCU informou a uma prefeitura municipal que, de acordo com o art. 5º, §§ 2º e 3º e art. 38 da IN/STN-MF nº 1/1997, os procedimentos corretos, no caso apresentado, são: 1) ***a instauração de tomada de contas especial pela prefeitura*** *(art. 5º, § 2º),* ***apesar de o órgão concedente também ter esta obrigação*** *(art. 38), sendo conveniente a adoção de tratativas do município junto aos ministérios para a efetivação do disposto no art. 5º, § 2º da IN/STN-MF nº 1/1997, de modo que o processo de tomada de contas especial seja instaurado, independentemente de em qual órgão isso ocorra; 2)* ***a solicitação por parte da prefeitura (art. 5º, § 2º) para que a unidade de contabilidade analítica do órgão concedente promova a imediata inscrição do potencial responsável na conta "Diversos Responsáveis"****; 3)* ***a comprovação semestral pela prefeitura junto ao órgão concedente de que tem adotado todas as ações com vistas à reparação dos prejuízos apurados, sob pena de retirada do registro de inadimplência suspensa no CAUC/SIAFI*** *(art. 5º, § 3º) (item 1.4.1.3, TC-000.753/2012-2, Acórdão nº 2.682/2012-2ªCâmara).*

DOU de 30.04.2012, S. 1, p. 188. Ementa: o TCU ***informou a uma prefeitura municipal que os subsídios acerca da instauração, ou não, da Tomada de Contas Especial, relativa aos contratos de repasse citados, devem ser solicitados, em primeira instância, aos órgãos repassadores dos recursos****, no caso, o Ministério do Turismo e Ministério das Cidades, respectivamente (item 1.4.1.2, TC-000.753/2012-2, Acórdão nº 2.682/2012-2ª Câmara).*

DOU de 30.04.2012, S. 1, p. 188. Ementa: o TCU informou a uma prefeitura municipal ***que a Corte de Contas não tem amparo legal para recepcionar pedido de instauração de Tomada de Contas Especial****, referente a dois contratos de repasse (itens 1.4.1.1, TC-000.753/2012-2, Acórdão nº 2.682/2012-2ª Câmara).*

DOU de 08.02.2012, S. 1, p. 116. Ementa: determinação ao Ministério do Desenvolvimento Agrário para ***que, apesar da regular aplicação dos recursos oriundos de um contrato de repasse celebrado com município, há informações de que houve atraso na operacionalização dos equipamentos adquiridos, bem como de recente furto de parte dos mesmos****, cabendo ao órgão repassador o acompanhamento das ações em curso pela municipalidade,* ***adotando, inclusive, as medidas de sua responsabilidade, caso julgadas devidas, inclusive instauração de tomada de contas especial, se for o caso*** *(item 1.6, TC-031.969/2010-0, Acórdão nº 246/2012-1ª Câmara).*

DOU de 09.11.2011, S. 1, p. 191. Ementa: o TCU ***julgou irregulares as contas de gestor público com fundamento no disposto nos artigos 1º, inciso I, 16, inciso III, alínea c, e 23, inciso III, da Lei nº 8.443, de 1992, em razão da realização de despesas incompatíveis com o objeto previsto no Convênio*** *nº 126/2001, aplicando-lhe, de acordo com o art. 19, § único, 23, III, e 58, I, da mesma lei, multa no valor de R$ 3.000,00 (três mil reais) (item 9.3, TC-003.865/2006-1, Acórdão nº 10551/2011-2ª Câmara).*

DOU de 12.09.2011, S. 1, p. 116. Ementa: determinação ao Ministério do Desenvolvimento Social e Combate à Fome para apurar supostas irregularidades praticadas numa secretaria municipal de assistência social, ***com a possível destruição de documentos públicos e eventuais desvios e apropriações de recursos públicos federais oriundos do Programa de Erradicação do Trabalho Infantil (PETI); e, se for o caso, adotar medidas com vistas à identificação dos responsáveis, à quantificação dos eventuais danos e ao seu imediato ressarcimento ao erário, devendo ainda tomar todas as providências necessárias ao esgotamento das medidas administrativas internas cabíveis ou, caso estas não logrem êxito, a instauração, pela autoridade administrativa competente, da respectiva tomada de contas especial*** *(item 1.7.1, TC-032.282/2010-9, Acórdão nº 7.497/2011-1ª Câmara).*

DOU de 11.07.2011, S. 1, p. 157. Ementa: o TCU deu ciência ao Ministério da Integração Nacional acerca da ***necessidade de que seja instaurada tomada de contas especial quando se caracterizar malversação dos recursos da União ou omissão na prestação de contas pelos beneficiários*** *(item 9.5.4, TC-000.741/2011-6, Acórdão nº 1.781/2011-Plenário).*

DOU de 06.07.2011, S. 1, p. 286. Ementa: determinação ao INCRA/AP ***para que, no tocante aos convênios com registro de "inadimplência efetiva", adote as medidas administrativas internas cabíveis, inclusive e, se for o caso, promova a identificação dos responsáveis, a quantificação do dano e, se infrutífera a obtenção do ressarcimento, instaure a competente tomada de contas especial*** *(item 9.3.3, TC--022.814/2010-8, Acórdão nº 5.269/2011-1ª Câmara).*

DOU de 03.06.2011, S. 1, p. 136. Ementa: ***não compete ao TCU atuar na tomada de contas especial antes dos controles internos, como decorrência do princípio da não supressão das instâncias****, nem retirar a inscrição de entes políticos, órgãos e entidades públicos do registro do Cadastro Informativo de Créditos não Quitados do Setor Público Federal (CADIN), devendo solicitações a esse respeito ser endereçadas aos próprios órgãos/entidades federais repassadores de recursos (item 1.5, TC-026.760/2009-5, Acórdão nº 3.438/2011-1ª Câmara).*

DOU de 24.05.2011, S. 1, p. 84. Ementa: alerta ao SENAC/ES no sentido de ***que adote, tempestivamente****, no caso de desaparecimento de bens ou materiais da entidade,* ***providências para apuração dos fatos, identificação dos responsáveis, quantificação do dano e obtenção do ressarcimento, instaurando****, caso necessário,* ***a competente tomada de contas especial****, nos termos da Instrução Normativa/TCU nº 56/2007 (item 9.5.1, TC-009.833/2004-9, Acórdão nº 3.048/2011-2ª Câmara).*

DOU de 17.05.2011, S. 1, p. 183. Ementa: determinação ao Ministério do Desenvolvimento e Combate à Fome para ***que adote medidas para assegurar a tempestividade na instauração das tomadas de contas especiais****, em observância ao disposto no art. 1º, § 1º da Instrução Normativa/TCU nº 56/2007 (item 1.5.1, TC-029.310/2009-5, Acórdão nº 2.885/2011-1ª Câmara).*

DOU de 02.05.2011, S. 1, p. 173. Ementa: alerta à Secretaria Federal de Controle Interno (SFC/CGU-PR) no sentido de ***que, por ocasião da análise de processos de tomada de contas especial, antes de encaminhá-los à apreciação do TCU, analise todos os documentos constantes dos autos****, conforme o art. 4º, inc. V, alíneas "a" a "d", da IN/TCU nº 56/2007, devolvendo o processo ao órgão de origem nos termos do inc. I, § 1º, do art. 5º, da aludida IN/TCU (item 1.5.2, TC-002.199/2011-4, Acórdão nº 2.546/2011-1ª Câmara).*

DOU de 02.05.2011, S. 1, p. 173. Ementa: alerta à ANA para ***que, uma vez recolhido, no âmbito administrativo, o débito devidamente apurado e imputado, ainda que já esteja autuado o respectivo processo de tomada de contas especial, fica dispensado o encaminhamento dos autos ao TCU****, nos termos do inciso I, § 1º, do art. 5º, da IN/TCU nº 56/2007 (item 1.5.1, TC-002.199/2011-4, Acórdão nº 2.546/2011-1ª Câmara).*

DOU de 06.04.2011, S. 1, p. 171. Ementa: alerta ao FNDE ***para o cumprimento do art. 38, § 2º, inc. II, da IN/STN-MF nº 1/1997 e do art. 65 da Portaria Interministerial/MP, MF e CGU nº 127/2008, nos casos de apresentação de prestação de contas após o envio da tomada de contas especial ao TCU*** *(item 9.6, TC-011.003/2009-4, Acórdão nº 1.908/2011-2ª Câmara).*

DOU de 02.03.2011, S. 1, p. 104. Ementa: alerta à FUNASA no sentido de que é da competência do órgão ou entidade concedente, na fase interna de análise da prestação de contas, decidir sobre a regularidade, ou não, da aplicação dos recursos transferidos. ***Cabe, assim, à FUNASA analisar conclusivamente a questão do uso indevido, ou não, dos valores oriundos da aplicação financeira, e decidir, após a obrigatória notificação do responsável pela gestão do respectivo convênio, se esses recursos foram, de fato, aplicados na obra objeto do convênio - o que caracterizaria apenas uma irregularidade formal, sem macular as contas do responsável - ou se houve prejuízo ao erário, instaurando-se, nesse caso, a competente tomada de contas especial, observada a IN/TCU nº 56/2007*** *(item 1.5, TC-015.741/2010-9, Acórdão nº 1.028/2011-2ª Câmara).*

DOU de 07.02.2011, S. 1, p. 151. Ementa: ***arquivamento de uma tomada de contas especial, a título de racionalização administrativa e economia processual, relativamente ao débito remanescente de responsabilidade de um município, decorrente da falta de aplicação da contrapartida de convênio*** *(item 9.3, TC--006.607/2007-9, Acórdão nº 483/2011-1ª Câmara).*

DOU de 24.11.2010, S. 1, p. 137. Ementa: recomendação à CAIXA para ***que verifique, nos casos de contratos de repasse que não estão sendo executados, cujos recursos financeiros foram ou estejam sendo devolvidos pelos contratados e, uma vez constatado que não há ato do qual resulte prejuízo ao erário, não instaure Tomada de Contas Especial motivada apenas pela cobrança de juros de mora****, em razão da ausência de previsão legal para esse caso, evitando, com essa atitude, ações judiciais e administrativas por motivo de apropriação indébita da União (item 9.1, TC-019.402/2009-5, Acórdão nº 3.089/2010-Plenário).*

DOU de 04.10.2010, S. 1, p. 101. Ementa: informação a uma prefeita municipal no sentido de que ***o TCU não detém competência para retirar o município da inadimplência junto ao SIAFI; cabendo ao TCU julgar os correspondentes processos de tomada de contas especiais instaurados e informados pela Caixa Econômica Federal*** *(item 1.6, TC-018.416/2010-1, Acórdão nº 2.563/2010-Plenário).*

DOU de 27.09.2010, S. 1, p. 105. Ementa: ***determinação à Fundação Banco do Brasil para que estabeleça, em seus normativos internos, a obrigatoriedade de instauração da tomada de contas especial*** *sempre que constatadas quaisquer das hipóteses previstas no artigo 38 da IN/STN-MF nº 1/1997 ou no §1º do art. 63 da Portaria Interministerial/MP, MF e CGU nº 127/2008 em convênios que envolvam recursos públicos, inclusive oriundos do Banco do Brasil (item 1.5.1, TC-029.122/2009-5, Acórdão nº 5.913/2010-1ª Câmara).*

DOU de 21.09.2010, S. 1, p. 87. Ementa: comunicação ao DNOCS no sentido de que ***incumbe ao órgão ou entidade concedente*** *decidir sobre a regularidade, ou não, da aplicação dos recursos transferidos, cabendo-lhe, em caso de não aprovação da prestação de contas de um convênio federal celebrado com uma associação, e* ***depois de exauridas todas as providências cabíveis, a instauração de tomada de contas especial e demais medidas de sua competência, sob pena de responsabilidade****; competindo-lhe, ainda, comunicar ao Ministério Público Federal em caso de ocorrência de ações fraudulentas que ensejem a sua atuação (item 1.5.1, TC-003.484/2010-6, Acórdão nº 5.132/2010-2ª Câmara).*

DOU de 09.09.2010, S. 1, p. 91. Ementa: determinação à SECEX/CE para que comunique à Coordenação Regional da FUNASA no Ceará que ***incumbe ao órgão ou entidade concedente decidir*** *sobre a regularidade, ou não, da aplicação dos recursos transferidos, cabendo-lhe, em caso de não aprovação da prestação de contas de um convênio celebrado entre a FUNASA e uma prefeitura municipal, e* ***após exauridas todas as providências cabíveis, a instauração de tomada de contas especial e demais medidas de sua competência, sob pena de responsabilidade****; competindo-lhe, ainda, comunicar ao Ministério Público Federal em caso de ocorrência de ações fraudulentas que ensejem a sua atuação (item 1.5.1, TC-008.950/2010-5, Acórdão nº 4.995/2010-2ª Câmara).*

DOU de 09.09.2010, S. 1, p. 77. Ementa: determinação à CGU para ***que adote providências com vistas à instauração, pela autoridade administrativa competente, da respectiva tomada de contas especial****, especialmente em relação à contratação de servidor municipal com recursos de convênio federal, no âmbito do programa de Assistência Técnica e Extensão Rural voltada para o desenvolvimento de práticas sustentáveis agroflorestais e florestais de um município para a qualidade dos agricultores familiares em assentamentos (item 1.4.2.8, TC-010.657/2010-0, Acórdão nº 4.894/2010-2ª Câmara).*

DOU de 21.05.2010, S. 1, p. 180. Ementa: determinação à FUNASA ***para que, ao receber novos elementos de prestação de contas já objeto de tomada de contas especial (TCE) remetida à Secretaria Federal de Controle Interno (SFC/CGU) ou ao Tribunal de Contas da União, comunique esses órgãos do ocorrido para as providências cabíveis*** *(item 1.5.1.1, TC-024.643/2007-3, Acórdão nº 2.434/2010-1ª Câmara).*

DOU de 11.05.2010, S. 1, p. 92. Ementa: determinação ao Arsenal da Marinha do Rio de Janeiro ***para que arquive as tomadas de contas especiais simplificadas referentes a duas pessoas físicas, com fundamento no art. 93 da Lei nº 8.443/1992, c/c o art. 213 do Regimento Interno/TCU e os arts. 5º, § 1º, inc. III, e 10, da IN/TCU nº 56/2007, sem cancelamento do débito, a cujos pagamentos continuarão obrigados os devedores,*** *devidamente qualificados e identificados, para que lhes possa ser dada quitação (item 1.5.1.3, TC-019.802/2007-0, Acórdão nº 2.271/2010-1ª Câmara).*

DOU de 07.05.2010, S. 1, p. 130. Ementa: determinação à Secretaria Executiva do Ministério da Saúde para que estabeleça procedimentos internos que garantam o tempestivo cumprimento ao disposto no § 2º do art. 38 da IN/STN-MF nº 01, de 15.01.1997, e nos arts. 64 e 65 da Portaria Interministerial/MP, MF e CGU nº 127, de 29.05.2008, que estabelecem a baixa do registro de inadimplência e a ***imediata comunicação ao órgão onde se encontre a tomada de contas especial, nos casos de prestação de contas de convênios ou de recolhimento integral ou parcial do débito imputado em tomada de contas especial (TCE) já encaminhada à Controladoria-Geral da União ou ao Tribunal de Contas da União*** *(item 9.5, TC-018.720/2005- 2, Acórdão nº 1.827/2010-2ª Câmara).*

DOU de 23.04.2010, S. 1, p. 157. Ementa: ***determinação à SECEX/CE para que expeça comunicação*** *à Coordenação Regional da FUNASA no Estado do Ceará* ***informando que incumbe ao órgão ou entidade concedente decidir sobre a regularidade, ou não, da aplicação dos recursos transferidos, cabendo-lhe,*** *em caso de não aprovação da prestação de contas, e exauridas todas as providências cabíveis,* ***a instauração de tomada de contas especial*** *e demais medidas de sua competência, sob pena de responsabilidade (item 1.5.1.1, TC-003.758/2010-9, Acórdão nº 1.689/2010-2ª Câmara).*

DOU de 06.04.2010, S. 1, p. 110. Ementa: determinação do TCU para ***que um acórdão*** *(acompanhado das peças que o fundamentaram)* ***fosse encaminhado ao Tribunal de Contas do Estado do Maranhão,*** *para as providências que entendesse cabíveis,* ***tendo em vista as irregularidades na TCE também haverem envolvido parcela de contrapartida municipal*** *(item 9.7, TC-011.417/2005-9, Acórdão nº 638/2010-Plenário).*

DOU de 12.03.2010, S. 1, p. 121. Ementa: o TCU fixou prazo para que a Secretaria Nacional de Defesa Civil do Ministério da Integração Nacional adotasse providências necessárias para o exame das contas relativas a um convênio do MI de 2006 - MI, atentando para o fato de que as eventuais despesas acrescidas, em decorrência de fiscalização ineficaz por parte da prefeitura, permitindo ***a depredação das casas e furto de melhorias, deverão ser suportadas pela municipalidade, exigindo-se a restituição dos valores indevidamente despendidos ou instaurando-se a competente Tomada de Contas Especial*** *(item 9.2.3, TC-012.823/2009-5, Acórdão nº 411/2010-Plenário).*

DOU de 29.01.2010, S. 1, p. 177. Ementa: o TCU se posicionou no sentido de que ***cabe aos órgãos ou entidades responsáveis pelo repasse dos recursos federais***

transferidos em decorrência de convênios, acordos, ajustes ou outros instrumentos congêneres, verificar a regular aplicação de tais recursos, aprovando ou não as respectivas prestações de contas a eles apresentadas e, somente no caso de ser apurada irregularidade insanável, é que o processo de Tomada de Contas Especial (TCE) é encaminhado ao TCU *(item 1.5.1, TC-014.676/2009-7, Acórdão nº 49/2010-Plenário).*

DOU de 04.12.2009, S. 1, ps. 233 e 234. Ementa: determinação à EMBRATUR para ***que, ao analisar as prestações de contas de convênios, exija a devolução de recursos referentes a itens do Plano de Trabalho que não forem executados, adotando as devidas providências para instauração da tomada de contas especial (TCE), quando necessário****, conforme o disposto no art. 60 c/c art. 63, § 1º, II, a, da Portaria Interministerial nº 127/2008 (item 1.5.1.12, TC-020.255/2009-0, Acórdão nº 6.527/2009-2ª Câmara).*

DOU de 23.10.2009, S. 1, p. 171. Ementa: determinação ao Conselho Federal de Farmácia para ***que, constatada qualquer irregularidade ou ilegalidade na gestão dos seus recursos ou dos recursos dos entes que lhe são subordinados, com prejuízo aos cofres da entidade, adote as medidas necessárias para apurar os fatos e****, se for o caso,* ***instaure a devida tomada de contas especial****, sob pena de responsabilidade solidária, nos termos do art. 8º da Lei nº 8.443/1992 (item 9.3, TC-009.549/2008-5, Acórdão nº 5.516/2009-2ª Câmara).*

DOU de 23.10.2009, S. 1, p. 159. Ementa: determinação à Superintendência da Polícia Federal no Estado do Rio de Janeiro para ***que, na hipótese da confirmação do enriquecimento ilícito e evolução patrimonial incompatível com os rendimentos de servidor****, Agente de Polícia Federal,* ***ser proveniente de dano ao erário, adote as medidas necessárias à sua reparação, promovendo, se necessário, a imediata instauração de tomada de contas especial****, observando os termos da IN/TCU nº 56/2007 (item 1.4.1, TC-017.260/2009-9, Acórdão nº 5.452/2009-2ª Câmara).*

DOU de 26.06.2009, S. 1, p. 145. Ementa: determinação à ECT/PA no ***sentido de que fica dispensado o encaminhamento ao TCU e autorizado o correspondente arquivamento, no órgão ou entidade de origem, de tomada de contas especial (TCE) já constituída nas hipóteses de recolhimento do débito no âmbito interno****, conforme preconiza o § 1º do art. 5º da IN/TCU nº 56/2007 (item 1.5.1, TC--011.239/2009-8, Acórdão nº 3.223/2009-2ª Câmara).*

DOU de 15.06.2009, S. 1, p. 132. Ementa: informação a um interessado no sentido de que cabe aos órgãos ou entidades responsáveis pelo repasse dos recursos federais em decorrência da celebração de convênios, acordos, ajustes ou outros instrumentos congêneres, verificar a regular aplicação de tais recursos, aprovando ou não as respectivas prestações de contas a eles apresentadas e, ***somente no caso de ser apurada irregularidade insanável, é que o processo de Tomada de Contas Especial será encaminhado ao TCU*** *(item 1.5.1, TC-011.545/2009-1, Acórdão nº 2.979/2009-1ª Câmara).*

DOU de 14.05.2009, S. 1, p. 103. Ementa: recomendação a uma prefeitura municipal para ***que adote as providências legais pertinentes, promovendo as devidas medidas legais contra o ex-prefeito, de modo a evitar que o município se torne inadimplente e impossibilitado de receber novos recursos federais*** *(item 1.5.1.1, TC-005.363/2009-3, Acórdão nº 2.361/2009-2ª Câmara).*

DOU de 20.02.2009, S. 1, p. 95. Ementa: determinação à FUNASA/PA ***para que detalhe, pormenorizadamente, os valores imputados aos responsáveis nos processos de Tomada de Contas Especial (TCE) instaurados, inclusive com a quantificação das metas não realizadas****, de modo a permitir o desenvolvimento válido e regular do processo, bem como a ampla defesa e o contraditório por parte do responsável (item 1.5, TC-017.116/2008-7, Acórdão nº 475/2009-1ª Câmara).*

DOU de 18.02.2009, S. 1, p. 84. Ementa: determinação à Secretaria de Vigilância em Saúde/MS para que, no âmbito do Programa Nacional de DST/AIDS, assim como de outros projetos sob a responsabilidade da Secretaria, ***em caso de inadimplência na prestação de contas ou de irregularidade na aplicação de recursos federais transferidos voluntariamente, recebidos mediante financiamento externo, instaure tomada de contas especial (TCE)*** *na forma estabelecida na IN/TCU nº 56/2007, com observância, quando couber, das ressalvas constantes no art. 5º, "caput" e parágrafos, e art. 11 (item 1.5.1.1, TC-001.467/2008-1, Acórdão nº 255/2009-2ª Câmara).*

DOU de 21.11.2008, S. 1, p. 227. Ementa: alerta para o INCRA no sentido de ***que a inércia da Administração na análise da prestação de contas de recursos repassados no âmbito de convênios e na instauração da Tomada de Contas Especial, quando for o caso, é passível de responsabilização solidária pelos débitos que vierem a ser identificados*** *(item 1.10, TC-010.493/2004-8, Acórdão nº 5.053/2008-2ª Câmara).*

DOU de 14.11.2008, S. 1, p. 107. Ementa: audiência de um prefeito municipal para que apresente ao Tribunal de Contas da União, no prazo de 15 dias, ***razões de justificativa, em decorrência da aplicação, no período de julho a setembro/2008, de recursos na manutenção de um micro-ônibus, quando este já se encontrava sem utilização***

para execução do transporte escolar no município *(item 1.10, TC-023.849/2008-1, Acórdão nº 2.509/2008-Plenário).*

DOU de 04.09.2008, S. 1, p. 79. Ementa: determinação ao Ministério da Ciência e Tecnologia ***para que, em relação a dois convênios federais, conclua as medidas administrativas referentes às respectivas prestações de contas****, bem como às eventuais recomposições do erário, tomando como subsídio em suas ações as irregularidades apontadas pelo Tribunal de Contas do Estado de Pernambuco (item 9.1, TC-017.610/2006-4, Acórdão nº 3.169/2008-2ª Câmara).*

DOU de 04.09.2008, S. 1, p. 79. Ementa: determinação ao Fundo Nacional de Saúde para ***que, em relação a três convênios federais, conclua as medidas administrativas referentes às respectivas prestações de contas****, bem como às eventuais recomposições do erário, tomando como subsídio em suas ações as irregularidades apontadas pelo Tribunal de Contas do Estado de Pernambuco (item 8.1, TC-017.610/2006-4, Acórdão nº 3.169/2008-2ª Câmara).*

DOU de 10.07.2008, S. 1, p. 56. Ementa: o TCU determinou ao Ministério da Integração Nacional ***que instaurasse tomada de contas especial (TCE) de um convênio federal de 2000, pelo valor correspondente ao percentual de 50% (cinquenta por cento) do objeto não executado*** *(item 4.1, TC-004.029/2003-1, Acórdão nº 1.978/2008-2ª Câmara).*

DOU de 30.06.2008, S. 1, p. 119. Ementa: o TCU posicionou-se ***pela necessidade de tomada de contas especial (TCE) relativamente à aquisição de 100 licenças do módulo "Despertar o Interesse Musical - Tom Play", por meio de instrumento de contrato firmado em 25.02.2005, pelo preço unitário de R$ 850,00 (767% acima do valor estipulado a um contrato assinado em 13.12.2004, pelo preço unitário de R$ 98,00)*** *(item 9.5.1, TC-023.504/2006-7, Acórdão nº 1.224/2008-Plenário).*

DOU de 13.06.2008, S. 1, p. 104. Ementa: o TCU informou a um deputado federal que os comandos normativos contidos nos arts. 5º e 11 da IN/TCU nº 56/2007 ***dispensam a instauração de tomada de contas especial (TCE) para apuração de eventuais vícios em gestão, quando de baixa materialidade*** *(item 9.1.4, processo nº 016.480/2006-3, Acórdão nº 1.104/2008-Plenário).*

DOU de 06.06.2008, S. 1, p. 103. Ementa: o TCU determinou ao Fundo Nacional de Desenvolvimento da Educação ***que, ao tomar conhecimento de supostas irregularidades em programas educacionais de sua responsabilidade, somente encaminhasse a documentação pertinente àquele Tribunal após o esgotamento de todas as providências administrativas internas para sua apuração****, identificação* *dos responsáveis, quantificação do dano e obtenção do ressarcimento (item 1.1, TC--008.911/2008-5, Acórdão nº 1.757/2008-1ª Câmara).*

DOU de 05.06.2008, S. 1, p. 116. Ementa: o TCU determinou ao MMA ***que adotasse providências com vistas à apuração da responsabilidade pelo desaparecimento de aparelho GPS receptor/rastreador de sinal de satélite, adquirido com recursos de convênio federal e, se fosse o caso, instaurasse a Tomada de Contas Especial - TCE*** *(item 1.6, TC-011.340/2006-0, Acórdão nº 1.467/2008-2ª Câmara).*

DOU de 29.05.2008, S. 1, p. 102. Ementa: o TCU determinou à Coordenação Regional da Fundação Nacional de Saúde no Pará ***que instaurasse Tomada de Contas Especial (TCE)****, nos termos do art. 7º, inc. XII, alínea "a", e art. 35, "caput" e parágrafo único, e art. 38, inc. II, alíneas "a" e/ou "b", da IN/STN-MF nº 01/1997,* ***em relação a um convênio, e a encaminhasse ao Controle Interno e, em observância ao disposto no art. 5º, §2º, da IN/STN-MF nº 01/1997, suspendesse a inadimplência de um município, caso verificasse que o gestor atual não fosse responsável pelas irregularidades na execução do referido convênio*** *(item 2.1, TC-009.643/2007-9, Acórdão nº 1.326/2008--2ª Câmara).*

DOU de 23.05.2008, S. 1, p. 154. Ementa: o TCU informou a um deputado federal que, nos termos do art. 5º, § 1º, da IN/STN-MF nº 01/1997, ***a inscrição de órgão ou entidade no cadastro de inadimplentes de convenentes do SIAFI é de competência do órgão concedente dos recursos****, sendo que aquele Tribunal de Contas da União somente poderia determinar a respectiva baixa da responsabilidade apurada, nos termos do disposto no art. 38, § 2º, inc. II, alínea "a", daquela Instrução Normativa do Tesouro Nacional, ou seja, quando houvesse comprovação da regular aplicação dos recursos conveniados ou, ainda, quando comprovado o recolhimento do débito junto ao concedente, estando a devida tomada de contas especial (TCE) em apreciação no âmbito do TCU (TC-031.548/2007-4, Acórdão nº 912/2008-Plenário).*

DOU de 31.01.2008, S. 1, p. 126. Ementa: o TCU determinou à Secretaria Geral de Controle Externo ***que orientasse as unidades técnicas daquele Tribunal, nos processos de tomada de contas especial (TCE) decorrentes de convênios e instrumentos similares cujas prestações de contas tivessem sido rejeitadas pelo concedente, a verificar a existência, nos autos, da integralidade da documentação apresentada pelo gestor responsável*** *(item 9.6, TC-006.505/2004-4, Acórdão nº 52/2008-2ª Câmara).*

DOU de 16.08.2007, S. 1, p. 73. Ementa: o TCU determinou ao Departamento de Extinção e Liquidação (DELIQ), do Ministério do Planejamento, Orçamento e Gestão, ***que arquivasse todas as Tomadas de Contas Especiais (TCE) que tivessem como***

único fundamento de constituição a ausência de aplicação de recursos no mercado financeiro, *desde que os convênios tivessem sido celebrados sob a vigência de normativos que expressamente vedassem tal procedimento, a exemplo da Instrução Normativa da Secretaria do Tesouro Nacional n° 12/1988 e do Decreto-lei n° 1.290/1973 (item 1.2, TC--017.583/2006-5, Acórdão nº 2.315/2007-1ª Câmara).*

DOU de 20.07.2007, S. 1, p. 87. Ementa: o TCU determinou à Secretaria Adjunta de Contas (ADCON/TCU) ***que alertasse as unidades técnicas da Secretaria do TCU para a necessidade da devida apuração da responsabilidade dos gestores dos órgãos e entidades concedentes, principalmente quanto à fiscalização e acompanhamento da execução dos convênios, por ocasião da instrução de processos de Tomada de Contas Especiais (TCE) em ações de transferências voluntárias de recursos federais*** *(item 9.2, TC-016.476/2003-6, Acórdão nº 2.054/2007-1ª Câmara).*

DOU de 19.07.2007, S. 1, p. 68. Ementa: o TCU determinou ao MinC ***que, diante dos fortes indícios de que uma nota fiscal emitida por empresa de assessoria de eventos – integrante de prestação de contas de um convênio firmado com entidade privada sem fins lucrativos – fosse inidônea, adotasse providências no sentido de confirmar a sua validade legal e fiscal e, caso confirmada a irregularidade, reavaliasse a prestação de contas do referido convênio, instaurando a competente Tomada de Contas Especial (TCE),*** *conforme previsto na IN/STN-MF nº 01/1997 (item 13.1, TC-008.598/2006-9, Acórdão nº 1.895/2007-2ª Câmara).*

DOU de 05.07.2007, S. 1, p. 120. Ementa: o TCU determinou à FUNASA ***que atentasse para a necessidade, em processos de tomada de contas especial (TCE) relativos a recursos repassados por convênio, no caso de execução parcial das obras conveniadas, de ser adequadamente demonstrada a quantificação dos serviços previstos, contratados e não executados*** *(item 9.6, TC-019.975/2003-0).*

DOU de 08.02.2007, S. 1, p. 369. Ementa: o TCU determinou à Secretaria de Produção e Agroenergia (SPAE) ***que providenciasse, junto a um convenente, a cobrança da aplicação da contrapartida (em valores monetários) e, caso não lograsse êxito, inscrevesse o convenente em inadimplência e instaurasse a competente Tomada de Contas Especial*** *(TCE) (item 1.3, TC-015.283/2006-0, Acórdão nº 34/2007-2ª Câmara).*

DOU de 24.11.2006, S. 1, p. 199. Ementa: o TCU determinou ao Ministério das Cidades ***que instaurasse Tomada de Contas Especial, relativamente a um contrato de repasse*** *para construção de rede de sistema interceptor de esgotos sanitários,* ***em decorrência da não comprovação por parte da prefeitura da utilização, a título de sua contrapartida, de horas de serviços de máquinas de propriedade municipal,***

haja vista que a planilha de custos de empresa privada *(anexada à proposta em licitação local) continha serviços de escavações, reaterros e apilolamentos (item 9.4, TC-001.652/2004-7, Acórdão nº 3.309/2006-2ª Câmara).*

DOU de 10.11.2006, S. 1, p. 96. Ementa: o TCU determinou ao FNDE ***que informasse imediatamente à Controladoria-Geral da União ou ao TCU, conforme o caso, sobre o recebimento de prestação de contas apresentadas intempestivamente por convenente, quando já instaurada a competente tomada de contas especial*** *(item 9.3.2, TC-000.329/2005-6, Acórdão nº 3.108/2006-1ªCâmara).*

DOU de 18.08.2006, S. 1, p. 90. Ementa: o TCU determinou ao FNDE ***que, quando da ocorrência de omissão no dever de prestar contas; da não comprovação da boa e regular aplicação dos recursos repassados pela União mediante convênio, acordo, ajuste ou outros instrumentos congêneres; da ocorrência de desfalque ou desvio de dinheiros, bens ou valores públicos; ou, ainda, da prática de ato ilegal, ilegítimo ou antieconômico de que resulte dano aos cofres públicos, observasse o prazo de até 180 (cento e oitenta) dias para a instauração da competente tomada de contas especial*** *(TCE), conforme estabelecido na Instrução Normativa/TCU nº 13/1996, arts. 1º, §§ 1º e 2º; e 2º (item 9.3.1, TC-002.660/2005-1, Acórdão nº 2.270/2006-1ª Câmara).*

DOU de 07.08.2006, S. 1, p. 124. Ementa: o TCU determinou à EMBRAPA ***que procedesse à instauração de Tomada de Contas Especial no que se refere aos convênios que permanecessem, no SIAFI, na situação de "a comprovar" com prazos para a prestação de contas já expirados*** *(item 1.2, TC-012.139/2005-4, Acórdão nº 2.009/2006-2ª Câmara).*

DOU de 19.04.2006, S. 1, p. 77. Ementa: o TCU ***determinou o arquivamento de um processo (TC-006.114/2006-8) por racionalização administrativa e economia processual, em vista de que objeto da representação****, as irregularidades na execução de dois convênios federais e na aplicação dos recursos do Programa Nacional de Apoio ao Transporte Escolar e do Programa Nacional de Alimentação Escolar,* ***já terem sido constatadas pelo agente concedente, no caso o Fundo Nacional de Desenvolvimento da Educação (FNDE), a quem compete controlar, fiscalizar e acompanhar a aplicação de recursos federais que transfere a municípios com os quais celebra convênios*** *(item 1, TC-006.114/2006-8, Acórdão nº 839/2006-1ª Câmara).*

DOU de 18.04.2006, S. 1, p. 142. Ementa: o TCU ***determinou ao Observatório Nacional que, nos casos de extravio de bens públicos, promovesse medidas preliminares para o ressarcimento ao erário a partir da identificação do responsável, a cobrança do débito apurado****, inclusive, no caso de servidor público, o desconto em folha de pagamento,*

esgotadas as medidas cabíveis no âmbito administrativo interno, a autoridade administrativa competente deverá providenciar a instauração da tomada de contas especial, *em cumprimento aos arts. 94 e 96 da Lei n° 4.320/96, com o objetivo de apurar os fatos, identificar os responsáveis e quantificar o débito, pois que a TCE se trata de medida de exceção (IN 13/96, art. 1 °, § 2°) (item 2.1.12, TC-007.665/2005-0, Acórdão nº 822/2006-2ª Câmara).*

DOU de 23.02.2006, S. 1, p. 113. Ementa: o TCU determinou à CODEVASF que, em observância ao disposto no § 2º, art. 5º da IN/STN-MF nº 01/97, ***instaurasse as devidas tomadas de contas especiais, relativas aos convênios em situação de inadimplência, com imediata inscrição dos potenciais responsáveis em conta de ativo "Diversos Responsáveis", a fim de possibilitar a liberação de novas transferências ao município****, com vistas à conclusão das obras de construção da ponte, objeto de convênio federal (item 9.2.1, TC-014.830/2005-6, Acórdão nº 400/2006-1ª Câmara).*

TERMOS CELEBRADOS COM FUNDAÇÕES DE APOIO

DOU de 29.04.2011, S. 1, p. 135. Ementa: determinação à CGU/SC e à Universidade Federal de Santa Catarina (UFSC) para ***que informem as providências e/ou medidas adotadas visando a orientação às fundações de apoio acerca da necessidade de observância da legislação federal relativa às normas para licitações e contratos da administração pública****, bem como para que executem despesas vinculadas ao objeto contratado; a* ***oficialização às fundações de apoio contratadas a respeito da obrigatoriedade de identificar os comprovantes das despesas realizadas, bem como de que os mesmos sejam atestados, tempestivamente, por agente responsável pelo recebimento efetivo do bem adquirido ou que acompanhe a prestação do serviço****; a manutenção de* ***controle unificado de todos os contratos com fundações de apoio****, solicitando formalmente a apresentação de contas tempestiva das fundações de apoio contratadas, e instaurando, se for o caso, o respectivo processo de tomada de contas especial; a* ***previsão, ou proibição expressa, de acordo com o caso, de pagamento de taxa relativa a despesas operacionais e administrativas nos convênios/contratos com entidades sem fins lucrativos, ou, no caso de previsão, o estabelecimento do montante e as regras que permitam que este pagamento seja liquidado****; a* ***especificação****, nos convênios firmados pela UFSC,* ***dos gastos elegíveis no âmbito do projeto, bem como o detalhamento suficiente do objeto e do Plano de Trabalho dos contratos e convênios da Universidade****, de modo a estabelecer e prever todos os tipos de despesas inerentes aos mesmos e permitir a identificação e o controle adequado de tais despesas; a* ***abstenção de aprovação de despesas que não estão suficientemente detalhadas e justificadas****, de forma a comprovar a relação desta despesa com o objeto do convênio, estando esta modalidade de gasto expressamente prevista no Plano de Trabalho (item 1.6.1.17, TC-022.878/2010-6, Acórdão nº 2.498/2011-2ª Câmara).*

DOU de 13.04.2011, S. 1, ps. 76 e 77. Ementa: alerta à FURG para ***que oriente as fundações de apoio para que identifiquem todos os documentos fiscais com o número do projeto ou do convênio/contrato a que se refere a despesa*** *(item 1.6.11, TC-027.439/2010-0, Acórdão nº 826/2011-Plenário).*

DOU de 13.04.2011, S. 1, ps. 76 e 77. Ementa: alerta à FURG para que oriente suas fundações de apoio no sentido de ***que, nos convênios celebrados com recursos orçamentários, é obrigatória a aplicação em cadernetas de poupança se a previsão de seu uso for igual ou superior a um mês, possibilitada a aplicação em fundos financeiros de curto prazo ou operação de mercado aberto lastreada em títulos da dívida pública, quando estiver prevista a utilização desses recursos em prazo***

menor que um mês*, consoante dispõe o § 4º do art. 10 do Decreto nº 6.170/2007 (item 1.6.4, TC-027.439/2010-0, Acórdão nº 826/2011-Plenário).*

DOU de 13.04.2011, S. 1, ps. 76 e 77. Ementa: alerta à FURG para ***que oriente e acompanhe a FAHERG para que não celebre ajustes para intermediar contratação de mão de obra para terceiros****, por não se coadunar com os seus fins estatutários (item 1.6.3, TC-027.439/2010-0, Acórdão nº 826/2011-Plenário).*

DOU de 06.04.2011, S. 1, p. 174. Ementa: ***determinação à UFRPE para que, no relacionamento com a FADURPE ou com qualquer outra fundação de apoio, abstenha-se de transferir atividades inerentes à competência da Universidade****, tais como: realização de processo licitatório, acompanhamento da execução das obras e movimentação da conta bancária (item 9.7.2, TC-017.930/2008-0, Acórdão nº 1.917/2011-2ª Câmara).*

DOU de 06.04.2011, S. 1, p. 174. Ementa: ***determinação à UFRPE para que, no relacionamento com a FADURPE ou com qualquer outra fundação de apoio, abstenha-se de celebrar convênio cujo objeto consista na realização de atividades que não se enquadrem na definição de pesquisa, ensino ou desenvolvimento institucional*** *(item 9.7.1, TC-017.930/2008-0, Acórdão nº 1.917/2011-2ª Câmara).*

DOU de 18.03.2011, S. 1, p. 179. Ementa: determinação à UFSM para ***que, nos projetos desenvolvidos em conjunto com fundação de apoio, não permita que seja autorizado o pagamento de despesas não previstas em Plano de Trabalho****, bem como, na hipótese de conduta inadequada, causadora de dano ao patrimônio público, adote as medidas legais para apurar responsabilidades e, se for o caso, efetue a cobrança dos valores indevidamente despendidos (item 1.5.1.1, TC-023.226/2010-2, Acórdão nº 1.361/2011-2ª Câmara).*

DOU de 02.03.2011, S. 1, p. 100. Ementa: recomendação à Fundação Universidade Federal do Rio Grande (FURG) no sentido de que atente para o disposto no item 1.5.1.6 do Acórdão nº 1.408/2009-P, retificado pelo Acórdão nº 1.829/2009-P, ***abstendo-se de celebrar convênio com suas fundações de apoio cujo objeto seja única e exclusivamente a aquisição de equipamentos*** *(item 1.5.2, TC-022.560/2010-6, Acórdão nº 995/2011-2ª Câmara).*

DOU de 05.03.2010, S. 1, p. 171. Ementa: determinação à Universidade Federal do Ceará para ***que atente, em suas relações com fundações de apoio, para o estrito cumprimento do Decreto nº 6.170, de 25.07.2007, que dispõe sobre as normas relativas às transferências de recursos da União mediante convênios e***

contratos de repasse, inclusive quanto ao cumprimento do estabelecido em seu art. 2º, inc. II, que estabelece restrições quanto à participação de servidores da Universidade como dirigentes das fundações *(item 9.7.10, TC-020.225/2007-5, Acórdão nº 730/2010-2ª Câmara).*

DOU de 03.07.2009, S. 1, p. 106. Ementa: determinar à Universidade Federal do Rio Grande do Sul ***que não permita que as fundações de apoio que aloquem, aos projetos desenvolvidos no âmbito da Universidade, empregados que possuam vínculo de parentesco com seus dirigentes e/ou servidores****, assim entendidos: cônjuges, companheiros ou parentes em linha reta, colateral ou por afinidade, até o terceiro grau; e* ***relacione, para informar a essa SECEX-RS, todos os servidores contratados pelas fundações de apoio****, após o dia 08.12.2006, data da ciência do Acórdão nº 3.071/2006 –* ***2ª Câmara, especificando o cargo ocupado na Fundação e as atividades desenvolvidas na UFRGS, e providencie o imediato afastamento da Universidade de todos os que exerçam atividades permanentes ou passíveis de terceirização*** *(itens 1.5.1.2 e 1.5.1.3, TC-029.464/2008-3, Acórdão nº 1.408/2009-Plenário).*

DOU de 20.03.2009, S. 1, p. 92. Ementa: determinação à Universidade Federal de Pernambuco para ***que se abstenha de celebrar contratos e convênios com entidades de direito público ou privado que contenham cláusula que vincule servidores à execução do instrumento, sem o expresso detalhamento da carga horária para execução dos serviços contratados e declaração da necessária observância de compatibilidade com a jornada dos servidores em efetivo exercício ou cedidos a outros órgãos e entidades****, nos termos do art. 19, "caput" e § 1°, da Lei n° 8.112/1990; no art. 14, § 1°, "d", do Anexo do Decreto nº 94.664/1987; e no art. 4º, § 2°, da Lei n° 8.958/1994 (item 1.6.1.2, TC-016.799/2007-0, Acórdão nº 960/2009-2ª Câmara).*

DOU de 24.10.2008, S. 1, p. 111. Ementa: determinação à Secretaria Especial de Políticas de Promoção da Igualdade Racial (SEPPIR) e à Fundação Nacional de Saúde (FUNASA) para ***que se abstenham de celebrar convênio ou instrumento congênere com a FUBRA, ou com qualquer outra entidade similar, para executar ou intermediar obras na comunidade Kalunga, ou qualquer outra obra, em comunidade quilombola ou não, se esta não for a finalidade institucional da entidade****, atentando-se ainda ao que dispõe o art. 2º, da Lei nº 8.666/1993 (item 1.17, TC-005.236/2008-2, Acórdão nº 2.294/2008-Plenário).*

DOU de 30.05.2008, S. 1, p. 145. Ementa: o TCU determinou à Secretaria Executiva do Ministério da Educação que promovesse, em conjunto com o Ministério do Planejamento, Orçamento e Gestão, ajustes no cronograma de descentralização de créditos orçamentários, de maneira a evitar a concentração de liberações no último mês do exercício financeiro, procedimento esse que, além de causar transtornos administrativos, ***favorece a prática de irregularidades tais como a celebração de convênios entre instituições federais de ensino superior e fundações de apoio à pesquisa apenas para tornar possível o uso dessas dotações*** *(item 3.1, TC--014.687/2006-6, Acórdão nº 1.654/2008-1ª Câmara).*

DOU de 14.06.2007, S. 1, p. 99. Ementa: o TCU determinou à UFOP ***que se abstivesse de realizar despesas com o pagamento de taxa de administração a fundações de apoio, quando os recursos fossem advindos de convênio****, por contrariar o disposto no art. 8º, inc. I, da IN/STN-MF nº 1/1997 (item 9.2.3, TC-017.286/2005-2, Acórdão nº 1.525/2007-2ª Câmara).*

DOU de 02.02.2006, S. 1, p. 36. Ementa: o TCU determinou à Secretaria Executiva do Ministério da Educação ***que, nos convênios firmados, não permitisse a subcontratação de atividades para fundações de apoio ligadas a universidades****, por meio de dispensa de licitação,* ***visto que tais fundações somente podem ser contratadas por intermédio desse instituto (art. 1º da Lei nº 8.958/1994), quando desenvolverem projetos específicos para a própria universidade e deles decorram efetivo desenvolvimento institucional****, caracterizado pela melhoria mensurável da eficácia e eficiência no desempenho da instituição beneficiada, consoante jurisprudência pacífica do Tribunal (Decisão nº 655/2002-Plenário e Acórdão nº 1.516/2005-Plenário) (item 1.6, TC--007.059/2004-2, Acórdão nº 21/2006-2ª Câmara).*

TERMOS DE PARCERIA

DOU de 30.07.2012, S. 1, ps. 197 e 198. Ementa: determinação ao Instituto Federal de Educação, Ciência e Tecnologia do Paraná (IFPR) ***para que registre no SICONV todos os Termos de Parceria firmados pelo IFPR****, os respectivos termos de referência, planos de trabalho e pareceres técnico e jurídico emitidos pelos setores competentes (item 1.6.1.2.3, TC-026.739/2011-9, Acórdão nº 5.093/2012-2ª Câmara).*

DOU de 19.06.2012, S. 1, p. 119. Ementa: o TCU cientificou a Secretaria Nacional de Economia Solidária (SENAES) no sentido de ***que é necessário verificar, previamente à celebração de parcerias, se as OSCIPs estão em dia com a apresentação de suas prestações de contas anuais junto ao Ministério da Justiça, em atendimento ao art. 4º, inc. VII, alínea "d", da Lei nº 9.790/1999, c/c o art. 11 do Decreto nº 3.100/1999*** *(item 1.7.1, TC-021.636/2010-9, Acórdão nº 3.173/2012-1ª Câmara).*

DOU de 19/06/2012, S. 1, p. 119. Ementa: determinação à Secretaria Nacional de Economia Solidária (SENAES) para ***que encaminhe ao TCU*** *cópia de termo aditivo a um convênio, incluindo cláusula com a previsão da destinação dos bens remanescentes do convênio, em atendimento ao art. 28, "caput", da Portaria Interministerial nº 127/2008 (atualmente substituído pelo art. 41, "caput", da Portaria Interministerial nº 507/2011), bem como* ***as cópias dos termos aditivos de duas parcerias, incluindo a necessidade de realização de auditoria independente da aplicação dos recursos objeto do termo de parceria, em atendimento ao art. 19 do Decreto nº 3.100/1999*** *(item 1.6, TC--021.636/2010-9, Acórdão nº 3.173/2012-1ª Câmara).*

DOU de 23.03.2012, S. 1, p. 183. Ementa: determinação ao TRE/MT para ***que se abstenha de celebrar termo de parceria para a execução de objeto não abarcado pelas atividades previstas no art. 3º da Lei nº 9.790/1999 e, ainda, para entidade não qualificável como OSCIP, segundo o referido diploma*** *(item 9.3.2, TC-007.694/2008-7, Acórdão nº 1.806/2012-2ª Câmara).*

DOU de 06.10.2011, S. 1, p. 132. Ementa: o TCU deu ciência ao INCRA/TO ***de que a impropriedade de celebração de termos de parceria (ou instrumentos afins) com entidades que não atendem aos requisitos básicos para a prestação dos serviços de ATES****, sem a comprovação da adequada avaliação prévia sobre as condições técnicas e operacionais das entidades convenentes para a execução dos objetos pactuados, afronta a IN/STN-MF nº 1/1997, art. 4º, § 1º, art. 4º, inc. I a IV, a Norma Técnica - Instituto Nacional de Colonização e Reforma Agrária – INCRA/MDA – Norma de Execução nº 39/2004, art. 11, incisos I e II (item 1.7.1.4, TC-024.516/2007-0, Acórdão nº 2.594/2011-Plenário).*

DOU de 28.04.2011, S. 1, p. 135. Ementa: alerta à Secretaria de Políticas Públicas de Emprego do Ministério do Trabalho e Emprego e ao Ministério do Planejamento, Orçamento e Gestão para ***que observem o correto instrumento (termo de parceria) ao firmarem ajustes com OSCIPs****, nos termos da Lei nº 9.790/1999, preferencialmente precedido por concurso de projetos (item 9.6, TC-019.538/2006-9, Acórdão nº 1.006/2011-Plenário).*

DOU de 09.04.2010, S. 1, p. 139. Ementa: determinação à Secretaria Nacional de Segurança Pública para ***que, ao optar pelo concurso de projetos para escolha de OSCIP para celebração de termo de parceria, faça constar dos respectivos editais convocatórios parâmetros objetivos de seleção e julgamento de propostas****, com segregação clara de requisitos de habilitação e de critérios de classificação (item 9.2, TC-029.820/2009-9, Acórdão nº 700/2010-Plenário).*

DOU de 06.04.2010, S. 1, p. 114. Ementa: determinação a 4 municípios, ***no que tange a termos de parceria firmados com organizações da sociedade civil de interesse público (OSCIPs) para execução de programas federais, para que promovessem todos os atos necessários ao exato cumprimento da Lei nº 9.790/1999****, mediante a adoção das exigências para celebração e execução dessas parcerias (item 9.8, TC-016.139/2008-7, Acórdão nº 661/2010-Plenário).*

DOU de 18.09.2009, S. 1, p. 168. Ementa: determinação ao INCRA/MT para ***que promova criteriosa análise da capacidade operacional dos interessados para celebrar instrumentos jurídicos formalizadores de transferências voluntárias de recursos federais, verificando se eles têm capacidade de executar o objeto pretendido****, levando-se em conta fatores como a singularidade e a complexidade de sua execução, a fim de promover o adequado controle preventivo dos recursos públicos,* ***nos termos do art. 9º da Lei nº 9.790, de 23.03.1999, c/c os arts. 9º e 27, do Decreto nº 3.100, de 30.06.1999*** *(item 9.2.1, TC-019.133/2008-7, Acórdão nº 4.821/2009-2ª Câmara).*

DOU de 06.06.2008, S. 1, p. 93. Ementa: o TCU determinou a uma prefeitura municipal ***que, ao lançar concursos para seleção de projetos, com vistas à assinatura de termo de parceria com organização da sociedade civil de interesse público (OSCIP), nos termos do art. 23 do Decreto n° 3.100/1999****, para execução do Serviço de Atendimento de Urgência (SAMU), de que trata o Decreto n° 5.055/2004,* ***observasse o disposto no art. 30 daquele decreto****, bem como o art. 10, § 1º, da Lei n° 9.790/1999 (item 9.3, TC-021.035/2005-9, Acórdão nº 1.039/2008-Plenário).*

DOU de 16.05.2008, S. 1, p. 111. Ementa: o TCU determinou ao Hospital dos Servidores do Estado/HSE ***que se abstivesse de celebrar Termo de Parceria quando***

o seu objeto não se tratasse de formação de vínculo de cooperação entre as partes, *para o fomento e a execução das atividades de interesse público previstas no art. 3º da Lei nº 9.790/1999 (item 1.1, TC-015.398/2006-8, Acórdão nº 1.446/2008-1ª Câmara).*

DOU de 16.02.2007, S. 1, p. 308. Ementa: o TCU recomendou, no âmbito do Núcleo Estadual do Ministério da Saúde no Rio de Janeiro/NERJ, ***que houvesse um processo de acompanhamento da execução física e econômico-financeira dos convênios firmados entre o Ministério da Saúde e uma OSCIP,*** *monitorando os procedimentos licitatórios adotados para a aquisição de materiais permanentes e serviços em geral, observados os princípios básicos da licitação contidos na Lei nº 8.666/1993, em conformidade com o Acórdão nº 353/2005-Plenário (item 1, TC-025.314/2006-1, Acórdão nº 188/2007-1ª Câmara).*

TERMOS DE COOPERAÇÃO

DOU de 17.12.2012, S. 1, p. 114. Ementa: o TCU deu ciência à Secretaria de Segurança Pública e Defesa Social do Distrito Federal (SSPDS/DF) e à Polícia Militar do Distrito Federal (PMDF) no sentido de ***que o instrumento jurídico correto para a realização de projeto, atividade, serviço, aquisição de bens ou evento de interesse recíproco, em regime de mútua cooperação, entre dois órgãos sem personalidade jurídica própria, pertencentes à mesma unidade da Federação, é o acordo de cooperação e não o convênio*** *(item 9.3.1, TC-029.646/2006-0, Acórdão nº 3464/2012-Plenário).*

DOU de 08.11.2012, S. 1, p. 71 – Portaria Conjunta dos Secretários Executivos dos Ministérios do Planejamento, Orçamento e Gestão, da Fazenda e da Controladoria-Geral da União de nº 8, de 07.11.2012, ***aprova minuta-padrão de Termo de Cooperação para Descentralização de Crédito****, conforme anexo ao normativo, a fim de orientar os órgãos e entidades envolvidos na celebração deste instrumento e na realização de descentralização de créditos. O Termo de Cooperação deverá ser registrado no Sistema Integrado de Administração Financeira do Governo Federal (SIAFI), quando da descentralização do crédito.*

DOU de 25.05.2012, S. 1, p. 98. Ementa: o TCU deu ciência ao INEP no sentido de que ***o termo de cooperação tem por objetivo o desenvolvimento de atividades em regime de colaboração mútua****, sendo que, ausente tal situação, o instrumento adequado é o contrato, para o qual se impõe, com as exceções previstas em lei, o devido procedimento licitatório (alínea "b", TC 015.042/2009-0, Acórdão nº 2.857/2012-1ª Câmara).*

DOU de 19.07.2010, S. 1, p. 116. Ementa: recomendação ao FNDE para ***que estabeleça, no instrumento utilizado para a descentralização de créditos, as ações que serão executadas pelo ente recebedor dos recursos, bem como as metas a serem atingidas e as condições de execução das atividades*** *(item 1.6.2, TC-019.721/2008-9, Acórdão nº 3.665/2010-2ª Câmara).*

DOU de 14.08.2009, S. 1, p. 129. Ementa: ***recomendação aos Ministérios da Fazenda, do Planejamento, Orçamento e Gestão e do Controle e da Transparência, para que adotem providências conjuntas, com vistas a propiciar maior agilidade à regulamentação dos termos de cooperação no âmbito da Administração Pública Federal****, conforme estabelecido no art. 71, § 1º, da Portaria Interministerial/MP, MF e CGU nº127/2008 (modificada pela Portaria Interministerial nº 342, de 05.11.2008) c/c o art. 18 do Decreto nº 6.170/2007 (item 9.3, TC-019.984/2008-0, Acórdão nº 1.771/2009-Plenário).*

DOU de 13.07,2007, S. 1, p. 139. Ementa: o TCU determinou ao DNIT ***que fizesse constar, dos termos de ajuste firmados com o Exército Brasileiro*** *com vistas à execução de obras rodoviárias, custeados mediante destaques orçamentários, a possibilidade de aquisição de máquinas e equipamentos para servirem a essa finalidade (item 9.2, TC-008.239/2006-1, Acórdão nº 1.370/2007-Plenário).*

BIBLIOGRAFIA

GOMES, Paulo Ricardo Grazziotin. Ementário de gestão pública. Disponível em: <https://groups.google.com/forum/?hl=pt-BR&fromgroups#!forum/prgg>. Acessos entre 1/1/2006 e 31/12/2012.

______. PORTAL DO TRIBUNAL DE CONTAS DA UNIÃO. Disponível em: <http://portal2.tcu.gov.br/TCU>. Acesso entre 5/1/2011 e 31/12/2012.

______. PORTAL DA TRANSPARÊNCIA DO GOVERNO FEDERAL. Disponível em: <http://www.portaldatransparencia.gov.br>. Acesso em: 5/1/2013.

______. PORTAL DA IMPRENSA NACIONAL. Disponível em: <http://portal.in.gov.br>. Acesso entre 5/1/2011 e 31/12/2012.

Visite nosso site e conheça estes e outros lançamentos

www.matrixeditora.com.br

Busque e Destrua

Conheça o outro lado da história – o livro não autorizado que o Google não quer que você leia. Em *Busque e Destrua*, Scott Cleland detalha por que a empresa mais poderosa do mundo não é quem demonstra ser. Informação é poder, e, no caso do Google, poder é influenciar e controlar praticamente tudo o que passa pela internet. Cleland prova que a marca número 1 do mundo não é digna de confiança. Ele revela a agenda política oculta da empresa e como sua famigerada missão de organizar a informação do mundo é destrutiva e errada.

Coaching Líder Transformador

Neste livro em forma de caixinha estão 100 perguntas práticas para desenvolver as habilidades e o *mindset* – aquelas características psicológicas muito específicas, dessas que não se ensinam nas escolas de negócio. Você vai rever sua maneira de liderar e vai se tornar um líder transformador, com alto nível de energia e determinação.

O Filho da Crise

O Filho da Crise relata a trajetória de Marco Stefanini, dono da Stefanini IT Solutions, que, a partir do zero, construiu um grupo que hoje fatura R$ 1,2 bilhão por ano e está presente em 28 países. No entanto, esse não é um livro apenas sobre um empresário ou o mercado de tecnologia. Ele revela algo sobre a própria natureza do ser humano, suas limitações e possibilidades. É um pouco da história e do perfil de cada brasileiro.

KenKen

Famoso por sua habilidade de ensinar Matemática aos seus alunos de forma criativa, por meio de jogos e desafios, Tetsuya Miyamoto inventou o KenKen. Os jogos foram publicados na *Reader's Digest* e no jornal *The New York Times*, entre outros, e em pouco tempo o KenKen se tornou mania no mundo inteiro. Além de ser um passatempo agradável e divertido, é educativo. Depois de resolver o primeiro quebra-cabeça, você não vai mais querer parar!

editoraurbana

Impresso por :

Graphium
gráfica e editora

Tel.:11 2769-9056